2016 中国家具年鉴

CHINA FURNITURE YEARBOOK

中国家具协会 编
CHINA NATIONAL FURNITURE ASSOCIATION

中国林业出版社

中国家具协会 CHINA NATIONAL FURNITURE ASSOCIATION
地址：北京市朝阳区百子湾路 16 号百子园 5C-1203 室
Add：Room 1203, Building C, No.5 Baiziyuan, No.16, Baiziwan Road, Chaoyang District, Beijing
邮编 Postcode：100124
电话 Tel：010-87766752 87766795
传真 Fax：010-87747349
E-mail：huiyuan@cnfa.com.cn
QQ：1186486096
http://www.cnfa.com.cn

CHINA FURNITURE YEARBOOK 2016 中国家具年鉴

图书在版编目（CIP）数据

2016 中国家具年鉴 / 中国家具协会编. -- 北京：
中国林业出版社，2016.6
ISBN 978-7-5038-8551-8

Ⅰ. ①2… Ⅱ. ①中… Ⅲ. ①家具工业－中国－
2016－年鉴 Ⅳ. ①F426.88-54

中国版本图书馆 CIP 数据核字（2016）第 113917 号

出 版　中国林业出版社（100009 北京西城区德内大街刘海胡同 7 号）
网 址　http://lycb.forestry.gov.cn
电 话　(010) 83143572
发 行　中国林业出版社
印 刷　北京雅昌艺术印刷有限公司
版 次　2016 年 6 月第 1 版
印 次　2016 年 6 月第 1 次
开 本　185×260　1/16
字 数　680 千字
印 张　25.5
定 价　230.00 元

《2016 中国家具年鉴》编委会

主　任：朱长岭

副主任：刘金良　张冰冰

主　编：朱长岭

编　委：

何法涧　高　伟　高秀芝　曹选利　李凤婕　池秋燕　赵　云
祖树武　刘福章　孟庆科　赵国奇　张　萍　冯建华　蒋鸿源
赵卓华　林　萍　何炳进　牛广霞　唐吉玉　秦志江　王　克
陈达强　侯克鹏　王学茂　陈豫黔　席　辉　靳喜凤　白晓燕
徐彦英　谢文桥　刘发刚

责任编辑：吴国栋

编　　辑：郝媛媛　潘晓霞　王益德

美　　编：郝媛媛

CONTENTS
目录

地方产业（local industry）

CONTENTS
目录

CONTENTS

目录

01 专题报道

SPECIAL REPORT

中国家具协会第五届理事会于2015年底届满。2015年12月14日，中国家具协会第六次会员代表大会在北京隆重召开，选举产生了中国家具协会第六届理事会。大会选举朱长岭为中国家具协会第六届理事会理事长，刘金良等124名同志为副理事长。会议邀请第十一届全国政协提案委员会副主任、中国轻工业联合会会长步正发，民政部民间组织管理局副局长安宁，国资委行业协会联系办公室副主任张涛等领导出席大会并做重要讲话。会议审议通过了中国家具协会第五届理事会工作报告、财务报告以及新修订的《中国家具协会章程》，并对2015年度行业优秀单位进行了表彰。

中国家具协会第六次会员代表大会成功召开

2015 年 12 月 14 日，中国家具协会第六次会员代表大会在北京隆重召开，选举产生了中国家具协会第六届理事会。大会选举朱长岭为中国家具协会第六届理事会理事长，刘金良为副理事长，张乃建等 123 名同志为企业副理事长。聘任张冰冰为秘书长，吴国栋、丁勇、屠祺为副秘书长，陈宝光为专家委员会副主任。选举常务理事单位 229 家，理事单位 606 家。

会议邀请第十一届全国政协提案委员会副主任、中国轻工业联合会会长步正发，民政部民间组织管理局副局长安宁，国资委行业协会联系办公室副主任张涛，中国轻工业联合会副会长陶小年，中国轻工业联合会副秘书长、人事教育部主任徐祥楠等领导出席大会并做重要讲话，邀请北京林业大学教授张亚池作为中国家具协会第六次会员代表大会换届选举工作总监票人。

会上，中国家具协会第五届理事会理事长朱长岭代表第五届理事会作《中国家具协会第五届理事会工作报告》并提请大会审议。

报告介绍了第五届理事会期间的工作。五年

全景

朱长岭当选为中国家具协会第六届理事会理事长

刘金良作《中国家具协会第五届理事会财务报告》

张冰冰主持大会

陈宝光作《中国家具协会章程》修改报告

第十一届全国政协提案委员会副主任、中国轻工业联合会会长步正发讲话

民政部民间组织管理局副局长安宁讲话

国资委行业协会联系办公室副主任张涛讲话

中国轻工业联合会副会长陶小年出席大会

中国轻工业联合会副秘书长、人事教育部主任徐祥楠讲话

北京林业大学教授张亚池宣读选举细则并宣布选举结果

来，中国家具协会积极贯彻十八大精神，努力说清行业情况，支持和引导行业的转型升级和结构调整，团结广大会员，做好会员服务。协会还在行业标准化工作、信息服务、产业集群、培训、对外交流、自身建设等方面积极开展相关工作，并取得了突出的成绩。报告指出，五年来，中国家具协会在国内外的知名度进一步提高，凝聚力进一步增强，在行业发展中作用逐步显现，成为民政部评估的 5A 级社会组织。报告介绍了五年来我国家具行业的发展情况。从 2011 年到 2015 年，我国家具行业规模以上企业主营业务收入不断增加，2015 年前三季度，规模以上企业实现主营业务收入 5561.91 亿元，预计 2015 年全年将超过 7300 亿元，与 2011 年相比增幅超过了 40%。此外，中国

嘉宾席

家具出口持续增长，预计 2015 年全年出口额将超过 530 亿美元，比 2011 年出口额增长超过 35%。报告强调，未来五年，是我国全面实现小康社会重要时期，我们要按照中央改革发展的新要求，以创新发展、协调发展、绿色发展、开放发展、共享发展五大发展新理念，制定好我国家具行业“十三五”规划，促进行业持续、稳定、健康发展。

会议审议通过了《中国家具协会第五届理事会财务报告》，并对《中国家具协会章程》进行了修改。

大会向信阳市羊山新区人民政府授予了“中国（信阳）新兴家居产业基地”荣誉称号，与周村区人民政府共建了“中国软体家具产业基地”荣誉称号，与厚街镇人民政府共建了“中国家具展览贸易之都”荣誉称号，向六安市叶集区人民政府授予了“中国中部（叶集）家居产业园”荣誉称号。

大会授予广东省家具协会等 6 家地方协会为“中国家具行业 2015 年度优秀协会”，北京居然之家投资控股集团有限公司等 118 家企业为“中国家具行业 2015 年度优秀企业”。这些单位在行业内具有较高知名度和认可度，在各领域中起到了表率作用，为行业发展做出了重要贡献。

与会领导对中国家具协会第五届理事会取得的成绩予以充分的肯定，并对中国家具协会第六届理事会提出了更高的要求，希望新一届理事会带领行业继续健康发展。

本次大会的顺利召开，为我国家具行业“十三五”的发展指明了方向，对各地家具企业和组织的发展具有积极的引领作用，是承前启后、继往开来的一次大会。2015 年，中国家具协会第五届理事会圆满完成了各项工作，第六届理事会将不负行业的重托，继续为政府、会员和行业服务，努力在说清行业的基础上，引领行业健康、持续发展。

在中国家具协会第六次会员代表大会上的讲话

第十一届全国政协提案委员会副主任、中国轻工业联合会会长　步正发

各位代表，各位同志：

今天，我们隆重召开了中国家具协会第六次会员代表大会，总结第五届理事会的工作，选举产生了第六届理事会和新的领导班子。我代表中国轻工业联合会，对大会的召开和新选举产生的协会领导班子表示热烈的祝贺。

过去的五年，家具行业认真贯彻中央决策，奋力拼搏，克服国际金融危机严重冲击；国内要素成本上升和经济下行压力加大等各种困难，实现经济平稳发展，预计 2015 年主营业务收入比五年前增长40%，出口增长35%。结构调整取得积极成果，各项工作取得新成就，为我国经济社会发展，为人民群众生活质量的提升做出了重要贡献！

中国家具协会在行业快速发展和结构调整的进程中发挥了不可替代的重要作用。协会坚持服务宗旨，充分发挥企业和政府之间的桥梁纽带作用，在反映行业诉求，引领行业发展，协调解决行业改革发展的突出问题和共性问题。推动科技创新、节能减排、结构调整和优化升级，培育发展产业集群和特色区域，举办专业展会，帮助企业拓展国内外市场，扩大国际交流合作，完善行业诚信和自律机制，履行社会责任，弘扬企业文化，加强协会自身建设等方面做了大量卓有成效的工作，得到了行业的赞同。

协会重视创新驱动和公共服务平台建设。组织各类设计大赛、产品制作大赛和技能培训推进文化创意和设计服务同家具行业的融合，提升行业原创设计能力和专业技艺水平。培育共建 41 个产业集群，促进产业结构优化。协会加大信息服务力度，定期提供行业统计数据和年度发展报告，通过分析研究全球 30 多个国家家具行业的数据，提出我国家具对外贸易的意见。家具展会不断拓展功能，成为促进行业结构调整转型升级的重要平台，被评为“轻工十大品牌展会”。家具协会的工作受到政府有关部门和企业会员的广泛好评，协会荣获民政部授予的 5A 级社会组织称号。

当前我国家具行业正处在结构调整的阵痛期和深化改革的攻坚期，同时仍处在重要的发展机遇期。正在由原来加快发展速度的机遇转变为加快经济发展方式转变的机遇，由原来规模快速扩张的机遇转变为提高发展质量和效益的机遇。

中国家具协会新一届领导班子任重道远，协会要巩固发展已取得的成绩，适应家具行业转型升级对协会工作的要求，不断开创新的业绩，积累新鲜经验。下面我对家具行业和行业协会工作提几点希望：

一是以五大发展理念引领发展方式转变。前不久召开的党的十八届五中全会审议通过的《中共中央关于制定国民经济和社会发展第十三个五年规划的建议》，是指导未来五年我国发展的纲领性文件。创新、协调、绿色、开放、共享五大发展理念是《建议》的精髓和主线，是“十三五”乃至更长时期我国发展思路、发展方向、发展着力点的集中体现。我们要结合家具行业实际，融入国家“十三五”发展规划，在大局中思考行业的发展。行业发展和协会工作必须牢固树立并切实贯彻这五大发展理念，把创新放在核心位置，以发展理念引领发展方式的转变，推动发展质量和效益的提升，由要素投入型增长向创新驱动型增长转变，由追赶发展型向赶超发展型转变。认真实施《中国制造2025》，远近结合，突出重点，完善家具行业“十三五”发展指导意见。从深化供给侧改革中获取新的动力，加快产业结构调整，以消费升级促进产业升级，培育形成新供给、新动力。深入推进家具行业同相关行业的融合发展、共享发展，企业要探索适合发挥自身优势和特色的发展思路和路子，在差异化、精细化上下功夫，努力开创切合自身实际的新的竞争优势。

二是以消费者为中心，扩大有效供给。消费者对产品的普及和更新升级的选择是推动家具行业发展的动力。加大供给体系的结构性改革，发挥科技和工业设计对结构调整和转型升级的引领支撑作用，以消费者为中心，加快产品、产业结构调整，适应消费者对产品和服务的需求，拓展使用功能，增加产品技术和艺术含量，培育消费新热点，满足和创造多元化、多层次的消费需求。充分应用互联网技术，为满足消费者需求，密切消费者参与互动，推动产业融合合作等提供公共服务平台和技术支撑作用。

三是以质量管理和绿色制造为核心，提升自主品牌影响力。牢固树立“质量是企业的生命”的理念，在精细化上下功夫，使产品质量指标达到国际同类产品的先进水平。构建高效、清洁、低碳、循环的绿色制造体系。增强以质量信誉和绿色制造为核心的品牌意识，积极采用节能减排先进、适用技术，加强综合利用，发展绿色经济和循环经济，使广大消费者从使用产品中享受优质服务，感受到产品和企业的文化内涵。提高企业内在素质，提升品牌附加值和软实力，提升自主品牌的影响力。

四是提升企业走出去水平，提高企业全球化经营能力。总结走出去的经验和教训，巩固发展现有优势，围绕“一带一路”战略，加强国际产能合作，积极培育发展新的优势。不断提高外贸价值增值过程中的附加值，提升自主品牌在国际市场中的覆盖率。进一步完善公共服务体系建设，提升企业走出去水平和全球化经营能力。

五是不断提高行业协会的服务能力。协会要始终坚持服务宗旨，善于集中企业家和广大会员的智慧和实践经验，及时反映企业和行业诉求，研究解决行业改革发展的新情况、新问题，提高解决行业共性和突出问题建议措施的针对性、有效性，改善企业公平竞争、持续健康发展的环境。不断提高协会服务行业和企业的能力，服务政府的能力，服务社会和消费者的能力。

当前，国务院有关部委根据国务院关于培育形成新供给、新动力，扩大内需和加快企业技术升级改造，形成竞争新优势的部署，正组织制定“消费品品质提升三年计划”和年度重点技改升级项目导向计划，家具协会要协助政府、组织企业扎实做好消费升级，扩大内需和企业技术升级改造各项服务、协调工作。

协会要扎实做好脱钩改革工作，不断加强自身建设。坚持科学民主决策，不断完善内部管理和制度建设，自觉接受会员监督。进一步加强领导班子和员工队伍建设，深入持久加强作风建设，以整体素质的提高提升协会工作水平，努力将协会建成学习型、服务型、创新型一流社团组织。

各位代表，家具行业的转型发展同人民群众美好生活关系密切，让我们共同努力，紧抓新的发展机遇，为实现家具强国做出新的贡献，开创新的辉煌！

祝本次大会圆满成功！

谢谢大家。

在中国家具协会第六次会员代表大会上的讲话

民政部民间组织管理局副局长　安宁

各位领导、同志们：

大家上午好！

中国家具协会第六次会员代表大会，是在行业协会商会深化改革的关键时期召开的一次重要会议。会议全面总结第五届理事会的工作，选举新一届理事会，研究部署新形势下协会工作规划，必将为协会发展奠定更加坚实的基础。在此，我代表民政部民间组织管理局，对中国家具协会第六次会员代表大会的召开表示热烈的祝贺！

行业协会商会是加强行业自律、规范会员行为、反映行业诉求的重要载体，在为政府服务、为行业服务、为会员服务和为社会服务方面具有独特的优势。中央高度重视行业协会商会在在助推经济发展方面的积极作用，十八大以来，党中央、国务院就行业协会商会改革发展作出一系列新论述、新精神。要求正确处理政府和社会关系，逐步推进行业协会商会与行政机关脱钩，加快实施政社分开，强化行业自律，推进社会组织明确权责、依法自治、发挥作用。重点培育、优先发展行业协会商会类、科技类、公益慈善类、城乡社区服务类社会组织。成立这些社会组织，直接向民政部门依法申请登记，不再需要业务主管单位审查同意。鼓励行业协会商会在市场经济基础建设方面发挥作用，要求行业协会商会建立健全行业经营自律规范、自律公约和职业道德准则，在行业信用建设中发挥作用。鼓励行业协会商会制定发布产品和服务标准，参与制定国家标准、行业规划和政策法规。支持行业协会商会在促进政府职能转变中发挥作用，适合由社会组织提供的公共服务和解决的事项，交由社会组织承担。同时要求加强行业协会商会自身建设，增强参与市场监管的能力。

按照党中央、国务院的部署，民政部围绕简政放权、放管结合、优化服务的要求，将从五方面支持、引导行业协会商会的发展：

一是继续深化登记制度改革，降低准入门槛。加快修订出台《社会团体登记管理条例》，取消筹备成立审批环节，制定行业协会商会登记分类标准。

二是扎实稳妥推进全国性行业协会商会脱钩试点工作。2015 年 6 月 30 日，中办、国办印发《行业协会商会与行政机关脱钩总体方案》后，有关部门出台了 9 个配套文件，试点的通知也已下发，148 家试点单位已经确定。第一批试点计划于 2016 年 7 月中旬完成。

三是完善政策环境。鼓励行业协会商会参与公共事务，政府部门在制定相关政策和规划时，应充分听取相关行业协会商会意见。推动行业协会商会专门立法，鼓励和支持有条件的地方先行先试，出台地方性法规和地方政府规章。按照政府向社会力量购买服务有关政策要求，对作用发挥明显、社会贡献突出的行业协会优先购买服务。完善税收优惠、人才建设等各项配套政策，形成有效的法规政策支持。

四是加强监督管理。建立健全民政部门与行业管理部门、有关职能部门协调配合的综合执法机制，完善投诉举报受理机制，维护行业协会商会健康发展的良好秩序。制定信息公开办法，要求行业协会商会定期披露财务收支情况和重要业务活动等信息，自觉接受社会公众和会员的监督。

五是加强行业协会商会能力建设。指导行业协会商会按照现代社会组织的要求，建立权责明确、运转协调、有效制衡的法人治理结构，形成自我管理、自我发展、自我约束的运行机制。认真执行换届选举制度，鼓励选举企业家担任行业协会商会的会长，推行秘书长聘任制，实行行业协会商会法定代表人离任审计制度。指导行业协会商会遵循市场经济价值规律、供求规律、竞争规律等市场化原则运作，壮大经济实力。支持有条件的行业协会商会在境外设立分支、代表机构，为我国“走出去”企业提供服务。

中国家具协会经过多年发展，特别是在第五届理事会的努力下，取得了突出成绩，被评为全国5A级社会组织，为全国社会组织的改革发展作出了积极贡献。5年来，理事会的同志们齐心协力，真抓实干，开创了协会发展的新局面，实现了行业发展的新进展。协会服务行业，在制定标准规划、推动科技创新、支持产业走出去等方面做了大量工作；协会服务政府，在行业调查、地方产业对接、产业转型升级等方面积极作为，发挥了参谋助手作用；协会服务会员，及时为企业提供多方面的支持和帮助，搭建平台有效传递信息，有效维护了会员利益；协会规范内部治理，加强能力建设，实力不断增强，服务水平不断提升。过去的五年为协会发展打下了一个良好的基础，构建了宽广的平台。在此，向第五届理事会的同志们表示崇高的敬意！同时，希望协会在新一届领导集体的带领行下，同心同德，抓住机遇，担当使命，履行职责；希望理事会始终坚持底线思维，严格按照法律法规和国家政策办事；始终坚持问题导向，树立服务意识，特别要把为会员服务作为工作的重点；希望广大会员团结一致，积极支持协会的工作，共同为促进我国家具产业的发展做出新的更大的贡献！

谢谢大家！

在中国家具协会第六次会员代表大会上的讲话

国资委行业协会联系办公室副主任　张涛

尊敬的步会长，各位领导，各位业界的精英：

大家好！

今天是个特殊的日子，是行业建设发展史上的大事。中国家具协会第五届理事会在广大会员的共同支持配合下，圆满完成了本届工作任务，通过民主选举产生了第六届理事会，走上了新形势下工作的新起点。我向本届大会的成功召开和新一届理事会的产生表示祝贺。

中国家具协会第五届理事会准确地把握了家具行业在整个国民经济发展和现代化建设中的定位，并在中国轻工业联合会的指导帮助和政府部门的支持指导下，为加强行业基础建设，推动行业结构性重心转移，提高科技含量，培育集群发展，服务企业转型，推动国际化交流和融合发展，提高整个行业的社会贡献水平方面做出了积极的不可替代的重要贡献。

我们了解到，中国家具协会第五届理事会领导班子工作是努力的，是有责任的，业绩是突出的。随着行业和整个国民经济的不断发展，中国家具协会在广大会员的共同意志下不断加强行业公信力和品牌影响力的建设，社会满意度不断提高，形成了今天这样良好的发展局面。我希望并相信中国家具协会在第六届理事会的团结带领下，一是能够在转型过程中继续为行业做出更高质量的基础性工作，为企业、行业和政府提供更好的基础性服务，为行业、企业的转型搭建更多的服务促进平台。二是积极适应社会组织管理制度改革的要求，进一步完善自身治理，开好会员代表大会，发挥好理事会的四个作用，发挥好各个理事会精英的相应作用。同时要把理事会建设好，理事会是治理结构当中最重要、最人格化的一个方面；还要把秘书处建设好，把秘书处的职业化发展、规范化建设和综合能力的提升推动好；继续把品牌工作建设好，把自治管理中的重要事务按照自治管理的要求切实管好，把全产业链服务，全产业链价值体现出来。

我相信，中国家具协会第六届理事会在第五届理事会工作的基础上，在中国轻工业联合会的指导帮助和政府部门的指导支持下，依靠广大理事，广大会员的共同努力和支持，工作会做得更好，家具行业在整个国民经济和民生发展中的重要作用也将越来越突出。

最后对大家致以最良好的祝愿。

谢谢大家！

中国家具协会第五届理事会工作报告

中国家具协会理事长　朱长岭

各位代表，同志们，朋友们：

在全面贯彻党的十八届五中全会精神，总结“十二五”发展经验，部署制定“十三五”规划之际，中国家具协会第六次会员代表大会经过紧张筹备今天在这里召开了。这次会议，将认真总结第五届理事会任期五年的工作，研究下一个五年家具行业的发展，选举产生第六届理事会。在全面建成小康社会的历史进程中，会议的召开对行业发展有着重要的意义。

下面，我就第五届理事会的主要工作向大会做工作报告，请大会审议。

第五届理事会于2010年11月19日选举产生以来，在国资委、民政部、中国轻工业联合会的正确领导下，认真贯彻党中央和国务院的各项方针政策，推动了家具行业的健康发展。中国家具协会紧密团结会员单位，促进行业转型升级，应对经济下行带来的困难，发挥了重要作用。同时，协会加强了内部建设，使协会的服务能力和服务水平得到提高。五年来，中国家具协会在国内外的知名度进一步提高，凝聚力进一步增强，在行业发展中作用逐步显现，成为民政部评估的5A级社会组织。

一、贯彻十八大精神，说清行业情况，促进行业健康发展

十八大以来，党中央提出全面建成小康社会的总目标，提出深化改革、创新发展的新思路。我们认真学习贯彻十八大、二中、三中、四中、五中全会精神，提高说清行业的能力，配合国家有关部委，完成了多篇行业情况报告，分别从家具产业的质量安全、家具行业转型升级、家具出口贸易、行业发展形势分析等方面，向工信部、商务部、发改委、中轻联提供了多篇情况报告，反映了家具行业问题，并提出了政策建议。

为了说清行业，协会采取了多种方式收集数据，与意大利轻工信息中心（CSIL）建立了合作关系，获取了全球30多个国家的家具行业数据和分析资料，通过组织专家分析，提出家具对外贸易的意见。另外，继续与中国轻工信息中心合作，定期取得行业统计数据，并合作撰写年度发展报告，提供给会员企业。

为了解和掌握家具市场的情况，中国家具协会与国务院发展研究中心合作，进行市场调研，通过问卷调查、资料研究、实地考察、召开座谈会等方式，掌握了家具市场的真实情况，完成了《中国家具市场发展报告》并印刷出版，为行业、企业及有关部门提供了重要的参考资料。

在我国经济进入调整阶段，高速发展进入中高速发展的情况下，为准确判断行业发展趋势，重新梳理了近十五年的产业数据，撰写行业发展分析文章，为行业发展提供数据资料。

据统计，从2011年到2015年，规模以上企业主营业务收入不断增加，2015年前三季度，规模以上企业实现主营业务收入5561.91亿元，预计2015年全年将超过7300亿元，与2011年相比增幅超过了40%；另一方面，行业整体增长放缓，五年来主营业务收入增速逐年收窄，从2011年的25.28%，下降到2015年前三季度的9.18%。家具行业经受了从高速发展向中高速发展的阵痛期。

为引领家具行业未来五年的发展，总结“十二五”期间中国家具行业发展的经验，我们组织全国各省市家具协会和行业专家，制定了《中国家具行业“十三五”发展规划》（草案），并将进一步组织修订，成为引导行业和企业的发展文件。

二、掌握行业动态，促进行业转型升级

为适应行业发展需要，中国家具协会加强了行业信息收集整理工作。在平台建设、行业调研、信息合作等方面加大了投入，组建了信息交流网络，及时掌握行业发展动态。

中国家具协会通过开展家具产业集群共建工作，实地走访企业，考察家具市场，获取了行业一手材料。通过接待各地来访的政府官员，了解地区的行业发展情况，为促进各地的家具产业提升和经济发展提出意见和建议。通过组织各类论坛和研讨会，深入探讨针对行业发展的具体问题，研究应对措施，研讨内容涵盖产业转型、行业提升、产学研结合等方面。通过组建信息员队伍，与全国各省市协会的信息工作者、企业宣传负责人、业内媒体记者保持着稳定联系，及时地掌握了行业资讯和热点。

另外，随着我国中部经济发展，以及家具产业由沿海向内地的转移，中部地区成为家具行业承接产业转移和新兴家具产业基地建设的重要区域。为加快河南省家居产业发展，协会组织行业专家对河南多地进行实地考察，并向河南省政府汇报考察情况，对河南地区家具行业发展起到促进作用。几年来，先后与多个产业集群地方政府合作，举办了多次产业发展论坛，解读产业集群建设中家具行业发展趋势，为当地政府制定产业规划提供了发展思路。

三、团结广大会员，协调关系，做好会员服务

第五届理事会的会员队伍进一步壮大，协会凝聚力进一步增强，为行业和企业提供服务的能力也进一步提升。协会会员是行业发展的主体，是协会开展工作的基础。团结发展企业成为协会会员，并服务广大会员，是协会的重要工作之一。目前，中国家具协会有会员近万家（包括地方协会的会员），涵盖国内主要大中型家具生产和营销企业，是国内家具行业重要社会组织。

协会服务会员的重要内容，是解决会员单位遇到的实际问题，保证企业正常的生产经营活动。协会充分调动各方资源，为企业提供多方面的支持和帮助；发挥桥梁作用，帮助企业联系政府部门解决问题；协调会员之间存在的问题，化解会员之间矛盾，促进企业、行业的和谐发展。

协会服务会员的主要手段，是搭建服务平台，促进企业的效益提升。在信息服务方面，通过网络、杂志、书刊等多种渠道，为会员单位发送热点新闻、统计数据和行业报告，供企业决策参考；每年出版《中国家具年鉴》，为行业和社会提供家具行业发展情况。组织出版了《家具标准汇编》，为会员提供技术服务。在会议服务方面，邀请政府官员和行业专家，传达国家政策文件精神，解读国家经济发展趋势，探讨行业长远发展；在展会服务方面，搭建专业展会平台，为会员单位的订单成交、业务拓展、品牌宣传、上下游沟通提供高效的渠道。

此外，协会各专业委员会配合协会开展会员工作，在不同的领域为专业化企业提供更有针对性的服务，通过各类行业活动，提高企业的专业化水平，促进行业集约化的发展。

四、加强行业标准化工作，促进行业技术质量水平提高

中国家具协会是全国家具标准化技术委员会

（TC480）主任委员单位，领导和支持标准化工作的开展。每年召开全国家具标准化工作会，召开标委会全体委员会议，邀请国标委、工信部、中轻联领导到会指导。标委会定期召开标准审定会，讨论和审议各项新制定的家具标准，并根据行业发展需要和市场反馈，组织新的标准立项和制定工作。

中国家具协会组织标委会秘书处制定了《我国家具标准体系》纲要文件，明确了标准化工作要坚持市场导向，促进行业提升的工作目标。同时，发动家具企业，积极参与到各领域的标准制定工作中，提供专业意见，推进了行业标准化工作的开展，目前《中国家具行业标准化“十三五”发展规划》已经制定完成，正在广泛征求意见。

中国家具行业标准采用国际标准，提升我国家具标准国际化水平，是中国家具标准化工作的历史重任。2014 年国际标准化组织家具标准化技术委员会（ISO/TC 136）工作组会议及年会在上海召开，会议确认由我国组成 ISO 19833《家具床 强度和耐久性测试方法》工作组，并制定国际标准，目前该项标准已经在意大利召开过审定会议，很快将作为国际标准颁布执行。我国家具标准化工作的国际话语权提高，在国际家具标准化工作上有了重大突破。

五、推动科技创新，提升行业技术水平

创新驱动是国家深化改革的重要战略，也是推动家具行业持续发展的重要力量。协会努力培育创新力量，支持和表彰创新企业的创新举措，支持企业在产品设计、工艺技术、经营模式上的突破创新，鼓励家具行业与互联网、物联网的深度融合，鼓励电子商务等全新商业模式的创新发展，鼓励新兴信息技术在家具行业中的广泛应用。

为提升行业原创设计能力和专业制作水平，中国家具协会与省市协会、地方政府通力合作，通过参与举办各类设计大赛，推出新设计；开展家具展览会新设计、新产品专家评审，为获奖者颁奖，促进家具设计的不断进步。开展家具产品制作大赛，发掘设计人才，表彰技术人才。通过举办家具设计师代表大会，设计师之夜，中国家居设计大会等家具设计为主题的活动，加强行业交流，促进行业设计水平的提高。

六、加强产业集群建设，促进行业基础建设发展

我国家具行业在发展中形成和建立的产业集群，是家具行业发展的主要基础。中国家具协会配合有关部门，研究产业发展的布局，提出产业发展重点，确定产业发展方向，巩固现有产业聚集地各项建设，优化区域产业结构，完善产业链，推进行业转型升级。

新兴产业园区是产业集群中工业化程度和产业链完整度较高的集中区域。协会全面支持地方政府做好新兴产业园区工作，完善园区建设，迎接产业转移，促进产业格局的科学化和现代化。积极引导园区企业的服务平台建设，提高家具产业园的技术水平。

当前，我国家具产业集群的发展已经形成一定规模，已有命名共建的产业集群 41 个，数量规模在不断增长中。中国家具协会开展产业集群建设工作，通过产业集群的发展促进家具行业的转型升级，集群内企业实力不断增强，品牌建设成效显著，影响力越来越大，产业集群内产业链逐步完善，出现了可持续发展大好局面。

七、重视家具展览会活动的开展，搭建沟通贸易平台

近年来，全国家具行业展览发展迅速，各地不同规模、不同侧重的展览不断开展。协会支持家具展览事业的健康发展，指导各地办展，组织展会活动，充分发挥展览的平台作用，加强家具与上下游产业链对接、促进家具贸易增长。

家具展览会是推动行业全面发展的重要手段，是协会开展工作、服务行业的重要平台，对促进家具行业的信息交流、对外贸易、内销订货、技术提升、设计交流等方面有着重要作用。

中国家具协会参与主办中国上海国际家具博览会、中国广州国际家具博览会、中国沈阳国际家具博览会等大型国际化展览会，打造了和谐有序、互惠共赢的展览会格局。在各大展览会期间，中国家

具协会召开行业工作会议，举办行业发展论坛，组织上下游产业对接，邀请国内外专家和优秀企业，共同讨论行业发展问题，研究行业发展方向。通过这些会议，扩大了我国家具行业社会影响，加深了行业交流，促进了外贸和内销的发展。

八、加强各类培训工作，为行业发展提供人才

行业的培训工作是一项需要不断积累的系统性工作。协会通过加强各类培训，为行业的发展，提供高素质人才，积累宝贵财富。积极开展技术培训工作，培养行业专业人才；与各设计院校加强联动，开展职业教育，组织职业鉴定，促进行业人才供给平衡；联合国家人力资源和社会保障部，制定相关文件，完善培训体系，提升培育质量，满足行业的发展需求。

为提高行业相关人员整体的素质水平和业务能力，协会开展了行业内的工作培训，邀请民政部、中轻联、国务院发展研究中心等上级部门的领导，对家具行业协会的工作人员进行了有针对性培训。另外联合专业培训机构、家具院校讲师、行业研究专家，对行业从业人员进行了系统性培训。

九、贯彻中央“走出去”方针，加强国际合作建设

国务院《关于加快培育外贸竞争新优势的若干意见》提出，要继续巩固和提升中国家具产业的全球主导地位。中国是世界家具生产大国，处在全球家具出口第一的位置。

“十二五”期间，中国家具出口持续增长，预计2015年全年出口额将超过530亿美元，比2011年出口额增长超过35%。受全球经济下行影响，从2012年开始，家具出口增速逐渐下降，2014年出口531亿美元，增速为0.61%。预计2015全年，出口值将保持一定增长。中国作为家具第一出口大国，家具出口没有出现大幅下跌，是全行业努力的结果。

中国家具协会认真落实中央“走出去”的发展战略，为帮助企业家具出口、促进外贸的增长，开展了全方位、多层次的国际交流合作工作。通过考察国际先进家具展览会，访问重要原材料产地和出口市场、组织参与合作项目等工作方式，加强了国际交流合作，为行业搭建高效的交流平台、营造良好的贸易环境。

中国家具协会是亚洲家具联合会成员，去年选举由我担任亚洲家具联合会会长。主持亚洲家具联合会相关工作，促进了亚洲各国家具协会和家具产业的合作发展。通过召开工作会议，与亚洲各国家具协会确定了工作方向，加强了各国的产业交流；通过组织论坛和展览，实现了亚洲各国家具产业和国内流通企业的实质合作，加强了亚洲各国家具与国内市场的对接。

为深化国际影响力，协会与意大利、瑞典、加拿大、俄罗斯、新加坡等国的家具及木材协会达成了战略合作，落地具体项目，促进中国家具制造企业同外国产业资源的深度合作。

为了加强与世界各国的交流，中国家具协会同美国、日本、泰国、西班牙、意大利等国的政府部门和驻华使馆保持着紧密的联系，争取信息的对等和政策的优惠，为行业的走出去和引进来提供帮助与支持。

十、完善协会自身建设，增强协会服务职能

第五届理事会重视协会人员素质的提高，从专业院校招聘了大学生，这些人具备本科、硕士学历，提升了协会员工队伍的素质水平，完善了人员结构，为工作开展带来了活力和潜力。

第五届理事会调整了协会的机构设置，重新划分了职能部门，明确了部门职责，提高了协会的工作效率，提高了协会的服务能力。

完善的规章制度是协会全面开展工作的保障。中国家具协会建立、健全各项规章制度和工作规范，规范了协会的办事程序，节约管理资源，提升管理效率，提高了协会的工作能力和服务水平。

为实现引导行业持续发展的目标，第五届理事会提出强化协会的四个能力，即“协会自立的能力、说清行业的能力、开展行业活动的能力、指导行业发展的能力”，明确了自身建设重点，各项工作的开展具有明确的方向和目的。

第五届理事会取得各方面成绩，得到了行业内的广泛赞誉，也得到了上级部门的肯定。2014 年，协会经中国社会组织评估委员会评审，获民政部颁发的 5A 级社会组织证书，是上级部门对中国家具协会综合工作能力、行业服务能力的最大认可。此外，近年来协会还获得中国轻工业联合会“全国轻工行业信息统计工作先进单位”等荣誉。

在第五届理事会全体成员的不懈努力下，中国家具协会的实力不断增强，服务水平不断提升，成为具有创新能力和拼搏精神的服务者；中国家具协会的凝聚力持续提高，影响力持续扩大，将更好地为行业服务！

未来五年，是我国全面实现小康社会重要时期，我们要按照中央改革发展的新要求，以创新发展、协调发展、绿色发展、开放发展、共享发展五大发展新理念，制定好我国家具行业“十三五”规划，促进行业持续、稳定、健康发展。

各位代表，同志们，朋友们，今天，我们欣喜地看到，中国家具行业在全国经济“新常态”的背景下，始终朝着更好的方向大步迈进。我们的企业不畏困难、开拓创新，在全球产业发展格局中发挥着更加重要的作用。中国家具协会在各会员企业的支持下不断提升服务能力和水平，引导行业健康发展。我相信，只要我们坚持创新发展、协调发展、绿色发展、开放发展、共享发展，一定能够创造新的辉煌，为全面建成小康社会贡献力量！

以上报告，请大会予以审议。

谢谢大家！

中国家具行业 2015 年度“优秀协会”、“优秀企业”表彰名单

优秀协会名单

序号	单位名称
1	广东省家具协会
2	辽宁省家具协会
3	山东省家具协会
4	浙江省家具行业协会
5	河北省家具协会
6	深圳市家具行业协会

优秀企业名单

序号	单位名称
1	北京居然之家投资控股集团有限公司
2	曲美家居集团股份有限公司
3	集美控股集团有限公司
4	北京金隅天坛家具股份有限公司
5	北京元亨利硬木家具有限公司
6	廊坊华日家具股份有限公司
7	亚振家具股份有限公司
8	上海博华国际展览有限公司
9	上海月星控股集团有限公司
10	红星美凯龙家居集团股份有限公司
11	震旦（中国）有限公司
12	上海艺尊轩红木家具有限公司
13	天津市南洋胡氏家具制造有限公司
14	天津市耐特家具有限公司
15	天津查里世家家具有限公司
16	河北蓝鸟家具股份有限公司
17	河北东明国际家具博览有限公司
18	河北香河县家具城管理委员会
19	唐山市汇丰实业集团有限公司
20	河北三江家具集团有限公司
21	山西福润家俱有限公司
22	居然之家山西分公司
23	华丰家具集团有限公司
24	大连华夏家具有限公司
25	沈阳赛宁东兴家私有限公司
26	沈阳宏发企业集团家具有限公司

（续表）

序号	单位名称
27	沈阳市舒丽雅家私有限公司
28	沈阳梦宝家私有限公司
29	吉林省捷亚家俱科技有限公司
30	吉林森工华英家俱有限责任公司
31	光明集团股份有限公司
32	七台河市双叶家具实业有限公司
33	华鹤集团有限公司
34	哈尔滨红旗装饰材料城有限责任公司
35	哈尔滨市卧虎家具有限公司
36	哈尔滨市宏益实业集团有限公司
37	江苏斯可馨家具股份有限公司
38	江苏恒康家居科技股份有限公司
39	美耐家具有限公司
40	东部家具产业基地（海安）管理发展有限公司
41	苏州工业园区金螳螂家具设计制造有限公司
42	圣奥集团有限公司
43	顾家家居股份有限公司
44	喜临门家具股份有限公司
45	浙江花为媒集团有限公司
46	浙江年年红实业有限公司
47	浙江莫霞实业有限公司
48	宁波梦神床垫机械有限公司
49	东莞市城市之窗家具有限公司
50	永艺家具股份有限公司
51	浙江恒林椅业股份有限公司
52	浙江大风范家具有限公司
53	合肥皖宝集团床垫有限公司
54	淮北兆基实业有限公司
55	合肥蓝天家具制造有限责任公司
56	漳州红梅家具有限公司
57	漳州市国辉工贸有限公司
58	福建安溪聚丰工艺品有限公司
59	诚丰家具（中国）有限公司
60	厦门优客居品牌管理有限公司
61	好事达（福建）股份有限公司
62	江西金虎保险设备集团有限公司
63	江西维平创业家具实业有限公司
64	江西世纪星校具实业有限公司
65	山东凤阳集团股份有限公司
66	烟台吉斯家具集团有限公司
67	青岛一木集团有限责任公司
68	山东新郎欧美尔家居置业有限公司
69	淄博宝恩家私有限公司
70	诸城市新华宇家具有限公司
71	河南省雅宝家俱有限公司
72	河南木之秀家具有限公司
73	福蒙特家居中心
74	武汉欧亚达家居集团有限公司
75	湖北联乐床具集团有限公司
76	湖北保丽家具有限公司
77	湖南省晚安家居实业有限公司
78	湖南星港家居发展有限公司
79	广东联邦家私集团有限公司
80	台山市伍氏兴隆明式家具艺术有限公司
81	深圳长江家具有限公司
82	广州尚品宅配家居股份有限公司
83	江门健威家具装饰有限公司
84	简爱家居股份有限公司
85	东莞市慕思寝室用品有限公司
86	中山四海家具制造有限公司
87	广东罗浮宫国际家具博览中心有限公司
88	广东省宜华木业股份有限公司
89	中国对外贸易广州展览总公司
90	广东现代会展管理有限公司
91	敏华控股有限公司
92	东莞市富宝家居集团有限公司

（续表）

序号	单位名称
93	东莞富运傢俬有限公司
94	广州市番禺永华家具有限公司
95	广州市百利文仪实业有限公司
96	广州市至盛冠美家具有限公司
97	广州市欧林家具有限公司
98	广州派风家具有限公司
99	广州市欧亚床垫家具有限公司
100	深圳市左右家私有限公司
101	深圳市仁豪家具发展有限公司
102	深圳兴利家具有限公司
103	深圳雅兰家居用品有限公司
104	深圳市圆方园实业发展有限公司
105	深圳伟安家俱企业有限公司

序号	单位名称
106	全友家私有限公司
107	明珠家具股份有限公司
108	成都八益家具股份有限公司
109	成都市双虎实业有限公司
110	贵州西南国际家居装饰博览城有限公司
111	贵州大自然科技股份有限公司
112	贵州长田家具产业孵化园有限公司
113	西安大明宫建材实业（集团）有限公司
114	陕西南洋迪克家具制造有限公司
115	陕西明珠家居产业有限公司
116	福乐家具有限公司
117	西安金金博士家居用品有限责任公司
118	陕西富丽家具有限公司

注：以上获奖名单按省市划分，排名不分先后。

02 政策法规

POLICY PLAN

2015 年，是我国全面完成“十二五”规划的收官之年。随着国家“十三五”规划的正式出台，《中国家具行业“十三五”发展规划》也随即在中国家具协会第六届二次理事会上正式通过，成为了指导未来五年家具行业发展的重要纲领性文件。国家工业和信息化部于 2015 年 7 月出台了《关于进一步促进产业集群发展的指导意见》，这是工信部成立以来，首次就促进产业集群发展方面出台的指导意见。2015 年颁布的关于家具行业的国家标准和行业标准共计 11 条。及时掌握最新的行业政策法规对行业未来发展起到了重要作用。

中国家具行业“十三五”发展规划

前　言

家具行业是我国国民经济重要的民生产业和具有显著国际竞争力的产业，在满足消费需求、提升生活品质、促进国际贸易、充分吸纳就业、推动区域经济、构建和谐社会等方面起到重要作用。“十二五”期间，家具行业在整体提升、加快转型、稳定发展等方面取得了进展，较好地完成了《中国家具行业“十二五”发展规划》中的主要任务。与世界发达国家相比，我国家具行业大而不强，在自主创新、绿色发展、市场应对等方面任务艰巨。

“十三五”时期是我国实现全面建成小康社会的决胜阶段，是家具行业全新的发展阶段。为落实《国民经济和社会发展第十三个五年规划纲要》和《中国制造2025》文件精神，指导未来五年中国家具行业的稳定发展，继续推动中国由“家具大国”向“家具强国”迈进。中国家具协会根据行业实际情况制订《中国家具行业“十三五”发展规划》。规划期为2016年至2020年。

一、制定家具行业“十三五”规划的指导思想

中国家具行业的“十三五”规划的制定，应全面贯彻党的十八大精神，按照党中央十八届三中、四中、五中全会的要求，以马克思列宁主义、毛泽东思想、邓小平理论、“三个代表”重要思想、科学发展观为指导，坚持稳中求进工作总基调，积极引领经济发展新常态，树立并贯彻创新、协调、绿色、开放、共享的发展理念，保持家具行业平稳较快发展。

二、家具行业“十二五”期间发展回顾

1. 行业健康发展，保持稳定增长 《中国家具行业“十二五”发展规划》中提到，“十二五”期间，我国家具行业产值和产量计划保持15%左右的年增长速度，对行业增长提出了具体的量化指标。

2011~2015年家具行业年均增速为15.84%，超额完成发展任务。伴随社会经济进入新常态，家具行业发展的高速阶段结束，已进入中高速阶段，并将继续趋于平稳。

表1　“十二五”期间中国家具行业主营业务收入情况

时间	主营业务收入（亿元）	增速（%）
2011年	4992.30	25.71
2012年	5438.90	13.84
2013年	6462.75	14.30
2014年	7187.35	10.86
2015年	7872.50	9.29

统计口径：规模以上企业

数据来源：国家统计局

2. 国际贸易良好，主导地位稳固 《中国家具行业“十二五”发展规划》中提到，“十二五”期间，我国家具出口计划保持年增长12%的速度，对中国家具的国际贸易提出了具体的量化指标。

2011~2015年家具行业出口年均增速为10.47%。“十二五”期间，中国家具行业面临着国际市场复杂多变的状况和新兴出口国家的竞争，但其依然处于国际主导地位，保持着良好的发展势

头，国际竞争力进一步增强。

表 2 “十二五”期间中国家具行业出口情况

时间	出口值（亿美元）	增速（%）
2011 年	388.82	15.31
2012 年	499.60	28.52
2013 年	531.01	6.30
2014 年	534.16	0.61
2015 年	542.83	1.62

统计口径：家具全行业

数据来源：国家海关总署

3. 标准体系完善，接轨国际水平 《中国家具行业“十二五”发展规划》强调加强质量标准工作。中国家具行业现行国家标准共 69 项、行业标准共 74 项，其中“十二五”期间发布的家具国家标准共 42 项、行业标准共 59 项。家具标准体系进一步完善，进一步符合安全、卫生、环保的要求。

2014 年，国家标准化管理委员会（SAC）主办国际家具标准化机构（ISO/TC 136）第 12 届全体会议，会议决定在中国建立“床 测试方法”新工作组，并由中国承担“床 强度和耐久性测试方法”的 ISO 新标准制定工作；2015 年，该项标准工作草案顺利进入委员会草案（CD）阶段。中国家具标准首次与国际家具标准接轨，行业标准的国际化进程进入全新阶段。

4. 集群建设加快，助力产业发展 目前，由中国家具协会共建和授牌的家具产业集群共计 45 个，其中“十二五”期间新增的产业集群共有 29 个。产业集群类型涵盖生产基地、流通中心和特色园区，地域覆盖珠江三角洲、长江三角洲、环渤海、东北、中部、西部六大板块。

家具产业集群充分发挥集聚效应，提升区域创新能力和竞争力，推动区域相关产业和经济发展，以点带面，为中国家具产业提供了充足的发展动力。2015 年，中国家具协会修订了《中国家具新兴产业园区的管理办法》和《中国家具行业特色区域荣誉称号的管理办法》，为中国家具行业产业集群工作提供全新参照。

5. 展会发展迅速，行业交流加深 “十二五”期间，中国家具展会工作得到了飞速发展。据不完全统计，2015 年全国各地家具及相关原辅材料和生产机械的展会展览已超过 30 个，地点主要是北京、上海、广州、深圳等发达城市，以及主要省会城市，时间主要集中在每年的三月、九月前后。目前国内家具展会兴盛，展会布局合理，各种展会展览为家具的设计、生产、销售、外贸等方面提供了广阔的交流平台。

6. 大型企业盈利能力有所提升 “十二五”期间，家具企业经历了市场的变动和行业的换挡，企业的盈利能力相对以前有所提升。随着进一步调整结构与转型升级，行业整体盈利水平也将趋于合理并逐步稳定。2011~2015 年家具行业主营业务利润率平均为 6.18%，利润总额年均增速为 18.43%。

表 3 “十二五”期间中国家具行业利润数据增速情况

年份	主营业务利润率	利润总额增速
2011 年	5.80%	32.20%
2012 年	6.34%	19.39%
2013 年	6.25%	14.01%
2014 年	6.15%	12.50%
2015 年	6.36%	14.03%

统计口径：规模以上企业

数据来源：国家统计局

三、现阶段家具行业存在的主要问题

1. 两化融合程度不够，与国际存在差距 中国家具行业与工业化、信息化的融合程度还十分有限，与国际尖端水平还存在一定差距。家具企业对两化融合在思想认识和技术水平上都存在着不足，信息技术在家具的产品研发设计、生产管理、营销售后、物流输送等环节的应用还不够广泛。作为传统制造业，家具行业在两化融合的道路上还有很长的路要走。

2. 产业集中度较低，缺少龙头企业 据第三次经济普查数据（2013 年），中国家具制造业共有

4.6 万家企业，家具企业数量较多，行业集中度却较低。中国家具行业伴随改革开放起步发展，具有入行门槛低、业态模式简单的特点；现阶段家具企业依然呈现数量多、规模小、实力弱的特点，尚未形成一批具有一定市场份额的龙头企业。

3. 绿色发展水平不高，影响可持续发展 目前家具行业对新型原材料和生产技术的应用仍然有限，生产制造过程可能产生噪音、粉尘、有害挥发物等污染，在节能减排、循环发展方面还有待提升。行业绿色发展水平不高，尚未能建立可持续发展的绿色制造体系

4. 品牌建设不足，知名品牌较少 中国家具行业的品牌建设依然不足，在国内尚未形成一批被消费者广泛认可的家具品牌，消费者对于大型卖场的品牌印象比对家具产品本身的品牌印象更深刻；国际上中国家具依然依赖价格优势，存在档次不高、附加值较低的问题，中国家具依然欠缺高品质的国际形象。

5. 外贸成本优势减弱，应对问题能力不足 当前世界经济复苏疲软，国际市场复杂多变，家具行业原材料价格的不断上涨，劳动力成本的不断提高，成本优势逐渐弱化，一些国家凭借价格优势与中国产生竞争。同时，贸易摩擦案件频发，家具行业应对贸易问题的能力不足。

6. 卖场发展不均衡，经营模式同质化 流通市场作为家具行业中重要的一环承载着连接消费者和厂商、经销商的重要作用。近年来家具卖场的发展迅猛，区域分布不均衡，部分地区供大于求，单位面积效益有限，呈现出相对过剩的态势；此外，卖场经营模式同质化，竞争趋于无序化。

表 5 “十二五”期间家具行业 R&D 经费情况

时间	经费投入（亿元）	投入强度（%）
2011 年	9.0	0.18
2012 年	14.5	0.25
2013 年	22.5	0.34
2014 年	27.1	0.37
2015 年	–	–

统计口径：规模以上企业

数据来源：国家统计局 科学技术部 财政部

7. 行业研发投入有限，缺乏自主创新能力 中国家具企业大部分由中小型企业组成，受限于经济实力和经营策略，广大家具企业对新技术、新材料、新产品的研发投入都十分有限，家具行业整体研发创新能力亟须提升。据第三次全国经济普查数据，中国家具制造业的 R&D 经费支出为 22.5 亿元，R&D 经费投入强度为 0.34%。

四、“十三五”期间家具行业面临的形势

1. 新格局下的国际环境 “十三五”期间，世界经济将继续复苏和深度调整，发达经济体的市场和消费或有改善，然而诸多不确定因素依然存在，外部环境处在不断变化之中，预计世界经济依然将处于疲弱，维持中低速的增长。

在全新的经济格局下，国家间、区域间的战略合作将会更加频繁。中国现在已经是全球 120 多个国家最大的贸易伙伴，同美国、俄国、欧盟及等国家和地区保持着密切交流和深度合作。中国是全球经济最有希望的国家之一，发展格局稳定。

2. 新常态下的经济特点 新常态下经济增速相比以往放缓并趋于稳定，实际增量依然可观，经济运行总体态势较好，也面临着一些突出矛盾与问题。传统行业必须适应新常态下产业结构调整、增长方式转变、企业兼并重组、市场体系完善的变化。

经济增速换挡回落后，中国将更多依赖国内消费需求拉动，避免依赖出口的外部风险，多元化的增长动力将为经济的平稳发展提供保障，市场活力的进一步释放将为经济的持续发展提供助力。

3. 新战略下的发展机遇 “十三五”期间，国家制定和实施的各项宏观政策和顶层规划将打造活力十足的经济布局与对外开放局面，为各行各业营造更好的发展环境，创造更多的发展机遇。

“互联网 +”、“双创”、“中国制造 2025”等战略将催生中国工业的深刻变革。中国将全面整合社会力量，向着世界制造强国转变。传统制造业将迎来变革机遇，在结构优化、技术创新、质量提升等

方面将有望实现跨越性进展。

“一带一路”、“长江经济带建设”、“京津冀协同发展”、“振兴东北老工业基地”等战略将进一步优化国家经济格局，带动区域产业与整体经济的协调发展。相关地方政府将推出密集的扶持政策，促进我国各板块之间的合纵连横，形成全新的增长极和城市群，带来全新的经济增长潜力和产业发展机遇。

“新型城镇化建设”规划等战略则将进一步扩大城镇消费群体、优化消费结构、释放消费潜力，发挥我国的人口红利和人才红利，带来城市基础设施、公共服务设施和住宅建设等巨大投资需求，带来持续的发展动力和新一轮的消费增长。二孩政策的全面开放将在一定时期内促进儿童家具的发展，并在长远的未来为家具行业提供持续的市场需求和发展动力。

4. 新形势下的行业方向 新形势下我国家具行业结束了高速发展的阶段，进入中高速发展的阶段。基数大、增量大、增速放缓将成为行业常态。企业的优胜劣汰将进一步加剧，行业的“马太效应”将更加突显，行业整体水平和集中度将有所提升，质量高于数量、创造高于制造正逐步成为行业发展的共识。

家具行业在国际贸易中依然保持着主导地位，中国家具的生产与出口占世界首位，但建立在低成本基础上的竞争优势可能随着国情的变化逐步削弱。现阶段家具出口贸易面临新形势和新压力，巩固传统优势、加快培育竞争新优势将是中国家具贸易下一步的主要任务。

国内家具行业相关的法律法规和行业标准日益完善，对广大家具企业的生产、销售和服务都提出了更高的要求，家具企业需要不断提升技术、改善管理，提高企业自主创新能力，持续培育核心竞争力。

目前中国环境的承载能力已经达到或接近上限，家具行业必须进一步推行绿色环保的发展方式，降低行业能耗，提升制造效率。家具行业要逐步建立高效、清洁、低碳、循环的绿色制造体系，适应经济和环境可持续发展的新需求。

五、“十三五”期间家具行业发展的主要目标

1. 保持平稳增长 “十三五”期间，家具行业要主动适应经济新常态，加快转变发展方式，保持行业稳定发展。进入中高速发展阶段后，稳中求进将是家具行业发展的总基调，保持主营业务收入年均 9%~10% 左右的增长。

2. 巩固国际主导地位 “十三五”期间，中国家具要进一步加强贸易交流，适应全新国际形势，充分打造行业合力，积极应对贸易摩擦，提升产品附加值和对外贸易水平。要继续巩固和提升中国家具在国际市场的主导地位，保持家具出口值年均 3%~5% 的增长。

3. 深耕国内市场 “十三五”期间，家具行业要挖掘细分领域、深耕国内市场。要充分消化和理解国家政策规划，不断调整行业发展方向，适应人民群众多样化的消费需求。要继续扩大消费需求，释放消费潜力，保持家具类商品零售额年均 8%~10% 的增长。

4. 进一步缓解产能过剩 “十三五”期间，要进一步促进家具行业的结构调整与转型升级，推动产业向中高端迈进。要充分发挥政府的调控作用和市场的决定作用，淘汰落后产能，优化市场供需关系，进一步缓解家具行业产能过剩的矛盾。

5. 增强企业盈利能力 “十三五”期间，要发挥家具企业的主体作用，带动行业发展。进一步提升企业竞争力，增强企业盈利能力，提高行业整体盈利水平。加强对行业大型骨干企业的培养，保持家具行业主营业务利润率年均达到 6% 左右，保持利润总额年均 15% 以上的增长。

6. 提高行业研发投入 “十三五”期间，要增强广大家具企业自主研发意识，提升企业自主创新能力。要提高行业整体研发投入，提升行业整体技术水平。保持家具制造业 R&D 经费支出年均达 40 亿元以上。

7. 促进家具卖场的协调发展 “十三五”期间，充分发挥家具专业市场的流通作用，优化流通环境，促进家具卖场与行业整体的协调发展，控制家具卖场的面积年均增长在 15% 以内。

六、“十三五”期间家具行业发展的战略措施

1. 坚持转型升级，促进两化融合 正确认识家具行业的发展现状，坚持推动产业的结构调整和优化升级。以科学发展观为指导，以先进技术为主要手段，引导家具产业向分工细化、协作紧密方向发展，加强家具行业与智能制造相结合，推进家具行业的技术改造，促进行业从高能耗向低能耗转变，从低附加值向高附加值升级，从粗放型向集约型过度，推进信息化与工业化深度融合，持续提升家具行业的核心竞争力。

2. 坚持绿色环保战略，促进生态文明建设 家具行业的长远发展需要树立科学的生态理念，立足当下，着眼未来，坚定不移地推行绿色环保战略。要着力解决行业发展与生态环境的矛盾，推动建立绿色发展产业体系。鼓励企业的设备改造和技术更新，注重生产过程的节能减排，推广新型的环保材料和再循环材料的应用，释放节能环保设备和绿色家具产品的消费与投资需求，拉动行业绿色环保工程发展，促进行业生态文明建设与可持续发展。

3. 加强品牌建设，培育大型企业 以提升产品质量为前提，加强行业品牌建设工作。强化行业品牌意识，制定品牌管理体系，推广品牌评价准则，引导广大家具企业提升内在素质，夯实发展基础，培育一批知名度覆盖行业内外的大型家具企业，打造一个特色鲜明、竞争力强的中国家具品牌队伍，充分发挥龙头企业的榜样作用，带动全行业的良性发展。

4. 提升行业整体水平，提高企业效益 进一步提升家具行业整体在设计研发、生产制造、市场营销、人才培育、战略管理等方面的提升。企业作为市场主体，是行业提升整体水平的主要力量，企业要强化创新主体地位和主导作用，树立服务意识，提升管理水平，实行差异化战略，切实提升盈利水平和市场竞争力。

5. 促进产业集群发展，带动行业全面提升 加强家具产业集群建设工作，推动现有产业聚集区向产业集群的转型升级，进一步促进家具产业集群在数量和质量上的提升。以信息化技术强化集群内企业的产业关联度，促进企业群体的协同发展。充分发挥产业集群在综合生产、商贸流通、特色产品等的区域优势和集聚效应，带动家具行业的全面提升。

6. 推进人才培养，增强行业后劲 大力推进家具行业人才培养工作，加快培养家具行业技术技能人才和高素质管理人才，支持开展岗前培训、技能提升培训、管理人才培训等工作。促进企业同专业院校、培训基地、教育机构的合作联系与人才交流，培育行业设计、制造、营销、管理等方面的人才，打造成熟的行业人才梯队，增强家具行业的人才储备和发展后劲。

7. 深化标准化工作，促进技术进步 充分发挥标准化工作在家具行业中保障产品质量、规范市场秩序、促进企业提升、维护行业利益的基础性、战略性作用。深化标准化工作，细化各项标准，促进新标准的制定和出台。进一步提升家具标准化工作的国际化水平，积极参加国际标准化活动，争取将家具行业的国家标准纳入国际标准。

8. 提升协会服务，促进行业融合 充分发挥家具协会对家具行业指导引领的作用，提升协会对行业的服务水平，落地协会对企业的服务项目，通过中国家具协会和各省市的家具行业协会、商会，建立覆盖行业内外的服务网络，促进“大家居”概念下家具行业同其他相关领域的融合发展。

9. 优化流通市场模式，促进多方合作共赢 充分发挥流通市场在家具行业内联通消费者、厂商、经销商的作用。整合家具仓储、物流、安装等环节，优化流通市场模式，提高流通效率，降低流通成本，打破地域局限和渠道垄断，鼓励合理竞争，促进家具流通各环节的合作共赢。

10. 加强国际产业交流，保持出口第一位置 充分发挥出口对家具增长的促进作用，加强家具行业与国际的交流，促进国内外的家具制造商、采购商、经销商与上下游产业链的商业对接，促进贸易合作的达成。保持中国作为全球第一大家具出口国的位置，深化中国家具在国际市场的影响力，巩固中国家具在国际贸易中的竞争优势。

11. 重视信息工作，加强交流合作 重视家具行业的信息工作，通过各类高峰论坛、产业会议、学术研讨等活动搭建行业信息交流平台，强化家具产业链内各环节的信息交流。优化统计体系，充分

发挥数据信息在说清行业、指导行业方面的作用。在“互联网 +”大战略的背景下，加强家具行业在大数据、云计算等信息技术方面的应用，通过信息手段促进行业的改革、创新、发展。

12. 注重电子商务，促进贸易发展 拓展网络经济空间，在“互联网 +”行动计划下推进行业的模式创新。注重电子商务在家具行业未来发展中的重要作用，鼓励与促进家具企业尝试电子商务模式，探索与培育家具行业全新的营销模式，促进贸易达成，促进行业繁荣。

13. 统筹展会展览工作，搭建商贸交流平台 统筹全国性展会和区域性展会的协同发展，突出展会之间的差异性，营造协同互补、互利共赢的发展环境。避免展会之间的同质化竞争和不必要内耗，充分发挥展会展览促进商贸合作和产业交流的作用，构建家具行业功能完善、布局合理、发展均衡的展会展览格局。

14. 提升行业设计水平，强化知识产权保护 建立健全的设计人才培育机制，以各类设计比赛和展会展览为平台，加强家具行业内的设计交流，鼓励培育家具设计室、家具设计研究中心等具有独立设计能力的机构，加强培养家具行业设计力量，提升行业整体设计水平。深化知识产权领域改革，优化家具行业知识产权保护体系，为家具行业营造良好的设计氛围，抵制抄袭、剽窃等损害企业和设计师利益，危害行业健康发展的行为。

工业和信息化部关于进一步促进产业集群发展的指导意见

工信部企业〔2015〕236号

各省、自治区、直辖市及计划单列市、新疆生产建设兵团中小企业主管部门：

产业集群是中小企业发展的重要组织形式和载体，对推动企业专业化分工协作、有效配置生产要素、降低创新创业成本、节约社会资源、促进区域经济社会发展都具有重要意义。经过多年的发展，我国产业集群已逐步发展壮大，一些地区产业集群销售收入已达到本地企业销售收入一半以上，产业集群对区域经济的支撑作用日益明显。但目前产业集群发展总体水平还不高，部分产业集群集聚度较低，创新能力弱、信息化水平低、品牌建设不够、公共服务滞后、基础设施不配套，亟待转型升级，提升发展能力。按照国务院促进中小企业发展和《中国制造2025》的要求，现就推动产业集群转型升级，进一步促进产业集群发展，提出以下意见。

一、加强规划引导，促进产业集群科学发展

（一）按照布局合理、产业协同、资源节约、生态环保的原则，对产业集群进行规划布局和功能定位。产业集群发展规划要纳入本地区发展规划，与城乡规划、土地利用总体规划等有机衔接。

（二）鼓励支持在产业集群中建设中小企业产业（工业）园区、小型微型企业创业创新基地、创客空间等中小企业创业创新集聚区，鼓励有条件的产业集群建设多层标准厂房，高效开发利用土地。

（三）加强产业集群基础设施保障，推进产业集群生态文明建设。完善产业集群能源供应、给排水、排污综合治理等基础设施，推广节能减排共性技术，鼓励企业参与节能减排投融资、合同能源管理、开展清洁生产审核，推动建立集群内废旧物回收处理、再制造工程咨询等第三方环境治理方式，加强节能管理和“三废”有效治理，推动绿色低碳循环发展。

二、提升龙头骨干企业带动作用，强化专业化协作和配套能力

（四）发挥龙头骨干企业的示范带动效应。每个产业集群应明确2~3家龙头骨干企业，并对其重点扶持。鼓励龙头骨干企业将配套中小企业纳入共同的供应链管理、质量管理、标准管理、合作研发管理等，提升专业化协作和配套能力。支持龙头骨干企业建立开放性研发平台向中小配套企业开放，推动协同制造和协同创新。

（五）鼓励和引导中小企业与龙头骨干企业开展多种形式的经济技术合作，建立稳定的供应、生产、销售等协作、配套关系，提高专业化协作水平，完善产业链，打造创新链，提升价值链，推动中小企业“专精特新”发展，培育和发展一批成长性好的企业。

三、加强区域品牌建设，推动要素聚集和价值提升

（六）组织开展区域品牌建设工作，发挥行业协会、技术机构、龙头骨干企业和中小企业作用，联合打造区域品牌。鼓励产业集群制定区域品牌发展规划，开展区域品牌策划与设计，申报注册国家地理标志、集体商标、原产地、证明标志等集体品

牌，保护区域品牌知识产权，深化区域品牌内涵。建立健全区域品牌评价制度，加强区域品牌信誉和风险管理，确保区域品牌健康发展。

（七）支持建设产业集群展览展示平台、电子商务平台等公共营销渠道，推动线上电子商务与线下专业市场融合发展。支持开展区域品牌宣传推广，鼓励有条件的产业集群发展工业旅游和产业旅游，引导企业参与宣传区域品牌，共同扩大区域品牌和企业品牌的社会影响。

四、提高产业集群信息化水平，建设智慧集群

（八）加强产业集群光纤宽带网络和移动通信网络建设，深化移动互联网、云计算、大数据、物联网等新一代信息技术在产业集群中的应用。加快信息技术改造传统产业，支持对企业设计、制造、管理、销售、服务等关键环节的信息化应用能力提升，发展网络制造等新型生产方式，开展网络实时诊断、流程优化再造、云服务等新型服务。

（九）实施互联网 + 产业集群建设行动，建设“智慧集群”。选择一批管理规范、产业集聚度高、创新能力强、信息化基础好、引导带动作用大的重点产业集群，开展百家“智慧集群”建设和认定工作，总结推广“智慧集群”发展经验。

五、提升创新能力，增强集群竞争优势

（十）鼓励和支持产业集群与高校、科研机构建立产学研用协同创新网络，采取多种形式建立产业集群研发中心、设计中心和工程技术中心等。培育建设一批产业、产品协同研发平台，推动产业集群共性技术研发和推广应用，引导创新资源向集群集聚。鼓励和引导企业间联合组建产业联盟或研发联盟等新型合作模式，强化产业链整合和供应链管理。

（十一）引导企业采用国内外先进技术标准，推进可靠性管理体系建设，强化工艺、质量、节能、环保、卫生等标准化管理。推进产品国际标准认证，支持企业参与行业、国家和国际标准制订和修订。

（十二）建立产业集群知识产权服务机制，保护技术创新成果及知识产权。鼓励建立产业集群知识产权联盟，解决共性问题，推动知识产权共享，增强中小企业的知识产权创造、运用、管理和保护能力。

六、提升公共服务能力，支撑产业集群转型升级

（十三）支持产业集群公共服务平台建设，发挥中小企业公共服务平台网络的作用，集聚优质服务资源，采取政府购买服务、无偿资助、业务奖励等形式，鼓励各类服务机构提供服务，扩大公共服务的覆盖面和受益面。加速先进制造技术的推广应用，支持新产品认证服务，增强产品检测服务能力。支持科研院所、高校向产业集群开放重大科研基础设施和大型科研仪器。建立创业创新项目库，提供技术应用、融资支持、商务和政务代理等服务。加快建立社会化、专业化现代物流服务网络。

（十四）建立健全产业集群多层次、多类别的人才培养机制，鼓励利用社会培训资源开展产业集群人力资源培训。加强产业集群内企业科技创新人才、高技能人才培养。加大集群内“专精特新”企业经营管理人员培训，将其纳入企业经营管理人员素质提升工程。引进国内外职业培训机构，提升职业教育水平。支持集群内企业员工参与国内外职业技能比赛。

（十五）支持发展行业协会和产业联盟，引导和推动产业集群依法组建行业协会、商会。充分发挥行业协会行业自律、教育培训和品牌营销作用，开展行业标准制定、商业模式推介等示范活动。支持行业协会或联盟成员间实行集约化采购、共有品牌等多种合作共享模式，打造利益共同体。

七、加强指导和政策支持，优化产业集群发展环境

（十六）各地要把提升产业集群发展能力、促进产业集群转型升级作为推动中小企业发展的重要工作内容。建立和完善促进产业集群发展工作协调机制，切实加强对产业集群发展的管理、指导和服务。要根据实际制定和完善本地产业集群发展规

划，加强规划引导。

（十七）建立产业集群运行监测制度，鼓励有条件的地区和行业研究发布产业集群指数，加强预警和引导。建立产业集群评价机制，完善评价考核和分类指导。

（十八）各级企业技术改造或转型升级专项资金、中小企业发展专项资金、基金及服务体系建设资金，对产业集群龙头骨干企业转型升级、公共服务平台建设、智慧集群建设、集群企业或机构在产业链各环节的合作创新、产业集群发展规划制定等优先给予资金支持。符合条件的国家中小企业公共服务示范平台中的技术类服务平台，对其在合理数量范围内进口国内不能生产或者国内产品性能尚不能满足需要的科技开发用品，免征进口关税和进口环节增值税、消费税。

（十九）落实支持中小企业发展的金融政策，重点加强和改善产业集群中小企业金融服务。积极引导银行业金融机构创新金融产品和金融服务，以及知识产权质押、股权质押、仓单质押、商业信用保险保单等多种融资方式。建立和完善集群企业信用体系，推动信用信息共享。鼓励金融机构、投资机构、中小企业信用担保机构与产业集群建立项目对接，搭建合作平台。

（二十）推动产业集群合作交流。以培训、研讨、展览、项目对接等方式为媒介，促进人才、技术、资本、服务、信息等创新要素的流动和共享。建立产业集群国际合作交流机制，鼓励有条件的产业集群“走出去”，加强国际合作。

2015 年国家标准发布公告

2015 年，国家标准批准发布公告共 7 项，如下表所示：

2015 年国家标准批准发布公告一览表

序号	标准号	标准级别	标准名称	代替标准号	发布日期	实施日期
1	GB/T 10357.8-2015	国标	家具力学性能试验 第 8 部分：充分向后靠时具有倾斜和斜倚机械性能的椅子和摇椅稳定性		2015-06-02	2016-01-01
2	GB/T 32437-2015	国标	家具中有害物质检测方法 总则		2015-12-31	2016-07-01
3	GB/T 32442-2015	国标	可拆装家具拆装技术要求		2015-12-31	2016-07-01
4	GB/T 32443-2015	国标	家具中挥发性有机物释放量的测定 小型散发罩法		2015-12-31	2016-07-01
5	GB/T 32444-2015	国标	竹制家具通用技术条件		2015-12-31	2016-07-01
6	GB/T 32445-2015	国标	家具用材料分类		2015-12-31	2016-07-01
7	GB/T 32446-2015	国标	玻璃家具通用技术条件		2015-12-31	2016-07-01

2015 年工业和信息化部行业标准批准发布公告

2015 年，工业和信息化部行业标准批准发布公告共 4 项，如下表所示：

2015 年工业和信息化部行业标准批准发布公告一览表

序号	标准编号	标准名称	标准主要内容	代替标准	采标情况	实施日期
1	QB/T 4783-2015	摇椅	本标准规定了摇椅的术语和定义、分类、要求、试验方法、检验规则、标志、使用说明、包装、运输和贮存。 本标准适用于摇椅，不适用于儿童以及婴幼儿摇椅。	/	/	2015-10-01
2	QB/T 4784-2015	木家具空气喷涂涂着率测定方法	本标准规定了木家具空气喷涂涂着率的术语和定义、测定方法。 本标准适用于采用空气喷涂法涂饰木家具表面时涂着率的测定和计算。	/	/	2015-10-01
3	QB/T 4839-2015	软体家具发泡型床垫	本标准规定了软体家具发泡型床垫的术语和定义、代号、产品分类、要求、试验方法、检验规则、标识、使用说明、包装、运输和贮存。 本标准适用于厚度为 130mm 及以上的发泡型床垫，厚度小于 130mm 的发泡型床垫可参照执行。	/	/	2016-01-01
4	QB/T 4840-2015	户外家具用遮篷	本标准规定了户外家具用遮篷的术语和定义、分类、要求、试验方法、检验规则、标志、使用说明、包装、运输和贮存。 本标准适用于户外家具用遮篷，不适用于独杆支撑的伞类产品。	/	/	2016-01-01

03 年度资讯

ANNUAL INFORMATION

2015年，我国家具行业在调整期中稳健发展，一年来，国家出台了多项涉及家具行业的环保法规，各地方政府、企业为未来发展做出了多项努力。盘点2015年，本篇从各个层面总结了国内家具行业20大关键词，分别为：标准法规、环保法规、政府采购、产业集群、企业上市、战略投资、融资众筹、双11狂欢、销售业绩、战略合作、投资扩建、电子商务、智能家居、跨界发展、知识产权、抱团发展、转型升级、品牌赞助、产品设计、展会动态，围绕这20个关键词网罗年度行业发展最实用资讯；国际新闻则依据地理位置进行划分，筛选重点、做出总结，将年度新闻大事记一网打尽。

中国家具协会及家具行业 2015 年度纪事

中国设计师合作项目启动会在上海召开

2015 年 1 月 29 日，由中国家具协会及瑞典木业协会共同举办的“中国设计师合作项目启动会”在上海召开。中国家具协会信息部主任屠祺女士代表中国家具协会理事长朱长岭致辞，中国家具协会与瑞典木业协会的此次项目合作，设计并生产的产品将在中瑞两国优质的展会及设计平台上展出。这是中国家具协会与瑞典木业协会强化合作的全新开端，将为双方的会员企业提供更好的合作平台，更为企业持续发展起到积极推动作用。

第二届中国家具行业优秀女性表彰大会在北京召开

2015 年 3 月 7 日，由中国家具协会主办的“第二届中国家具行业优秀女性表彰大会”在北京召开。第十一届全国政协提案委员会副主任、中国轻工业联合会会长步正发，中华全国妇女联合会妇女发展部部长崔卫燕，妇女城市处处长马越男，中国家具协会理事长朱长岭出席了大会。中国家具协会在全国妇联的指导下，在家具行业开展了巾帼文明岗和巾帼建功标兵的选拔评选活动，评选出 53 个中国家具行业“巾帼文明岗”，183 名中国家具行业“巾帼建功标兵”。

中国家具市场发展研究结题发布会暨2015年家居流行趋势及行业信息发布会在东莞召开

2015年3月16日，由国务院发展研究中心市场经济研究所、中国家具协会、瑞丽家居、东莞名家具展共同主办的“中国家具市场发展研究结题发布会暨2015年家居流行趋势及行业信息发布会”在东莞召开。会上朱长岭理事长为发布会致辞，国务院发展研究中心市场经济研究所所长任兴洲介绍了关于《中国家具市场发展研究》的结题情况，并作“经济新常态与家具市场发展”主题报告。中国家具协会信息部主任屠祺介绍了《中国家具市场发展研究》的合作背景和调研进程，并作“2014年家具行业运行情况及2015年发展展望”汇报。瑞丽家居在会上发布了2015年家居领域的流行趋势和风格走向。

亚洲家具联合会第34次董事会在东莞召开

2015年3月17日，“亚洲家具联合会（CAFA）第34次董事会”在东莞召开。朱长岭会长在发言中说，中国一直致力于与亚洲家具联合会各成员国之间加深信息交流与共享，共同提升亚洲家具行业国际影响力，为各国会员企业做出更大的贡献。本次会议是亚洲家具联合会中国秘书处成立后组织召开的第一次会议，会议对今后两年的重点工作进行了计划和讨论，细化了各项工作的具体安排，CAFA会员将在亚洲各国家具行业的发展上发挥更加积极的作用。

做强中国持续发展——中国家具产业集群升级推进大会在上海召开

2015年3月31日，“中国家具产业集群升级推进大会”在上海召开。全国39个家具产业集群地区的政府领导、行业协会领导和企业的代表共计150人参加会议。会上，朱长岭理事长做《中国家具产业集群升级推进》报告；庞村、清丰、成都、南城、南康、睢宁等家具产业集群代表就各地区产业集群建设情况和建设经验发言；中国家具协会副秘书长吴国栋宣读《关于授予浙江省衢州市龙游县“中国红木家居文化园”称号的决定》；朱长岭理事长向龙游县颁发“中国红木家居文化园”牌匾。

第四届中国香河国际家居文化节成功举办

2015 年 4 月 28 日～5 月 3 日，由中国家具协会、香河国际家具城共同主办的“第四届中国香河国际家居文化节”在河北香河国际家具城成功举办。本届文化节邀请了来自美国、俄罗斯、意大利、西班牙、罗马尼亚、韩国、日本、新加坡、印度、泰国、马来西亚、伊朗、保加利亚等十多个国家的使领馆官员、家具协会代表、国际家具媒体联盟代表以及全国三十个省市家具协会和会员单位出席。28 日下午，各省市家具协会考察团参加了当地的招商对接活动。文化节期间，还举办了“亚洲家具联合会 2015 年工作会议”、“2015 年中国家具行业信息工作交流会”以及各类国内外商业对接活动。

中国家具协会与瑞典木业协会合作项目取得阶段性成果

2015 年 5 月 4～9 日，中国家具协会与知名设计师、家具制造企业负责人组成的 26 人瑞典项目考察团共同前往瑞典，与瑞典木业协会共同完成了考察及研讨活动。2015 年 9 月 9～12 日，“‘家具开启可持续生活’中瑞合作项目成果展”在上海世博展览馆举办。该活动由瑞典木业协会和中国家具协会共同主办，是“瑞典木·新家具·在中国”成果展示活动。

《藤椅》等 6 项家具标准审定会在苏州召开

2015 年 5 月 13～15 日，“全国家具标准化技术委员会 2015 年第一次正式会议”在江苏省苏州市南郊召开。会上，工信部科技司盛喜军处长专门解读了 2015 年 3 月国务院颁布印发的《深化标准化工作改革方案》。标委会主任委员、中国家具协会理事长朱长岭介绍了 2015 年一季度我国家具行业整体情况。会议通过了《室内用石材家具通用技术条件》、行标《藤椅》和《布衣柜》及修订的三项国标《家具桌、椅、凳类主要尺寸》《家具柜类主要尺寸》《家具床类主要尺寸》6 项家具标准的审定。

2015 年全国家具协会会长、秘书长工作会议分别在天津和上海召开

2015 年 5 月 28 日，在我国经济发展进入新常态及京津冀协同发展战略逐步实施的背景下，“‘新常态新发展’全国家具协会会长、秘书长座谈会”在天津召开，全国各省市家具协会会长、秘书长等 70 余人出席了大会。2015 年 9 月 8 日，在上海召开了“2015 年全国家具协会会长、秘书长工作会议”，中国家具协会理事长朱长岭介绍了 2015 上半年中国家具行业的运行数据以及家具行业所面临的经济、政策上的新情况。随后，与会代表共同讨论了《中国家具行业“十三五”发展规划（审议稿）》的文件内容，并对年末大会上章程修订和制度调整等工作内容征求了意见。

第三届中国红木家具精品品鉴会在北京举办

2015 年 6 月 26 日，主题为“打造当代中式家居”的“第三届中国红木家具精品品鉴会”北京中国国际展览中心举办。伍氏兴隆、元亨利、祥利集团、太兴、三福、年年红、名佳、泰和园、大清翰林等来自全国各大红木产区的精英企业纷纷亮相。此次品鉴会还特别在居然之家丽泽店的“红木大会堂”和家和家美的红木第一城设立了两个分会场，并对“2015 金斧奖中国传统家具制作大赛”和“2015 消费者最喜爱的红木家具产品和品牌评选”进行了评比和颁奖。此次活动还特别邀请了海岩、伍炳亮、马可乐等业界大咖讲解鉴赏收藏要道，并针对红木家具的收藏与投资提出了独到见解。

中国西部家具商贸之都第九届国际家居文化艺术节在成都开幕

2015 年 7 月 2 ~ 5 日，“中国西部家具商贸之都第九届国际家居文化艺术节暨 2015 夏季订货会”在成都八益家具城隆重举行。本届家居文化艺术节为期 4 天，共吸引逾 20 万人次的国内外家具厂家和经销商。同期还举办了第三届中国家具产业发展（成都）国际论坛、海纳百川 携手共赢——中国家具行业发展交流会和亚洲家具联合会工作会议。

“新繁杯”金斧奖中国家居设计大赛颁奖典礼举行

2015年7月3日，由中国家具协会主办，中国家具协会设计工作委员会、成都家具产业园管理委员会共同承办的“‘新繁杯’金斧奖中国家具设计大赛”颁奖典礼在成都家具展期间举行。中国家具协会理事长朱长岭为颁奖仪式致辞，对中国家具设计的原创力量表示了鼓励。

全国家具展览会座谈会在伊春召开

2015年7月30日，“全国家具展览会座谈会”在黑龙江省伊春市召开。全国30多个家具展览会主办方、承办方和相关家具协会主要领导参加座谈会。会上，伊春市人民政府副市长在全国家具展览会座谈会上致辞，对与会人员的到来表示欢迎，中国家具协会朱长岭理事长致辞并作全国家具展览会发展现状报告。中国对外贸易广州展览总公司副总经理陈旺辉、上海博华国际展览有限公司北京办事处经理池敏华、赵艺学商务策划机构董事长赵艺学等地方家具展会代表分别对广州展、上海展、苏州展的办展经验和收获进行交流发言。

中国新兴家居产业——信阳研讨会在信阳召开

2015年8月3日，“中国新兴家居产业信阳研讨会”在信阳市羊山新区召开。中国家具协会副理事长陈宝光、副秘书长吴国栋、蓝鸟家具有限公司董事长贾然、南京林业大学教授许柏鸣、顺德职业技术学院教授刘晓红等8位专家参与研讨会。会上，信阳市委书记郭瑞民简要介绍信阳的基本情况，陈宝光副理事长就信阳的区位条件和产业优势等给予发展建议。其他7位专家也结合行业现状，分别从不同角度发表看法。

2015 第四届中国沈阳国际家博会隆重开幕

2015 年 8 月 15 日，“2015 第四届中国沈阳国际家博会”在沈阳国际展览中心隆重开幕。本届展会汇聚了 600 余家参展企业，展览面积达到 12 万平方米，吸引了 97000 余名专业观众，展会期间销售额达到 30 个亿。8 月 15 日下午，“首届现代家居产业（沈阳）国际论坛”在沈阳国际展览中心新闻发布厅举行。本次论坛共同探讨了家具和现代家居产业的现状特点和发展趋势，对中国和辽沈地区的家具发展起到了推动作用。

2015 中国红木家具大会在浙江东阳召开

2015 年 9 月 6 ～ 9 日，主题为“蜕变·赢未来——红木家具行业变革”的“2015 中国红木家具大会暨第七届全国红木家具经销商大会”在中国红木（雕刻）家具之都——浙江东阳隆重举行。本届大会由中国家具协会传统家具专业委员会、浙江省家具行业协会、浙江省工艺美术协会、东阳市人民政府联合主办。大会期间，由中国家具协会陈宝光副理事长主持的圆桌领袖论坛以“产业升级与商业模式融合”为主题，对行业发展的改变与推动等议题进行了讨论与交流。

第二十一届中国国际家具展览会盛大开幕

2015 年 9 月 9 日，“第二十一届中国国际家具展览会”在上海浦东新国际博览中心、世博展览馆两地同时盛大开幕。本届展会展览时间从 9 月 9 日一直持续到 12 日，展出面积约 35 万平方米，有来自 26 个国家和地区的近 3000 家企业参展，其中还有 522 家企业参加了联动的中国国际家居设计周、第六届上海国际室内设计节和展店联动等外围活动。展会四天内接待的海内外观众也再创历史记录，全场安检达 30,7023 人次。

2014 ～ 2015“大岭山杯”金斧奖中国家具设计大赛圆满闭幕

2015 年 9 月 9 ～ 12 日，“2014 ～ 2015‘大岭山杯’金斧奖中国家具设计大赛复赛实物作品展”在第二十一届中国国际家具展览会（上海）成功举办。大赛于 2015 年 2 月 3 日完成初评工作，共评出 195 件入围作品。9 月 8 日下午，中国家具协会设计工作委员会组织的 11 名专业评委对所有参展作品进行终审，共评出金奖 2 名、银奖 4 名、铜奖 6 名以及优秀奖 20 名，共计 32 件作品，专业组和院校组各占 50%，另外还在院校组中评选出 4 名优秀组织奖和 4 个优秀指导教师奖。9 月 11 日晚，大赛颁奖仪式在“设计师之夜”上隆重举行，在现场对金奖的两位获奖者颁发了证书和奖金牌。

首届中国家具标准化国际论坛在上海召开

2015年9月9日，“首届中国家具标准化国际论坛”在上海世博展览馆召开。本届论坛围绕“家具标准——机制、对象、技术、作用”的主题，开展了全方位、多角度的沟通和探讨。此次家具标准化国际论坛的举办，为国内外专家、企事业单位及各界人士提供了一个充分交流的平台，与会代表之间分享了各国最新的标准化战略和技术研发进展，对家具产业如何规范发展进行了充分研讨，对各种技术商业信息进行了充分沟通交流，将为中国家具标准化乃至整个家具产业发展发挥巨大的促进作用。

首届亚洲家具发展论坛在上海成功举办

2015年9月10日，“首届亚洲家具发展论坛”在“第二十一届中国国际家具展览会”期间成功举办。本次论坛是亚洲家具联合会首次主办的论坛活动。会上，亚洲家具联合会会长、中国家具协会理事长朱长岭，以“从全球看亚洲及中国家具的发展”为题进行主题演讲。泰国、新加坡、马来西亚、印度尼西亚、韩国、伊朗、澳大利亚、菲律宾等亚洲家具联合会成员国分别进行了精彩演讲，分享了本国家具行业新设计、新工艺、新产品、新技术，介绍了各国家具产业发展现状。

中国家具产业集群群英大会在上海召开

2015年9月10日，“中国家具产业集群群英大会”在上海召开，全国44个家具产业集群地区的政府领导、行业协会领导以及来自新加坡、泰国等8个国家的嘉宾参加了会议。会上，朱长岭理事长作《中国家具产业集群发展现状报告》；许柏鸣教授作《未来中国家具的产业格局与形态》主题演讲；庞村、叶集、周村等家具产业集群代表就各地区产业集群建设情况和建设经验发言；信阳市递交授予信阳新兴产业园文件；对江苏沙集、江西南城、河南清丰及湖北监四个新增产业集群进行了授牌；表彰了22个先进产业集群、2个先进产业园、136个优秀企业和48个突出贡献个人。

中国家居设计大会暨 2015 中国家具协会设计工作委员会年会在上海召开

2015 年 9 月 11 日，“第二十一届中国国际家具展览会”期间，“中国家居设计大会暨 2015 中国家具协会设计工作委员会年会”在上海证大喜玛拉雅艺术中心大观舞台成功举办。本次大会由中国家具协会、中国室内装饰协会以及上海博华国际展览有限公司联合举办。会议结束当晚还举办了主题为“炫彩东方”的设计师之夜晚宴活动，并现场公布了 2014 ~ 2015“大岭山杯”金斧奖中国家具设计大赛、2015 中国家具产品创新奖的获奖名单并进行了颁奖仪式，同时还表彰了近 50 位“2015 中国家居时代精英设计师”。此次活动集合了家具和室内装饰两大行业的设计力量，开启了两个行业的跨界合作模式。

首届亚洲国际家居（南宁）展览会在南宁举办

2015 年 9 月 13 日，“首届亚洲国际家居（南宁）展览会”在南宁好百年国际家居建材博览中心隆重开幕。本届展会由亚洲家具联合会（CAFA）主办，华南城集团、好百年集团承办，中国家具协会及亚洲家具联合会会员企业共同支持。作为家居行业的一大盛事，“亚洲家具产业合作发展（南宁）论坛”也同期召开，探讨“一带一路”下亚洲家居行业的发展之路。

首届中部·濮阳家居建材博览会暨工厂直销节在濮阳举办

2015 年 9 月 17 日上午，“首届中部·濮阳家居建材博览会暨工厂直销节”在河南濮阳正大五洲商贸中心隆重开幕。中国家具协会秘书长张冰冰代表中国家具协会在开幕式上发表致辞并宣布博览会开幕。展会同期还举办了“2015 中国新型城镇化家具产业发展论坛暨濮阳家具产业战略合作签约仪式”。会上，中国家具协会理事长朱长岭发表讲话；中国家具协会与濮阳市人民政府共同签署了《濮阳市人民政府与中国家具协会战略合作框架协议》。中国城市和小城镇改革发展中心综合所所长顾永涛、南京林业大学家具与工业设计学院院长吴智慧以及全国重点企业代表纷纷做了报告。

全国家具行业标准化工作会在崇州召开

2015 年 10 月 22 日，“全国家具行业标准化工作会暨全国家具标委会第二届二次全体委员会议”在成都市崇州市召开。会议审议通过了中国家具协会理事长、家具标委会主任委员朱长岭所作的《2015 年全国家具标委会工作报告》、由全国家具标委会秘书长罗菊芬所作的《2015 年度全国家具标委会财务报告》，以及《我国家具标准化“十三五”发展规划（送审稿）》。会议对家具标委会二届一次会议以来，在我国家具标准化事业做出突出贡献的单位和个人进行了表彰。

2015 年版《中华人民共和国职业分类大典》出版发行

由人力资源和社会保障部、国家质量监督检验检疫总局、国家统计局共同组织、中国家具协会参与修订的 2015 年版《中华人民共和国职业分类大典》于 2015 年 11 月正式出版发行。新大典确定增加家具行业新职业“家具制作工”，它包含“木家具制作工、竹藤家具制作工、金属玻璃家具制作工、塑料家具制作工、软体家具制作工”共 5 个工种。中国家具行业 400 余万一线家具制作工人正式被国家承认并命名，确定并充实了家具行业的职业分类，对今后家具劳动力管理的科学化、规范化具有深远的意义，也对今后编写《家具制作工》国家职业标准、培训教材以及开展培训工作奠定坚实的基础。

2015 年家具行业职业技能培训和鉴定工作取得突破进展

2015 年，中国家具行业职业技能培训基地落户北京益学教育咨询有限公司和北京国富纵横文化科技咨询股份有限公司，这为在全国开展营销师等职业的培训和鉴定、推行员工持证上岗制度打下了坚实的基础。2015 年全年，家具设计师、营销师、营业员、木制品涂饰工培训班在全国各地成功举办 30 余期，全年累计 3000 余人获得相应级别的“家具设计师”、“营业员”、“营销师”、“木制品涂饰工”等国家职业资格证书。中国家具协会还大力支持相关部门举办的职业技能竞赛，作为 2015“鱼珠杯”中国（中山）首届红木雕刻大赛的特别支持单位，中国家具协会为理论考试、实操比赛成绩均达 60 分以上的优秀参赛者颁发了三级 / 高级工“精细木工”职业资格证书。

家具设计师职业技能培训与鉴定工作全面铺开

2015年，中国家具协会各培训站、培训基地积极努力开拓，家具设计师职业技能培训和鉴定工作在行业内全面铺开，取得较好的影响。6月和12月，山东省家具协会联合山东工艺美术学院在济南、温州市家具商会联合温州职业技术学院在温州分别组织了家具设计师职业资格培训班，来自山东与温州当地家具企业的设计师与当地高校的在校生共计160余人参加培训和技能鉴定，并获得了相应级别的家具设计师职业资格证书。在院校开展职业技能鉴定是落实教育部提倡“双证书”制度的一项重要工作。江西环境工程职业学院、温州职业技术学院、顺德职业技术学院、黑龙江林业职业技术学院、江苏农林职业技术学院、中山职业技术学院等院校分别针对该校应届毕业生，开展每年度的三级“家具设计师”职业技能鉴定工作，6所高职院校累计700余名应届毕业生考取了职业资格证书。

中国家具协会第六次会员代表大会在北京隆重召开

2015年12月14日，“中国家具协会第六次会员代表大会”在北京隆重召开。大会选举产生了中国家具协会第六届理事会；选举朱长岭为中国家具协会第六届理事会理事长，刘金良为副理事长，张乃建等123名同志为企业副理事长；聘任张冰冰为秘书长，吴国栋、丁勇、屠祺为副秘书长，陈宝光为专家委员会副主任。会议审议通过了《中国家具协会第五届理事会财务报告》以及新的《中国家具协会章程》。邀请了第十一届全国政协提案委员会副主任、中国轻工业联合会会长步正发，民政部民间组织管理局副局长安宁，国资委行业协会联系办公室副主任张涛，中国轻工业联合会副会长陶小年，中国轻工业联合会副秘书长、人事教育部主任徐祥楠等领导出席大会并做重要讲话。

2015 年中国家具协会对外交流大事记

2015 年中国家具协会广泛开展对外合作与交流，外事活动频繁。据不完全统计，2015 年中国家具协会参加国际会议、率团出访 5 次；出席在我国境内举办的美国、意大利、土耳其、秘鲁等国家政府商务活动 5 次；协办国际论坛 1 次。

2015 加拿大木材中国论坛

中国家具协会访问意大利并出席米兰家具展相关活动

2 月 4 ～ 6 日・美国

中国家具协会理事长朱长岭率代表团访问美国密西西比州，与密西西比州政府经济发展厅（MDA）、图珀洛家具展（TFM）、密西西比州立大学（MSU）负责人进行会谈。

3 月 26 日・北京

中国家具协会应邀参加“秘鲁之夜”活动。

4 月 14 ～ 19 日・意大利

中国家具协会考察了在意大利米兰新国际展览中心举办第 54 届意大利米兰家具展，并出席了米兰展会期间由红星美凯龙、创新设计联盟联合主办的“以颠覆之心对话设计之巅”设计论坛以及由意大利米兰轻工信息中心（CSIL）主办的世界家具展望研讨会并作行业发展报告。

7 月 8 ～ 15 日・澳大利亚　新西兰

中国家具协会理事长朱长岭率代表团前往澳大利亚墨尔本家具展览会及新西兰家具市场进行考察，与澳大利亚家具工业协会负责人进行了友好磋商，并参观了新西兰奥克兰商业金融中心。

7 月 28 日・北京

中国家具协会出席秘鲁独立 194 周年招待会。

7 月 29 日・北京

中国家具协会出席土耳其总统带团商务活动，与伊斯坦布尔家具展IMOB主办方CNR EXPO展览公司做了重要对话。

9 月 21 ～ 26 日・加拿大

中国家具协会理事长朱长岭带团访问加拿大，先后拜访了加拿大木业协会、不列颠哥伦比亚省木材协会、林业创新投资有限公司、魁北克省家具制造商协会和安大略省木材协会。

10 月 5 ～ 9 日・意大利

中国家具协会与全国家具标委会等行业专家出席了意大利乌迪内 ISO/TC136 工作组会议。

10 月 14 日・北京

中国家具协会受邀出席了“意大利对外贸易委员会首席代表 Laspina 离任回国”送别晚宴。

10 月 16 日・北京

中国家具协会出席美国俄勒冈州投资说明会，与 Kate・Brown 州长进行了深入交流。

12 月 2 日・北京

中国家具协会协办了由加拿大木业协会主办的 2015 加拿大木材中国论坛，继续推动中加两国家具与木材合作。

标准法规

一波波更加严格的国家新标准、新政策的施行，使得2015年的家居业面临前所未有的优胜劣汰的考验。但毋庸置疑的是，“国标”的相继出台，让家具标准化体系进一步完善，整个家居市场也更加规范化。以下盘点了2015年出台或者实施的家居行业新标准。

① 2月1日起对涂料征收消费税

1月26日，国家财政部与国家税务总局联合发布了“关于对涂料征收消费税的通知”：为促进节能环保，经国务院批准自2015年2月1日起对涂料征收消费税，征收范围包括生产、委托加工和进口环节征收，适用税率均为4%。同时表示，对施工状态下挥发性有机物含量低于420克/升的涂料免征消费税。

② 3月15日起《侵害消费者权益行为处罚办法》正式实施

3月15日，《侵害消费者权益行为处罚办法》（以下简称《办法》）正式实施。《办法》对“三包”责任、“7天无理由退货”等多个方面作出了具体规定。《办法》中明确，网购七天无理由退货是保护消费者的基本权益，故意拒绝或拖延退货的商家最高可受50万元的处罚，消费者网购后可把与商家的聊天记录通过截图等方式保留下来，一旦遭遇非法拒退的情况，就可以通过掌握的“证据”维权。

③ 7月1日起“国抽”不合格家具产品将禁销

5月12日，国家质检总局发布《产品质量国家监督抽查不合格产品生产企业后处理工作规定》的公告(2015年第57号)。公告称，产品被检查出不合格后，企业在整改复查合格前将受到禁产禁销的严厉处罚。停业整顿后经再次复查仍不合格的，应通报工商行政管理部门和其他有关行政许可部门吊销相关证照。该规定将于2015年7月1日起施行。

④ 国务院取消室内设计师等67种职业资格证

3月13日，国务院公布《关于取消和调整一批行政审批项目等事项的决定》（国发[2015]11号），取消67项职业资格许可和认定事项。包括建筑装饰设计师（含室内陈设、家具与厨卫、幕墙设计）、室内设计师、景观设计师、陈设艺术设计师、中国轻工业设计师等。

⑤ 北京城六区禁止新建家具等专门零售市场

北京城六区禁止新设家具等专门零售市场、禁止新建1万平米以上大型批发市场。7月28日，北京市商务委表示，上半年，各区县已清退、拆除市场60个，完成市场升级改造10个。接下来将在商务领域通过禁止新建和扩建大型市场来控制增量，推进疏解和调整商务领域不符合首都城市战略定位的相关产业。

⑥ **广州拟推新版买卖家具合同 买到毒家具将无条件退货**

广州市工商局局拟推行《广州市家具买卖合同》等7个示范文本，8月2日，向社会征求意见。市民购买的家具若经检测，有害物质限量不符合国家或广州市有关标准的强制性要求的，买方有权无条件退货，并要求卖方赔偿相应的检测费、交通费、误工费等损失。

⑦ **2月1日起上海市地方标准《家具经营服务规范》正式实施**

经上海市质量技术监督局审查批准，上海市地方标准《家具经营服务规范》自2015年2月1日起正式实施。《家具经营服务规范》是全国首部家具行业服务性的地方标准。该标准的实施，为上海地区家具行业生产、经营提供服务规范的科学依据，并对行业经营活动提供服务技术上的支持。

⑧ **首个定制家居行业标准1月生效**

1月1日，全国工商业联合会家具装饰业商会发布全国首个《全屋定制家居产品》行业标准，对于家具、护墙板、门窗、吊顶、橱柜、卫浴、楼梯等家居定制产品做出相应规范要求。

环保法规

随着人们对环保重视度的提高，一系列的家具环保标准和政策也随之出台。2014年4月，十二届全国人大常委会第八次会议表决通过了新的《环境保护法》，与旧法相比有较大变化。一些地方也将环保工作提上新高度，相继出台环保新规，值得引起家具生产企业的高度关注。

① **1月1日起 新《环保法》开始实施**

2015年1月：最严环保法实施2015年1月1日，史上最严的新《环保法》开始实施，涉及范围包括生产、委托加工和进口环节等。新《环保法》加大了惩处和对相关责任人的追责力度，第六十八条规定，因政府部门多种违法行为而造成环境出现严重后果的，对直接负责的主管人员和其他直接责任人员给予撤职或者开除处分，其主要负责人应当引咎辞职。

② **甲醛新国标将出台 E2级胶粘剂禁止使用**

国家标准委即将对强制性国标《室内装饰装修材料、人造板及其制品中甲醛释放限量》做出修订，原标准中的E2等级标准将被剔除，装修材料、人造板材、家具等甲醛释放量要求更加严格。而在检测方法和受检产品上的规定也会进一步细化，涉及范围包括了刨花板、纤维板和强化复合地板等家居建材类的产品。

③ **2017年北京家具生产禁止油漆喷涂**

2017年后，北京的家具制造行业将全面禁止使用油性涂料即油漆喷涂。据介绍，本次新发布的五项地方标准涉及锅炉、炼油与石油化工、家具制造、印刷、火葬场五大行业，于2015年7月1日起实施，标准规定的污染物排放限制已达到国际较高水平。

④ **10月1日起北京家具业开征VOCs排污费最低每公斤10元**

9月1日，北京市环保局、市发改委、市财政局联合发布《关于挥发性有机物排污收费标准的通知》，10月1日起，北京市将在家具制造、包装印刷、石油化工、汽车制造、电子行业等5大行业的17个行业小类开始征收挥发性有机物(VOCs)排污费。

⑤ 北京家具产业南迁沧州青县

8月，家具制造业被北京列入“禁止新建和扩建”之列。因发展受限，北京上千家家具企业酝酿向河北搬迁。依托区位及自身红木家具产业发达的优势，沧州青县主动规划建设沿海产业转移基地，积极对接京津家具产业迁移。

⑥ 7月1日起深圳全面禁用溶剂型涂料油漆

7月1日起，深圳将全面禁用严重危害市民身体健康的溶剂型涂料（油漆）、胶黏剂等不合格装饰装修材料，成为在全国率先限制溶剂型涂料（油漆）销售和使用的城市。

⑦ 深圳市环保新举措废家具家电可上门收取

2015年，深圳市编制了《居民生活垃圾分类指导手册》，设立资源回收日，全市废家电、大件废家具回收市民将可电话预约上门收取等举措。深圳市将培育2个以上的大件垃圾回收处理企业，负责收运处理大件垃圾。

⑧ 江苏7000家具企业1.5万吨废气 水性漆将全省推广

1月，从江苏省环保部门获悉，江苏将首次为家具行业大气污染排放设立标准，这是江苏省首个家具行业废气污染排放标准。经测算，全省家具制造行业年挥发性有机物排放量约为1.5万吨。据介绍，《家具制造行业挥发性有机物排放标准》将对全省家具行业的挥发性有机物排放浓度设立限值，如果超过最高限值，环保部门将对企业进行处罚。

⑨ 顺德家具和制鞋业成VOS试点对象将收费

3月底，顺德区政府发布《顺德区排污权有偿使用和交易试点工作实施意见》，家具和制鞋两大行业的工业VOCs排放成为试点对象，确定2016年1～12月开始试点，建立排污权二级市场，新建、改建、扩建项目通过市场交易取得排污指标，鼓励排污单位腾出空余排污指标并在二级市场出让。

⑩ 东莞环保局从家具等行业着手整治臭氧污染

2015年，东莞空气质量因遭遇臭氧污染而出现大滑坡的状况，东莞市政府以及环保局有关负责人多次表态将要重点整治臭氧污染。12月9日，东莞市通过了《东莞市臭氧污染防控专项行动计划（2015–2017）》，要求对家具、制鞋等与臭氧污染紧密相关的行业进行严厉整治，并在一定区域内限制发展这些行业。

政府采购

政府采购一直以来都是办公家具企业的重要销售渠道之一。然而，受2015年政策影响，政府采购量急速缩水，直接导致了办公家具行业业绩的下滑，在新形势下，企业必须调整战略，积极转型，方可度过难关。

① 新一期环保家具清单发布 木家具入围企业翻一番

财政部和环保部正式发布环境标志产品政府采购清单（第十七期）公示稿，受汽车品目新增两大类别的影响，家具品目依次顺延，由原来的第9位变成第11位。据统计，与上期环保清单相比，家具各品目企业数量都有所增加。其中，木制台桌类、木质柜类家具企业增幅较为明显。公示稿显示，这期木制台桌类企业420家，上期198家，增长了112%；木质柜类家具企业455家，上期199家，增长了128%。

② **北京启动明后年办公家具定点采购 拟招 110 家供应商**

12 月底，据北京市政府采购中心网站消息，北京市市级行政事业单位 2016 ~ 2017 年度办公家具协议单位定点采购政府采购项目公开招标。公告特别强调，投标报价不是虚拟报价，协议期内，协议单位将按照投标报价提供服务。据了解，该项目共分 4 包，拟选取中标供应商≤ 110 家。其中，第一包木质综合类家具≤ 50 家，第二包金属综合类家具≤ 45 家，第三包金属架类家具≤ 10 家，第四包家具卖场≤ 5 家。与上期定点相比，分包有所调整，少了影剧院和公共区域家具分包，多了家具卖场分包。

③ **珠海规定厅官办公家具不得超 1.8 万元**

珠海近日出台《市级行政事业单位常用办公设备配置标准》，厅级（含厅级以上）领导干部办公室配备家具每人不超过 18000 元，工作用台式电脑每台不超 6000 元。

④ **四川出台行政事业单位办公设备配备标准**

9 月，四川省财政厅制定出台了《四川省省级行政事业单位通用办公设备和办公家具配置标准（试行）》，将省级党政机关、人民团体及与财政有经费缴拨关系的事业单位配置通用办公设备和家具纳入规范管理，对相关资产的实物量标准、价格上限标准和最低使用年限标准作出规定。

产业集群

2015 年，各地家具产业集群积极开展公共平台建设，为当地家具企业的发展提供了良好的机遇和服务。本篇集中列举了部分中国家具产业集群在 2015 年的公共平台建设、政策扶持等方面的新举措。

① **宁津家具产业联袂美乐乐工网合作**

1 月，山东宁津县政府网发布消息，该县家具企业集群已正式与美乐乐家具网签署战略合作协议，该县家具企业将集体登陆美乐乐网站。

② **南康推出家具产业信贷通**

南康区正式推出“家具产业信贷通”。据了解，南康区财政拟安排 1500 万元（即按企业获得贷款额的 7.5%），家具企业出资配套 1000 万元（即按企业获得贷款额的 5%），存入指定合作银行账户，作为家具产业贷款风险保证金。合作银行按不低于保证金 8 倍放大贷款额度（即 2 亿元）向家具企业提供贷款。贷款额度与企业纳税额挂钩，纳税 2 万元以上的企业可以获得最高上年度纳税额的 30 倍贷款额度。

③ **南康入选国家级电商示范基地**

6 月 3 日，商务部公示第二批国家电子商务示范基地名单，南康家具市场成功入围，成为全省首批国家级电商示范基地之一。据了解，商务部共确定北京市海淀区中关村软件园等 66 家基地为第二批“国家电子商务示范基地”。

④ **河南首个家具品检验中心开建**

1 月 23 日，清丰县中国中部（清丰）家具产业园正式开工建设河南省家具产品质量监督检验中心。该中心占地 1.18 公顷，建筑面积 6500 余平方米，实验室面积 4000 平方米，概算投资 2900 余万元。

⑤ 厚街家具南非受热捧展销中心预计每年带动1亿美元出口

10月13日起航的“厚街家具南非行”，计划升级打造“东莞产品南非展销中心”，初期展示面积为5000平方米，覆盖南非三大城市。项目估计可为东莞企业带来年出口额8000万至1亿美元的商机。借国家实施“一带一路“战略的东风，厚街镇多家家具企业“抱团”，在南非打造集“线上第三方电商平台＋线上展示和支付结算＋海外保税仓＋O2O体验馆＋海外配送和售后服务”为一体的新型跨境电商O2O模式。

企业上市

2015年，“上市”成为家居业的热词，先后有好莱客、曲美家居以及红星美凯龙等家居企业敲钟上市。另一边，仍在排队中的家居企业也不在少数。根据最新消息，A股市场于2016年3月开始实行股票注册制，企业上市的要求和程序将大大简化，给暂未上市的家居企业带来一丝希望。为此或可看到，继2015年家居业8大企业上市之后，接下来的2016年或再迎来一波家居企业上市潮！

① 2015年上市的家居企业

1. 好莱客创意家居（上交所）

家居行业上市“准新军”好莱客(603898)首次公开发行股票招股结果已经出炉，网上发行最终中签率为0.90668915%，网上网下总冻结资金量为526亿元，备受投资者青睐。2月17日，好莱客正式敲钟挂牌，成为继索菲亚(2011年上市）之后定制家具行业的第2家上市企业。

2. 曲美家居（上交所）

4月22日，曲美家具集团股份有限公司（股票代码：603818）以12.93元开盘，上市即涨停，随后更经历了连续多日的涨停板。正式登陆上海证券交易所，成为2014年上市潮中又一家成功A股主板上市的家具企业。

3. 南兴家具（深交所）

5月27日，东莞南兴家具装备股份有限公司在深交所中小板上市，首次公开募资3.2亿。该公司是一家集研发、设计、生产和销售于一体的板式家具生产线成套设备专业供应商。

4. 红星美凯龙（港交所）

6月26日，红星美凯龙家居集团股份有限公司（股票简称：红星美凯龙，股票代码：1528.HK）在港交所正式挂牌上市，这意味着中国家居零售业第一股正式登陆H股市场。本次共计全球发售543,588,000股，其中包括国际发售489,229,200股，以及香港发售54,358,800股。

5. 顶固衣柜（新三板）

10月21日，顶固家居宣布在新三板挂牌上市。此次顶固的成功上市，标志着它成为继索菲亚与好莱客成功上市后的第三家定制企业。新三板研究院资料显示，顶固家居成立于2002年12月，主要业务是定制衣柜及配套家具、生态门和精品五金的研发、生产、销售，主要产品为定制衣柜及配套家具、生态门、精品五金产品。

6. 集一家居（联交所）

11月6日，集一家居(01495.HK)在香港联合交易所上市。集一家居成立于1997年，是一家综合建筑、家居装修材料和家具供应商及室内设计及工程服务供应商。目前，该公司在广东省、福建省及江西省东部的三四线城市经营15家销售门店。

7. 好百年家居（新三板）

11月16日，华南城控股有限公司发布公告称，旗下好百年家居正式获准于新三板挂牌交易，股票代码为834283。华南城间接持有好百年家居 75% 股权。

8. 润格木业（新三板）

11 月 24 日，浙江润格木业股份有限公司登陆新三板挂牌交易，股票代码为 834390，交易方式为协议交易。润格股份主营业务为高档实木定制家具的研发、设计、生产和销售业务。该公司所属行业为家具制造业，总股本为 1764.71 万股，每股收益为 0.20 元。

9. 大自然床垫（自然科技）

12 月 28 日，贵州大自然科技股份有限公司（证券简称：自然科技 证券代码：834927）获批通过协议转让的方式在全国股转系统挂牌公开转让。

② 排队中的上市家居企业

1. 顾家家居（杭州）（目标：上交所）
2. 恒康家居（Mlily 梦百合）（江苏）（目标：上交所）
3. 尚品宅配（广州）（目标：深交所）
4. 金牌橱柜（厦门）（目标：上交所）
5. 皮阿诺家居（广州）（目标：深交所）
6. 欧派家居（广州）（目标：广交所）
7. 亚振家具（江苏）（目标：上交所）

战略投资

战略投资是企业进入某一行业领域的捷径之路。在家具行业领域，大的老牌家具企业通过入股或收购其他家具企业来扩大规模，也有圈外行业通过此方式快速进军家具领域。还有一些企业，在经营家具产业的同时，收购圈外行业的公司来拓展自身业务。总之，目的多种多样，形式不尽相同。

① 居然之家收购元洲装饰

10 月，有着 18 年经验、被称为“家装四小龙”之一的元洲装饰被居然之家以 80% 控股。元洲装饰更名为居然·元洲装饰，其管理层也发生了相应变化。居然集团董事长兼总裁汪林朋出任北京元洲装饰有限责任公司董事长，原董事长李泰岩出任公司总裁兼董事。合并后的元洲装饰将继续保持自有品牌形象和业务，进行独立的市场化运营。

② 喜临门 7.2 亿收购绿城传媒

2 月 27 日，喜临门发布公告称公司拟以现金 7.2 亿元收购绿城传媒 100% 股权，进军文化传媒行业。公司股票继续停牌。

③ 香江控股收购金海马所持 100% 股份拟转型家居流通

2 月 13 日，深圳香江控股股份有限公司宣布，公司拟向深圳市金海马实业股份有限公司发行股份及支付现金，购买其持有的深圳市香江家居有限公司 100% 股权和深圳市大本营投资管理有限公司 100% 股权。

④ 森源家具以 13 亿被收购成永安林业全资子公司

福建省永安林业（集团）股份有限公司发布公告称，已完成森源股份 100% 股权过户手续及相关工商变更登记，森源股份正式成为永安林业全资子公司。

⑤ 香港兴利家具收购欧罗家具

兴利（香港）公布，收购 Astromax 公司 40% 已发行股本，作价 3300 万元。于完成时，买方持有 Astromax 全部已发行股本，而通过 CityLeading 间接持有外商独资企业——深圳欧罗家具之 100% 股权。外商独资企业欧罗家具主要从事沙发之制造及在海外及中国销售。

⑥ 宜华木业 18.3 亿元正式收购华达利

宜华木业 1 月 7 日晚公布重大资产购买预案，公司拟以 18.3 亿元的价格收购新加坡家具制造上市公司华达利。宜华木业主导产品包括木质家具和木地板，华达利产品主要是沙发与皮革相关家具，通过此次收购，宜华木业得以丰富产品线，同时也有利于海外业务的拓展。宜华木业 2015 年主要参股企业：美乐乐 (18.21%)、爱福窝 (25%)、华达利 (参股比例待定)。其中，宜华 1 月 27 日出资 6250 万元对“爱福窝”增资，取得其 25% 的股权 ;8 月 20 日，再以 8401.9 万美元的交易作价获得美乐乐 18.21% 的股份。

⑦ 华日家居控股 KD 整体家居

老牌家居品牌华日家居新年伊始便以投资的方式，获得知名整体家居品牌 KD 超过 50% 的股份，成为 2015 年家居企业之间互相投资第一案。2 月 5 日，华日家居董事长周旭恩向北京商报记者证实，目前对 KD 整体家居的投资已经完成，下一步将加强渠道整合、产品研发、品牌推广。业内人士预测，华日家居对 KD 整体家居的投资模式，或将激发家居企业互相投资的积极性，让优秀企业迅速变得强大。

⑧ 索菲亚增资 3000 万持舒适易佰 30% 股权

索菲亚拟以自有资金 3000 万元增资参股武汉舒适易佰科技有限公司 30% 股权。舒适易佰是国内最早专业经营舒适家居的互联网公司，2009 年起正式引入舒适家居系统概念，包括中央空调、中央供暖、中央新风、中央除尘、中央水处理、中央热水、太阳能、智能家居在内的八大系统。

⑨ 喜临门增资入股浙江神灯生物科技

10 月，喜临门家具股份有限公司与浙江神灯生物科技有限公司及其股东蒋明达、汪嘉恒、胡宸瀚、徐春辉、吕宏、杭州皮秒科技有限公司、宁波市天使投资引导基金有限公司共同签订了《关于浙江神灯生物科技有限公司投资协议》。公司参与神灯科技的本次增资扩股，以现金出资 1500 万元，取得神灯科技本次增资扩股后总股本 35% 的股权。

融资众筹

随着国家“大众创业，万众创新”战略方针的推进，全社会发展创新创业的热情十分高涨。一些家具设计机构或者刚涉足家具行业的圈外企业凭借吸引眼球的创意理念，用众筹方式快速挤进家具圈；一些老牌家具企业也通过融资，获得未来持续发展的本金。

① 红星·美凯龙和吉盛伟邦启动中国家居流通界首例众筹

3 月，红星·美凯龙、吉盛伟邦在京、沪两地启动中国家居流通界首例众筹项目，并在京东众筹平台发行。该次众筹把消费者对沙发、床垫的需求集结起来，组成一个采购联盟，向沙发、床垫厂商招标采购。仅首发当日上午，众筹额就突破 510 万元，所有众筹商品全部售罄，创下了京东众筹平台成交的最快记录。

② 美克家居定增融资 3 亿获批准

美克家居 12 月 24 日公告，公司收到中国证券监督管理委员会《关于核准美克国际家居用品股份有限公司非公开发行股票的批复》，核准公司非公开发行不超过 2798.51 股新股，核准文件自核准发行之日起 6 个月内有效。资料显示，美克家居此次是向公司控股股东美克集团非公开发行不超过 2798.51 万股新股，发行价格为 10.72 元 / 股，募集资金不超过 3

亿元，美克集团将以现金认购本次非公开发行的全部股份。

③ 齐家网获得 1.6 亿美金融资

2 月 28 日，家装电商平台齐家网宣布获得总额 1.6 亿美金的 D 轮融资，此轮融资会继续用于 O2O 百城战略在全国的落地进程。

④ 定制家具丽维家获 B 轮 1 亿元融资

10 月 27 日，专注定制定居品牌丽维家宣布获得 B 轮 1 亿元融资，投资方为联创永宣领投，A 轮顺为资本继续跟投，新锐熊猫资本跟投。2014 年 9 月，丽维家获得雷军旗下顺为基金超千万元的 A 轮融资。

⑤ 本土家居设计品牌造作获 1500 万美元融资

本土家居设计品牌造作今日宣布已完成 A 轮 1500 万美元融资，由贝塔斯曼亚洲投资基金（BAI）领投，IDG 资本、晨兴创投、元璟资本、真格基金跟投。

⑥ 不多床垫获 800 万天使轮融资

11 月 25 日，大家家居（不多床垫）母公司已完成来自个人的 800 万天使轮融资。据悉，“不多”旗下的第一款床垫产品已完成一次线上众筹，一个月的销售量为 801 张，金额超过 230 万元，退货率小于 1%，购买用户集中在福建、广州、北京、成都和上海等地。除了床垫，“不多”还陆续推出了床笠、乳胶枕等一系列配套床品，月销售额过百万。

双 11 狂欢

2015 年 11 月 11 日，天猫“双 11”创下 912.17 亿元的新高，家居电商也创造了新的辉煌。住宅家具销售前十排名：① 林氏木业；② 全友家居；③ 顾家家居；④ 拉菲曼尼；⑤ 芝华士；⑥ 雅兰；⑦ 和购；⑧ 华日家居；⑨ 卫诗理；⑩ 光明家具。

对比 2014 年数据，林氏木业、全友家居和顾家家居继续蝉联榜单前三，华日家居、卫诗理、光明家具作为黑马首次出现在前 10 强。林氏木业、全友家居等 10 多个家居品牌销售均过亿。其中，林氏木业 5.1 亿，实创装饰 4.18 亿，顾家家居破亿，芝华士破 7000 万，华日家居成交额 5965 万，家装 e 站突破 2 亿，TATA1.83 亿，酷漫居 3702 万。

① 沙发：顾家仍是老大

在沙发品类，老大顾家家居当日总销售额突破 1 亿，排名第一；紧随之后的是功能沙发芝华仕；左右沙发是该品类中的第三名，在家居行业大类中，则从去年的第九名下滑至第十九名。

② 床垫：慕思首战告捷

床垫行业，雅兰以 7000 万销售额一马当先，保持床垫品类第一名位置。慕思今年试水天猫双 11，达到 5320 万，床垫品类排名第二。喜临门床垫品类排名第三，住宅家具全品类排名第十六。进口品牌金可儿、广州老牌穗宝则分列床垫品类第四、第五名。

③ 儿童家具：酷漫居大爆发

儿童家具相对小众，但多数主流品牌也已经进驻天猫。此次双 11 大战中，酷漫居以 3702 万交易额排名儿童家具类第一，住宅家具品类中也排到了第十七名。儿童家具类排名第二为恒大富森美旗下的多喜爱家具，该品牌住宅家具大类排名第二十。排名第三的为来自福建的松木家具品牌喜梦宝。

④ **互联网品牌：优势仍旧明显**

以互联网为根基的家具品牌中，林氏木业仍是住宅家具品类绝对霸主。互联网品牌中，前四名分别为林氏木业、拉菲曼尼、和购、卫诗理。这四个品牌均进入了住宅家具总品类前十。

⑤ **全屋定制：首次成为细分行业**

全屋定制首次成为天猫家装的细分行业之一。TATA 木门、索菲亚等定制企业在 2015 年天猫双十一均取得了不错的业绩。

销售业绩

上市家居企业（部分）年中快报出炉。

① **索菲亚**

上半年实现营业利润 17966.43 万元，比上年同期增长 45.66%；实现归属于上市公司股东的净利润 13478.18 万元，比上年同期增长 40.77%。

② **德尔家居**

上半年实现营业总收入 3.6 亿元，较上年同期增长 11.13%；归属于上市公司股东的净利润 8114.93 元，较上年同期增长 31.65%。

③ **斯米克**

上半年实现营业收入约 2.91 亿元，同比下降 27.78%；归属于上市公司股东的净利润约 -1155 万元，出现亏损，较上年同期下降 383.09%。

④ **曲美**

上半年实现收入额 5.43 亿，同比增 19.04%；营业利润 5062.78 万，同比增加 12.73%；净利润 3812.72 万，同比增加 14.86%。

⑤ **宜华木业**

上半年实现营业收入 20.33 亿元，同比下降了 7.66%；实现净利润 33,755.63 万元，同比增长了 5.85%。

⑥ **大自然**

上半年实现收入 9.07 亿元，比去年同期增长 16.9%；上半年除税前亏损约 1.36 亿元。

⑦ **好莱客**

上半年公司实现营业收入 4.21 亿元，同比增长 17.57%；实现归属于上市公司股东的净利润 4954 万元，同比增长 15.37%。

⑧ **宜家**

集团 2015 年财报显示，本财政年度 (2014 年 9 月 1 日 ~ 2015 年 8 月 31 日)，宜家中国市场销售增长超过 18%，可比市场销售增长 10%，达到创纪录的 105 亿元人民币。宜家全球 CEO 皮特•安格菲尔表示，下一财年宜家将在中国广州、苏州、成都 3 个城市开店，至 2020 年，宜家在中国的门店数将达到 34 家。

战略合作

2015年，家居行业的“强强联合、合作共赢”风潮势不可挡，传统的家具企业开始紧跟经济发展趋势，以最快速度发展壮大自身实力，抢占市场高地，正逐步改写着行业市场竞争格局。

① Mlily梦百合与索菲亚战略合作

9月8日，Mlily梦百合和索菲亚两大品牌集团在上海国家会展中心正式宣布展开战略合作，双方承诺资源共享、渠道独家，索菲亚国内1100余家定制家将全部使用Mlily梦百合品牌的记忆绵床垫，进而帮助客户提高睡眠体验。同时，MLILY梦百合用户也可在国内这1100余家索菲亚门店中体验采购Mlily梦百合床垫枕头等睡眠产品。

② 顾家家居＋恒业时代携手共创布艺时代

8月18日，顾家家居与家具面料供应商“恒业时代”在杭州西子湖畔共同签订战略合作协议，双方将在信息共享、产品研发、采购合作、品牌推广方面深度合作确定战略合作关系。在产品研发计划、产销计划、采购计划等方面实现信息共享，确保顾家家居布艺产品优先、独家拥有最优质布艺面料资源。

③ 宜华木业6250万增资爱福窝拓展泛家居战略

1月26日，宜华木业与上海爱福窝云技术有限公司达成战略合作。宜华木业计划以6250万元对爱福窝进行增资，增资完成后将持有爱福窝25%股权。

④ 东易日盛＋美乐乐 发力家装O2O

6月14日，东易日盛宣布，拟以自有资金1280万美元投资美乐乐公司，投资完成后东易日盛将持有美乐乐公司2.25%的股份。双方业务上互为补充，美乐乐可以为公司提供供应链建设以及互联网引流方面的支持，东易日盛可为美乐乐提供工程销售渠道，未来双方战略合作的空间极大。

⑤ 宜华木业＋美乐乐 投资互联网平台

8月19日，宜华木业发公告称，拟以8402万美元投资美乐乐公司18.21%股权，投资后宜华木业将成为美乐乐第一大股东，对美乐乐的投资后综合总估值约为4.61亿美元。同期，宜华与美乐乐签订战略合作协议，利用自身实体渠道资源和“美乐乐家居网”的流量资源优势，对线下大型家居体验馆实体店进行互联网化改造，共同打造O2O泛家居线下开放平台店。

⑥ 曲美家居与恒大集团建立合作联盟

9月29日，恒大集团与15家知名品牌家居企业联盟，在广州举行了合作签约仪式。参加此次合作联盟的品牌家居企业均为行业龙头，曲美家居名列其中。通过该家居联盟，业主在购买恒大楼盘后，就可以免费获得最高20万的“品牌家居券”，享受最优质、最优惠、最快捷的知名家居产品，实现拎包入住。

⑦ 红星美凯龙投资酷漫居出手家居业并购整合

9月2日，红星美凯龙与酷漫居举办战略合作签约仪式，红星美凯龙相关人士透露，此次投资是面向整个家居产业，尤其在儿童家居O2O进行战略投资布局的重要一环，未来还将展开横向并购的行业整合，包括投资或者收购整个家居产业中的一些优秀的企业。

⑧ 玮兰床垫通过宜家审核成为宜家床垫供应商

7月23日，玮兰床垫已于顺利通过宜家IWAY体系审核，正式开始为宜家的全球卖场提供高品质床垫产品。

投资扩建

想要扩大产能，投资扩建是企业的不二选择。随着现代科技的提高、加工设备的进步、市场需求量的不提升等内外因素，越来越多的企业开始选址扩建工场，为未来的发展扩大打下基础。

① 索菲亚拟定增11亿元 主要用于华中生产基地建设

索菲亚公司拟以不低于35.19元/股的价格，向10名特定投资者发行股票的数量为不超过3126万股，募集资金总额在11亿元以内。“华中生产基地（一期）建设”项目是此次定增的重头戏，该项目预计总投资为7亿元，建设期为4年，自2014年10月已经正式施工。截至2015年10月末，该项目已经取得项目用地，并且完成了部分厂房、宿舍、办公楼等房屋建筑物的建设，购置了2条柔性生产线，形成了900单/天的生产能力。

② Mlily梦百合塞尔维亚工厂正式开业

当地时间6月28日，Mlily梦百合欧洲生产基地在塞尔维亚鲁马市工业区举行隆重的开业典礼。塞尔维亚总理武契奇、塞尔维亚经济部长塞尔提奇、中国大使李满长、丹麦大使汉森以及恒康家居董事长倪张根等出席了本次庆典活动。

③ 我乐橱柜南京溧水建60亿产能基地

6月24日，我乐家居股份与溧水区政府共建60亿产能研发生产基地签约仪式在溧水经济开发区管理委员会会议室举行，拟于2016年7月建成。

电子商务

近两年，越来越多的老牌传统企业开始转型试水电商领域，然而在屡次试水中，有成功也有失败。如何利用好互联网资源是当今所有家具制造及销售企业都应该认真思考的问题。企业应因地制宜，找出适合自身发展现状的转型升级之路。

① 居然之家推出O2O线上线下一体化服务

3月8日，居然之家在京隆重举行“居然之家O2O线上线下一体化服务平台发布会”。居然之家O2O线上线下一体化服务，是以用户为中心，集设计、装修、商品交易、社交网络为一体，以线下实体店为主线，O2O设计服务平台和O2O一体化销售平台为两翼，旨在打造中国最大的线上线下一体化O2O服务平台。

② 红木家具电商东作云体验馆亮相北京城

1月18日，东作云体验馆北京朝阳店在小武基红木古玩市场正式亮相。从此，首都消费者足不出户，便可通过高清视频网络平台选购到正宗的东阳红木家具产品。

③ 蚂蚁金服家具类保单破千万

蚂蚁金服联合保险公司、极有家平台推出的极保障计划保险，上线半年投保量达到了千万量级。据了解，这一险种是首款针对家居电商的互联网保险，为卖家的服务履约能力进行投保，具体保障的场景包括上门免费退货、货物破损赔偿、材质免费鉴定、一年质保等几个方面。据悉，2015 年双 11，退货运费险单日保单量就达到 3.08 亿单，同比增长 65%。

智能家居

随着“互联网 +”政策的提出，智能家居毫无疑问是未来家具行业的重要发展方向。家具行业、家装行业、家电行业与 IT 行业的强强联合，将逐步改变传统的居家生活方式，家具将被赋予更多的定义。

① 中国联通进入智能家居市场

“智慧沃家”业务也是联通进入智能家居领域的开端。“智慧沃家”的“智能家居”功能中，用户通过手机可以对家中多种智能设备进行操控，如上班时来客人可自动开门，还有漏水报警、调节温度、开关电灯、自动浇花等多项智能家居服务。目前，联通的智能家居服务还只是在广东试点，通过和房地产公司的合作，将整体的智能家居组合设备在装修时装入家庭。

② 宜华木业持股海尔家居 布局“互联网 + 泛家居”

6 月 25 日宜华木业公告称，公司拟以 2.38 亿元的价格受让柴罡持有的青岛新普罡管理咨询企业 (有限合伙)99% 的合伙份额，由此将间接持有海尔家居 15.84% 的股份。此外，公司拟以 4000 万元对青岛有住信息技术有限公司进行增资，以持有其 8% 股权。宜华木业公告称，公司将依托海尔家居服务大型房地产开发商、星级连锁酒店等项目资源的优势，快速切入公装及精装领域；同时，将利用“有住网”的优势，加速推进“互联网 + 泛家居”一体化战略布局。

③ 美克家居与 IBM 苹果战略合作

美克家居董事长冯东明表示，借助苹果和 IBM 的支持，公司将颠覆传统家居零售行业模式，向顾客提供无缝购物体验。此外，合作三方还将打造消费者自助虚拟店，针对消费者定制开发虚拟店 APP，实现消费者自己在家中产品浏览、试摆和购物车订购。

④ 美克家居获“家居用品制造智能车间试点示范”项目

根据国家工业和信息化部工信部装函 [2015]333 号《工业和信息化部关于公布 2015 年智能制造试点示范项目名单的通告》，美克国际家居用品股份有限公司申报的“美克家居智能制造（MC+FA）项目”，经各地方工业和信息化主管部门、中央企业集团推荐、专家评审，被国家工业和信息化部认定为“家居用品制造智能车间试点示范”项目。

⑤ 海尔将推会充电的家具

1 月 22 日，浙江圣奥集团与海尔集团在杭州共同签署开发无线充电办公家具的合作协议，双方将全力打造“无线”办公环境，给办公生活带来便捷。据了解，圣奥与海尔共同研发的无线充电家具是利用电磁感应技术，通过桌面下暗藏的充电装置，与手机、打印机等用电装置之间以无线的方式进行能量传输，手机只要放在桌面指定区域就可以充电。

⑥ 海尔 + 红星·家倍得 抢滩智能家居

8 月，海尔集团 U-home 与红星·家倍得签署战略合作协议，准备并肩抢滩智能家居市场。双方将联手在红星美凯龙打造线下智能家居体验馆，首家已选定在红星美凯龙天津河东商场内开设，最快将在十一前可亲临体验，同时双方计划3年内将红星·家倍得线下智能家居体验馆的模式推广到全国至少50家红星美凯龙商场。

⑦ 郑州打造3D智能家具体验中心投资逾百亿

12月，中原资产管理有限公司、赛伯乐投资集团有限公司、河南中澳家具市场管理有限公司就联合打造“中澳智能家具项目”在郑签约。整个项目预计总投资逾100亿元，全力打造“全球最大家具体验中心、家具电商交易中心、私人定制中心、数据中心、物流配送中心”。

⑧ 和而泰携晚安家居开拓智能卧室市场

7月30日，和而泰发布公告称，公司与湖南晚安家居、晚安家纺签署战略合作框架协议，在智能产品、整体智能卧室方面开展合作。

跨界发展

随着企业规模的不断做大，现如今，家具企业在经营主营业务的同时，也开始涉足圈外产业；而圈外企业也开始进军家具产业。跨界发展已经成为家具圈的一件常事，为企业带来了更多的发展机遇。

① 集美家居跨界新能源 设置300个充电桩

2015年12月26日，“北京市电动物流车试点企业——首资新能源绿色物流运营启动仪式”在京举行，集美家居跨界探索新能源，将于集美大红门店建设300个充电桩来满足消费者出行需要，目前已建成50个。

② 左右沙发跨界制作话剧《左右逢缘》

《左右逢缘》由深圳左右家私有限公司出品，这部都市疯狂惊喜剧以爆笑、欢乐的形式传递左右沙发的“幸福”理念。

③ 小米推青春版乳胶床垫众筹仅599元

12月1日，小米官微“小米智能家庭”在10点35分发布公告，“8H乳胶床垫青春版M1”开始在小米智能家庭APP上众筹500件，截至当日中午12点整，其众筹完成度222%。据悉，8H床垫的生产商是趣睡科技，在众筹项目介绍中显示，趣睡由全友家居的核心高管于2014年10月创立，是一家专注于睡眠科技、寝具产品的应用科技企业。2015年5月获得顺为资本的天使投资，2015年8月又获得京东投资。

知识产权

"抄袭"可以说是家具行业的一个顽疾，多年来"小品牌抄大品牌"的现象已司空见惯。但最近两年，不少被抄袭的大品牌不再沉默，开始与侵权企业对簿公堂，越来越多维权中心的设立缩短了企业的维权路。

① 红星美凯龙与中国质量认证中心正式发布"中国家居正品查询平台"

12月10日，红星美凯龙联合中国质量认证中心和各家居代表品牌，正式推出"中国家居正品查询平台"。从根本上杜绝制假售假，保障消费者和商家权益，平台实现了产品防伪、渠道防串货、制造工厂监控和消费者互动四大创新功能。

② 450多家卖场联合声明 支持工厂及经销商打假

继中国家居品牌联盟向马云发出公开信之后，12月27日，由包括红星美凯龙、居然之家、月星家居、好百年等在内的全国450多个家居卖场再次发出联合声明，支持家居工厂以及经销商对电商平台的假货窜货等严重扰乱市场秩序的行为进行还击。

③ 33名专家受聘广东家具快速维权中心

中国东莞家具知识产权快速维权援助中心计划建立"家具行业专利侵权判定咨询专家库"，全面提升中心的快速维权执法能力，并为全国家具领域提供专利侵权判定咨询服务。日前，首批专家审查工作已经结束，共有33名专家通过审查可正式"入库"受聘履职。公示名单显示，首批33名专家包括2名技术类专家和31名法律类专家。

④ 家具专利快速申请首次向个人开放

从中国东莞（家具）知识产权快速维权援助中心获悉，从7月2日起，东莞市内家具企业法人以个人身份申请外观设计专利，可申请进入快速审查通道，享受最快2～3日内获得专利授权的便利。

⑤ 南洋迪克诉苏州亨德利家居抄袭

南洋迪克家具旗下大量已经申请专利保护的原创家具被苏州亨德利家居有限公司仿冒、抄袭，不仅涉及家具设计、产品照片、画册图文，甚至照搬南洋迪克独有的旗舰店空间设计及店面门头。其涉及家具数量之大、抄袭内容之完整、抄袭行为之疯狂令人震惊。

⑥ 元亨利家具向原经销商索赔1亿元

10月，北京元亨利硬木家具公司宣布起诉常州市场原经销商胡敏浩、莫凯贻夫妇，状告其将从其他渠道得到的家具擅自贴上"元亨利通"商标，冒充元亨利产品进行销售。提出高达1亿元的侵权索赔额，创下红木家具行业侵权索赔新纪录。

⑦ 厚街家具专利侵权案首次家门口维权

厚街创域实业有限公司状告寮步恒某木业有限公司家具外观专利侵权案正式开庭。开庭地点就设在厚街的家具知识产权快速维权中心。由于该中心内设立了东莞市中级人民法院家具知识产权巡回法庭，一审当庭便判决原告创域家具胜诉。这也是厚街镇本土企业首宗在该巡回法庭审判的案件，借助法律武器在"家门口"实现了维权。据有关人士透露，目前上述中心正在积极申请行政执法权，该执法权有望在2016年获得授权。

抱团发展

在经济发展新常态下，为了继续保持平稳发展，部分地区中小型家具产业选择抱团出击，以合作共赢的理念为企业发展做出努力。2015年，部分省市地区通过抱团参展等方式努力开拓市场，做出不俗业绩。

① 顺德家具品牌抱团参加2015马来西亚MIFF家具展

从顺德家具协会了解到，在2015年3月3日开幕的第21届马来西亚国际家具展(MIFF)上，顺德家具区域品牌将以整体形象精彩亮相，展出面积近800平方米。这是顺德家具区域品牌首次集体亮相MIFF马来西亚国际家具展，来自顺德龙江、乐从、北滘等地的20多家家具企业集中展出床垫、办公家具、沙发、实木餐桌椅、户外家具和家具材料等产品品类。

② 东莞家具进入南非市场落地配送解决物流难题

2015以来，东莞东信集团、富来登国际贸易(南非)有限公司探索以抱团的形式，在南非打造“线上跨境交易，线下工厂服务的跨境电商“东莞O2O模式”。首期以家具(含家居饰品)为突破口开拓当地市场。

转型升级

2015年是全面深化改革的关键之年，也是企业加快转型升级适应新常态的关键之年。在政策导向下，家具行业转型升级也在如火如荼的进行中。产业转型升级的关键是技术进步，此外，改变经营战略等也是企业成功转型的典型例证。

① 东莞家具企业自动化程度达60%以上 无人工厂成趋势

2015年厚街镇掀起传统制造业智能化改造热潮，借有形之手和无形之手的双重助力，厚街镇家具业进入“机器换人”新工业革命时代，众多家具品牌自动化生产程度高达60%以上，企业建设高度自动化“无人工厂”步伐加快。

② 曲美推出OAO平台

10月28日，曲美新战略发布会宣布三大战略——新产品、新模式及新价值三位一体，其中OAO平台的推出备受关注。通过OAO平台，曲美把下游的加盟商、企业的制造商、供应链的材料供应商整合在一起，同时连接了消费者、设计师、企业三方，形成打造生活方案的紧密联盟。

③ 宜兴万达转型家居卖场试水家居业

10月13日下午，宜兴万达宣布其已关闭的万达百货正式与上海元居汇品牌管理公司合作转型为家居卖场，万达全国之内的另外4家万达百货也将陆续转型为元居汇家居广场。从百货业转型为家居业，宜兴万达是万达在华东地区的首次尝试。

品牌赞助

"品牌价值"是企业长远发展的核心，为了更好地推广品牌，企业通过赞助大型会议、展会等政府主导活动的形式，向消费者证明了品牌产品的质量与信誉，成功将品牌推向了一个新高度。

① 帝标沙发成为 2015 年东盟博览会官方指定沙发

9 月 2 日，东盟博览会组委会在广西南宁举行了中国 – 东盟博览会合作伙伴新闻发布会。帝标家居成为东盟博览会官方指定沙发，是本届唯一合作的家居企业。

② 博鳌论坛指定左右沙发

3 月 26 日，主题为"亚洲新未来：迈向命运共同体"的 2015 年博鳌亚洲论坛在海南博鳌正式召开。左右沙发成为 2015 年博鳌亚洲论坛的官方指定沙发。

产品设计

随着"地球村"的变小，越来越多的国内家具设计产品及设计师门走出国门，向世界展示中国当今的优秀设计产品，而这些产品也被越来越多的国外专业机构、组织、大赛所认可。"中国设计"正逐步取代"中国制造"，设计变得无国界。

① 中国设计点亮米兰设计周

越来越多中国当代的设计师、设计品牌与设计成果在米兰设计周亮相，继 2014"中国设计进行时"展览在米兰设计周大获成功之后，2015"华颂·中国设计进行时"展览将再度起航。该展览于 4 月 13 ~ 26 日亮相米兰大学，6 位来自中国的顶尖设计师将在最高水平的国际设计舞台上展示精彩原创家具设计作品。

② Mlily 梦百合荣获 GIA 全球家居创新大奖

2015 年 3 月 18 日，国际最具影响力的 GIA 家居创新大奖在芝加哥揭晓。GIA 全球家居创新奖素有家居领域奥斯卡的美誉，其在全球家居市场中的分量极重，是家居品牌走向巅峰的标志，代表着当前国际家居的最高水平，一直以来都是全球各大家居品牌竞逐的顶级荣誉。而在本次颁奖典礼中，共有 24 个国家的 25 个家居品牌获得奖励。而在激烈的竞争中，中国 Mlily 梦百合凭借独具魅力的设计风格，代表中国摘得了 GIA 全球家居的桂冠。

展会动态

2015年，国内的家具展会又呈现出一些重大变化，有9月广州展的移址，有2016年北京展的首发，还有各地区展会发展与创新。展会无疑是推动我国家具行业发展的重要推手。

① 广州家具展移师上海

9月起，广州家具展将分成南北两场，即每年3月在广州举办，9月在上海举办，形成了与上海原有的“中国国际家具展览会”同场竞技的格局。

② 首届北京国际家具展将于2016年7月举行

10月26日，中国家具协会、中国林产工业协会和中国室内装饰协会三大协会联合支持的北京国际家具展组委会正式成立，首次展会定于2016年7月举行。首度亮相的北京国际家具博览会(BIFF)定于2016年7月1～4日在北京顺义中国国际展览中心新馆开展，首次展览面积将达12万平方米。为与广东、上海已经相对成熟的家具展形成错位，北京的展会选择在夏季举行，定位为“高、精、尖”，设立国际品牌与高端定制家具展区、民用精品家具展区、办公精品家具展区、网销精品家具展区以及家具产业链精品展区五大展区，并以买一赠一的优惠吸引厂商参展。

③ 东莞将参照德国慕尼黑打造“展贸综合体战略”

7月，广东现代会展管理有限公司发布了《广东现代国际展览中心2016–2026》十年发展规划，提出将参照美国高点、德国慕尼黑、上海国家会展中心打造“展贸综合体战略”。其中，将通过空中连廊以及地下通道将未来“三旧”改造的展贸基地与嘉华酒店、地下城轨以及广东现代展览中心进行链接，从而构建联系更为紧密的展贸板块。伴随着东莞会展业的发展，东莞厚街广东现代国际展览中心周边形成与当地工业类展会相匹配的贸易平台。其中最为明显的是5千米家具大道以及规划面积130万平方米的名家居世博园。

亚洲

① 韩国

一季度韩国进口中国家具4.2亿美元占总额67%

韩国海关5月4日发布的数据显示，2015年第一季度，韩国家具进口总额为6.46亿美元，同比上升16%。其中，“中国制造”家具达4.2亿美元，占家具进口总额的67%。

韩2015年家具销售额创9年新高或因宜家效应

据韩联社2016年2月1日报道，韩国统计厅1日公布的数据显示，2015年韩国家具销售额为50033亿韩元，同比增长7%，创下9年来的最高记录。这是韩国家具行业从20世纪90年代进入成熟期后一次罕见的激增。2015年，宜家在韩国的销售额提高了3千亿韩元，超过业界普遍预计，Hanssem、Livart和ENEX等韩国当地大型家居企业的销售额也随之获得大幅增长。

② 孟买

家具将成孟加拉国主要出口创汇产品

亚洲国家目前是全球家具的主要供应地区，年出口至约3500亿美元，其中孟加拉国2013–14年的出口额为4258万美元。家具出口将成为仅次于服装出口的第二大出口商品，政府应制定相应政策并给予资金扶持，以提高企业在全球市场上的竞争力。

③ 日本

日本宜得利家居NITORI（尼达利）高调入驻天猫

日本家具＆家居行业巨头NITORI正式进军中国大陆电商，其首家线上旗舰店于2015年8月18日登陆天猫。此次NITORI进军大陆电商市场打破了传统国际大牌进入大陆市场疯狂提价的现象，首次创新提出了三大全球同步：全球货源同步、全球品质同步、全球价格同步。据《日本经济新闻》网站报道，日本最大的家具家居连锁企业NITORI日前表示，将在中国成立两家分公司。2015年年内将成立“似鸟（太仓）商贸物流公司”，注册资金为72亿日元，2016年12月正式运营；而销售子公司“似鸟（中国）有限公司”将于2016年6月在上海成立。

日本研发智能家具	日本电器业巨头松下电器公司制定智能家居计划，要让“智能”家具在2020年东京奥运会上面世：不需要厨师，只要有一套高智慧厨房，人们就能炒出一盘色香味俱全的佳肴。
日本推出可自动整理衣物的智能衣柜	2015年，松下与日本最大的建筑商大和房屋合作开发出了一款智能衣柜，在东京举行的日本高新技术博览会上展出，它的名字叫laundroid。在博览会上，工作人员进行了一些展示——比如在衣柜中放入一个白衬衫等等，只需要把它放进去，不用任何多余的动作，甚至不需要按下任何开关，衣柜就会自动将它叠整齐。
日本推出智能床垫 能自动调整睡眠姿势	日本厂商Molten Corp发布了一款智能床垫，用于改善使用者的睡眠状况。Molten Corp所推出的Leios气床垫可通过内置的智能技术了解到使用者是否处于最佳的休息姿势，并通过身体压力控制功能来调节气室的压力，让使用者身体的每一个部位都获得最佳的支撑。这样不仅可以避免拉伤，还能减少褥疮并促进血液循环。

④ 泰国

泰国家具展TIFF吸引本土国际品牌展露光芒	随着市场的成熟与精品业的发展，以往以出口为导向的泰国家具产业，内部市场也增长了近10%，出现了许多高质量、具有独特原创性的本土家具品牌，让泰国国际家具展（TIFF）成为家具设计人士越发重视的大秀。

⑤ 印度

印度家居电商Pepperfry获1亿美金融资	7月，总部位于孟买的家居电商Pepperfry近日宣布获得了1亿美金的大笔融资，由高盛集团以及Zodius Technology领投，Norwest Venture Partners和Bertelsmann India作为上一轮投资方继续跟投。据悉，此次融资将主要用于加强物流管理、优化技术平台、搭建体验中心以及扩大市场影响力。

⑥ 印尼

上半年印尼家具出口达10亿美元	据印尼《星洲日报》8月8日报道，2015年上半年，印尼家具出口额达10亿美元，占全年指标20亿美元的一半。印尼家具产品在传统市场的需求逐渐平稳，而销往非传统市场的出口有所增长。

⑦ 刚果、老挝

刚果和老挝进出口CITES附录物种标本的资格暂停	由于未能按时提交象牙国家行动计划，CITES常委会日前决定，对民主刚果、老挝和尼日利亚三国实施贸易制裁，暂停这三个国家商业性进出口CITES附录物种标本的资格。民主刚果和老挝分别是我国进口大美木豆（Pericopsiselata俗称非洲柚木）、交趾黄檀（Dalbergiacochinchinensis俗称大红酸枝）的来源国之一。国家濒管办在此提醒我国木材进口企业，在贸易制裁结束之前，暂勿从事从民主刚果和老挝进口濒危木材的业务。

美洲

① 美国

2015 年美国前 15 大床垫品牌排名出炉

7 月，美国《今日家具》发布了最新的年度 15 大床垫生产商排名，舒达以 3.5 亿美元的优势领先第二名丝涟，继续蝉联冠军地位。去年呈下滑趋势的泰普尔以高达 16.4% 的增长幅度重返高增长率阵营。“3S”（舒达、丝涟、席梦思）金三角地位依然无法动摇，三家生产商出货量之和超过 15 家总和的二分之一。据了解，TOP15 中分别排名 2、3、8、12 的丝涟、席梦思、斯丽比迪、Symbol 的床垫 ODM 供应商均为中国江苏恒康家居科技股份有限公司。而恒康旗下自有记忆绵床垫品牌 Mlily 梦百合自 2011 年登陆美国以来，连续三年销量增长超过 100%，成为美国市场近三年来销量增长最快的床垫品牌之一，预计 2016 年将进入美国床垫品牌前十名。

美国最大家具商爱室丽 Ashley 计划 30 亿美元出售公司

据《今日家具》消息，全美最大的家具制造商 Ashley 爱室丽正在计划出售，预计出售价格会超过 30 亿美元。6 月，爱室丽发表了重要声明，证实正在咨询高盛集团，帮助公司评估一系列投资选择及其他机会，以促进爱室丽家具公司未来的增长及持续的成功发展。公司首席执行官 Todd Wanek 强调目前的对话是探索性的，尚未就具体行动作出任何决定。

亚马逊海外购国际家居正式上线

亚马逊海外购 6 月 1 日再添全新品类，国际家居正式亮相，31 万个首批上线的国际家居精品涵盖了 4000 余个全球顶级品牌，这些品牌来自美国、加拿大、德国、意大利、芬兰和日本等。

美最大家具电商 Wayfair 出售澳洲业务

7 月 31 日消息，美国最大的家具家居电商 Wayfair 将其澳洲业务出售给本土电商 Temple&Webster, 网站将于 45 天内更改名字。

美寝具制造商 CarolinaMattressGuild 申请破产

独立寝具制造商 Carolina Mattress Guild 根据《美国破产法》第 7 章相关法规申请破产清算。根据其提交给美国中部地区北卡罗来纳州格林斯博罗（Greensboro,N.C.）破产法庭的文件指出，该公司拥有约 170 万美元的资产和 590 万美元的债务。

家得宝 16 亿美元收购维修产品直销商 扩大分销网络

据道琼斯消息，美国家居建材用品零售巨头家得宝 (Home DepotInc，HD) 已同意以 16.3 亿美元现金收购维修产品直销商 Interline BrandsInc，以扩大其分销网络。家得宝称，Interline 将带来覆盖 90 多个地点的分销网络，其中包括加拿大和波多黎各的分销点。

美国加州阻燃剂标签要求生效

2014 年 9 月 30 日，加州州长签署了法案 SB1019，使其正式通过，于 2015 年 1 月 1 日生效。根据该法案的相关要求：所有在加州销售的，且满足 TB117–2013 测试要求的软质聚氨酯泡沫家具或软垫家具，需在其标签上添加“阻燃剂申明”，来表明其产品中是否含有阻燃剂，并认定上述产品不添加阻燃剂也可符合相关消防安全要求。该申明确定了很多常见的或被认为对人类健康或发展有很大影响的阻燃剂。”

美国立法限制家具和儿童产品中的阻燃剂

来自华盛顿的法案修订了《儿童产品安全法》(CSPA) 和相关规则，限制儿童产品和家用软垫家具中使用所有儿童高度关注化学品 (CHCC) 中列出的阻燃剂物质。法案列出的磷酸三 (2 一氯乙基) 酯 (TCEP) 和磷酸三 (1,3– 二氯 –2– 丙基) 酯 (TDCPP) 生效日期为 2016 年 7 月 1 日。美国纽约州和华盛顿州已经引入了提案，限制消费品中的若干类阻燃剂。该提案禁止或限制在儿童产品或家用软垫家具中使用卤素元素阻燃剂。纽约州的提案禁止在家用软垫家具中使用卤化和磷 – 溴阻燃剂，同时要求制造商或进口商证明其产品满足有待制定的“明火可燃性”标准。

明尼苏达州通过儿童家具阻燃剂法案

美国明尼苏达州正式通过法案 SF1215，要求除家居纺织品和床垫之外的所有儿童产品和软垫家具产品 (换尿布垫、睡衣、午睡垫、护儿枕等) 均不能含有超过 1000ppm 的阻燃剂，且若有关政府行政专员向制造商询问产品阻燃剂含量信息时，制造商需提供相关信息。

美国 IDO 建材城将承接中国家居企业入美

美国 IDO 家居装饰建材工厂直销城，将承接中国公司顺利落户美国，解决跨国经营面临的诸多手续和困难。中国工厂将通过 IDO 平台，跨过经销商，走出代工的低利润时代。中国“产品输出”战略需要寻求国际市场合作伙伴，寻求国外当地的承接渠道和平台。

美国房市回暖 家得宝销售大增 7.3%

11 月 17 日，美国最大的家居装潢专卖店家得宝 Home Depot(HD–US) 表示，他们单价超过 900 美元的产品的销售量比去年同期成长了 8%。从总体数字来看，Home Depot 所有开幕超过一年的店面销售额都比去年同期上涨 7.3%。

美最大家具电商 Wayfair 接入万事达移动支付平台

6 月 9 日消息，万事达旗下移动支付平台 MasterPass 将接入美国最大家具网络零售商 Wayfair.com 以及旗下品牌 AllModern, BirchLane, Dwell Studio 和 Joss&Main。据了解，消费者在 PC 端或任何移动装置的 APP 购买 Wayfair 所有品牌时，都可以通过 MasterPass 来支付。

梅宾床垫 Kingsdown 推 6.85 万元智能床垫	床垫制造商梅宾 Kingsdown 推出了一款主打睡眠监测、提升睡眠质量的智能床垫，售价为 10999 美元（约合人民币 6.85 万元）。床垫本身集成了大量智能传感器，可以精准地监测你的翻身次数，并测算出深度睡眠质量。不仅如此，床垫本身还支持调节软硬度及按摩功能，支持多区域工作，能够有效帮助人体找到最舒适的睡眠状态，放松身体。通过附赠的三星 Galaxy Tab2 平板和应用程序，可以观察到睡眠数据、调节床垫模式、软硬度及头部高度等，十分智能。
迈阿密设计周发布家居流行新趋势	迈阿密设计周上，人们有一个普遍的共识，就是整个设计的风格逐渐转向多元化。相比其他家具展会，迈阿密设计周规模较小，来自全球的参展商带来自己最新的作品，方便人们看到未来设计的发展趋势。
中国成为美国阔叶木最大进口市场	从第 20 届美国阔叶木外销委员会东南亚及大中华区年会上获悉，在过去 10 年，中国已成为美国阔叶木产品最大的进口市场，中国内地、中国香港及台湾地区在 2014 年总进口额为 15.326 亿美元，与上一年相比增幅达 34%。现时，中国消耗的阔叶木板材占全球美国阔叶木总出口量的 42.6%，稳居第一位。而红橡木是美国阔叶木去年在中国市场最受欢迎的板材产品。

② 巴西

巴西家具行业经营惨淡大幅裁减 4 万岗位	据台湾“联合新闻网”11 月 17 日报道，2008 ~ 2012 年，巴西家电与家具消费呈爆炸性成长，但 2015 年行业面临惨淡经营，至 9 月裁减约 4 万个工作职位，几乎达同期汽车工业裁员总数的 3 倍。

欧洲

① 波兰

波兰跃居世界第 4 大家具出口国

据波兰商务部公布的最新数据，2014 年，波兰家具出口总值超过 80 亿欧元，2013 年则为 64 亿欧元，同比增长了 25%。目前而言，波兰是世界第四大家具出口商，是仅次于中国、德国和意大利的最大家具出口国，德国是其主要出口目标市场。

② 德国

德国家具电商 Home24 收购竞争对手 Fashion for Home

路透社 11 月 10 日报道，德国家具电商 Home24 收购在德国的竞争对手时尚家居 (Fashion for Home)，该报还透露 Home 24 在不断蚕食宜家 (IKEA.UL) 的“领地”，此次收购让 Home24 首次拥有线下家具实体店。Home 24 由火箭网络 (Rocket Internet) 创办，在 2012 以柏林为中心开展业务以来，一直活跃于七个欧洲国家和巴西等国市场。

③ 法国

法国互联网家居品牌 Miliboo 上市

12 月 14 日消息，互联网家居品牌 Miliboo 近日在欧洲证券交易所上市，发行约 120 万股新股，发行价格为每股 4.21 欧。据悉，Miliboo 成立于 2005 年，总部设在法国上萨瓦省 (Haute-Savoie)。其经营模式与 La Redoute 及 Ruedu Commerce 类似，目前业务范围涉及英国、德国、法国卢森堡、瑞士、比利时等欧洲 8 个国家。2014 ~ 2015 财年，该公司营业总额达 1420 万欧元，同比增长 38%。

④ 欧盟

含杀生物剂家具未经核准禁止在欧盟市场贩售

欧盟执委会食品健康安全总署表示，欧盟 528/2012 号有关“生物灭杀剂”规章 (Biocidal Products Regulation) 自 2013 年 9 月 1 日开始实施，该规范适用杀生物剂产品及含有杀生物剂产品之“经处理成品” (Treated Article)，例如电子、家具、纺织或汽车等产品。“经处理成品”的杀生物剂活性成分应于 2016 年 9 月 1 日前取得欧盟化学管理局 (European Chemicals Agency, ECHA) 许可，自 2017 年 3 月 1 日起，不符合规范的“经处理成品”不得在欧盟市场贩售。。

⑤ 瑞典

宜家美国可再生能源覆盖率达 90%

宜家家居圣路易斯门店面积 38 万平方英尺，是这家瑞典家居公司在美国密苏里州开设的首家门店，也是其在美国的第 41 家门店。该门店的屋顶太阳能发电设施为密苏里州最大。这也是美国宜家家居门店中，建筑内外首个全部配备 LED 照明的门店，也是首个销售 LED 照明设备的门店。截至目前，宜家家居美国门店的可再生能源覆盖率达到 90%。

宜家 2015 财年收入增幅超 10%

9 月 14 日，集团 2015 年财报显示，本财政年度 (2014 年 9 月 1 日 ~ 2015 年 8 月 31 日)，宜家集团净收入相比去年增长至 35 亿欧元 (约 248 亿元人民币)，总销售收入比去年增长 11.2% 达到 319 亿欧元。

宜家智能家居系统曝光 2016 年秋天面世

宜家开始将目光投向智能家居领域。据报道，宜家目前正与设计公司 Frog Design 联合开发一套的廉价智能家居照明系统，名叫 Home Smart II Lighting Collection。如果一切顺利，这款产品将在 2016 年秋天正式面世，和目前市面上的大部分智能家居产品不同，宜家的这套系统设计十分简洁直接，并没有按键或者旋钮。根据宜家展示的一张产品草图，系统所有的功能都被放置在了灯泡当中。这些灯泡会和宜家的智能手机应用进行通讯，直接从移动设备控制照明的亮度。

宜家首次购入并经营自己的 8.3 万英亩林场

宜家正致力于更好地占有产品生产中最重要的原材料——木头。8 月，瑞典家居零售巨头宜家在罗马尼亚买下了一片森林，这是多年来宜家第一次开始经营属于自己的林场。宜家表示，收购并经营林场将长期保证公司能够以可承受价格得到大量源源不断的木材。宜家在上一个财年共使用约 5.3 亿立方英尺 (约合 0.15 亿立方米) 的原木。

⑥ 意大利

意大利著名现代家具 B&B 被收购投资超 5 亿欧元

阿斯顿·马丁股东、意大利著名投资人 Andrea Bonomi 通过其私募股权集团 Investindustrial 收购意大利现代家具集团 B&B ItaliaSpA 多数股权。根据交易条件，B&B Italia 创始人兼首席执行官 Giorgio Busnelli 将保留集团 20% 的股权，Investindustrial 公司计划持有集团股权 7 ~ 10 年的时间。届时，Investindustrial 公司的设计产业版图将涉及照明设备、家具和酒店建筑。

米兰家具展全球新闻发布移师上海

为第 54 届米兰国际家具展造势，米兰展策展团队第一次把全球新闻发布会搬到了中国上海。以往，每年一度的国际新闻发布会往往选择欧洲和北美城市。新上任数月的米兰家具展主席罗伯特·施耐德瑞 (Roberto Snaiedero)，一句话点破了其中的原由。“中国每年进口意大利家具的增长率均保持在 15%。传统的欧美市场之外，中国已经是意大利家具设计最重要的市场之一。” 在欧洲经济普遍不景气的情况下，中国消费者逐渐提高的设计品位，对原创和手工艺的尊重，以及对各种流派设计持续增长的购买热情，让意大利设计师和家具制造商，开始对中国市场青睐有加。

⑦ 英国

英国高端家具电商 Made 融资 6000 万美元 并已入驻德国市场

英国高端家具电商 Made.com 发布官方公告，已完成新一轮 6000 万美元融资，投资方为 Partech Ventures 和 Fidelity Growth Partners。随着德国站点的筹备完成，英国家居电商及家居设计品牌 Made 正式入主德国，这也是其在欧洲开辟的第五个市场。

英家具电商 WorldStores 获高盛 2.3 亿投资

根据美国科技博客网站 Tech Crunch 报道，国际著名投资公司高盛 (Goldman Sachs) 近日领投了对英国家具零售电商 World Stores2500 万英镑 (约合人民币 2.36 亿元) 的新一轮融资。World Stores 主打家具产品，旗下还经营了一个闪购网站 Casafina。

英家具电商 WorldStores 飞机一小时到货

从英国媒体 “internetretailing” 4 月 1 日的报道中获悉，看到飞机送货服务在其他电商领域的应用，英国家具电商 World Stores 决定将其推广至家具领域。目前，如果消费者居住在 World Stores 位于北安普敦、彼得伯勒营业场地周边 100 英里范围内，可以在一小时内收到订购的商品。家具电商 World Stores 将充分利用飞机这一运输工具进行空运家具服务。不过，这项服务仍处于为期 6 个月的测试阶段，如果需求可观且可执行，World Stores 将在全英国推广这项服务。

⑧ 俄罗斯

俄罗斯柞木、水曲柳和尤卡坦黄檀将列入CITES

从 CITES 相关机构了解到，CITES 已经将俄罗斯联邦要求加入的柞木、水曲柳和尼加拉瓜要求加入的尤卡坦黄檀列入到《CITES 公约》。在今后的跨境贸易中，附录上所涵盖的树种必须经签发证明其来源合法性的文件才得以授权出口。

04 数据统计

STATISTICAL DATA

本篇选用的行业基础数据均来自中国轻工业信息中心，分为全国数据、地区数据和分类数据三大类。为了便于读者更好地从基础数据中了解行业发展状况，中国家具协会与中国轻工业联合会联合编写了《2015年中国家具行业经济运行分析》，文章从经济运行走势、行业发展格局、生产经营效益、区域发展格局、国际经贸合作五个方面对行业数据进行了全面分析；对全国各省市地区的产品产量、主营业务收入、利润、主营业务利润率等数据进行对比分析；并针对国际市场形式，对我国家具行业进出口情况进行了数据解读和形势分析。

2015 年中国家具行业经济运行分析

中国家具协会
中国轻工业联合会

2015 年是我国全面完成“十二五”规划的收官之年，是全面深化改革的关键之年。面对世界经济复苏不及预期和国内经济下行压力加大的困难局面，我国家具行业增速换挡、结构优化、动力转换等都处于有序推进中，2015 年全年主营业务收入 7872.5 亿元，同比增长 9.29%，实现利润总额 500.86 亿元，同比增长 14.03%，比轻工行业平均增速高出 6.46 个百分点，行业转型升级取得明显成效。出口额 542.83 亿美元，同比实现正增长，国际市场份额得到进一步巩固。工业增加值增速高于全国轻工以及全国工业增加值增速，为全国轻工行业及国民经济稳增长做出重要贡献。

一、经济运行走势

伴随着我国经济增速放缓，家具行业也结束了长达三十多年的高速增长，换挡到中高速稳健发展期。从“十二五”期间年度走势来看，行业的生产与效益逐年递增，主营业务收入增速从 2011 年的 25.71% 降至 2015 年的 9.29%，利润总额增速则是从 2011 年的 32.20% 降至 2015 年的 9.29%，除 2013 年以外，其他各年均是利润总额增速高于主营业务收入增速，行业运行质量良好（图 1–1、图 1–2）。

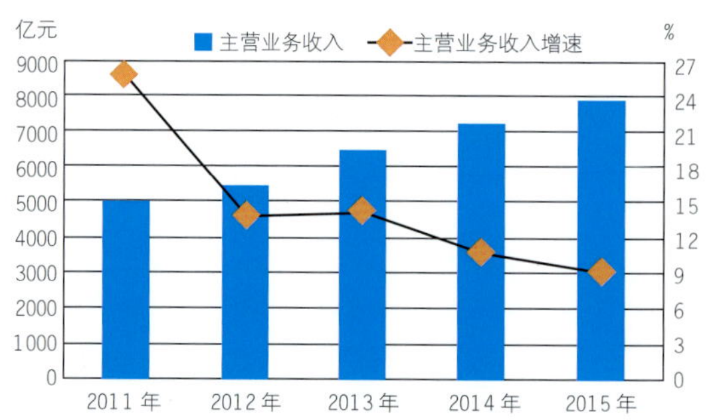

图 1–1　2011 ～ 2015 年家具行业规模以上企业主营业务收入与增速变化

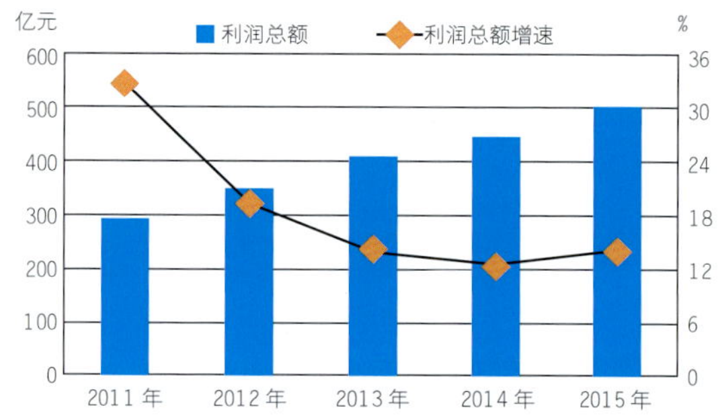

图 1–2　2011 ～ 2015 年家具行业规模以上企业利润总额与增速变化

（一）中轻家具景气指数

受宏观经济形势的影响，2015 年，中轻家具景气指数在“稳定”区间内进一步走低，除出口景气指数与资产景气指数表现较好外，其他两个分项景气指数均有跌至“渐冷”区间的小幅波动。

据中国轻工业经济运行及预测预警系统显示，2015 年 12 月，中轻家具景气指数为 92.04，其中：主营业务收入景气指数为 90.33，出口景气指数为 105.35，资产景气指数为 96.26，利润景气指数为 87.74（图 1–3）。

2015 年中轻家具景气指数的运行走势表现为：2 月明显抬升，成为 2012 年 4 月以来的最高值，3 月起下滑，5 月达到年内最低，6 月呈现缓慢回升走势，12 月再度微降；整体来看，景气指数基本处于临近“稳定”区间的下限运行，并且 4 ～ 12

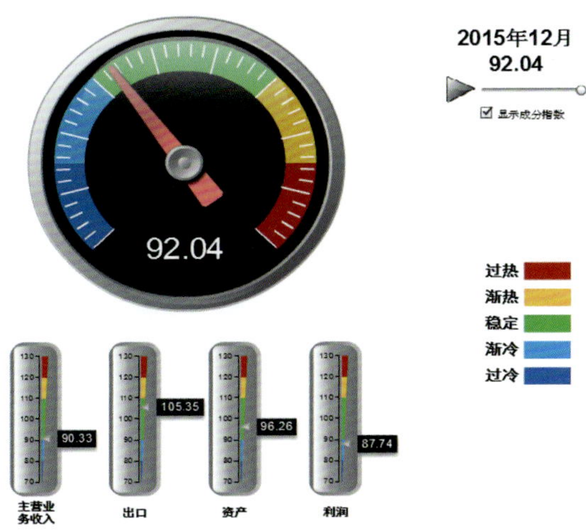

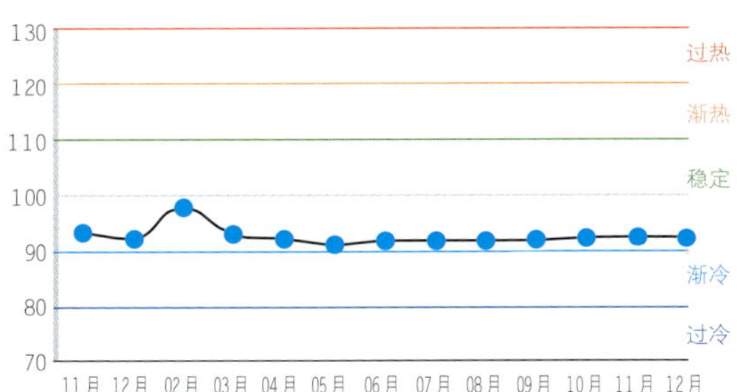

图 1–3　2015 年 12 月家具行业景气指数及分项指数显示状况

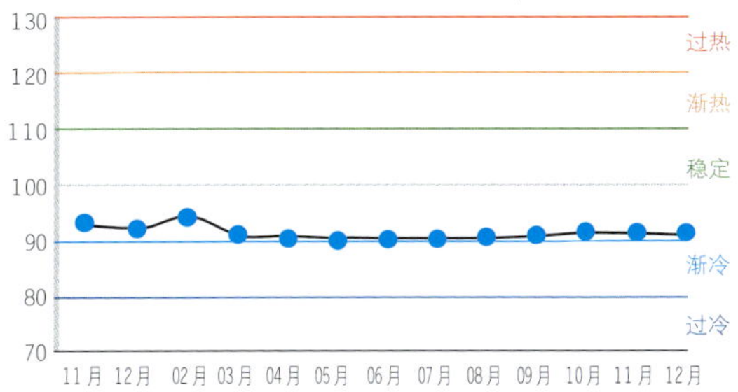

图 1–5　2014 年 11 月～ 2015 年 12 月家具行业主营业务收入景气指数变化态势

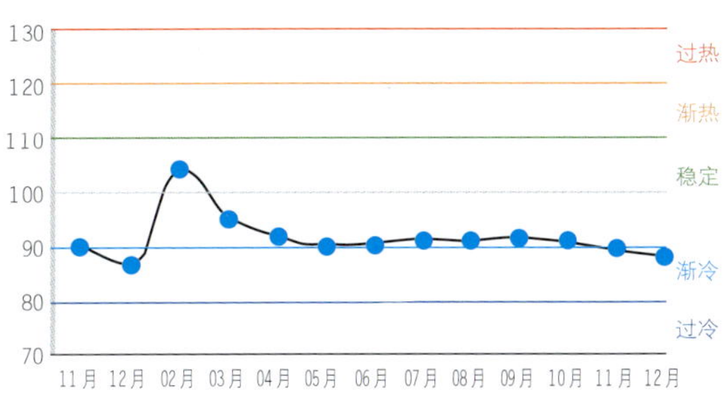

图 1–6　2014 年 11 月～ 2015 年 12 月家具行业利润景气指数变化态势

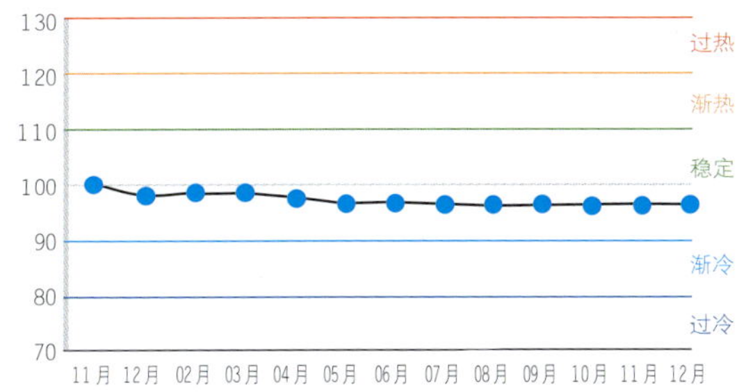

图 1–4　2014 年 11 月～ 2015 年 12 月中轻家具行业景气指数变化态势

月的运行高度均低于上年同期（图 1–4）。

（二）分项景气指数走势

1. 主营业务收入景气指数　进入 2015 年后，家具行业主营业务收入景气指数在 2 月暂时出现止跌回升，3 月重新进入下滑通道，4 ～ 8 月连续在“渐冷”区间的上限附近运行，9 月开始虽然回到“稳定”区间，但贴近下限运行（图 1–5）。

2. 利润景气指数　2015 年家具行业利润景气指数的总体走势好于上年同期，2 月反弹到“稳定”区间的 100 基准线以上，3 月起大幅回落，5 月跌至“渐冷”区间，6 ～ 10 月处于“稳定”区间下限附近运行，11 ～ 12 月重新回到“渐冷”区间（图 1–6）。

3. 资产景气指数　2015 年家具行业资产景气指数走势相对平稳，12 月资产景气指数为 96.26，比 2014 年末降低 1.62 点。近几年资产景气指数在绿色稳定区间运行，走势相对平稳（见图 1–7）。

图 1–7　2014 年 11 月～ 2015 年 12 月中轻资产景气指数走势

近年来家具行业投资保持稳定增长态势，虽然投资增速有所放缓，但仍高于全国轻工业平均水平，为行业发展提供了有效保障。

4. 出口景气指数　2015 年，家具行业出口景气指数保持在“稳定”区间内运行，上半年呈现出升降交替的走势，其中，2 月高位抬升成年内最高值，3 月快速下滑至该区间下限附近；7 ～ 9 月出现了连续下滑，10 ～ 12 月大幅攀升形成翘尾（图 1–8）。

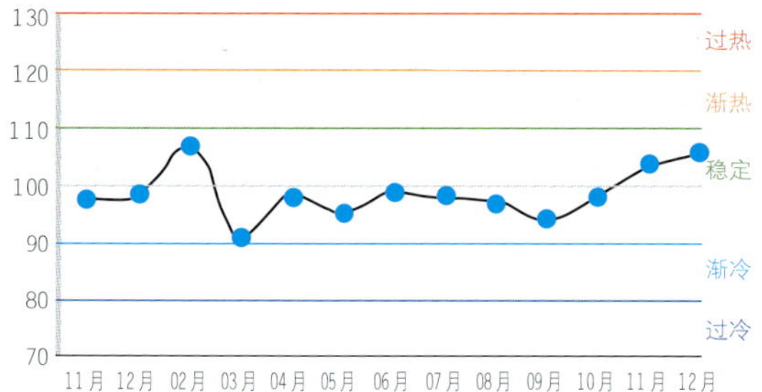

图 1–8　2014 年 11 月～ 2015 年 12 月家具行业出口景气指数变化态势

5. 地区景气指数　2015 年 12 月，新疆和四川两个地区处于“过热”区间，占全国地区总数（下同）的 6.45%；属于“稳定”区间的地区有 11 个，主要集中在东部沿海，占全国的 35.48%；位于“渐冷”区间的地区 4 个，占全国的 12.90%；处于“过冷”区域的地区 12 个，占全国的 38.71%（图 1–9）。与上年同期相比，“过热”区间的地区数不变，没有地区属于“渐热”区间，“稳定”区间的地区增加了 4 个，“渐冷”区域的地区减少了 1 个，“过冷”区域的地区减少了 2 个（表 1–1）。

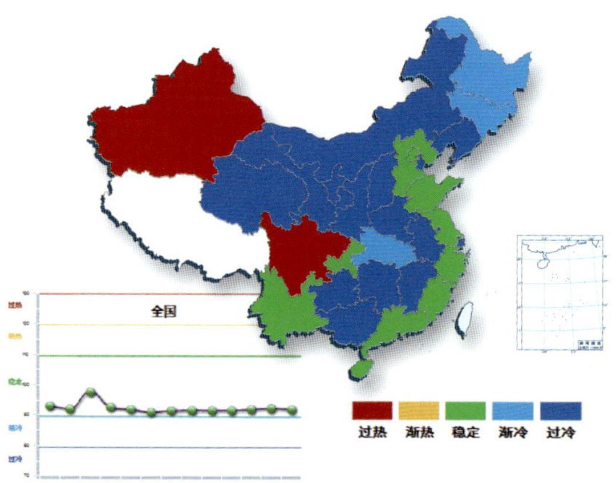

图 1–9　2015 年 12 月各地区家具景气指数显示状况

表 1–1　2015 年 12 月地区景气度变化情况（个）

地区景气度	2015 年 12 月	2014 年 12 月	增减
过热	2	2	0
渐热	0	1	–1
稳定	11	7	4
渐冷	4	5	–1
过冷	13	15	–2

注：本表数据不包括台湾及香港、澳门特别行政区

（三）工业增加值走势

根据国家统计局初步核算显示，2015 年，国内生产总值（GDP）676708 亿元，按可比价格计算，同比增长 6.9%，这是自 1990 年以来 GDP 增速首次跌破 7%；工业生产基本平稳，全国规模以上企业（以下简称“规上企业”）工业增加值按可比价格计算，同比增长 6.1%，比 2014 年回落了 1.4 个百分点。

同年，我国家具行业规上企业累计工业增加值增速为 7.09%，高于全国工业增加值及全国轻工业增加值增速（图 1–10）。

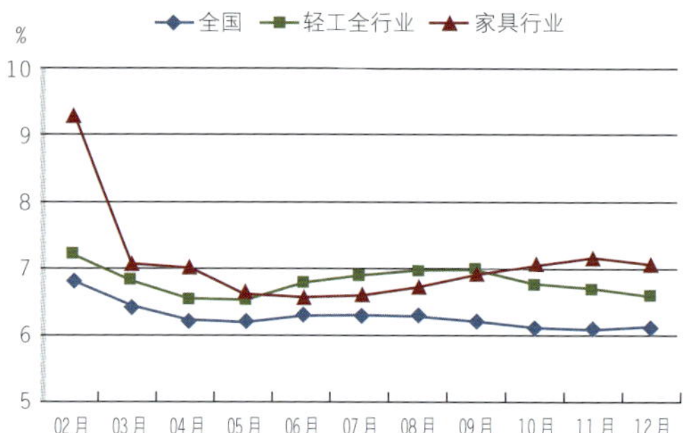

图 1–10　2015 年家具行业工业增加值累计增速与全国、轻工全行业相比较

二、行业发展格局

（一）“十二五”期间行业发展格局

“十二五”期间，随着产业规模化、集约化发展，产业集中度不断提高，大型企业的竞争力进一步加强。2015 年家具行业大型企业比 2011 年增加了 83 家，企业数翻了两番，占比提升了 1.43 个百分点（表 2–1）。与此同时，大型企业的生产规模与效益显示出扩大的趋势，小型企业则与之相反（图 2–1，图 2–2）。2015 年，大型企业的平均主营业务收入为 125717.93 万元，平均利润总额为 11199.67 万元，分别是小型企业的 13.21 倍和 20.36 倍；大型企业的主营业务收入利润率为 8.91%，比小型企业高出了 3.13 个百分点。

（二）企业格局

截止到 2015 年底，家具行业全部规模以上企业 5290 家，其中大型企业 109 家，占 2.06%；中型企业 825 家，占 15.6%；小型企业 4356 家，占

表 2-1　十二五期间家具行业规上企业数变化情况

年份	大型企业		中型企业		小型企业	
	企业数	占比	企业数	占比	企业数	占比
2015 年	109	2.06%	825	15.6%	4356	82.34%
2014 年	106	2.14%	851	17.22%	3985	80.64%
2013 年	89	1.89%	825	17.49%	3802	80.62%
2012 年	77	1.75%	783	17.75%	3552	80.51%
2011 年	26	0.63%	553	13.41%	3546	85.96

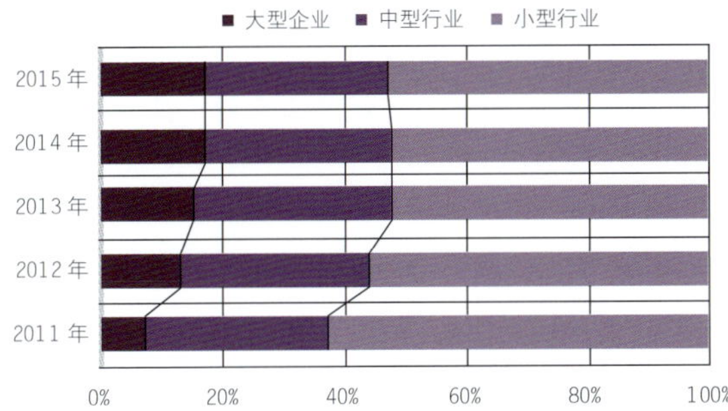

图 2-1　2011 ~ 2015 年家具行业不同规模企业主营业务收入占比变化

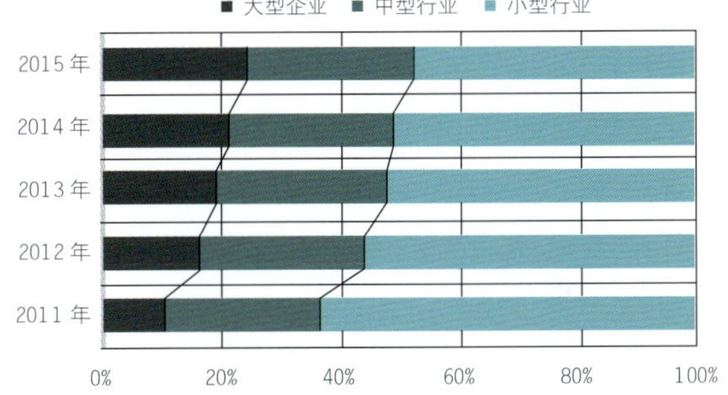

图 2-2　2011 ~ 2015 年家具行业不同规模企业利润总额占比变化

82.34%(表 2-1)。

从主营业务收入上看，2015 年家具行业小型企业完成主营业务收入 4145.22 亿元，占全部的 52.65%；中型企业主营业务收入 2356.96 亿元，占全部的 29.94%；大型企业主营业务收入 1370.33 亿元，占全部的 17.41%（图 2-3）。

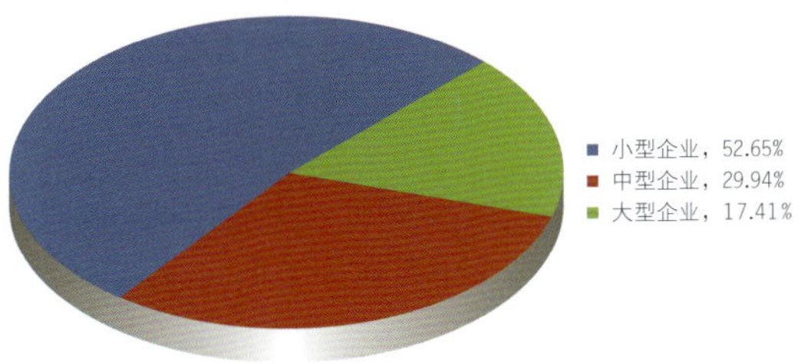

图 2-3　2015 年不同规模企业主营业务收入占比情况

从不同规模企业主营业务收入均值上看，大型企业平均年主营业务收入 12.57 亿元，比 2014 年增加 0.94 亿元，同比增长 8.04%；中型企业平均年主营业务收入 2.86 亿元，比 2014 年增加 0.17 元，同比增长 6.15%；小型企业平均年主营业务收入 0.95 亿元，比 2014 年增加 0.10 亿元，同比增长 11.76%（图 2-4）。

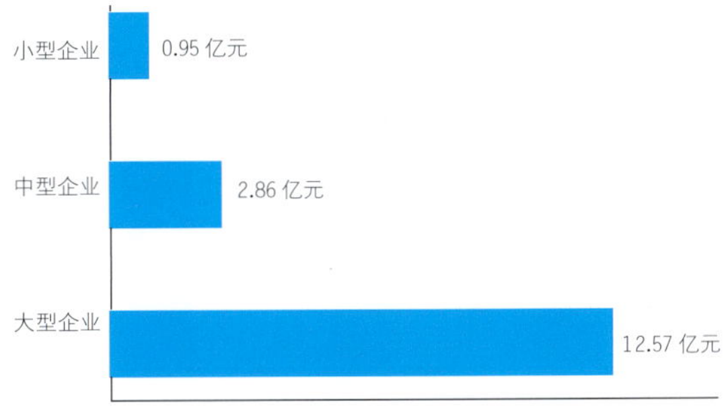

图 2-4　2015 年不同规模企业主营业务收入均值对比

从利润总额上看，2015 年小型企业完成利润总额 239.6 亿元，占全部的 47.84%；中型企业完成利润总额 139.18 亿元，占全部的 27.79%；大型企业完成利润总额 122.08 亿元，占全部的 24.37%（图 2-5）。

从不同规模企业利润均值上看，大型企业平均

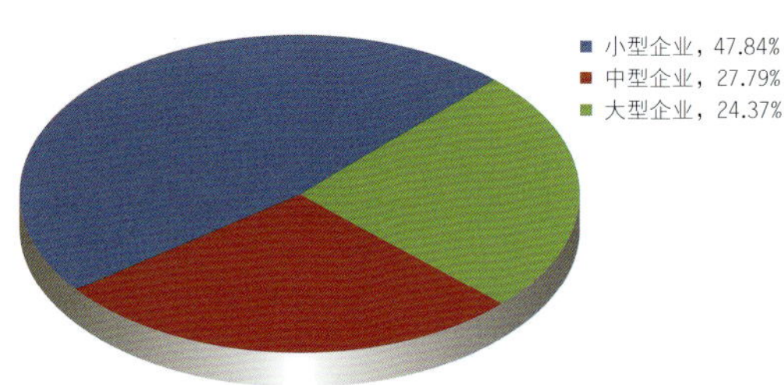

图 2-5　2015 年不同规模企业利润总额占比情况

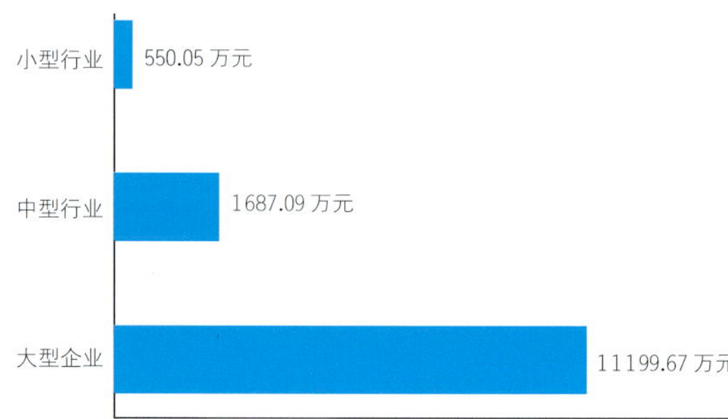

图 2-6　2015 年不同规模企业利润均值对比

年利润 11199.67 万元，比 2014 年增加 2290.15 万元，同比增长 25.70%；中型企业平均年利润 1687.09 万元，比 2014 年增加 114.50 万元，同比增长 7.28%；小型企业平均年利润 550.05 万元，比 2014 年增加 62.44 万元，同比增长 12.81%（图 2-6）。

从不同规模企业主营业务利润率上看，家具行业大型企业主营业务利润率 8.91%，比 2014 年增长 1.25 个百分点；中型企业主营业务利润率 5.91%，比 2014 年增长 0.06 个百分点；小型企业主营业务利润率 5.78%，比 2014 年增长 0.06 个百分点（图 2-7）。

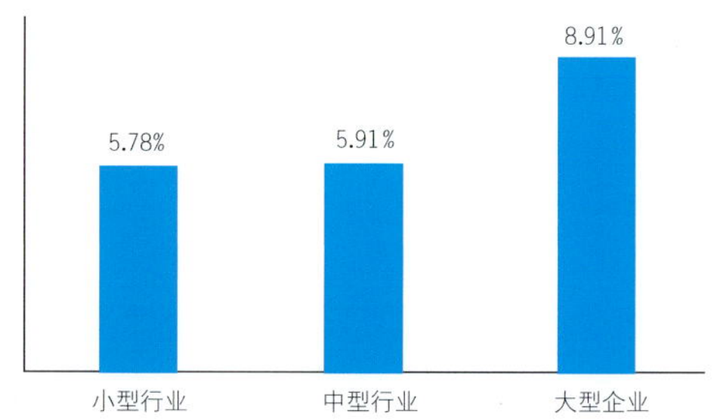

图 2-7　2015 年不同规模企业主营业务利润率对比

（三）子行业对比

2015 年，家具行业规模以上企业主营业务收入 7872.50 亿元，同比增长 9.29%；实现利润 500.86 亿元，同比增长 14.03%。

——主营业务收入：在子行业中，木质家具制造主营业务收入总量 5030.68 亿元，居第一位，占家具行业规上企业全部主营业务收入的 63.9%，且增速最快，同比增长 9.7%。其次是金属家具制造，占比 18.65%，同比增长 9.3%，均超过行业平均增速。

——利润总额：木质家具制造和金属家具制造的利润总额仍居前两位，其利润合计占到行业利润总额的 81.74%。但就增速来看，其他家具制造和塑料家具制造居前，同比分别增长 33.5% 和 20.2%，木质家具制造和金属家具制造均同比增长 11.4%，低于行业平均增速。

（四）内外市场

2015 年，我国家具行业规模以上企业完成出口交货值 1720.13 亿元，比上年增长 5.02%，占全国家具行业主营业务收入的 21.85%。外销市场比重比去年降低 0.75 个百分点，基本持平。内销比重占 3/4 以上（图 2-8）。

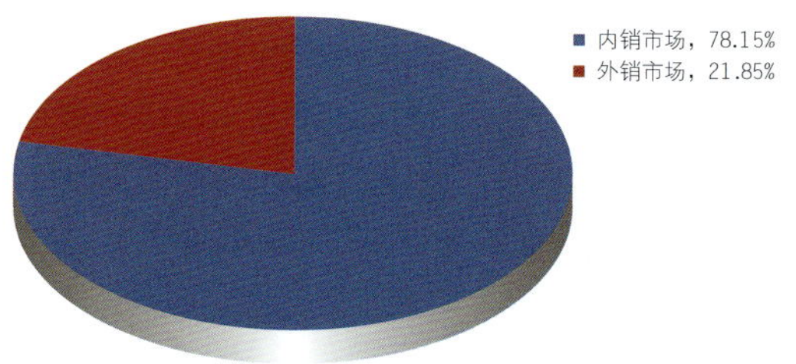

图 2-8　2015 年家具产品市场结构图

（五）家具行业与轻工行业的对比

2015 年家具行业规模以上企业主营业务收入占全国轻工业总量的 3.4%，所占比重比 2014 年提高 0.14 个百分点，排名第十二位（图 2-9）；利润总额占全国轻工业总量的 3.4%，所占比重比 2014 年提高 0.16 个百分点，排名第 13 位（图 2-10）；出口额占全国轻工业总量的 9.1%，排名第四，所占比重比 2014 年提高了 0.39 个百分点（图 2-11）。

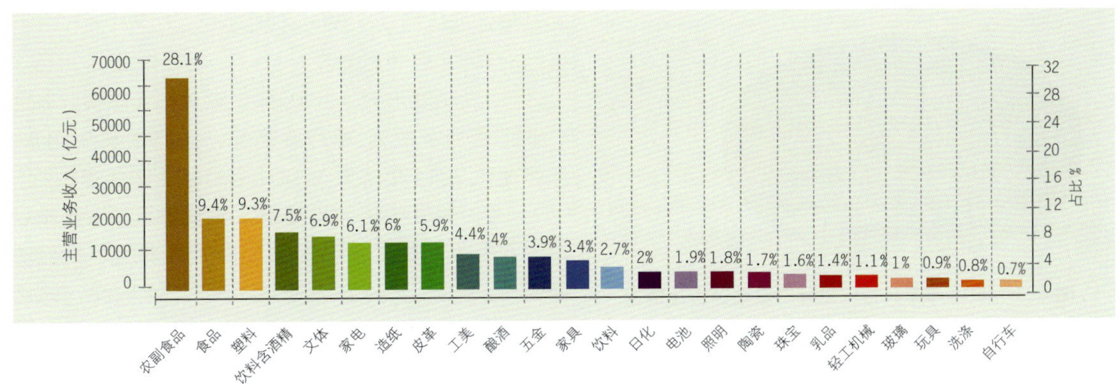

图 2-9　2015 年家具行业主营业务收入占轻工全行业比重情况

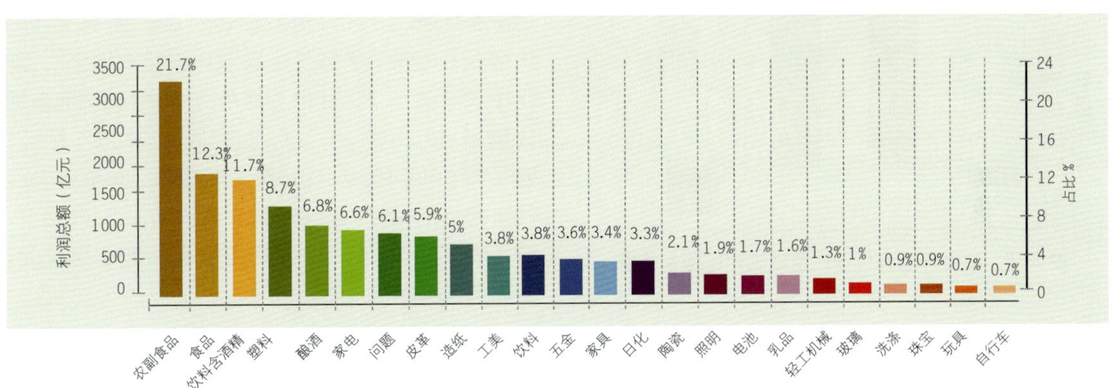

图 2-10　2015 年家具行业利润总额占轻工全行业比重情况

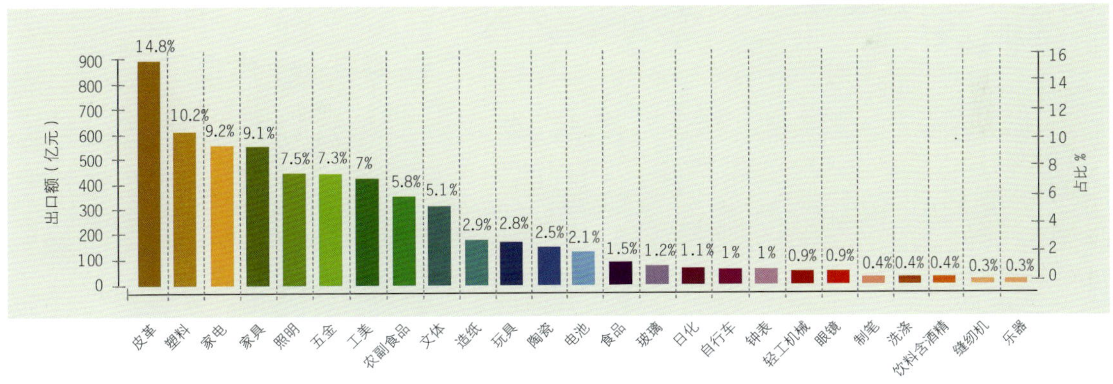

图 2-11　2015 年家具行业出口总额占轻工全行业比重情况

三、生产经营效益

（一）产品产量

2015 年，全国家具行业完成累计产量 7.70 亿件，同比增长 0.38%。其中，东部地区产量 6.13 亿件，占 79.63%；中部地区产量 0.95 亿件，占 12.29%；西部地区产量 0.34 亿件，占 4.42%；东北部完成累计产量 0.28 亿件，占 3.66%。东部沿海地区依然是我国家具的主产区，家具产量占比接近 80%（图 3-1）。但就增速来看，中西部地区的增长优势明显，中部地区同比增长 8.18%，西

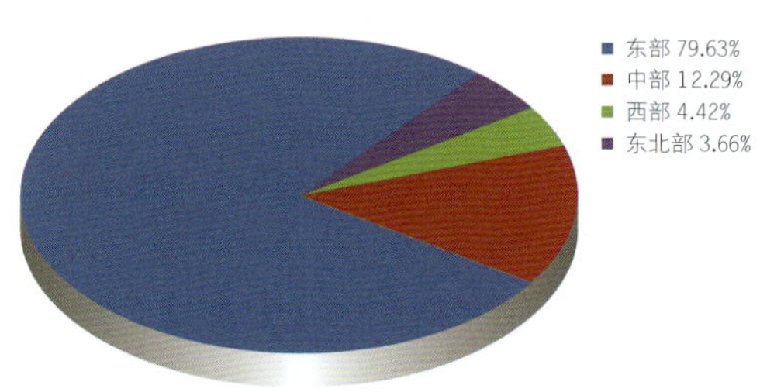

图 3–1　2015 年家具行业累计产量地区占比情况

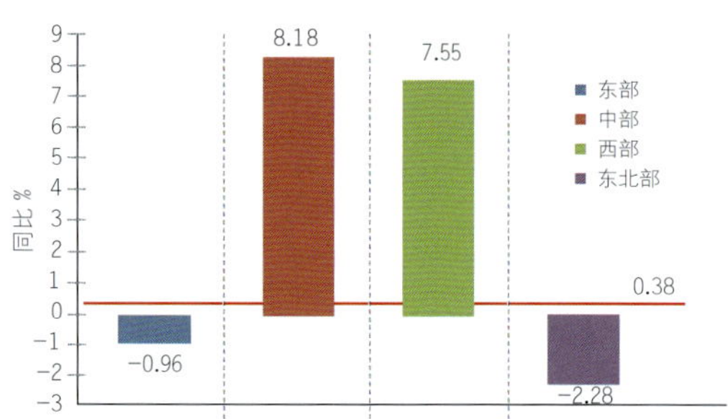

图 3–2　2015 年家具行业产量地区同比增长情况

部地区同比增长 7.55%（图 3–2）。

（二）主营业务收入

1. 年度走势　2015 年，家具行业规模以上企业主营业务收入 7872.5 亿元，同比增长 9.29%，增速比 2014 年降低 1.57 个百分点（图 3–3）。

2. 月度情况　2015 年，我国家具行业规模以上企业 1 月份主营业务收入 517.24 亿元，同比增长 13.34%；2 月份主营收入 517.24 亿元，同比增长 13.34%；3 月份主营收入 605.39 亿元，同比增长 3.85%；4 月份主营收入 599.05 亿元，同比增长 5.87%；5 月份主营收入 624.86 亿元，同比增长 7.06%；6 月份主营收入 694.26 亿元，同比增长 9.22%；7 月份主营收入 628.69 亿元，同比增长 9.82%；8 月份主营收入 664.55 亿元，同比增长 10.26%；9 月份主营收入 710.64 亿元，同比增长 11.3%；10 月份主营收入 736.93 亿元，同比增长 13.46%；11 月份主营收入 763.88 亿元，同比增长 11.04%；12 月份主营收入 809.77 亿元，同比增长 4.94%（图 3–4）。

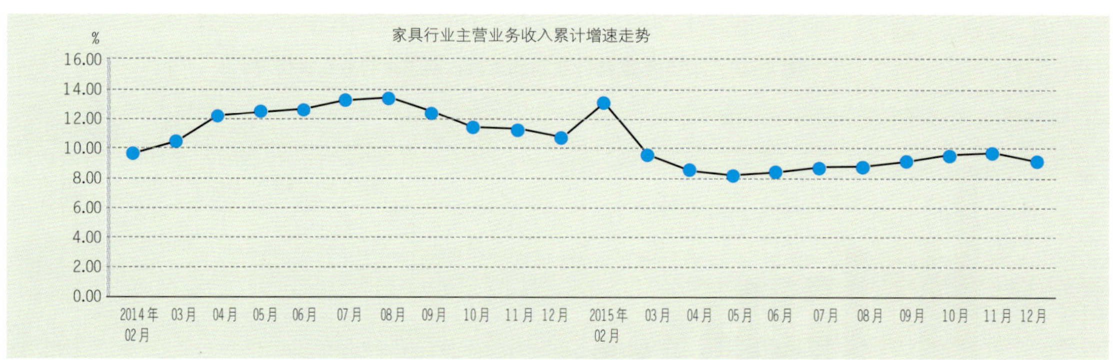

图 3–3　2014 ~ 2015 年家具主营业务收入累计增速情况

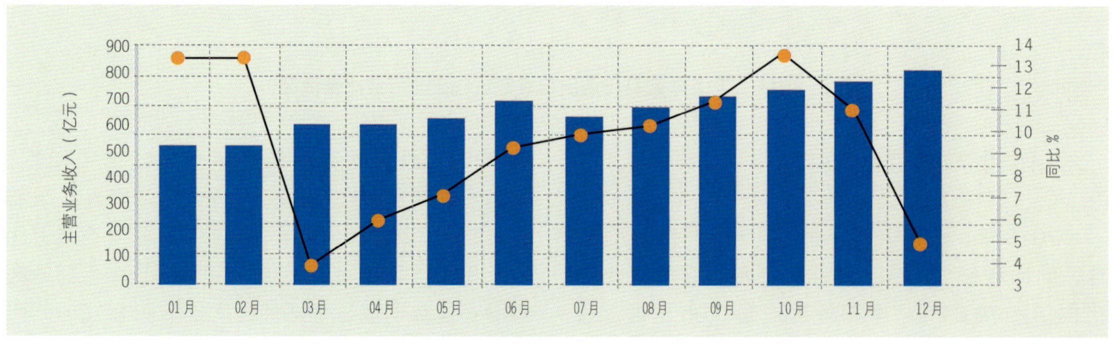

图 3–4　2015 年全国家具行业月度主营业务收入及同比

（三）行业利润

2015 年，家具行业规上企业累计实现利润总额 500.86 亿元，同比增长 14.03%，成为增速最快的一个轻工行业，比轻工全行业平均增速高出 6.46 个百分点（图 3–5），这说明家具行业的盈利能力表现较好，运行质量稳步提高。

1. 年度走势　2015 年，家具行业规模以上企业累计实现利润 500.86 亿元，同比增长 14.03%，增幅比 2014 年上升了 1.53 个百分点（图 3–6）。

全年利润增速呈波动走势，1、2 月份走势较好，高于往年，带动全年增速。全年 12 个月份利润增速均为正增长，且家具利润增速高于主营业务收入增速，行业盈利能力有所提升。

2. 月度情况　2015 年，家具行业规上企业 1 月份实现利润总额 31.88 亿元，同比增长 34.99%；2 月份实现利润总额 31.88 亿元，同比增长 34.99%；3 月份实现利润总额 29.09 亿元，同比增长 3.64%；4 月份实现利润总额 32 亿元，同比增长 7.75%；5 月份实现利润总额 35.11 亿元，同比增长 9.08%；6 月份实现利润总额 45.91 亿元，同比增长 19.45%；7 月份实现利润总额 36.76 亿元，同比增长 23.91%；8 月份实现利润总额 36.11 亿元，同比增长 17.18%；9 月份实现利润总额 43.83 亿元，同比增长 22.29%；10 月份实现利润总额 46.48 亿元，同比增长 10.56%；11 月份实现利润总额 55.8 亿元，同比增长 5.15%；12 月份实现利润总

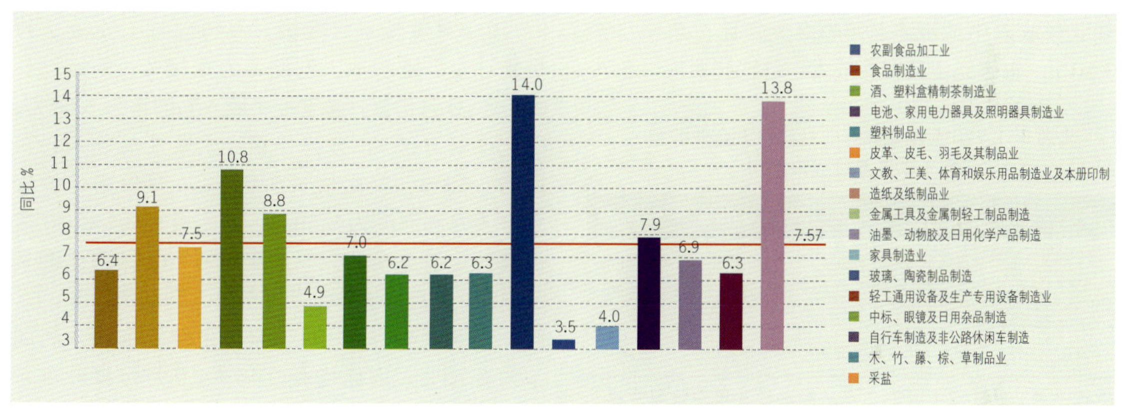

图 3–5　2015 年轻工各子行业利润总额增速情况

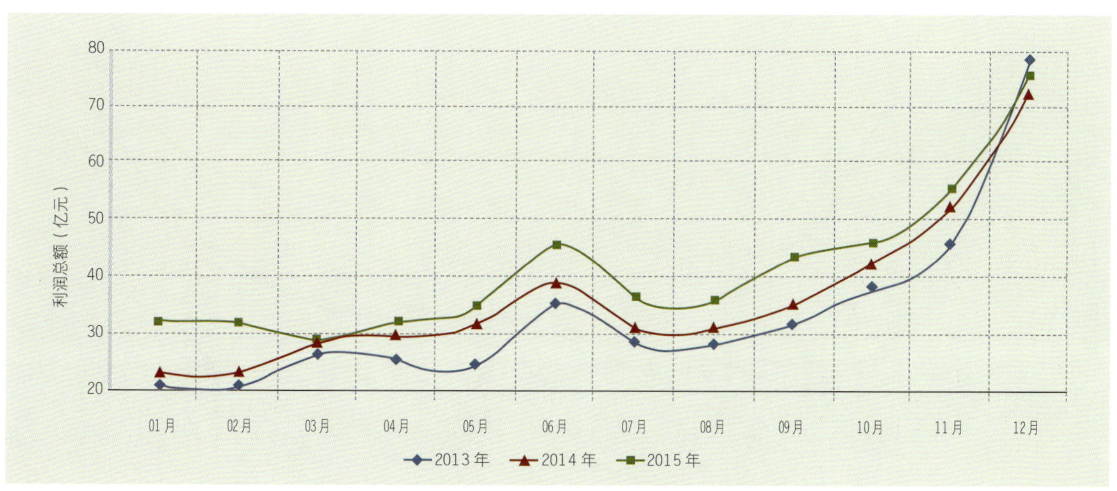

图 3–6　家具行业连续三年月度利润总额对比

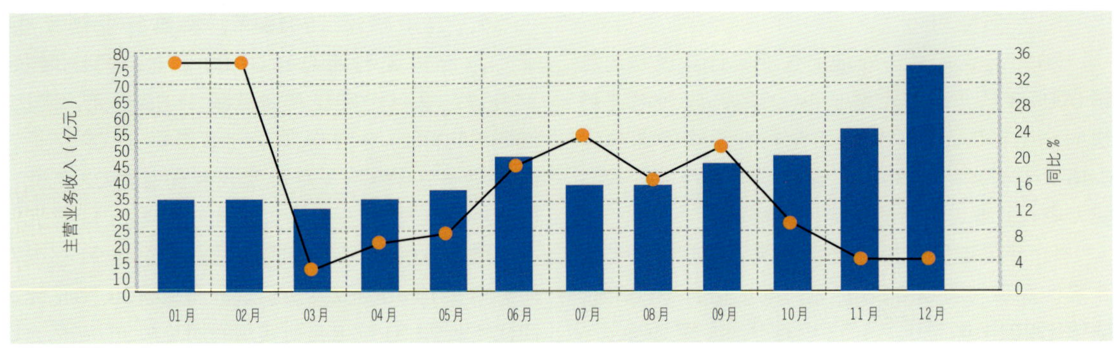

图 3–7　2015 年全国家具行业月度利润总额及同比

额 76.02 亿元，同比增长 5.28%（图 3–7）。

（四）主营业务利润率

2015 年家具行业主营业务收入利润率为 6.36%，比上年提高了 0.26 个百分点；每百元主营业务收入中的成本为 84.63 元，比上年减少了 0.10 元；每百元主营业务成本中的期间费用为 8.79 元，比上年减少了 0.01 元（表 3–1）。

表 3–1　2015 年家具行业规模以上企业的盈利水平及单位成本费用

指标名称	2015 年	2014 年
主营业务收入利润率（%）	6.36	6.10
每百元主营业务收入中的成本（元）	84.63	84.73
每百元主营业务收入中的期间费用（元）	8.79	8.80

数据来源：根据“中国轻工业经济运行及预测预警系统”相关数据计算得出。

1. 年度走势　2015 年家具行业主营业务收入利润率为 6.36%，高于 2013、2014 年度水平（图 3–8）。

2. 月度情况　我国家具行业规上企业 2 月份累计主营业务收入利润率为 6.16%，同比增长 0.99%；3 月份累计主营业务收入利润率为 5.66%，同比增长 0.63%；4 月份累计主营业务收入利润率为 5.58%，同比增长 0.48%；5 月份累计主营业务收入利润率为 5.59%，同比增长 0.4%；6 月份累计主营业务收入利润率为 5.79%，同比增长 0.43%；7 月份累计主营业务收入利润率为 5.8%，同比增长 0.47%；8 月份累计主营业务收入利润率为 5.75%，同比增长 0.45%；9 月份累计主营业务收入利润率为 5.8%，同比增长 0.46%；10

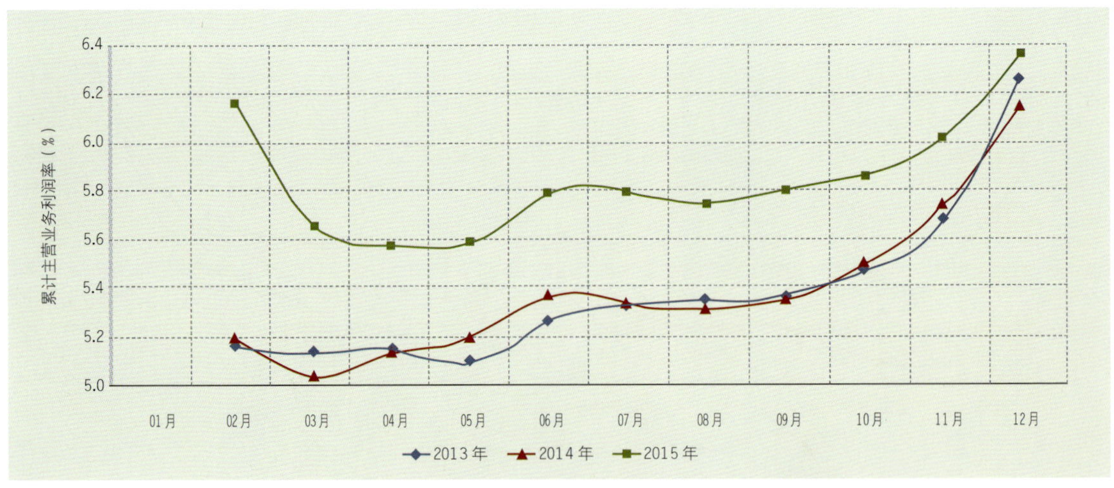

图 3–8　家具行业连续三年月度累计主营业务收入利润率对比

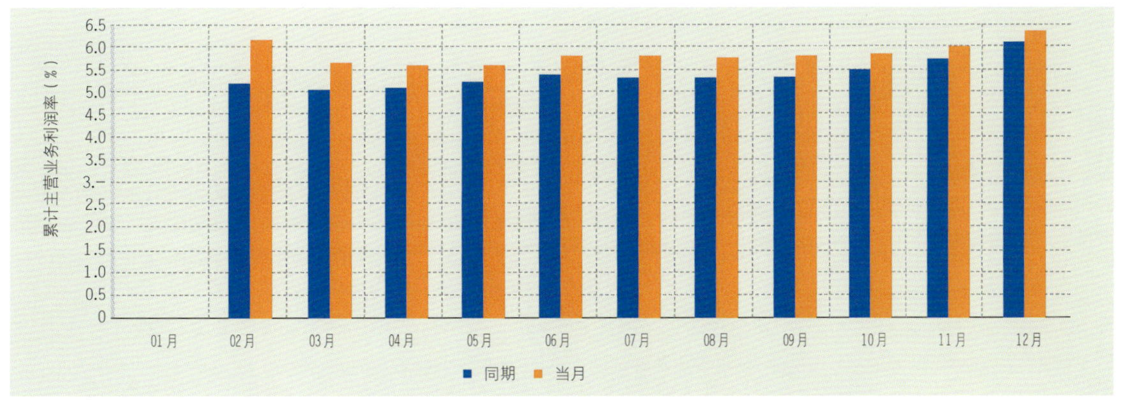

图 3–9　2015 年全国家具行业月度累计主营业务收入利润率及同比

月份累计主营业务收入利润率为 5.86%，同比增长 0.39%；11 月份累计主营业务收入利润率为 6.02%，同比增长 0.31%；12 月份累计主营业务收入利润率为 6.36%，同比增长 0.26%（图 3–9）。

四、区域发展格局

（一）区域比重

“十二五”期间，随着中西部地区行业投资的增大以及东部地区家具产业向中西部转移，中西部地区的家具产业得以快速发展，占全国家具行业的比重也逐渐扩大，我国家具产业布局开始趋向平衡（图 4–1）。从主营业务收入的占比来看，东部从 2011 年的 65.64% 收窄为 2015 年的 63.06%，而中部和西部则分别从 2011 年的 15.07% 和 10.08% 扩大为 2015 年的 20.41% 和 10.40%（图 4–1）。

东部地区家具行业主营业务收入仍占全国家具行业的大半部分，广东、山东、浙江等东部沿海省份是家具行业最为发达的地区，但其主营业务收入占全国的比重呈下降态势，已由 2011 年的 65.64% 下降到目前的 63.06%，降低 2.58 个百分点。

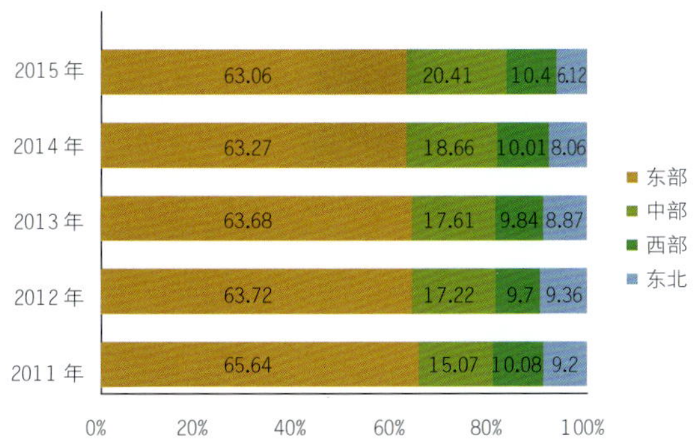

图 4–1　2011 ～ 2015 年家具行业主营业务收入区域比重变化情况

中部、西部地区主营业务收入占全国的比重呈上升态势。其中：中部地区主营业务比重由 2011 年的 15.07% 上升到目前的 20.41%，提高 5.34 个百分点。西部地区主营业务比重由 2011 年的 10.08% 上升到目前的 10.4%，提高 0.32 个百分点。对于河南、四川、安徽等中部西部地区，近年来已经逐渐成为家具生产的中坚力量。这些地区的经济发展并不处于全国前列，城镇化过程中本地居民将出现更多的消费需求，本地家具市场将产生更多空间，助力当地家具企业快速走上规模化的发展道路。

东北地区在前几年主营业务占比总体保持稳定，但 2015 年，由于东北地区轻工行业经济增速下降，家具行业主营业务收入占全国的比重也比 2014 年降低了 1.94 个百分点。辽宁、黑龙江等东北老工业区，家具业显现疲软状态。

（二）区域增速

“十二五”期间，从家具行业主营业务收入增速来看，中西部始终保持了两位数增长，且快于东部增速（图 4–2）。从企业平均利润总额来看，中部和西部的数值明显高于东部（图 4–3）。

东部地区主营业务收入 4964.77 亿元，同比增长 8.32%，实现利润 306.64 亿元，同比增长

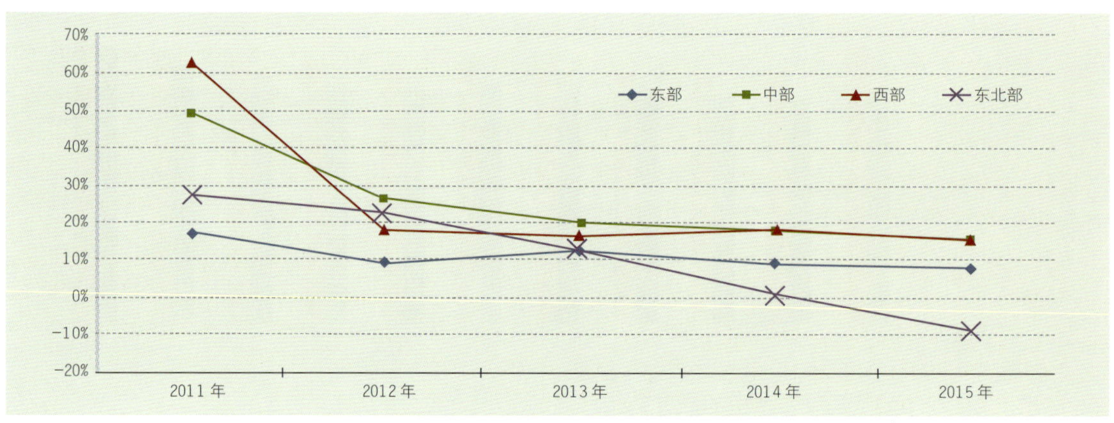

图 4-2　2011 ~ 2015 年不同区域家具行业主营业务收入增速变化情况

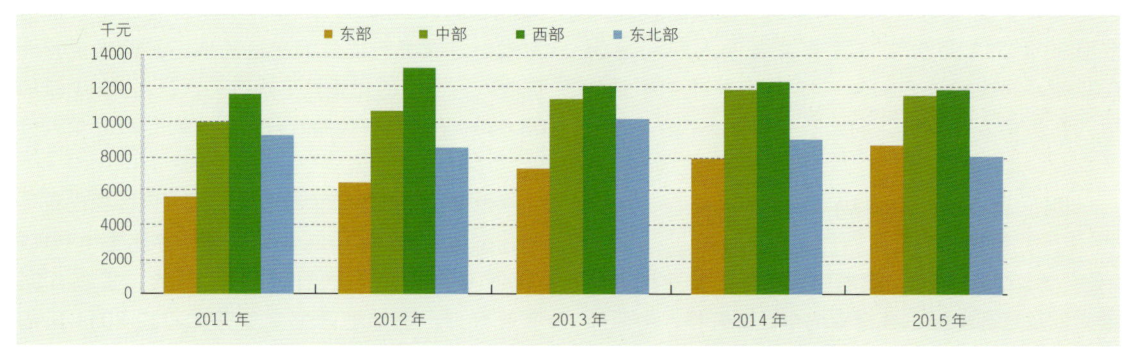

图 4-3　2011 ~ 2015 年不同区域家具企业平均利润总额变化

17.83%，主营业务利润率 6.18%。

中部地区主营业务收入 1606.86 亿元，同比增长 16.17%，实现利润 114.45 亿元，同比增长 8.63%，主营业务利润率 7.12%。

西部地区主营业务收入 818.99 亿元，同比增长 15.55%，实现利润 56.76 亿元，同比增长 15.53%，主营业务利润率 6.93%。

东北部地区主营业务收入 481.89 亿元，同比下降 8.78%，实现利润 23.01 亿元，同比下降 6.12%，主营业务利润率 4.78%。(图 4-4)

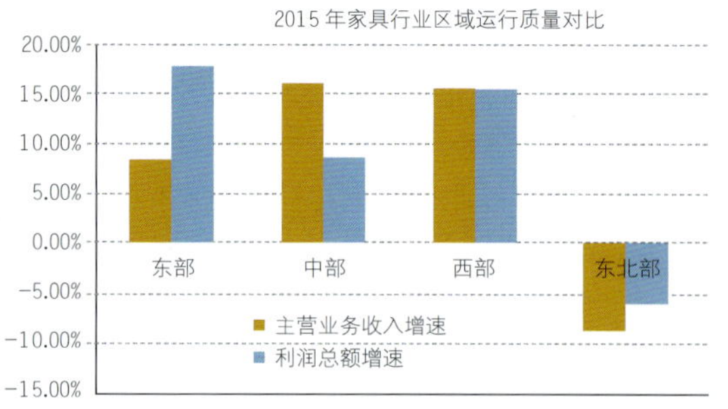

图 4-4　2015 年区域主营业务收入、利润增速对比情况

（三）长江经济带

长江经济带覆盖上海、江苏、浙江、安徽、江西、湖北、湖南、重庆、四川、云南、贵州等 11 省市，面积约 205 万平方千米，人口和生产总值均超过全国的 40%（见图 4-5）。长江经济带横跨我国东中西三大区域，具有独特优势和巨大发展潜力。改革开放以来，长江经济带已发展成为我国综合实力最强、战略支撑作用最大的区域之一。在国际环境发生深刻变化、国内发展面临诸多矛盾的背景下，依托黄金水道推动长江经济带发展，有利于挖掘中上游广阔腹地蕴含的巨大内需潜力，促进经济增长空间从沿海向沿江内陆拓展；有利于优化沿

江产业结构和城镇化布局，推动我国经济提质增效升级；有利于形成上中下游优势互补、协作互动格局，缩小东中西部地区发展差距；有利于建设陆海双向对外开放新走廊，培育国际经济合作竞争新优势；有利于保护长江生态环境，引领全国生态文明建设，对于全面建成小康社会，实现中华民族伟大复兴的中国梦具有重要现实意义和深远战略意义。

2015 年长江经济带 11 省市家具行业规模以上企业数量 2238 家，占全国家具行业规模以上企业总数的 42.31%（下同）。完成主营业务收入 3064.0 亿元，占 38.92%，实现利润 201.6 亿元，占 40.25%。

经过多年的发展，长江经济带大多数省市的家具产业形成了区域集聚力，打造了相对完整的产业链。遍布在我国长江经济带的家具行业产业集群有 20 多个，占中国家具协会授予的产业集群总数的 50% 以上，其中，浙江省 7 个，江苏省 5 个，四川省、湖北省各 3 个，江西省、云南省各 2 个，安徽省 1 个（图 4-5）。这些产业集群在促进区域优势扩大，推动区域品牌成长，促进产业转型升级、带动中国家具行业整体水平的提升方面做出了巨大贡献。

（四）地区对比

通过图 4-6 可以对 2015 年主要省份家具运行质量差异情况进行直观的分析。图中纵坐标为利润增速，横坐标为主营业务增速，气泡大小表示利润额大小。

可以看出，江西、湖南、江苏、福建家具行业发展速度、盈利水平均衡，运行质量良好。

上海主营业务收入增速虽低但利润增速较高，运行质量上升。

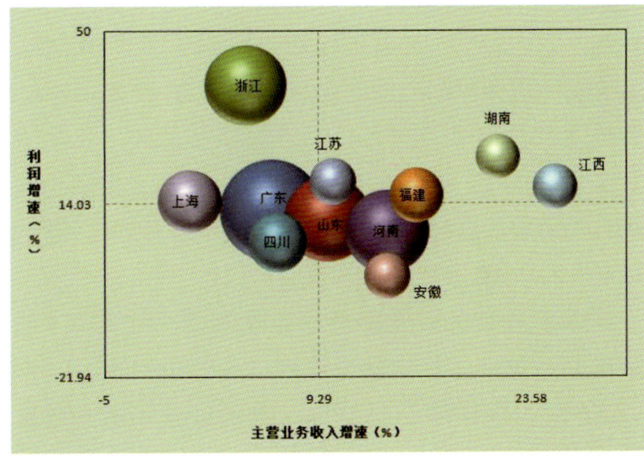

图 4-6 2015 年主要地区主营业务收入、利润气泡图

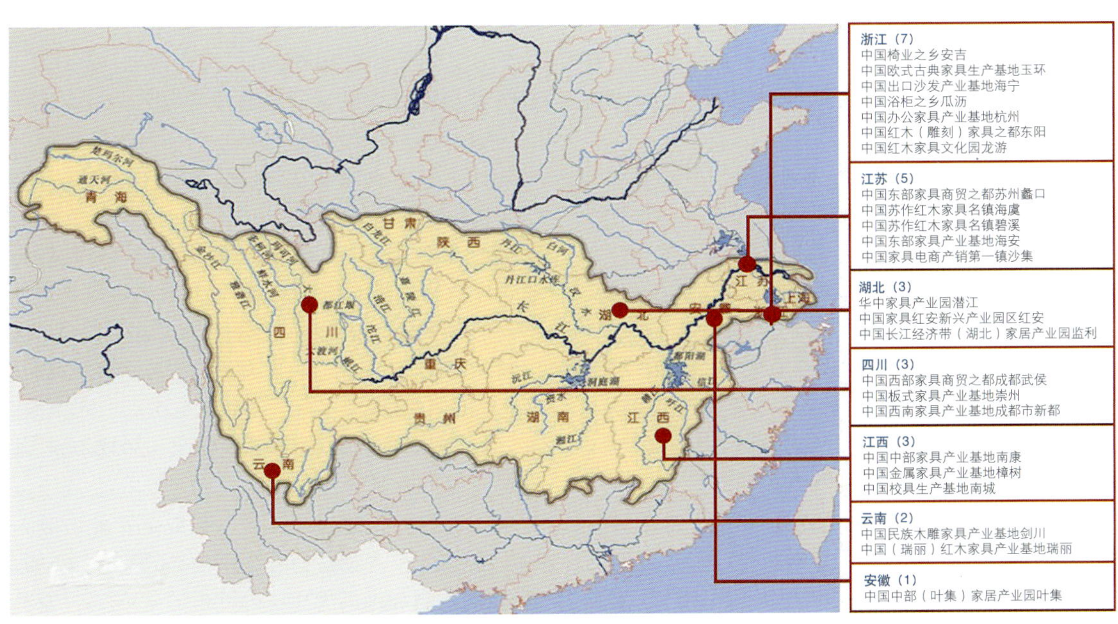

图 4-5 长江经济带家具行业产业集群分布图

广东家具行业发展比较平稳，发展速度接近行业均值，运行质量属中等水平。

河南、山东主营业务增速高于行业均值，利润水平保持正增长但低于行业均值，运行质量属中等偏下水平。

安徽省虽然主营业务增速高于全国均值，但利润增速为负增长，运行质量略有下降。

四川主营业务、利润增速均低于全国均值，运行质量有待进一步提升。

（五）主要产区发展状况

1. 广东省依然为我国家具生产、出口的第一大省 2015年广东省规模以上家具企业1188家，占家具行业规模以上企业总数的比重为22.46%。完成主营业务收入1735.8亿元，占家具行业主营业务总计的22.05%，同比增长6.19%；实现利润88.13亿元，占家具行业利润总额的17.6%，同比增长12.44%。

本省家具子行业主营业务收入情况如下：木质家具制造完成累计主营业务收入1038.94亿元（占59.85%），同比增长5.42%；其他家具制造完成累计主营业务收入322.02亿元（占18.55%），同比增长6.75%；金属家具制造完成累计主营业务收入319.2亿元（占18.39%），同比增长8.69%；竹、藤家具制造完成累计主营业务收入30.76亿元（占1.77%），同比增长0.94%；塑料家具制造完成累计主营业务收入24.88亿元（占1.43%），同比增长6.95%。

据海关统计口径数据，2015年广东省家具行业对外贸易总额265.79亿美元，占家具行业对外贸易总额的46.8%，同比增长0.82%。其中：出口额262.37亿美元，占家具出口总额的48.33%，同比增长0.86%。

2. 山东省继续保持健康平稳发展 2015年山东省规模以上家具企业544家，占家具行业规模以上企业总数的比重为10.28%。完成主营业务收入922.2亿元，占家具行业主营业务总计的11.71%，同比增长9.9%；实现利润61.34亿元，占家具行业利润总额的12.25%，同比增长10.64%。

本省家具子行业主营业务收入情况如下：木质家具制造完成累计主营业务收入811.55亿元（占88%），同比增长11.42%；其他家具制造完成累计主营业务收入74.53亿元（占8.08%），同比增长-7.96%；金属家具制造完成累计主营业务收入26.51亿元（占2.87%），同比增长5.79%；竹、藤家具制造完成累计主营业务收入7.45亿元（占0.81%），同比增长193.02%；塑料家具制造完成累计主营业务收入2.16亿元（占0.23%），同比增长-0.61%。

据海关统计口径数据，2014年山东省家具行业对外贸易总额25.56亿美元，占家具行业对外贸易总额的4.5%，同比增长2.16%。其中：出口额25.08亿美元，占家具出口总额的4.62%，同比增长2.57%。

3. 浙江省利润增速最快 2015年浙江省规模以上家具企业739家，占家具行业规模以上企业总数的比重为13.97%。完成主营业务收入811.05亿元，占家具行业主营业务总计的10.3%，同比增长4.48%；实现利润54.58亿元，占家具行业利润总额的10.9%，同比增长38.49%。

本省家具子行业主营业务收入情况如下：金属家具制造完成累计主营业务收入274.43亿元（占33.84%），同比增长-0.42%；木质家具制造完成累计主营业务收入255.74亿元（占31.53%），同比增长8.12%；其他家具制造完成累计主营业务收入216.2亿元（占26.66%），同比增长13.71%；塑料家具制造完成累计主营业务收入36.04亿元（占4.44%），同比增长1.3%；竹、藤家具制造完成累计主营业务收入28.65亿元（占3.53%），同比增长-25.53%。

据海关统计口径数据，2015年浙江省家具行业对外贸易总额105.61亿美元，占家具行业对外贸易总额的18.6%，同比增长4.32%。其中：出口额104.41亿美元，占家具出口总额的19.23%，同比增长4.28%。

4. 河南省后发优势逐步显现 2015年河南省规模以上家具企业314家，占家具行业规模以上企业总数的比重为5.94%。完成主营业务收入590.22亿元，占家具行业主营业务总计的7.5%，同比增长13.89%；实现利润58.52亿元，占家具行业利润总额的11.68%，同比增长8.08%。

由于河南省处于我国中部地区，承接东部产业转移后对该区域家具行业的发展起到推动作用，后发优势逐步显现，2015 年该省家具行业规上企业的主营业务收入和利润名列前茅，但同时受地域限制，在对外贸易发展方面有一定的局限性。

5. 四川省步入平稳发展阶段　2015 年四川省规模以上家具企业 283 家，占家具行业规模以上企业总数的比重为 5.35%。完成主营业务收入 487.54 亿元，占家具行业主营业务总计的 6.19%，同比增长 6.56%；实现利润 29.27 亿元，占家具行业利润总额的 5.84%，同比增长 5.85%。

随着西部大发展战略影响的逐步减弱及该省家具行业规模的不断扩大，已由过去西部地区“一枝独秀”的高速发展进入到平稳发展阶段，行业运行态势居全国前列，但增速降至 6% 左右。同样，受其地域限制，对外贸易发展步伐较慢。

五、国际经贸合作

全球金融危机破坏了世界经济增长动力，国际经济总体复苏乏力，有效需求不足，导致全球贸易进入深度调整期，增长进一步放缓。2015 年，我国家具行业对外贸易面临了金融危机以来国内外形势较为严峻的一年，下行压力加大，进出口贸易较为低迷。但随着我国家具商品的对外贸易规模不断扩大，行业已具备一定的议价能力，通过提升出口单价和降低进口单价，来加快改变贸易增长方式，提升利润空间，进而增强商品外贸效益。在当前国内外需求不振，轻工全行业进出口贸易双降的情况下，家具作为贸易顺差型商品，表现出较好的发展态势。根据海关总署发布的数据，2015 年，我国家具进出口总值 567.91 亿美元，居轻工行业第四位，同比增长 1.02%；贸易顺差 517.75 亿美元，居轻工行业第三位，同比增长 2.30%。

（一）出口贸易

受复杂、严峻的外贸形势的影响，家具行业出口呈低速增长态势。

1. 月度走势　据海关统计，2015 年，家具产品出口额 542.83 亿美元，同比增长 1.6%，比上年提高了 1.01 个百分点。

1 ~ 12 月，全国家具行业出口额 542.83 亿美元，仅同比增长 1.62%，但从月度出口额看，连续六个月出现负增长。其中：7 月份、8 月份、9 月份和 10 月份出口额分别同比下降 9.06%、10.18%、6.12% 和 4.18%；11 月份和 12 月份又分别同比下降 6.71% 和 2.47%（图 5–1）。

2. 出口国别及贸易增速　2015 年，我国家具产品出口主要集中在美国、日本、英国、新加坡、澳大利亚、德国、香港、加拿大、马来西亚、韩国等地区。其中：美国是我国家具出口的第一大国，2015 年家具产品出口美国 167.38 亿美元，占出口总额的 30.83%，同比增长 9.93%；对日本出口额 29.02 亿美元，同比下降 5.2%；对英国出口额

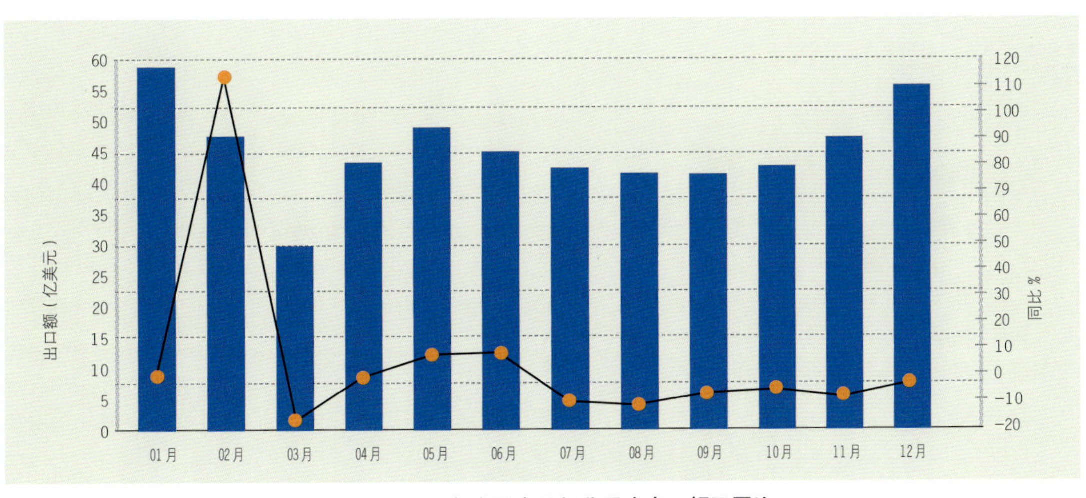

图 5–1　2015 年全国家具行业月度出口额及同比

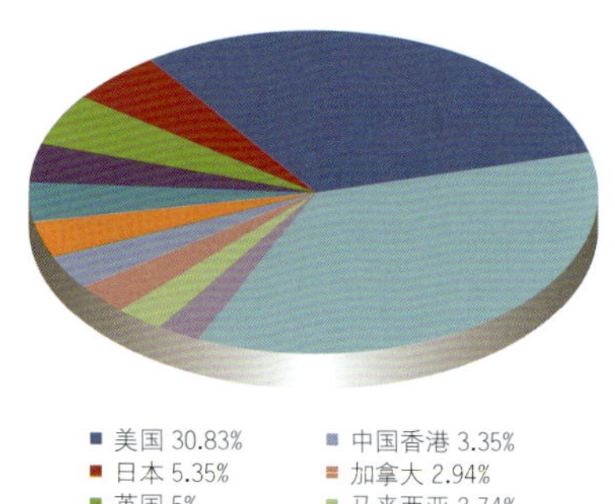

图 5–2　2015 年家具行业对主要贸易国出口额占比

27.13 亿美元，同比增长 11.91%（图 5–2）。

出口排名前十位国家和地区中，对韩国出口增长最快，达到 17.87%；对日本、德国和马来西亚出口同比负增长，尤其是对马来西亚出口同比下降 26.32%（图 5–3）。

2015 年，美国经济在前期增长强劲的基础上复苏动能出现减弱迹象，然而该国国内消费基本保持平稳，个人消费支出增长 3.1%，比上年加快 0.4 个百分点，从而带动我国对其家具出口达到近 10% 的正增长；欧洲经济温和复苏，但基础仍不牢固，欧元区扩大量化宽松（Quantitative Easing，简称“QE”）预期升温，虽然使得我国对其家具出口的增速由上半年的 6.87% 降至 0.58%，却仍比上年提高了 0.37 个百分点；日本经济面临较大下行风险，安倍推出的“新三支箭”能否奏效尚需观察，消费者信心止步不前，日本民间最终消费支出下降 1.2%，降幅比上年扩大 0.3 个百分点，导致我国对其家具出口表现为持续负增长。

与此同时，我国家具行业与国际新兴市场的出口贸易呈现出分化之势。家具出口至东盟、金砖国家（除中国外）与自贸区等新兴市场的累计出口值合计占家具行业出口总值的 26.45%，比去年同期收窄了 0.50 个百分点；对东盟、金砖国家（除中国外）以及智利、瑞士 2 个自贸区的出口增长为负，对新西兰、澳大利亚 2 个自贸区的出口表现为个位数增长，而对其他市场的出口均保持了两位数以上的较好增长态势（表 5–1）。

3. 出口贸易方式分布情况　我国家具出口企业从代工生产、贴牌出口向自创品牌、自主设计、自主研发转变，努力提升在全球价值链中的地位，出口自主性和内生力量在逐渐加强。2015 年，家具行业两大主要出口贸易方式中，一般贸易完成累计出口额 449.61 亿美元，占 82.83%；进料加工贸易完成累计出口额 59.73 亿美元，占 11%。一般贸易方式出口由上年的负增长恢复到正增长 1.05%；进料加工贸易出口仍呈现出负增长，为 –4.15%（图 5–4）。

与 2014 年相比，前者增速提高了 2.44 个百分点，占比收窄了 0.47 个百分点；后者增速回落了 3.40 个百分点，占比收窄了 0.67 个百分点。尽管一般贸易方式依旧主导家具行业出口，但是上半年增速达到了 11.89%，而下半年出现回落，全年

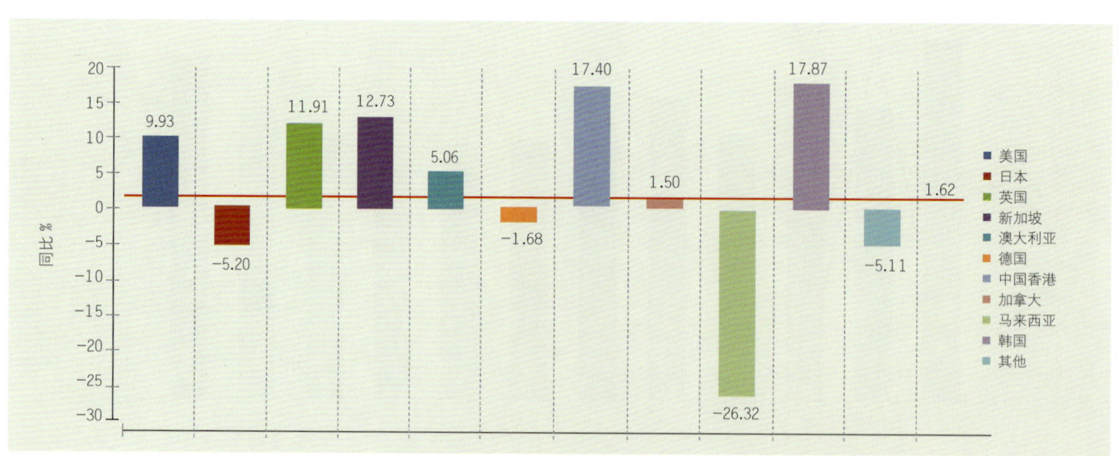

图 5–3　2015 年家具行业对主要贸易国（地区）出口额同比增长情况

表 5-1　2015 年家具行业主要商品出口主要国际市场情况

主要国际市场		2015 年出口值（万美元）	2014 年出口值（万美元）	占比（%）	增速（%）
家具行业主要商品		5428305.31	5341553.32	100.00	1.62
传统市场	美国	1673759.20	1522632.32	30.83	9.93
	欧盟	1009607.34	1003761.09	18.60	0.58
	日本	290235.15	306141.43	5.35	-5.20
自贸区	中国—东盟	556935.99	624288.42	10.26	-10.79
	中国—新加坡	209695.15	186010.00	3.86	12.73
	中国—巴基斯坦	8346.10	4439.57	0.15	87.99
	中国—新西兰	25630.13	24407.79	0.47	5.01
	中国—智利	24038.54	24191.80	0.44	-0.63
	中国—秘鲁	12894.37	8309.70	0.24	55.17
	中国—哥斯达黎加	3421.52	2788.39	0.06	22.71
	内地—港澳	200809.93	168097.07	3.70	19.46
	内地—台湾	51771.64	35531.72	0.95	45.71
	中国—冰岛	465.33	382.50	0.01	21.66
	中国—瑞士	4426.96	4792.78	0.08	-7.63
	中国—澳大利亚	202779.45	193011.12	3.74	5.06
	中国—韩国	141845.36	120343.51	2.61	17.87
金砖国家（除中国外）		202319.40	227015.69	3.73	-10.88

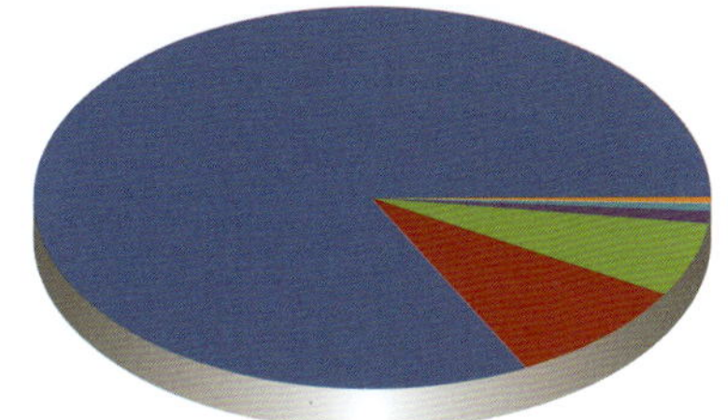

图 5-4　2015 年全国家具行业累计出口额贸易方式占比情况

增速比行业整体低了 0.57 个百分点，仅拉动行业出口值增长了 0.88 个百分点，同时对出口值增长的贡献率也由上半年的 88.88% 降至 53.96%。

4. 子行业出口情况　2015 年，家具子行业中坐具及其零件、木家具、金属家具的出口额超过 450 亿元，占到出口总额的 80% 以上。其中，坐具及其零件完成累计出口额 236.32 亿美元，占 43.54%；木家具完成累计出口额 146.48 亿美元，占 26.99%；金属家具完成累计出口额 75.21 亿美元，占 13.86%。另外，其他材料制家具及家具零件完成累计出口额 63.72 亿美元，占 11.74%；塑料家具完成累计出口额 8.8 亿美元，占 1.62%；医用家具完成累计出口额 5.28 亿美元，占 0.97%；弹簧床垫完成累计出口额 3.91 亿美元，占 0.72%；牙科、理发椅及其零件完成累计出口额 2.38 亿美元，占 0.44%；竹．藤．柳条及类似材料制家具完成累计出口额 0.71 亿美元，占 0.13%（图 5-5）。

就增速来看，出口所占份额最多的坐具及其零件、木家具、金属家具的出口额增长速度放缓，牙科、理发椅及其零件出口额增长最快，同比增长 33.9%，其次是塑料家具和弹簧床垫，同比分别增

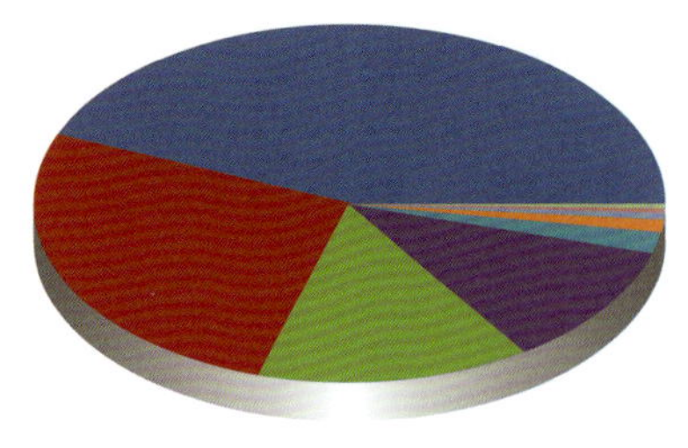

图 5–5　2015 年家具行业累计出口额子行业占比情况

长 12.6% 和 8.3%（图 5–6）。

（二）进口贸易

2015 年我国家具行业进口增幅大幅收窄。

1. 月度走势　据海关统计，2015 年家具产品累计进口额 25.08 亿美元，同比下降 10.57%，是 2008 年以来出现的首次负增长，比上年跌了 19.82 个百分比。从月度看，除 2 月份外，其他月份均为负增长（图 5–7）。

目前中国家具行业正在处于增速换挡期，上游房地产的不景气导致消费增长乏力。进口家具绝大部分属于高端消费领域，在整体经济下行的情况下

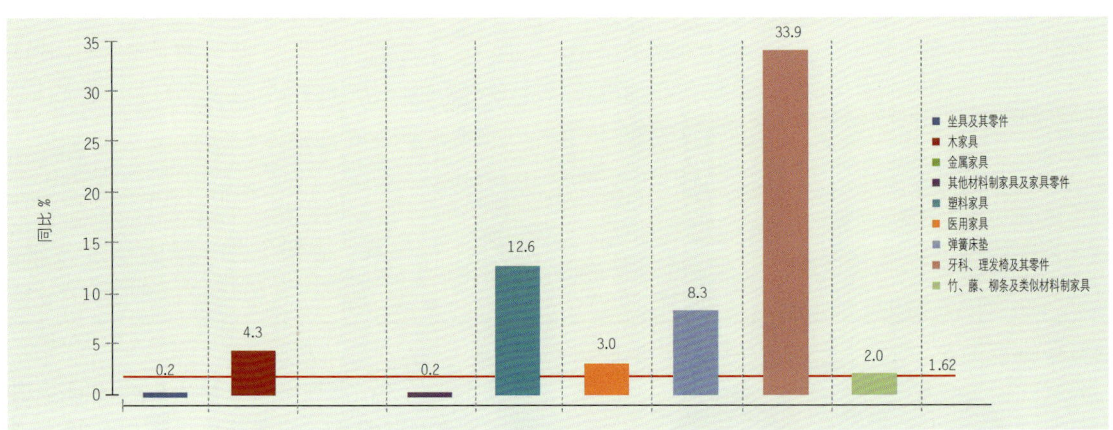

图 5–6　2015 年家具行业出口额子行业同比增长情况

图 5–7　2015 年全国家具行业连续三年月度进口额对比

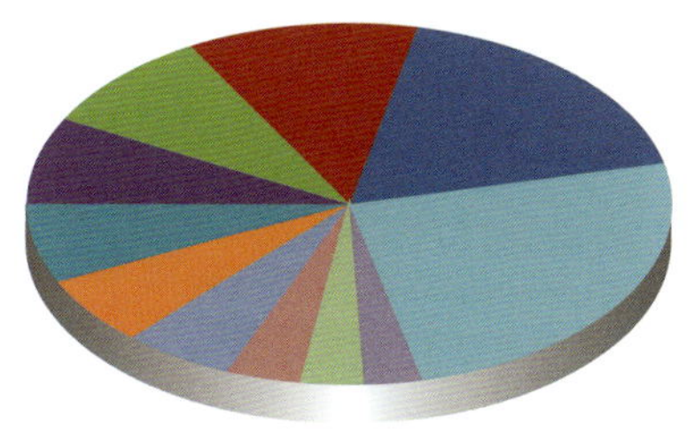

图 5-8　2015 年家具行业进口额贸易国占比

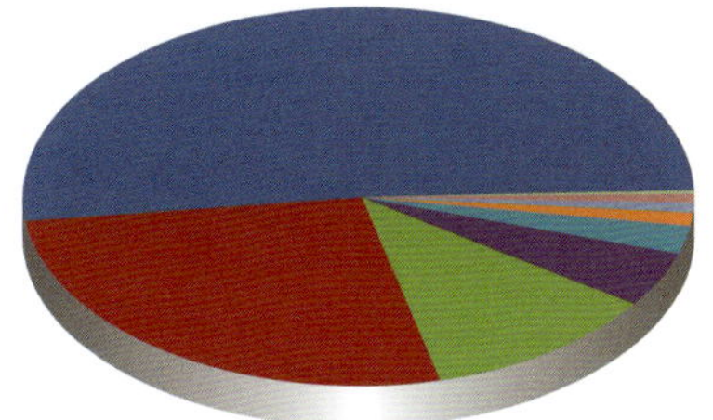

图 5-10　2015 年家具行业进口额子行业占比情况

受到的影响较大。

2. 进口国别及贸易增速　2015 年，我国家具产品进口主要来源于德国、意大利、美国、越南、韩国、日本等国。其中德国和意大利是较大的进口贸易国，德国完成进口额 4.32 亿美元，占 12.71%，意大利完成进口额 3.01 亿美元，占 12%；美国位居第三，完成进口额 2028 亿美元，占 9.08%（图 5-8）。

从进口额增长速度看，主要进口国中，英国增幅较大，同比增长 32.31%；从日本、韩国的进口额降幅较大，同比分别下降 32.88% 和 23.28%（图 5-9）。

3. 子行业进口情况　在我国家具行业主要商品进口中，按进口额大小排在前三位的子行业是坐具及其零件、木家具和其他材料制家具及家具零件。其中坐具及其零件进口额 13.15 亿美元，占家具产品进口额的 50% 以上，但增速下降了 17.3 个百分点；木家具进口额 6.63 亿美元，同比增长 4.12%；其他材料制家具及家具零件进口额 2.84 亿美元，同比下降 17.05%（图 5-10）。

主要进口产品中，弹簧床垫增幅最高，达到 48.6%；塑料家具和竹 . 藤 . 柳条及类似材料制家具也呈现两位数增长。坐具及其零件、牙科、理发椅及其零件、其他材料制家具及家具零件进口呈现两位数的负增长（图 5-11）。

（三）一带一路出口情况

“一带一路”建设是党中央、国务院根据全球形势变化，统筹国内国际两个大局做出的重大战略决策，沿线 64 个国家大部分是新兴和发展中国

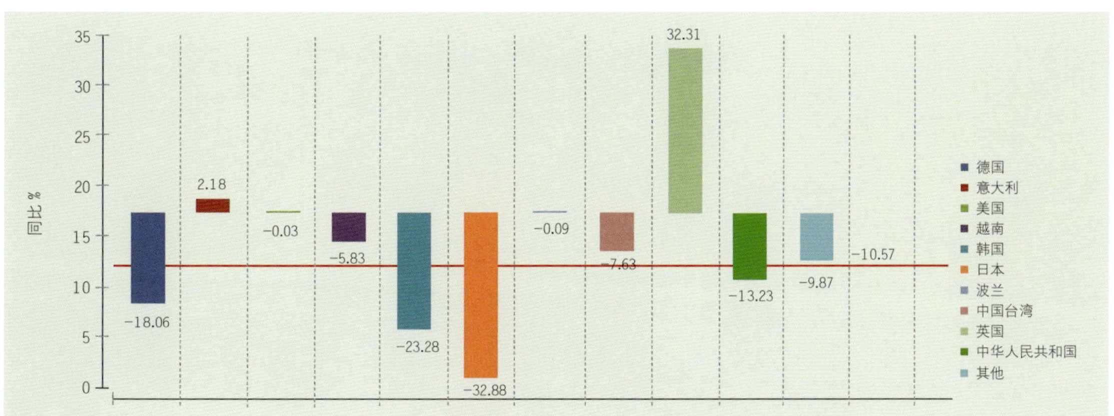

图 5-9　2015 年家具行业累计进口额主要贸易国同比增长情况

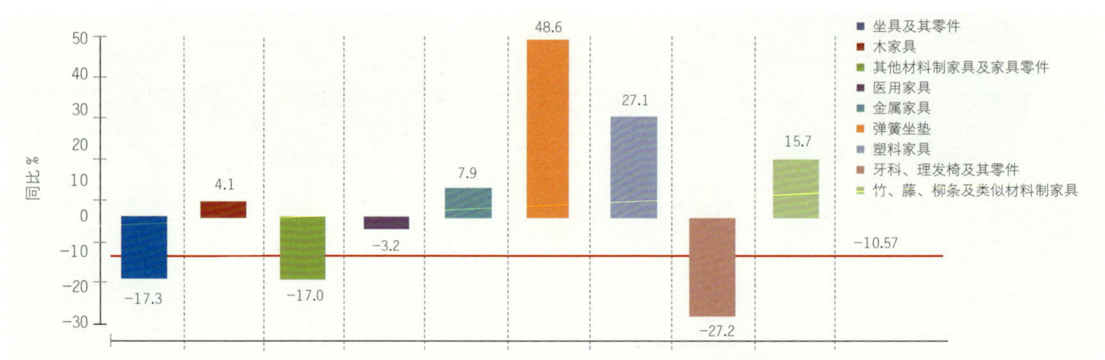

图 5–11　2015 年家具行业累计进口额子行业同比增长情况

家。2015 年我国家具对“一带一路”沿线 65 个国家的出口额 121.04 亿美元，出口额占行业出口总额的 22.30%，仅低于对美国的家具出口份额。其中，10 个国家属于东盟（占 37.61%），5 个国家属于中亚（占 24.99%），16 个国家属于西亚（占 17.61%），8 个国家属于南亚（占 10.09%），17 个国家属于欧盟（占 6.27%），7 个国家属于独联体（占 2.98%），5 个国家属于中东、1 个国家属于东亚（合计占 0.44%）（图 5–12）。

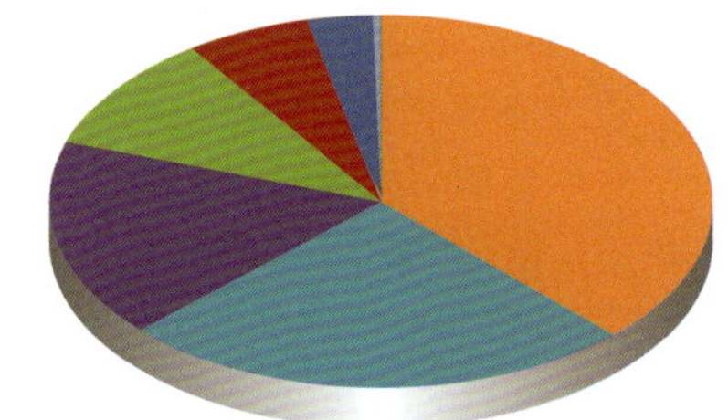

图 5–12　2015 年家具行业对“一带一路”沿线 65 国出口占比情况

“一带一路”战略构想同时平衡东西两道发展线路，开辟交通和物流大通道，实现贸易和投资便利化，推进各国金融产业合作，推动中西部地区开放，推动东部地区产业升级，将为中国经济增长寻找新的增长动力。打通所有海上通道，将会影响全球经济总量和贸易总量。“一带一路”战略的实施，有效拓展了我国家具行业对外贸易的发展空间。

2015 年家具行业规模以上企业主营业务收入表

行业名称	2015 年主营业务收入（万元）	2014 年主营业务收入（万元）	增速（%）
家具制造业	78725025.1	72035159.2	9.29%
其中：木质家具制造业	50306773.2	45873848.3	9.66%
竹、藤家具制造业	1681754.6	1557994.5	7.94%
金属家具制造业	14679225.9	13433441.7	9.27%
塑料家具制造业	975493.5	977508.9	-0.21%
其他家具制造业	11081777.9	10192365.8	8.73%

2015 年家具行业规模以上企业出口交货值表

行业名称	2015 年出口交货值（万元）	2014 年出口交货值（万元）	增速（%）
家具制造业	17201309.8	16378475.8	5.02%
其中：木质家具制造业	8642358.1	8151815.2	6.02%
竹、藤家具制造业	485369.7	474702.2	2.25%
金属家具制造业	4571998.9	4384531.2	4.28%
塑料家具制造业	511996.7	498938.1	2.62%
其他家具制造业	2989586.4	2868489.1	4.22%

2015年各地区家具行业规模以上企业主营业务收入表

地区名	汇总企业单位数（个）	2015年主营业务收入（万元）	2014年主营业务收入（万元）	增速（%）
全国	5290	78725025.1	72035159.2	9.29
北京市	69	796037.2	768626.1	3.57
天津市	67	1093054.1	878119.8	24.48
河北省	146	2706086.9	2228000.1	21.46
山西省	5	51258.8	59266.3	-13.51
内蒙古自治区	8	224172.0	229673.3	-2.40
辽宁省	153	2604451.6	3261808.0	-20.15
吉林省	71	1399480.8	1225283.1	14.22
黑龙江省	64	814984.2	795878.1	2.40
上海市	174	2836013.3	2815728.9	0.72
江苏省	264	3350186.5	3038274.8	10.27
浙江省	739	8110527.7	7763068.1	4.48
安徽省	280	3216140.5	2823312.2	13.91
福建省	331	4163860.8	3593602.7	15.87
江西省	128	2316725.1	1850618.3	25.19
山东省	544	9222041.4	8391498.3	9.90
河南省	314	5902180.3	5182487.7	13.89
湖北省	137	1573238.3	1435170.5	9.62
湖南省	131	3009034.2	2480669.0	21.30
广东省	1188	17358032.5	16346141.8	6.19
广西壮族自治区	48	1140858.9	827577.0	37.86
海南省	3	11811.8	10051.8	17.51
重庆市	60	1025872.8	898420.7	14.19
四川省	283	4875381.4	4575230.6	6.56
贵州省	33	303171.1	211471.1	43.36
云南省	9	23788.9	20432.1	16.43
陕西省	24	241246.3	206394.5	16.89
甘肃省	4	10375.7	6443.6	61.02
青海省	1	29217.1	27302.0	7.01
宁夏回族自治区	6	58894.6	42330.6	39.13
新疆维吾尔自治区	6	256900.3	42278.1	507.64

2015 年各地区家具产量表

地区名	2015 年产量（件）	2014 年产量（件）	增速（%）
全国	769613219	766681633	0.38
北京市	7004890	6834024	2.50
天津市	11891758	10422675	14.10
河北省	13296754	12681005	4.86
山西省	122797	154880	-20.71
内蒙古自治区	836997	1114410	-24.89
辽宁省	22747721	22625673	0.54
吉林省	3171226	3632519	-12.70
黑龙江省	2281995	2601178	-12.27
上海市	22865764	26452632	-13.56
江苏省	16253666	16030564	1.39
浙江省	210620795	211912895	-0.61
安徽省	11395641	10974861	3.83
福建省	134654897	126660030	6.31
江西省	14221883	14409218	-1.30
山东省	39479629	39097942	0.98
河南省	54710526	49467967	10.60
湖北省	6623667	6003905	10.32
湖南省	7478167	6394808	16.94
广东省	156761702	168636512	-7.04
广西壮族自治区	4716177	4393472	7.35
海南省	15773	63553	-75.18
重庆市	5811750	5280613	10.06
四川省	19582383	17781208	10.13
贵州省	1323010	1205067	9.79
云南省	164120	183160	-10.40
陕西省	859897	843370	1.96
甘肃省	62562	118732	-47.31
青海省	22607	105921	-78.66
宁夏回族自治区	222143	241166	-7.89
新疆维吾尔自治区	412322	357672	15.28

2015 年全国各地区家具进口情况

地区名	2015 年进口值（美元）	2014 年进口值（美元）	增速
全国	2508217125	2804668784	-10.57%
上海市	919799670	955700993	-3.76%
广东省	341971782	351212369	-2.63%
北京市	262357327	280683799	-6.53%
江苏省	192624405	217458055	-11.42%
浙江省	119825860	110713774	8.23%
天津市	110340035	123703034	-10.80%
辽宁省	101440892	139877397	-27.48%
福建省	84207849	170478760	-50.61%
吉林省	80309080	121784649	-34.06%
广西壮族自治区	55337618	73738147	-24.95%
山东省	48105740	57031377	-15.65%
重庆市	42439972	39718944	6.85%
湖北省	38245367	52710912	-27.44%
四川省	36295094	40809578	-11.06%
河北省	24812050	11035466	124.84%
黑龙江省	11509147	9540033	20.64%
云南省	9255267	8508125	8.78%
江西省	5619174	1933037	190.69%
湖南省	4601328	6653493	-30.84%
陕西省	4288916	3180752	34.84%
新疆维吾尔自治区	3698631	256248	1343.38%
海南省	2878879	4991336	-42.32%
河南省	2619483	3209237	-18.38%
山西省	2573976	2612652	-1.48%
安徽省	1888803	15961667	-88.17%
甘肃省	404404	463	87244.28%
贵州省	341049	149644	127.91%
内蒙古自治区	331731	334784	-0.91%
西藏自治区	52987	146693	-63.88%
青海省	37109	4840	666.71%
宁夏回族自治区	3500	528526	-0.993377809

2015 年全国各地区家具出口情况

地区名	2015 年出口值（美元）	2014 年出口值（美元）	增速
全国	54283053126	53415533177	1.62%
广东省	26237303854	26012861812	0.86%
浙江省	10440968110	10012329835	4.28%
江苏省	3719856756	3599675050	3.34%
福建省	2907955440	3010417914	-3.40%
上海市	2841025184	2960723077	-4.04%
山东省	2507600972	2444728457	2.57%
河北省	1153493546	1028077204	12.20%
江西省	936698386	807820888	15.95%
天津市	566437293	597235957	-5.16%
辽宁省	553464870	583616155	-5.17%
安徽省	424903890	429593165	-1.09%
河南省	364224060	319215228	14.10%
湖南省	262387929	219024726	19.80%
重庆市	248210447	109772372	126.11%
北京市	232658827	246516383	-5.62%
湖北省	199616421	143024773	39.57%
四川省	144052923	125553963	14.73%
黑龙江省	130662123	208221047	-37.25%
云南省	87657329	62133292	41.08%
吉林省	74080141	78266248	-5.35%
广西壮族自治区	53976851	55081272	-2.01%
新疆维吾尔自治区	48171629	101862548	-52.71%
海南省	32703313	36308918	-9.93%
内蒙古自治区	31150751	59828984	-47.93%
甘肃省	23862831	18383521	29.81%
贵州省	22531248	31222590	-27.84%
陕西省	20561596	75601551	-72.80%
宁夏回族自治区	7803684	25729976	-69.67%
青海省	7769920	5923149	31.18%
山西省	685972	3199105	-78.56%
西藏自治区	576830	3584017	-83.91%

2015 年家具商品进口量值表

商品编码	进口商品名称	计量码	计量单位	2015 年进口量	2015 年进口值（美元）	2014 年进口量	2014 年进口值（美元）	进口量增速（%）	进口值增速（%）
	家　具				2508217125		2804668784		-10.57
94011000	飞机用坐具	01	个	4653	81134938	9726	125213006	-52.16	-35.20
94012010	皮革或再生皮革制面的机动车辆用坐具	01	个	5220	3612550	6055	4870318	-13.79	-25.83
94012090	非皮革或再生皮革制面的机动车辆用坐具	01	个	312342	44588609	310394	46100257	0.63	-3.28
94013000	可调高度的转动坐具	01	个	194289	23952065	210045	22488098	-7.50	6.51
94014010	皮革或再生皮革制面的能作床用的两用椅（但庭园坐具或野营设备除外）	01	个	64	177166	64	162722	0.00	8.88
94014090	非皮革或再生皮革制面的能作床用的两用椅（但庭园坐具或野营设备除外）	01	个	11107	1758911	10943	1025864	1.50	71.46
94015100	竹制或藤制的坐具	01	个	91193	1939977	126207	1819609	-27.74	6.62
94015900	柳条及类似材料制的坐具	01	个	13862	257870	13676	228887	1.36	12.66
94016110	皮革或再生皮革制面带软垫的木框架坐具	01	个	120186	63244110	80154	55324437	49.94	14.31
94016190	非皮革或再生皮革制面带软垫的木框架坐具	01	个	293371	72409921	288381	75060518	1.73	-3.53
94016900	其他木框架坐具	01	个	1801384	85458125	1709907	121652606	5.35	-29.75
94017110	皮革或再生皮革制面带软垫的金属框架坐具	01	个	36988	14810618	41158	17163665	-10.13	-13.71
94017190	非皮革或再生皮革制面带软垫的金属框架坐具	01	个	180380	20863215	197405	22037935	-8.62	-5.33
94017900	其他金属框架坐具	01	个	952296	19909808	1173409	14869401	-18.84	33.90
94018010	石制的坐具	01	个	91	36056	139	59322	-34.53	-39.22
94018090	其他未列名坐具	01	个	1457962	70884059	832021	63954435	75.23	10.84
94019011	机动车辆用座椅调角器	01	套	14337570	69462787	18345531	108221464	-21.85	-35.81
94019019	机动车辆用坐具的其他零件	09	千克	87836308	591570013	111965187	763333935	-21.55	-22.50
94019090	非机动车辆用坐具的零件	09	千克	22445515	149122561	24406061	146766308	-8.03	1.61
94021010	理发用椅及其零件	01	个	3318	474462	21195	605145	-84.35	-21.60
94021090	牙科用椅及其零件；理发用椅的类似椅及其零件	01	个	82536	7038698	92080	9718763	-10.36	-27.58
94029000	其他医用家具及其零件（如手术台、检查台、带机械装置的病床等）	01	件	1418676	121502650	1507799	125536070	-5.91	-3.21
94031000	办公室用金属家具	01	件	83736	15596426	67749	13762769	23.60	13.32
94032000	其他金属家具	01	件	811295	59610034	814562	55947194	-0.40	6.55

（续表）

商品编码	进口商品名称	计量码	计量单位	2015 年进口量	2015 年进口值（美元）	2014 年进口量	2014 年进口值（美元）	进口量增速（%）	进口值增速（%）
94033000	办公室用木家具	01	件	478347	43092541	414285	32813156	15.46	31.33
94034000	厨房用木家具	01	件	596723	96731483	503712	105951950	18.47	-8.70
94035010	卧室用红木家具	01	件	18246	6877998	9922	5149731	83.89	33.56
94035091	卧室用漆木家具	01	件	133	95919	674	145648	-80.27	-34.14
94035099	卧室用其他木家具	01	件	1154072	154352147	979405	138121947	17.83	11.75
94036010	其他红木家具	01	件	160420	21910359	115397	19635978	39.02	11.58
94036091	其他漆木家具	01	件	666	378104	928	1639536	-28.23	-76.94
94036099	其他木家具	01	件	5568408	339473971	5724734	333100757	-2.73	1.91
94037000	塑料家具	01	件	1173780	15108307	802645	11882979	46.24	27.14
94038100	竹制或藤制家具	01	件	24759	627737	19394	539529	27.66	16.35
94038910	柳条及类似材料制家具	01	件	75	4825	51	7152	47.06	-32.54
39263000	塑料制家具、车厢或类似品的附件	09	千克	3401267	77811657	3574131	90770054	-4.84	-14.28
94038920	石制家具	01	件	1951	4321660	1661	3050679	17.46	41.66
94038990	其他材料制家具	01	件	186567	40044404	246913	70518327	-24.44	-43.21
94039000	家具的零件	09	千克	63400272	161414482	64400100	177548199	-1.55	-9.09
94041000	弹簧床垫	01	个	75099	26555902	49269	17870434	52.43	48.60

2015 年家具商品出口量值表

商品编码	出口商品名称	计量码	计量单位	2015 年出口量	2015 年出口值（美元）	2014 年出口量	2014 年出口值（美元）	出口量增速（%）	出口值增速（%）
	家　具				54283053126		53415533177		1.62
94011000	飞机用坐具	01	个	6063	56218673	9389	118214712	-35.42	-52.44
94012010	皮革或再生皮革制面的机动车辆用坐具	01	个	256401	26307523	140020	16591718	83.12	58.56
94012090	非皮革或再生皮革制面的机动车辆用坐具	01	个	1609381	86505851	2550702	134698128	-36.90	-35.78
94013000	可调高度的转动坐具	01	个	54360115	2241125244	56033613	2196406468	-2.99	2.04
94014010	皮革或再生皮革制面的能作床用的两用椅（但庭园坐具或野营设备除外）	01	个	606888	157426436	277120	90177165	119.00	74.57
94014090	非皮革或再生皮革制面的能作床用的两用椅（但庭园坐具或野营设备除外）	01	个	4363195	455986796	4148769	434878312	5.17	4.85
94015100	竹制或藤制的坐具	01	个	300058	10621972	204223	9228369	46.93	15.10
94015900	柳条及类似材料制的坐具	01	个	55595	1084321	67224	1044488	-17.30	3.81
94016110	皮革或再生皮革制面带软垫的木框架坐具	01	个	18234604	3056777836	19387372	3119469786	-5.95	-2.01
94016190	非皮革或再生皮革制面带软垫的木框架坐具	01	个	49298068	4427007458	50307109	4165096115	-2.01	6.29

（续表）

商品编码	出口商品名称	计量码	计量单位	2015年出口量	2015年出口值（美元）	2014年出口量	2014年出口值（美元）	出口量增速（%）	出口值增速（%）
94016900	其他木框架坐具	01	个	31665174	722360232	29347157	762490652	7.90	-5.26
94017110	皮革或再生皮革制面带软垫的金属框架坐具	01	个	19021318	696173011	19326747	690557096	-1.58	0.81
94017190	非皮革或再生皮革制面带软垫的金属框架坐具	01	个	116827553	3895239833	123971447	4398852121	-5.76	-11.45
94017900	其他金属框架坐具	01	个	222482399	3211331207	218980686	3229781254	1.60	-0.57
94018010	石制的坐具	01	个	46166	4033245	51769	3453967	-10.82	16.77
94018090	其他未列名坐具	01	个	74450190	1180833945	79218009	1089978215	-6.02	8.34
94019011	机动车辆用座椅调角器	01	套	21731512	126880674	18700743	117744232	16.21	7.76
94019019	机动车辆用坐具的其他零件	09	千克	130891212	1195781302	118058960	1085680467	10.87	10.14
94019090	非机动车辆用坐具的零件	09	千克	495539024	2080678074	468151464	1921739176	5.85	8.27
94021010	理发用椅及其零件	01	个	6747977	203838544	3799287	148374717	77.61	37.38
94021090	牙科用椅及其零件；理发用椅的类似椅及其零件	01	个	2906008	33926550	3181431	29209581	-8.66	16.15
94029000	其他医用家具及其零件（如手术台、检查台、带机械装置的病床等）	01	件	36702599	528447191	33230623	513108878	10.45	2.99
94031000	办公室用金属家具	01	件	10760479	592024106	9910966	545285564	8.57	8.57
94032000	其他金属家具	01	件	268885276	6929241911	267576361	6976077174	0.49	-0.67
94033000	办公室用木家具	01	件	18525343	1220368474	17071773	1031045496	8.51	18.36
94034000	厨房用木家具	01	件	25823680	1636292648	22726365	1207062918	13.63	35.56
94035010	卧室用红木家具	01	件	998	377390	896	461361	11.38	-18.20
94035091	卧室用漆木家具	01	件	1895	129749	16568	1594082	-88.56	-91.86
94035099	卧室用其他木家具	01	件	35436049	4508624621	32298109	3899986361	9.72	15.61
94036010	其他红木家具	01	件	5901	3303489	10395	3876377	-43.23	-14.78
94036091	其他漆木家具	01	件	8444	515929	21309	3706317	-60.37	-86.08
94036099	其他木家具	01	件	148246532	7278883001	145117426	7898284019	2.16	-7.84
94037000	塑料家具	01	件	37664262	880113418	34801066	781451247	8.23	12.63
94038100	竹制或藤制家具	01	件	4033341	66180339	3267441	57292883	23.44	15.51
94038910	柳条及类似材料制家具	01	件	257922	5277677	663642	12783089	-61.14	-58.71
39263000	塑料制家具、车厢或类似品的附件	09	千克	44957739	356737687	51095273	339377019	-12.01	5.12
94038920	石制家具	01	件	1074447	220132846	969313	182771148	10.85	20.44
94038990	其他材料制家具	01	件	36194586	2433022218	37350021	2653755443	-3.09	-8.32
94039000	家具的零件	09	千克	960821613	3361855652	927487038	3182612376	3.59	5.63
94041000	弹簧床垫	01	个	6194729	391386053	5699618	361334686	8.69	8.32

2015 年家具商品进口各国家（地区）情况

	国家（地区）名称	2015 年进口值（美元）	2014 年进口值（美元）	增速（%）
	贸易国合计	2508217125	2804668784	-10.57%
	亚洲	842398790	1017856691	-17.24%
101	阿富汗	2842		
102	巴林	602		
103	孟加拉国	4060825	3482213	16.62%
105	文莱			
106	缅甸	378388	314253	20.41%
107	柬埔寨	418494	1366877	-69.38%
108	塞浦路斯	30733		
109	朝鲜	43700	880	4865.91%
110	中国香港	4989388	6488333	-23.10%
111	印度	13008086	12398084	4.92%
112	印度尼西亚	40742517	47832164	-14.82%
113	伊朗	30184	13630	121.45%
115	以色列	1575754	1807504	-12.82%
116	日本	150620722	224392512	-32.88%
117	约旦	508	1510	-66.36%
118	科威特	1197		
119	老挝	5578981	5959711	-6.39%
120	黎巴嫩	220	48862	-99.55%
121	中国澳门	19749	3277	502.65%
122	马来西亚	35233030	27069776	30.16%
124	蒙古	1630	12252	-86.70%
125	尼泊尔	101285	165212	-0.386939205
126	阿曼			
127	巴基斯坦	378360	597422	-0.36667883
128	巴勒斯坦		1118	-100.00%
129	菲律宾	6701065	8272304	-18.99%
130	卡塔尔		5229	-100.00%
131	沙特阿拉伯	20051	4124	386.20%
132	新加坡	1109774	3462273	-67.95%
133	韩国	180721411	235563792	-23.28%

（续表）

	国家（地区）名称	2015 年进口值（美元）	2014 年进口值（美元）	增速（%）
134	斯里兰卡	74708	22316	234.77%
135	叙利亚	21325		
136	泰国	52198435	65740155	-20.60%
137	土耳其	2893924	3001276	-3.58%
138	阿拉伯联合酋长国	348973	21249	1542.30%
141	越南	188362488	200018429	-5.83%
142	中华人民共和国	63584057	73281991	-0.132337207
143	中国台湾	89145384	96507790	-7.63%
144	东帝汶			
145	哈萨克斯坦		173	-1.00
148	土库曼斯坦			
149	乌兹别克斯坦			
	非洲	2350031	1173147	10031.85%
203	贝宁		1710	-100.00%
206	喀麦隆			
213	刚果	44		
215	埃及	1679925	683829	1.456644863
217	埃塞俄比亚		39	-100.00%
219	冈比亚	3991	30	13203.33%
220	加纳		315	-100.00%
223	科特迪瓦共和国	1370		
224	肯尼亚			
225	利比里亚			
227	马达加斯加		29312	-1
232	摩洛哥	9195	7735	18.88%
233	莫桑比克			
234	纳米比亚	4785	170	27.14705882
235	尼日尔			
236	尼日利亚	1083	56	18.33928571
240	塞内加尔	22988	3611	536.61%
242	塞拉利昂	553	346	59.83%
244	南非	587623	376304	56.16%

（续表）

	国家（地区）名称	2015 年进口值（美元）	2014 年进口值（美元）	增速（%）
246	苏丹		620	-100.00%
247	坦桑尼亚		45935	-1.00
248	多哥	24063	19288	24.76%
249	突尼斯	14411	2987	382.46%
254	津巴布韦		860	-100.00%
	欧洲	1375121073	1508337315	-883.20%
301	比利时	7096521	6799623	4.37%
302	丹麦	10268363	10132702	1.34%
303	英国	85152001	64358199	32.31%
304	德国	432326843	527594145	-18.06%
305	法国	59283864	112289124	-47.20%
306	爱尔兰	512154	907060	-43.54%
307	意大利	301038356	294606298	2.18%
308	卢森堡	22070	6415	244.04%
309	荷兰	5478469	4659207	17.58%
310	希腊	105200	298762	-64.79%
311	葡萄牙	23830438	19231045	23.92%
312	西班牙	10684430	14509450	-26.36%
313	阿尔巴尼亚	35647	42786	-16.69%
315	奥地利	33257857	32976588	0.85%
316	保加利亚	2916758	3763576	-22.50%
318	芬兰	3231482	5300800	-39.04%
320	直布罗陀			
321	匈牙利	30213341	33299892	-9.27%
322	冰岛	78		
323	列支敦士登			
324	马耳他	768		
325	摩纳哥	2434	1198	103.17%
326	挪威	4946136	5863471	-15.64%
327	波兰	142518952	142653647	-0.09%
328	罗马尼亚	14051833	12806538	9.72%
329	圣马力诺	1852829	150221	1133.40%

（续表）

	国家（地区）名称	2015 年进口值（美元）	2014 年进口值（美元）	增速（%）
330	瑞典	41606781	48908466	-14.93%
331	瑞士	9962611	6447519	54.52%
334	爱沙尼亚	6108529	6907971	-11.57%
335	拉脱维亚	4747657	4133004	14.87%
336	立陶宛	43099682	37370751	15.33%
340	白俄罗斯	194864	8162	2287.45%
343	摩尔多瓦	2151	786	173.66%
344	俄罗斯联邦	5376852	5651316	-4.86%
347	乌克兰	5349	2094240	-0.997445851
350	斯洛文尼亚共和国	4073364	5099446	-20.12%
351	克罗地亚共和国	1608482	2046155	-21.39%
352	捷克共和国	52061957	58978546	-0.12
353	斯洛伐克共和国	31990759	34754914	-7.95%
354	前南斯拉夫马其顿共和国	452	213	112.21%
355	波斯尼亚—黑塞哥维那共和国	4723487	3369060	40.20%
358	塞尔维亚	731272	316019	131.40%
	拉丁美洲	32961557	22531765	4628.93%
402	阿根廷	858	24746	-96.53%
410	巴西	4014030	3196039	25.59%
412	智利	1048	6580	-84.07%
413	哥伦比亚	15143	28414	-46.71%
415	哥斯达黎加			
416	古巴	1008		
419	厄瓜多尔	33136		
423	危地马拉			
425	海地		676	-100.00%
426	洪都拉斯	724808	837981	-13.51%
427	牙买加		920	-100.00%
429	墨西哥	28163444	18433388	52.78%
431	尼加拉瓜		138	-100.00%
432	巴拿马	137	248	-44.76%
434	秘鲁	5484	190	2786.32%

（续表）

	国家（地区）名称	2015 年进口值（美元）	2014 年进口值（美元）	增速（%）
442	特立尼达和多巴哥	1906		
444	乌拉圭	555		
445	委内瑞拉		2445	-100.00%
	北美洲	244651446	249393811	-190.16%
501	加拿大	16809555	21476837	-21.73%
502	美国	227841891	227916974	-0.03%
	大洋洲	10687098	5356126	9953.04%
601	澳大利亚	7175493	4058250	76.81%
603	斐济		4092	-100.00%
609	新西兰	3511605	1293784	171.42%
620	密克罗尼西亚联邦			
701	国别（地区）不详	47130	19929	136.49%

2015 年家具商品出口各国家（地区）情况

	国家（地区）名称	2015 年出口值（美元）	2014 年出口值（美元）	增速（%）
	贸易国合计	54283053126	53415533177	1.62%
	亚洲	17670726195	18044237713	-2.07%
101	阿富汗	545112	762634	-28.52%
102	巴林	48662503	63386674	-23.23%
103	孟加拉国	211327165	157972533	33.77%
104	不丹	115380	327012	-64.72%
105	文莱	183316227	426765325	-57.05%
106	缅甸	43300833	55716243	-22.28%
107	柬埔寨	15638154	16649947	-6.08%
108	塞浦路斯	18409060	23238422	-20.78%
109	朝鲜	27971416	34747316	-19.50%
110	中国香港	1819529739	1549916860	17.40%
111	印度	908634412	731682996	24.18%
112	印度尼西亚	471325022	772210637	-38.96%
113	伊朗	159280983	501267652	-68.22%
114	伊拉克	150936623	109401440	37.97%
115	以色列	250453749	196512632	27.45%
116	日本	2902351544	3061414278	-5.20%

（续表）

	国家（地区）名称	2015 年出口值（美元）	2014 年出口值（美元）	增速（%）
117	约旦	84751969	114922947	-26.25%
118	科威特	156311623	170876359	-8.52%
119	老挝	3375516	3581977	-5.76%
120	黎巴嫩	80234789	60234158	33.20%
121	中国澳门	188569575	131053835	43.89%
122	马来西亚	1486698282	2017842549	-26.32%
123	马尔代夫	9123546	4126596	121.09%
124	蒙古	17788097	22601485	-21.30%
125	尼泊尔	1512020	2254651	-32.94%
126	阿曼	113351451	98692860	14.85%
127	巴基斯坦	83460999	44395691	87.99%
128	巴勒斯坦	2226053	5066939	-56.07%
129	菲律宾	348045998	259882933	33.92%
130	卡塔尔	119354545	158243967	-24.58%
131	沙特阿拉伯	1348915474	1135852152	18.76%
132	新加坡	2096951511	1860100000	12.73%
133	韩国	1418453632	1203435080	17.87%
134	斯里兰卡	52409262	53681332	-2.37%
135	叙利亚	16585305	5526362	200.11%
136	泰国	631327894	605826408	4.21%
137	土耳其	157475948	246199029	-36.04%
138	阿拉伯联合酋长国	1126641414	1353288483	-16.75%
139	也门共和国	10554841	39598167	-73.35%
141	越南	289380467	224308184	29.01%
143	中国台湾	517716414	355317186	45.71%
144	东帝汶	2290907	2587252	-11.45%
145	哈萨克斯坦	51138914	91578533	-44.16%
146	吉尔吉斯斯坦	6741670	15246804	-55.78%
147	塔吉克斯坦	10109617	23416101	-56.83%
148	土库曼斯坦	3577825	6099464	-41.34%
149	乌兹别克斯坦	23852715	26396790	-9.64%
199	亚洲其他国家（地区）		30838	-1
	非洲	3025990439	3234239965	-6.44%

（续表）

	国家（地区）名称	2015 年出口值（美元）	2014 年出口值（美元）	增速（%）
201	阿尔及利亚	191389954	166175674	15.17%
202	安哥拉	272038956	595197960	-54.29%
203	贝宁	61483600	110174221	-44.19%
204	博茨瓦那	12073473	10051501	20.12%
205	布隆迪	182009	426760	-57.35%
206	喀麦隆	43292430	43111385	0.42%
207	加那利群岛	387071	65593	490.11%
208	佛得角	2011322	2497561	-19.47%
209	中非	23628	82351	-0.713081808
210	塞卜泰（休达）	2857	2060	38.69%
211	乍得	3118742	769687	305.20%
212	科摩罗	5393528	3729972	44.60%
213	刚果	38501271	28169607	36.68%
214	吉布提	66007162	34906723	89.10%
215	埃及	133115984	93835287	41.86%
216	赤道几内亚	8058626	8064907	-0.08%
217	埃塞俄比亚	8775229	9197517	-4.59%
218	加蓬	21365409	11809783	80.91%
219	冈比亚	6890341	3572161	92.89%
220	加纳	173233631	121515785	42.56%
221	几内亚	29236789	29157960	0.27%
222	几内亚（比绍）	487864	337203	44.68%
223	科特迪瓦共和国	33941056	31200247	8.78%
224	肯尼亚	164903028	154916471	6.45%
225	利比里亚	6465236	5184699	24.70%
226	利比亚	81121150	103941767	-21.96%
227	马达加斯加	14374460	12416489	15.77%
228	马拉维	5238371	9577656	-45.31%
229	马里	4319262	2791614	54.72%
230	毛里塔尼亚	11141411	7997990	39.30%
231	毛里求斯	35068045	34950118	0.34%
232	摩洛哥	106646136	142411088	-25.11%
233	莫桑比克	80721859	81612893	-1.09%

（续表）

国家（地区）名称		2015 年出口值（美元）	2014 年出口值（美元）	增速（%）
234	纳米比亚	15127378	29379274	-48.51%
235	尼日尔	1120087	2596696	-56.86%
236	尼日利亚	402946600	360081032	11.90%
237	留尼汪	22062594	17916262	23.14%
238	卢旺达	828771	2097811	-60.49%
239	圣多美和普林西比	134364	64825	107.27%
240	塞内加尔	112033174	86432302	29.62%
241	塞舌尔	3971888	1529536	159.68%
242	塞拉利昂	6509981	2367654	174.95%
243	索马里	18090740	8370197	116.13%
244	南非	515384387	590424861	-12.71%
245	西撒哈拉	3472		
246	苏丹	39896515	20452057	95.07%
247	坦桑尼亚	141402987	121998188	15.91%
248	多哥	43750042	57878186	-24.41%
249	突尼斯	15036247	17108774	-12.11%
250	乌干达	4263433	7082875	-39.81%
251	布基纳法索	675371	1084747	-37.74%
252	扎伊尔	37620161	22895273	64.31%
253	赞比亚	6496089	7659920	-15.19%
254	津巴布韦	7690210	12129582	-36.60%
255	莱索托	746362	1804115	-58.63%
256	梅利利亚	2406	57408	-95.81%
257	斯威士兰	1801656	537208	235.37%
258	厄立特里亚	184609	308159	-40.09%
259	马约特岛	6740131	1933980	248.51%
260	南苏丹	457553	156052	193.21%
299	非洲其他国家（地区）	3341	40301	-91.71%
	欧洲	10702921899	11020636535	-2.88%
301	比利时	451813757	481069623	-6.08%
302	丹麦	303982036	334954404	-9.25%
303	英国	2712890171	2424134537	11.91%
304	德国	1954585933	1987947829	-1.68%

（续表）

	国家（地区）名称	2015 年出口值（美元）	2014 年出口值（美元）	增速（%）
305	法国	1114841890	1172191049	-4.89%
306	爱尔兰	92580791	85970787	7.69%
307	意大利	566653437	565745759	0.16%
308	卢森堡	161934	466610	-65.30%
309	荷兰	954355232	990247774	-3.62%
310	希腊	95081342	101540067	-6.36%
311	葡萄牙	64415918	63150635	2.00%
312	西班牙	615456649	598392623	2.85%
313	阿尔巴尼亚	17157192	13323691	28.77%
314	安道尔	13141	47986	-72.61%
315	奥地利	40262955	44403519	-9.32%
316	保加利亚	22082506	24561346	-10.09%
318	芬兰	55157511	79773918	-30.86%
320	直布罗陀	1186	26	44.61538462
321	匈牙利	10136061	11831427	-14.33%
322	冰岛	4653337	3825014	21.66%
323	列支敦士登	22602	94342	-76.04%
324	马耳他	28119215	49232870	-42.89%
325	摩纳哥	118263	614072	-80.74%
326	挪威	126654153	120123165	5.44%
327	波兰	335256086	350336476	-4.30%
328	罗马尼亚	61036499	53199718	14.73%
329	圣马力诺	29826	495	59.25454545
330	瑞典	394675578	362372641	8.91%
331	瑞士	44269570	47927829	-7.63%
334	爱沙尼亚	21869468	29535120	-25.95%
335	拉脱维亚	32122908	47332678	-32.13%
336	立陶宛	25976985	33987950	-23.57%
337	格鲁吉亚	29053447	30478780	-4.68%
338	亚美尼亚	2801626	6853772	-59.12%
339	阿塞拜疆	13252315	18070589	-26.66%
340	白俄罗斯	1980809	4389901	-54.88%
343	摩尔多瓦	1388253	1139249	21.86%

（续表）

	国家（地区）名称	2015 年出口值（美元）	2014 年出口值（美元）	增速（%）
344	俄罗斯联邦	343648115	682950117	-49.68%
347	乌克兰	33209549	67698069	-50.94%
350	斯洛文尼亚共和国	41970555	37487358	11.96%
351	克罗地亚共和国	25866976	26233379	-1.40%
352	捷克共和国	43348503	40869239	6.07%
353	斯洛伐克共和国	12963462	17403131	-25.51%
354	前南斯拉夫马其顿共和国	291256	588373	-50.50%
355	波斯尼亚—黑塞哥维那共和国	859300	602829	42.54%
356	梵蒂冈城国	801		
357	法罗群岛	512127	25238	1929.19%
358	塞尔维亚	3098480	4641614	-33.25%
359	黑山	2242193	2868917	-21.85%
	拉丁美洲	2222502473	2116677969	5.00%
401	安提瓜和巴布达	330079	1543670	-78.62%
402	阿根廷	91589738	69316374	32.13%
403	阿鲁巴岛	2476592	1975505	25.37%
404	巴哈马	4451708	10478486	-57.52%
405	巴巴多斯	2256025	1058420	113.15%
406	伯利兹	1076520	272217	295.46%
408	玻利维亚	4282982	4470910	-4.20%
409	博内尔	42353		
410	巴西	255527096	265098929	-3.61%
411	开曼群岛	148324	177376	-16.38%
412	智利	240385412	241918020	-0.63%
413	哥伦比亚	111514925	142186110	-21.57%
414	多米尼亚共和国	1890320	684770	176.05%
415	哥斯达黎加	34215237	27883927	22.71%
416	古巴	8668107	7389584	17.30%
417	库腊索岛	684214	614374	11.37%
418	多米尼加共和国	35317744	34867847	1.29%
419	厄瓜多尔	49472505	45634514	8.41%
420	法属圭亚那	1080683	1627773	-33.61%
421	格林纳达	383121	602916	-36.46%

（续表）

	国家（地区）名称	2015 年出口值（美元）	2014 年出口值（美元）	增速（%）
422	瓜德罗普岛	2761398	2750211	0.41%
423	危地马拉	19957494	17960771	11.12%
424	圭亚那	3685943	5907473	-37.61%
425	海地	5249691	4678766	12.20%
426	洪都拉斯	10301101	6902773	49.23%
427	牙买加	21549239	19050044	13.12%
428	马提尼克岛	1955186	1536841	27.22%
429	墨西哥	539623210	512874339	5.22%
430	蒙特塞拉特	525850		
431	尼加拉瓜	6778510	4209620	61.02%
432	巴拿马	447015581	396623965	12.71%
433	巴拉圭	9301149	5312101	75.09%
434	秘鲁	128943704	83097019	55.17%
435	波多黎各	57898468	44743096	29.40%
436	萨巴	980468		
437	圣卢西亚	792323	1725453	-54.08%
438	圣马丁岛	237509	68897	244.73%
439	圣文森特和格林纳丁斯	682315	139281	389.88%
440	萨尔瓦多	8454097	8391658	0.74%
441	苏里南	6618200	7662664	-13.63%
442	特立尼达和多巴哥	18736211	10339172	81.22%
443	特克斯和凯科斯群岛	48893		
444	乌拉圭	46174102	51406706	-10.18%
445	委内瑞拉	32455485	71511735	-54.62%
446	英属维尔京群岛	136614	3286	4057.46%
447	圣其茨 -- 尼维斯	127247	183316	-30.59%
448	圣皮埃尔和密克隆	503179		
449	荷属安地列斯群岛	5215621	1766010	1.953336051
499	拉丁美洲其他国家（地区）		31050	-100.00%
	北美洲	18332345072	16796998158	0.09140603
501	加拿大	1594089113	1570557878	1.50%
502	美国	16737591959	15226323179	9.93%
503	格陵兰	896	10	8860.00%

（续表）

	国家（地区）名称	2015 年出口值（美元）	2014 年出口值（美元）	增速（%）
504	百慕大群岛	663104	115151	475.86%
599	北美洲其他国家（地区）		1940	-100.00%
	大洋洲	2328567048	2202742837	0.057121607
601	澳大利亚	2027794541	1930111152	5.06%
602	库克群岛	113850	87716	29.79%
603	斐济	5069117	3846227	31.79%
604	盖比群岛	350		
605	马克萨斯群岛	130		
606	瑙鲁	5682	86922	-93.46%
607	新喀里多尼亚	6556159	5954113	10.11%
608	瓦努阿图	2791843	532659	424.13%
609	新西兰	256301301	244077901	5.01%
610	诺福克岛	184	81038	-99.77%
611	巴布亚新几内亚	18680657	10911418	71.20%
612	社会群岛	40984	187922	-78.19%
613	所罗门群岛	1889842	130905	1343.67%
614	汤加	1230800	146650	739.28%
615	土阿莫土群岛	156		
616	土布艾群岛	278		
617	萨摩亚	1420435	2219951	-36.02%
618	基里巴斯	245869	101412	1.424456672
619	图瓦卢	60958	5944	9.25538358
620	密克罗尼西亚联邦	219987	160442	0.371131001
621	马绍尔群岛共和国	366028	60375	5.062575569
622	帕劳共和国	1168664	388698	2.006611817
623	法属波利尼西亚	4522779	3255107	0.389440962
625	瓦利斯和浮图纳	7063	46089	-0.846753021
699	大洋洲其他国家（地区）	79391	350196	-0.773295526

05 地方产业

LOCAL INDUSTRY

"十二五"期间，随着中西部地区行业投资的增大以及东部地区家具产业向中西部转移，中西部地区的家具产业得以快速发展，我国家具产业布局开始趋向平衡。广东依然为我国家具生产、出口第一大省，山东、浙江、四川也继续保持家具生产大省地位平稳发展，值得一提的是，河南后发优势逐步显现，产业发展突飞猛进。本篇收录了全国27个重点省（市、自治区）2015年的行业发展情况介绍，主要记录各重点省市的行业概况、品牌发展和重点企业情况、特色产业发展情况、行业纪事、存在问题以及发展趋势等内容，统计了25个省（市、自治区）近五年的行业数据，以供读者对比研究。

北京市

北京家具行业协会　何法润

一、行业概况

2015年是“十二五”规划的收官之年。这一年中，《中国制造2025》的提出，表明我国正式开始实施制造强国战略；《京津冀协同发展规划纲要》的出台，代表着疏解北京非首都功能，实施生态环境保护、产业升级转移等行动的总体方针已经明确；工业4.0概念在行业内的渗透、电子商务在行业内的应用、信息化与工业化的深入、家具行业“互联网+”时代的到来等等，均对行业发展提出了更高要求。

（一）行业发展趋势

受国内外环境的影响，特别是首都功能的重新定位，2015年北京市家具行业发展趋势放缓，保持着稳步低速发展态势。

（二）企业数量及从业人员数量

随着不符合首都功能定位工业企业的调整退出，北京市家具生产企业数量从2010年的1700余家，减少到2015年底的1020家左右；市经信委提供的资料显示，规模以上企业从2010年底的67家，发展到2015年底的66家。目前，从业人员约有15万人。

（三）工业总产值

据北京家具行业协会对所属在京会员的调查统计，2015年销售额达到2000万以上的企业共有132家，完成销售额约210.76亿元，2015年全市家具销售额已突破420亿元。

2011～2015年北京市家具行业发展情况汇总表

主要指标	2015年	2014年	2013年	2012年	2011年
企业数量	1020	1200	1400	1600	1700
规模以上企业数量	66	66	67	67	67
主营业务收入（万元）	4200000	4000000	3600000	2800000	2300000
规模以上企业主营业务收入（万元）	2107600	2000000	1603814	1128330	916409
出口值（万美元）	23265.9	20000.0	19409.3	22746.0	20070.0
内销（万元）	4048772	3999800	3599800	2799800	2299800
家具产量（万件）	2750.4	2864.2	2894.3	3254.3	2696.2

数据来源：北京家具行业协会

二、行业大事记

2015年，北京市家具行业发展特点及成果如下：

（一）推动京津冀协同发展，行业转型升级加速中

随着京津冀协同发展战略的提出，产业转型升级成为必然趋势。企业必须加快调整产业结构，不断淘汰落后设备，引进先进技术工艺，优化生产线，实现产业转型升级。特别是在“互联网+”的大背景下，积极推动移动互联网、云计算、大数据、物联网等与现代制造业结合，促进电子商务、工业互联网和互联网金融健康发展，利用智能制造加快发展。北京市曲美、百强、天坛、黎明文仪等企业，一直在研究“互联网+”的营销方式，曲美“水泥加鼠标”、黎明文仪“小尼宅配”，都是利用互联网来拓展销售渠道。

（二）响应疏解非首都功能，生产环节外迁对接中

按照首都城市功能定位疏解非首都核心功能的要求，协会通过政策宣传、会员会议、专家研讨等方式，利用协会微信、网站平台以及撰文《主动加快转型升级 实现企业科学发展》等来引导企业生产环节外迁。2015年10月16日，协会与河北青县政府、北京锦尚高德投资有限公司签订协议，共同建设“青县沿海产业转移示范园区”，承接北京家具产业外迁，总规划面积533公顷，其中一期规划面积233公顷。同时，居然之家白沟产业园、企业自发组织的汉沽产业园相继亮相，为承接产业外迁做好了准备。

（三）跟进市清洁空气行动，绿色环保模式构建中

2015年随着北京市环保政策进一步加强，尤其是北京市清洁空气行动计划的持续实施，生产制造型企业必然要朝着绿色环保的方向发展。为响应北京政策的号召，协会谋划行业转型升级“油改水”项目，与水性涂料的生产企业、水性涂料涂饰工艺生产商以及产业外迁的产业园沟通探讨，引导更多的企业提高环保认识并尽快参与其中。

（四）彰显个性化生活水准，家具定制服务进行中

近年来，家具企业迎合消费者主体与权益的体现越来越明显，消费者从幕后走向前台。家具企业从被动的售后服务阶段，走向主动吸引消费者的产前设计阶段，将消费者的个性化需求融合于产品设计中，为消费者量身定制，使产品更具个性，更加符合市场需求。这种个性化的服务将由消费者直接参与并通过网络来共同实现。家具行业的服务竞争已经从服务意识上升到服务技术的竞争，如曲美的万众设计、黎明的DIY等。

三、特色产业发展情况

提升行业设计水平，推动骨干企业广泛开展工业设计工作，提高产品的设计、艺术、品牌附加值，推动家具产业向“设计、研发、营销、服务”功能转型。

（一）文化创意产业发展

顺应北京首都作为政治中心、文化中心、国际交往中心、科技创新中心的功能定位，北京市文化创意产业提升规划(2014–2020年)中提出，倡导企业搭建产业创新平台，加强设计交易市场建设，鼓励有条件的大型企业设立工业设计中心，培育企业创立自主品牌，提高企业核心竞争力。家具行业未来将向文化创意产业方向发展。天坛家具在北京西三旗打造了占地20万平方米的中国泛家居文化产业园，通过打造中国泛家居文化创意产业园，更直接汲取行业最前沿、国际化的营养，强化自身的核心竞争力。

（二）北京家具产学研联盟

北京家具产学研联盟自成立以来，在人才培养、产品与技术开发、科学研究与成果推广、学生就业与人才引进、行业服务以及基地建设等领域不断开展紧密合作。2015年12月，家美迪克与北京林业大学材料学院正式建立校企合作关系，力求达到“以创新驱动实现产业升级”的目标。通过“北京家具产学研联盟”平台，各高校将为家具行业输送更多优秀的技术人才、专业人才和管理人才，解决行业面临的人才、科技瓶颈问题，共同加速推动行业发展。

四、品牌发展及重点企业情况

（一）品牌发展

2015年，企业通过不断加强对自身品牌的建

设，来提高产业知名度和美誉度、提升产品附加值。除企业自身建设外，协会在 2015 年期间举办了“北京品牌中国行之 3.15 特别行动”、“北京品牌中国行之 3.18 广东行动”、“京品·领秀——2015 北京家具行业峰会暨推介会”等大型北京品牌推广活动，通过宣传、展览、行业峰会、论坛等形式，诠释北京家具的设计与品质，展示北京品牌实力，提升北京品牌形象。

（二）重点企业状况

1. 北京金隅天坛家具股份有限公司

金隅天坛经过六十年的发展，成为现代综合实力雄厚的大型家具企业。2015 年销售额达到 65400 万，产值为 53300 万。2015 年 7 月荣膺“十大北京家具品牌”，10 月再获“全国文明单位”、“北京市国资委系统学习型党组织建设十佳示范点”两项殊荣。金隅天坛在河北大厂投资建设现代化新工厂，并于 2015 年年底陆续投入使用；金隅天坛将家具产品不断细分，其办公、民用、医疗、酒店、教学、养老家具、公共座椅等产品一直保持市场占有率，并将与之配套的服务升级为全流程服务链，是行业内产品种类丰富、产业链完备的标杆企业。

所获荣誉：“中国驰名商标”、“中国名牌”、“中国环境标志产品认证”、“ISO9001 认证”、“ISO14001 认证”、“OHSAS18001 认证”等。

2. 曲美家居集团股份有限公司

曲美家居，是以“原创设计、工艺创新和践行环保”为理念的创新型家居企业。2015 年曲美营业收入 12.55 亿，净利润 1.1 亿，纳税 1.68 亿。曲美一直推动行业设计创新，曾发起“万众设计”，“旧爱地球“等活动，其核心倡导绿色环保，从我做起的理念；是北京第一家完成全面“油改水”项目的企业；4 月 22 日，曲美家居正式登陆上海证券交易所挂牌交易，它的上市，为现代家具制造业提供了勇闯资本市场的范本，成为“现代家具第一股”，用看得见的品牌实力成为北京品牌的典范。

所获荣誉：“中国驰名商标”、“中国名牌”、“中国环境标志产品认证”、“ISO9001 认证”、“ISO14001 认证”、“ISO18001 认证”等。

3. 北京黎明文仪家具有限公司

黎明生产民用家具、办公家具、酒店家具、学生公寓家具、实木门及人造板等六大系列 2000 多种产品，是集科、工、贸于一体的集团企业。规模及经营范围逐年扩大，中央政府采购销售额连年排名第一。

所获荣誉：“北京市著名商标”、“中国环境标志产品认证”、“ISO9001 认证”、“ISO14001 认证”、“OHSAS18001 认证”等。

4. 华日家具股份有限公司

华日以设计、生产、销售实木家具闻名，拥有多种风格的民用、沙发软体、床垫、家居饰品、木门、橱柜、儿童、办公、宾馆等系列产品，是拥有自主创

KINTIG京泰

LMFU黎明

天坛家具 · TINTAN

新研发、制造和销售能力大型综合性骨干企业。

所获荣誉："中国驰名商标"、"中国名牌"、"中国环境标志产品认证"、"ISO9001 认证"、"ISO14001 认证"、"OHSAS18001 认证"等。

5. 强力家具集团有限公司

强力主要产品有床垫、沙发、软床、实木家具及板式家具五大系列，涉及民用、酒店及办公各类使用场所，是一家质量可靠、服务优质的综合性家具企业。

所获荣誉："中国驰名商标"、"中国环境标志产品认证"、"ISO9001 认证"、"ISO14001 认证"、"OHSAS18001 认证"等。

6. 北京世纪京泰家具有限公司

京泰是一家集研发、生产、销售于一体的系统办公家具供应商，产品涵盖办公家具、酒店家具、学生公寓家具、实木门及人造板等五大系列，多次获得政府采购"最佳服务家具品牌"荣誉称号。

所获荣誉："中国驰名商标"、"中国环境标志产品认证"、"ISO9001 认证"、"ISO14001 认证"、"OHSAS18001 认证"等。

上海市

上海市家具行业协会　童兆祥

一、行业概况

2015 年，上海市家具行业协会新增会员单位 31 家，截至目前注册会员数 1104 家，其中在线会员 430 余家。上海家具市场规模与 2014 年持平，总数约在 370 万平方米左右。

在全国经济形势越来越“常态化”的背景下，上海家具行业协会在这一年里迎来了四年一届的换届改选，首次由企业家担任理事长的上海市家具行业协会第六届理事会正式产生。上海作为“特大城市”的基调已定，城市发展功能的差异、环境的高要求、土地成本高昂，已使得传统制造企业越来越难以为继，寻求“传统制造”型的上海家具企业的未来出路，是摆在企业面前最迫切的课题。

二、家具经济数据分析

2015 年，上海家具市场仍然疲软，企业平均毛利率为 22.5%，同比去年 24.4% 下降了 8%。纯利润平均为 3% 左右，基本持平上一年。影响利润主要因素是用人成本有大幅上涨；因生意难做，频繁促销，额外费用的增加，导致产品利润缩水。

从消费层面来看，在市场已饱和的情况下，受大环境影响和消费者自我保护意识的增强，对家具产品的质量、服务要求越来越高，决定了 2015 年上海家具内销市场的下滑现象。从规模以上企业提供的数据分析，金属、塑料家具企业经营情况尚可，大都归属于医院、学校的采购，无关家具市场大局。上海内销市场从 2015 年开始下滑，其中木

2011 ～ 2015 年上海市家具行业发展情况汇总表

主要指标	2015	2014 年	2013 年	2012 年	2011 年
生产企业数量	2510	2600	2725	2800	2800
规模以上企业数量	360	365	352	330	330
规模以上企业总产值（亿元）	283.9 +3.2%	284.4 ＋7.1%	264.2 ＋7.6%	244.2 ＋2.7%	240 ＋20.8%
规模以上企业产量（万件）	/	3174.9	2248.1	2396.2	1977.9
出口值（亿美元）	/	28.16 －0.8%	28.7 ＋1.4%	28.3 ＋5.4%	26.78 ＋9.3%
内销（包括机团、办公采购）（亿元）	160 -6.5%	171.5 －9.6%	195 ＋15.4%	165 －7%	170 ＋3%

数据来源：上海市家具行业协会

家具下滑最多，达 22.5%。据上海市家具协会评估，全年上海市场销售总额约在 160 亿元左右（不包括外省、外销），比 2014 年下降了 6.5 % 左右，是近些年来年销量最低的年份。

三、品牌发展和重点企业情况

上海地区各行业都在着眼于规划注重优环境、促联动、强功能、立足服务、提升整体竞争力为目标的发展纲要。截至目前，上海市家具行业已产生“震旦”、“亚振”两个“中国驰名商标”，18 个“上海市著名商标”和 16 个“上海市名牌产品”。此外，还有两家家具企业获得创建高新技术企业和设计示范创新企业。上海市家具协会参与了上海“设计之都”组委会成员活动，在“设计周”中，上海家具占有一席之地，具有一定影响力。

四、行业纪事

（一）贯彻行业标准，验收生产企业

作为行业诚信建设的一个重要组成部分，2015 年，上海市开始着手试点贯彻、验收上海地方标准《家具经营服务规范》。在生产企业中着手试点贯彻、验收以产品质量为中心的上海地方标准“企业质量信用分级评价准则第一部分：制造业企业”标准。分别在 3 个商店和 3 家生产企业获得了合格验收。2016 年，将在已被行业认定的 16 家规范商店及 37 家诚信生产企业范围内，推进以上二项标准的贯彻和验收工作，在此基础上，逐步推进全行业的标准化贯彻活动。

（二）产业机构调整，淘汰落后产能

根据《上海市 2015 年产业结构调整重点工作安排》，将重点淘汰高能耗、高污染、高风险企业，压减低技术劳动密集型、加工贸易型、低效用地型等一般制造业企业。奉贤、嘉定、宝山、浦东新区、青浦等区已受到影响。从企业反映来看，一是不具信心的企业开始逐步消失，如奉贤地区已有 850 家作坊式微小企业息业或被勒令关闭；二是产业转移合作趋势，纷纷扩张或入驻江苏海门等工业区；三是新环保法严厉的倒逼机制，迫使家具企业投入更多的财力和精力来提高自身技术、设备及管理等方面的水平。

在上海，行业的“新动力”在于创意价值而非制造价值。上海作为“特大城市”的基调已定，提高市民的生活质量重任，有很重要的一块是落在家具行业的身上。办公家具形势继续看好，高端民用家具市场将有所增长，注重环保、节能，价格有优势的产品市场前景乐观。

五、发展趋势

（一）推进行业标准，加强行业培训

城市越大，社会化服务的依赖度通常越高。家具企业要开拓全新的诚信服务市场，关注售前、售中、售后服务质量是关键。通过在规范服务过程中，提高客户对品牌的信任度和依赖度。这即是上海推广地方标准《家具经营服务规范》的本意。经过年内动员和试点，2016 年将逐渐在优秀商企业展开。与推进行业标准化同步，行业培训从业人员 2015 年内新增 8 期培训从业人员，共计 462 名。上海家具行业自有行业规则以来，共举办培训班 197 期，参加培训人员达 10163 名。

（二）协会成功换届，引领行业发展

首次由企业家担任理事长的上海市家具行业协

上海市地方标准《家具经营服务规范》宣贯会议

浦东沪南商场营销人员《行规行约上岗证》培训现场

上海家具行业销售人员《行规行约上岗证》培训现场

会第六届理事会于2015年7月正式产生，这将使协会工作进一步走进市场。在第六届理事会提出要针对现状，认清、理顺、端正好几个关系，整体规划好行业、企业的发展前景，引领行业、企业健康有序发展的要求，理事会制定了以整合资源、建立行业共享平台；加强信息化建设；加强对外交流、搭建对外平台；推动产业创新与发展原创设计；推动上海地区家具行业标准化建设；加强技能与咨询服务；推动地区产业结构调整和转型升级。

上海市家具行业协会换届大会现场

天津市

天津市家具行业协会　高秀芝

一、行业概况

2015 年家具市场发展出现了很大的“阵痛”，从上游产业地产的震荡、绿色环保控制以及连续几年市场大环境的不景气。导致家具企业发展、市场前景情况波动极大。2015 年天津市家具行业企业 7500 家，截至目前协会注册会员 291 家。家具行业就业总人数达 15 万人。

二、行业纪事

（一）“四帮、三带”政策

2015 年底天津市家具行业协会召开“天津市家具行业协会第五次会员代表大会”。在大会上以天津家具企业的现状及如何发展进行布局和规划，天津家具企业如何从品牌建设发展到质量服务保证的体系改革进行规划。同时从产品创新，企业定位，人才引进，社会扶持等方面做了“四帮三带”的计划政策：以企业资金赞助帮扶、以产品技术创新帮扶、以品牌发展策略帮扶、以质量售后体系帮扶，从协会内部进行互助互帮的“四帮”政策。“三带”政策是围绕外围：以银行融资带动扶持、以政府政策带动发展、以社会渠道带动推广。

从“四帮、三带”政策，推动企业进入良性发展轨道，让企业从产品创新、品牌推广、质量服务以及人才培养都能得到正确的发展。同时协会将对天津家具行业的工匠（生产、设计、制作等环节的技术人才）进行整体包装，将工匠纳入协会“工匠名录”对高薪的技术人才进行保护和培养。

（二）天津汉沽大型家具产业链基地

通过 2015 年天津企业通过一年的发展，环渤海家居集团联合规模性企业共同投资于 2015 年 8 月在天津汉沽大型家具产业链基地顺利奠基，项目总面积 333 公顷，投资 50 亿。完成了 2015 年度

天津汉沽大型家具产业链基地

2012 ～ 2015 年天津市家具行业发展情况汇总表

主要指标	2015 年	2014 年	2013 年	2012 年
生产企业数量	260	230	230	200
规模以上企业数量	30	26	26	17
生产企业总产值（亿元）	195	180	160	145
出口生产总值（亿元）	55	50	40	34

数据来源：天津市家具行业协会

第二届“天津（国际）家具展览会”

协会协助企业组建家具产业链工作。

（三）中国国际实木家具展览会

2015年5月28日，主题为“比肩世界·爱‘木’天津”的第二届“天津（国际）家具展览会”精彩亮相。本届家具展得到了众多业内企业的关注和支持，延续以实木为主，同时涵盖其他品类的办展特色。本次展会大规模、大展区、大品类，展览面积扩增至10万平方米，立足“京津冀”协助同发展，汇聚行业内的最新产品、创新理念、设计潮流及行业发展的最新趋势和动向。为支持原创设计，本次展会还专门开设了设计专区，为有才华的设计师提供展示创意与设计的舞台，打通设计通往商业之路，同时也方便企业寻找最合适的设计，实现品牌传播与设计价值的双赢。

2016年天津家具展在中国家具协会和天津市商务委等有关部门的支持帮助下，于年初得到中国商务部批复“天津（国际）家具展览会”正式升级为“中国国际实木家具展览会”，成为既“中”字头广州国际家具展之后的第二个中国“中”字头的家具类展会。真正成为中国实木家具展览会。在2015年展会闭幕前，2016年展会已经有75%进行了预定。

三、品牌发展和重点企业情况

根据联合国发展署的一项统计表明，知名品牌在全球品牌总数中不超过3%，但在全球市场的占有率却超过40%，销售额超过50%，这一切表明，品牌已经成为市场竞争的焦点。随着中国经济市场发展，天津家具企业对品牌需求原来越明显，企业只有通过价值链中最高的通道——品牌，才能在最快的时间取得市场发展目标。通过几年的发展，天津家具企业以实木家具企业、沙发制作企业为代表，日益形成品牌规模。其中美克美家、圣斯克、南洋胡氏、兴叶、意利达、珍荣、夏凡尼、卡梅尔等企业在业内通过品牌的发展，已经形成了强大的影响力和极高的知名度。

（一）相信品牌的力量——南洋胡氏

南洋胡氏品牌连续7年参与中国家具行业年度总评榜活动评选，此次再次应邀参与第二届中家具品牌节活动暨第八届中国家具行业2014年度总评榜评选活动，首先被组委会提名为2014中国家具行业十大实木家具品牌、十佳健康品牌、年度最具影响力品牌，南洋胡氏集团董事长胡也国先生同时也被提名为中国家具行业2014年度十大企业家。

（二）建世界优质企业，创全球著名品牌——美克美家

数据显示，2014年美克家居实现营业收入27.14亿元，同比增加1.44%；归属于上市公司股东净利润为2.3亿元，较上年同期增加35.79%。从报告上看出，2014年美克家居零售业务、批发业务的收入，占比达91.59%，较上年同期增加

8.98%，其中零售业务增加28,337.85万元，占比增加9.61%。2016年，美克家居计划并在全国新增门店15家，完成6家店面的迁址建设，新开A.R.T.自营店6家，加盟店60家，实现营业收入29.5亿元，营业成本及费用总额26.6亿元。

（三）中国木文化家具领军品牌——兴叶

公司秉承“以人为本、诚实守信、合作共赢、坚持创新”的管理理念，一直专注于实木家具领域，现已成长为集研发、生产、销售于一体，拥有四个分厂，共计占地数万平方米、建筑面积6万平方米、员工500余人的大型企业。

四、存在问题

目前日益完善的电商平台赢得了消费者的认可，如何能将家具产品在网络形成营销模式，如何使网络与实体的销售产生利润，共同促进企业发展国家扶持的“互联网+”政策在家具行业如何能得到真正的落地，这些是目前困扰在企业发展的重要课题。另外，如何做到产业创新，目前各家具企业的领导人文化程度参差不齐。同时各企业眼光发展得不到正确的指引，有的企业想创新想发展，但却无法得到“量身定做”的指引。

五、发展趋势及展望

天津是一座海纳百川的北方大都市，固有吸纳八方优点来发展自己。天津家具企业俗称津派家具，天津家具企业从发上，有“中”字头的专业实木家具国际展。办好家具展是每个天津家具企业的义务，她是展示津派家具的最好平台，家具的创新发展以及品牌都将从家具展这个平台展示出去，家具展将天津的家具企业品牌推向全国，推向全世界。

河北省

河北省家具协会　李凤婕

一、行业大事记

（一）河北省工业设计奖圆满落幕，蓝鸟等家具企业榜上有名

2015 年 11 月 6 日，“2015 年度河北省工业设计奖”获奖成果发布会在秦皇岛燕山大学圆满落下帷幕。经过初评、终评等环节，评出产品设计金奖 10 名、银奖 20 名、优秀奖 30 名。本届大赛专门设立了唯一的专项评审——家具专项评审，由组委会指导河北省家具协会具体组织实施。河北省家具企业积极参加本年度评奖活动，蓝鸟家具“卓卡”系列产品荣获产品设计银奖，双李家具“乌金盛世”休闲桌椅系列、隆德轩家具白酸枝罗汉床以及东明红木坊设计的大红酸枝花开富贵沙发荣获产品设计优秀奖，红旗、顺心、曲富等企业产品均受到专家、领导的高度好评。

河北省家具产品参加“2015 年度河北省工业设计奖”评审活动

（二）京津冀产业转移对接活动在石家庄举办，两大型家具项目签约

2015 年 11 月 20 日，为推动京津冀产业协同发展步伐，工信部与北京、天津、河北三地人民政府首次采取“1+3”模式，在石家庄市共同主办

2011 ～ 2015 年河北省家具行业发展情况汇总表

主要指标	2015 年	2014 年	2013 年	2012 年	2011 年
企业数量	5200	5300	5300	5500	5300
工业总产值（亿元）	606.1	550	510	450	410
规模以上企业数量	135	133	129	120	113
规模以上企业工业总产值（万元）	2522559.33	2335703.08	2162688.04	1948367.60	1527730.40
出口值（万美元）	89611.85	86799.65	80370.05	72405.45	56838.60
内销（万元）	540	510	460	410	355
家具产量（万件）	1058.19	979.78	907.20	817.30	771.20

数据来源：河北省家具协会

"2015 京津冀产业转移系列对接活动"。此次对接活动以"分工合作协同发展"为主题，共有 51 个重点合作项目签约，总投资约 2900 多亿元。其中包括北京居然之家投资控股集团有限公司投资构建、位于高碑店白沟一带的"居然之家京津冀家具产业园"和北京金隅天坛家具股份有限公司在京生产线外迁河北大厂的两个大型项目。

（三）2015 石家庄国际家具展览会成功举办

2015 年 7 月 25~27 日，由河北省家具协会主办的"2015 石家庄国际家具展览会"在石家庄成功举办。这是石家庄家具展连续举办的第四年，此次同时使用石家庄老火车站展馆和石家庄国际博览中心两个展馆。蓝鸟等省内知名家具品牌悉数参展，实木、板式、软体、古典、中式、欧式等一应俱全，并新增了定制家具展区，使本届家具展览会的参展家具品类更加齐全，产品特色更加突出，吸引了来自山西、河南、山东、北京、天津、内蒙古、陕西、宁夏、甘肃等地以及省内各市县的众多家具经销商前来观展。

（四）2015 第五届石家庄木工机械及家具材料展览会华彩落幕

2015 年 10 月 23~26 日，"2015 第五届石家庄国际木工机械及家具材料展览会"在石家庄老火车站展馆举办。展会由河北省家具协会主办，从 2011 年开始每年一届。目前，该展会已经跻身为全国最重要的木工机械及家具材料展销会之一。此次展会规模超过往届，参展企业达到 160 多家，展览面积达 10000 多平方米。

2015 第五届石家庄木工机械及家具材料展览会

（五）第四届香河国际家居文化节开幕式隆重举办

2015 年 4 月 28 日至 5 月 3 日，"第四届中国香河国际家居文化节"隆重举办。文化节期间，汇聚了国内外 7000 多家厂商近 20 余万种商品集中展示。本届文化节邀请了全国 30 个省市家具协会及其会员单位，还邀请了来自俄罗斯、意大利、西班牙、罗马尼亚、韩国、日本、新加坡、印度、泰国、马来西亚、秘鲁等多个国家和地区的使领馆官员、知名企业代表。

（六）第十四届中国国际金属玻璃家具及小件家具博览会暨第一届胜芳国际家具原辅料展成功举办

2015 年 8 月 26~28 日，"第十四届中国国际金属玻璃家具及小件家具博览会暨第一届胜芳国际

第四届香河国际家居文化节开幕式

家具原辅材料展”成功举办。此次展会由河北省霸州市人民政府、胜芳镇人民政府、胜芳家具行业协会主办，胜芳国际家具博览城承办。展会以“汇聚产业力量，分享展会之光”为主题，首次将原辅材料展纳入展会范畴。展会分为 4 个展区，参展企业超 2100 家，国内外采购商 8 万余人，三天成交额达 130 亿元，创历史最高。

（七）第 25 届、第 26 届家具、灯饰博览会成功举办

两届展销会分别于 2015 年 4 月 18 日和 9 月 5 日开幕，各历时 3 天，由正定县人民政府、河北省家具协会主办，三才正定家具市场承办。“第 25 届家具、灯饰博览会暨家家旺网首届春季交易会”在展区规模、展品数量、活动组织上远超历届水平，与会厂商、经销商、客户人数达到数万人，参展、订货、展销摊位达 2500 余家，包括来自河南、山西、山东、辽宁、内蒙古等中国中西部家具联盟省份的成员单位，较 2014 年同期参会人数翻了一番。本届展会增设了家家旺家居网线上推广运营模式这一强劲增长点，展销订货交易额最终突破 30 亿元，再创历史新高。第 26 届展会室内外展示展出面积达 4.1 万平方米，远超往届规模，厂商、经销商、客户人数达 4 万人，参展、订货、展销摊位达 2500 余家。

（八）三大家具项目入选河北省文化产业“三个十”

2015 年 12 月 13 日，2015 年度河北省文化产业“三个十”名单公布，涞水京作红木文化创意

三才正定家具市场举办第 26 届展销会

产业园、大城县红木文化产业集聚区获评“河北省十大文化产业集聚区”，遵化旺年鸿红木文化博物馆获评“河北省十大文化产业项目”。自 2012 年开始，河北启动实施文化产业“三个十”建设，即每年重点培育打造十个文化产业强县（市、区）、十个大型文化产业集聚区、十个重点文化产业项目。通过文化产业“三个十”评选，进一步激发了全省各地发展文化产业的热情，有效促进了重点文化产业项目的实施。

（九）河北省家具协会第五次会员代表大会召开

2015 年 10 月 23 日，河北省家具协会第五次会员代表大会在石家庄隆重召开，大会选举产生了新一届理事会和监事会成员。在随后召开的五届一次理事会上，选举产生了协会第五届常务理事、副理事长和秘书长、理事长，李凤婕连续当选第五届理事会理事长。

河北省家具协会第五次会员代表大会

（十）河北省家具协会获评“五 A 级”社会组织

在 2015 年 12 月 29 日召开的 2015 年度河北省社会组织评估工作总结会上，河北省家具协会荣获“中国社会组织评估等级五 A”铜牌，为协会 2015 年全年工作画上了圆满的句号。

二、特色产业发展情况

（一）河北香河国际家具城

香河国际家具城位于河北省廊坊市，地处环渤海经济圈腹地，距北京市区 45 千米，距天津市区 70 千米。产品除畅销北方十余个省市外，还远销东北亚、欧美和非洲等国家和地区。目前，香河家具城由 33 座单体展厅组成，总面积突破 300 万平方米，城内参展企业 7500 多家，知名品牌 1500 余个，年客流量 650 万人次，2015 年销售额达到 280 亿元（产业发展具体 情况请翻阅本书“产业集群”篇）。

（二）河北涞水京作古典家具产业基地

涞水县位于河北省保定市，涞水古典红木家具已有 300 多年的历史。近年来，涞水红木行业年销售收入以 30% 的增速增长，产品在京津冀及蒙、晋、鲁等地市场份额不断增加。目前，涞水京作红木家具制销企业 420 余家，熟练技师近千人，从业人员上万人。2015 年产值达 16 亿元，销售收入达 21 亿元，是北京周边的主要产区之一（产业发展具体情况请翻阅本书“产业集群”篇）。

三、品牌发展及重点企业情况

（一）河北蓝鸟家具股份有限公司

2015 年，蓝鸟公司成功推出卓卡、和美等具有蓝鸟特色的实木家具系列，在西北、河北、山东、长沙、武汉、合肥等地新建专卖店 30 余家；完成产值 5.7 亿元，实现销售收入 6.35 亿元；首次举办工厂团购会，2 天营收超 2000 万，吸引来自省内外 3000 多消费者现场参加。2015 年，蓝鸟荣获省、市两级政府质量奖，荣获河北省信息化建设示范企业，河北省“十二五”制造企业信息化科技工程试点企业等省部级以上荣誉，品牌影响力进一步扩大。6 月，蓝鸟公司荣登由中国轻工业联合会举办的“2015 中国轻工百强企业”名单。

（二）廊坊市华日家具股份有限公司

2015 年 11 月，工业和信息化部、财政部公布了“2015 年国家技术创新示范企业”名单，廊坊华日家具股份有限公司荣登榜单。经审核，“2015 年国家技术创新示范企业”确定 75 家企业，其中，河北省有三家企业入榜，华日家具是唯一入榜的家具企业，也是廊坊市唯一一家入榜企业。

（三）河北东明国际家具博览有限公司

河北东明国际家具博览有限公司创建于 1988 年，现已发展成河北省目前集家具连锁流通、家具制造、家具研究院、家具文化传播为一体的大型家居专营集团公司，现拥有省内十四大家具连锁品牌商场，总营业面积近百万平方米，年销售额 20 亿元。在行业内还开辟了河北省家具研究院、河北省家具职业培训学校、东明古典家具有限公司、东明空间文化传播有限公司等产业。

2015 年，东明家具公司总资产达到 22860 万元，荣获 2015 年度“河北省五一劳动奖”“河北省服务名牌企业”“河北省质量信誉服务消费者满意单位”“中国优秀市场管理机构等”等多项荣誉。

（四）唐山市汇丰实业集团有限公司

2015 年，汇丰集团研发了全新产品，并于 2016 年 3 月亮相深圳家具展。为顺应市场需求，汇丰集团首次推出了全屋定制服务，全屋定制店在 2015 年底一开业就取得了开门红，为汇丰发展注入了强劲的动力。2015 年，汇丰集团与美科多签约合作。美科多是一家新公司，自成立以来，一直坚持原创设计，并在行业内首创“管家式合约”经销理念，是行业内“新实木”概念的定义者，创造了 4 个月全国建店 25 家的记录。

（五）河北依丽兰家具有限公司

2015 年，依丽兰公司及时调整产品线，首先推出了深受市场欢迎的金丝檀木——花木兰系列，同时升级了软体整体系列，由原来的现代型软体逐步向时尚型软体转型。在开发新产品的同时，公司提出全员节能降耗理念，不仅要生产出市场认可的产品，更要让产品的价格获得市场的认可。2015 年，公司先后参加天津展、成都展、深圳展，加上公司的年会签约，四次大型签约活动增加有效客户 200 余家，在帮助经销商成长的同时，公司再次实现逆势飞扬，实现全年销量 27.8% 的增长。

（六）河北力军力家具制造有限公司

2015 年，公司实现经营收入 4 亿元，同比增长 30 %；公司加大了产品研发及检验设备的资金投入，总计投资 2000 多万元；加大研发力度，一年内分别推出了 5.5X、6.5X、5X-P、6O 等系列可拆装沙发产品，并同时获得国家专利局授权的实用新型专利权；建成海绵综合检验实验室，并购买了一大批拥有国际先进技术的实验设备。公司在 2015 年积极筹备二期工程的建设，其中，员工公寓式宿舍楼 5000 平方米，现代化流水线车间 15000 平方米，公司力争建设成为花园式的现代化工业园区。

（七）秦皇岛旭日家居建材中心广场

秦皇岛旭日家居建材中心广场成立于 2008 年 7 月，位于秦皇岛市中心区河北大街家具建材核心商圈，现有营业面积 10 万平方米，入驻品牌 500 余个。在家具市场竞争日趋激烈的情况下，商场销售额连年大幅度提升，商位出租率始终保持在 100% 的高水平，品牌储备率高达 25%，取得了良好的经济效益和社会效益。2015 年实现销售总额 5.7 亿元，实现纳税 1700 万元（不含商户纳税），为社会解决就业岗位 1800 多个。

旭日家居建材中心广场于 2014 年 7 月正式启动“旭日家居改造二期工程”，并于 2015 年 3 月 28 日盛大开业。项目总投资 2.6 亿元，建筑面积 4.6 万平方米，整个项目仅仅半年就竣工开业，展位出租率 100%，品牌储备率平均在 50% 以上。目前，旭日家居建材中心广场已经成为秦皇岛地区规模最大、品类最全、品牌最优的一站式购物中心。

（八）河北新凯龙家居商贸有限公司

河北新凯龙家居商贸有限公司作为邢台本土自创品牌，于 2004 年创建。目前在岗职工 900 余人，商户 400 余家，经营面积达 10 万平方米，经营范围涉及家具、建材、饰品等领域，并在此基础上成立了新凯龙文化传媒公司、新凯龙商务楼等多业态下属单位。2015 年，首次推出“售后服务月”活动，让牛城百姓在家门口就能免费享受到新凯龙家居的高品质服务。经过企业的精心经营，2015 年实现销售额 2.7 亿元。并荣获“中国十八省市家具行业诚信企业”、“全国诚信兴商双优示范单位”、“河北省最佳消费维权单位”等多项荣誉，“新凯龙”品牌被河北省工商局认定为“河北省著名商标”。

（九）邯郸市红旗家具公司

红旗家具公司为了扎实推进家具产品由办公为主向民用为主转型。公司先后推出了“江南竹韵”和“富贵金柚”两种不同风格的民用系列产品，不仅在 2015 年石家庄家具展会上受到好评，更在投放市场后得到了客户的青睐，短短半年多时间内，新产品销售额接近百万元。公司于 2015 年底成功换届。舒会平同志当选为新一届董事长，销售经理、生产厂长等主要领导岗位均更换年富力强的人员担任。

（十）三强家具有限公司

三强家具有限公司位于中国金属玻璃家具重镇——河北省霸州市胜芳镇，占地面积 32 万平方米，从业人员 1200 余人，2015 年产值 25000 万元。现已发展成铁艺 / 实木衣帽架，钢木家具，板式 / 实木套房家具，软体家具等系统化家具产、销、研的龙头企业。2015 年，公司经营重点定位于整合行业资源，成功导入 ERP 企业资源规划管理系统、AD、PRO-E 设计软件、Hello 家系统、PowerPCB5.0 设计、仿真软件、Agilen ADS2009 结构设计软件、北京理工大学大数据库、国富纵横 e 管家。此外，公司还建立了河北省智慧家居研究院，为行业智慧制造打造了样板工厂。

山西省

山西家具行业协会　池秋燕

一、行业概况

2015年，尽管家居行业在大背景下陷入了形势不景气的困境，但山西仍然拥有着巨大的发展前景和市场潜力。要迎接广阔的发展前景，挖掘出潜力巨大的消费市场，企业需要是采取品牌战略、开拓全屋定制市场、进军电商渠道，更需要不断深化改革，才能突破困境。

二、品牌发展和重点企业情况

尽管大的市场环境不好，但一些做品牌的企业、做国内市场的企业，如本土企业福润公司、荣泰真红木，外省的意丰家具、联邦家具、百强家具去年销售业绩增长速度约为15%~20%。福润公司以中高端定位、多样化产品，迎合不同消费者的需求，联合众多建材品牌打造福润天猫线上线下的模式。荣泰真红木是山西家具行业的一个后起之秀，走品牌化、中端路、百姓买得起的产品，打造自己的品牌“粉丝群”。

现在，品牌经营相对早几年难度大了很多。在产品的研发方面，要迎合现在的消费群体。创新不

福润公司活动现场

2011～2015年山西省家具行业发展情况汇总表

主要指标	2015年	2014年	2013年	2012年	2011年
规模以上企业数量	5	8	10	10	/
规模以上企业主营业务收入（万元）	51258.8	59266.3	58766.7	18871.8	/
出口值（美元）	685972	3199105	15077126	91902957	4695379
规模以上企业家具产量（件）	122797	154880	104322	31213	24352

数据来源：中国轻工业信息中心

居然之家太原坤泽店开业仪式

一定是"高大上"，不一定是大品牌的发展思路，也不是在媒体上大肆做广告，这种简单粗暴打造品牌的方式已经过时了，家具企业只需要有自己的"粉丝群"，就能够得到一个细分市场人群的认可，在更加细分的市场里精耕细作。

三、发展趋势

（一）全屋定制市场发展迅速

在困境下，也有一些新的增长点值得企业振奋。比如：山西的部分门业、实木家具已经在积极运作全屋定制模式。全屋定制市场发展很快，人们的消费观念已经改变，个性化需求越来越被重视。近年来，很多家具企业也开始介入这一产业。装修现场做的家具，工艺不佳也不环保，而通过全屋定制，在工厂有好的生产设备，工艺、环保也做得更好，装修现场只是安装，减少了消费者的装修时间。当然，对家具企业来讲，介入全屋定制，需要跟设计师打交道，工厂生产设备投入则更加智能化，定制需要准确的数据控制。

（二）电商是未来极大增长点

在新的消费趋势下，家具企业也要对销售模式进行不断探索，电子商务就是未来一个很大的增长点。据中国电子商务研究中心预计，到2015年，我国家居建材产品电子商务规模将达到2050亿，其中，网购规模增长249%，网购率达到17.5%。但目前，中国家具行业在电商方面，还没有可以称得上特别成功的企业，缺乏龙头，电子商务人才也还比较匮乏，橱柜企业要进军电商还需做好十足的准备。山西家具行业的电商发展还不不完善，企业各自发展，缺乏一个专业的团队运作。资金是基础，专业是核心。

内蒙古自治区

内蒙古家具行业协会　赵云

一、行业概况

2015 年，内蒙古家具市场竞争激烈，面对房地产市场的调整，各家具企业积极设法寻找顾客、寻找商机。

生产企业方面，企业积极寻找经销商，多处开店，特别是厂家直销店的开设。积极开发新产品，降低成本及价格，扩大销售。但是受经销商等多种因素影响，销售额与营销活动以及对经销品牌的综合管理等是目前生产企业最为关注的事情。

家具商场方面，各地依然在新开卖场，加上原有的家具商场，导致卖场竞争激烈。各卖场积极寻找顾客、做活动让利，甚至贴钱做活动。经销商为了降低成本找商场要求降租金，商场为了招商和商场经营，面对压力也只能通过给商户降租来寻得过渡。

消费者方面，对顾客来讲，当今网购家具已成为多数人的选择。从选货到付款、收货、组装都很方便。还有一些消费者买木料找木匠自己做家具，去厂家直接订货，或到家具相对集中的地方去批发家具，对家具市场有一定影响。

二、行业发展优势

根据统计结果显示，内蒙古林业用地面积 3181.95 万公顷，森林面积 1474.85 万公顷，森林覆盖率为 12 .73%，活立木总蓄积量 116859.43 万立方米，森林蓄积量 98163.48 万立方米，这是发展家具产业具有的优势。特别是鄂尔多斯市的沙柳，是一种绝好的家具原材料。另外，二连浩特口岸还承担着欧洲国家木材进口的重任，进口量以每年 16% 的速度递增，二连浩特市木材初加工产业格局已基本形成。

随着内蒙古交通运输业的大力发展，特别是铁路、高速公路的不断开发，沿路一带的经济发展优势也显现出来，一些企业依靠交通便利优势，在沿路一带设立木材加工、家具生产园区，比如：内蒙古自治区的乌兰察布市，为充分发挥乌兰察布市集宁地区毗邻俄蒙，近距渤海、“三北”（华北、东北、西北）通衢的区位优势和公铁交通便捷的物流优势，利用好俄蒙木材等国际国内两大资源市场，尽快形成内蒙古地区木材家具城市特色支柱产业。近期，香港森诺集团公司与乌兰察布市政府、察右前

2011 ～ 2015 年内蒙古自治区家具行业发展情况汇总表

主要指标	2015 年	2014 年	2013 年	2012 年	2011 年
规模以上企业数量	8	7	10	11	/
规模以上企业主营业务收入（万元）	224172	229673.3	213663.1	/	/
出口值（万美元）	3115.1	5982.9	1698.2	1588.5	1871.8
规模以上企业家具产量（万件）	83.7	111.4	87.3	95.8	/

数据来源：中国轻工业信息中心

旗政府就建设乌兰察布市木材综合加工循环经济产业园项目签订了合作协议。此项目预计总投资131亿元，分二期5年时间进行建设，建设内容包括乌兰察布国际木材交易市场及木材初级产品加工区、西部家居循环经济产业园、西部家居总部基地及乌兰察布国际展览中心。在乌兰察布市建设集木材制品、仓储物流、生产加工、技术与产品研发、质量监督、集散中心、贸易及金融服务的现代木业产业集聚中心，将打造成为我国西部地区重要的针叶木材贸易基地、加工基地、家具用品集散中心和总部基地。

内蒙古家具市场发展前景良好，产业发展潜力巨大。把内蒙古家具业做大做强，发挥内蒙古家具的品牌优势，打造成为中国家具业又一个新兴产业集群区域，将是政府与企业共同的责任。

三、品牌发展和重点企业情况

（一）内蒙古金锐家具有限公司

内蒙古金锐家具有限公司作为内蒙古家具行业的典范和呼和浩特市及包头市的知名企业，成立于1997年，是一家专业化、规模化、品牌化的家具大型营销企业。公司在内蒙古自治区呼和浩特市、包头市下设多家大型家具名品商场。经营着各式民用家具、酒店、办公家具、地毯、窗帘布艺等十几大类400多个品种，汇集了众多的国内外知名品牌。

（二）包头市深港家具有限责任公司

包头市深港家具有限责任公司是内蒙古本土最具发展潜力的专业家具营销卖场。公司于2003年在服务质量方面顺利通过了ISO9001国际质量管理体系认证。2015年，深港家具共策划活动10余次，客流3.2万人次，精准营销紧密结合小区、异业合作、联动商户共同开展各项活动。其中大型活动2场，分别是4月18~20日开展的深港家具婚庆博览会和7月17~19日开展的零点乐队全国首发专辑歌迷见面会走进深港活动。2015年，深港家具博览中心华锐旗下茉莉花香、纯真岁月盛大开业活动，三鹿馆喜德来重装开业营销特卖活动均取得不俗成绩。喜德来创下三日营销售卖32万的好业绩。

（三）内蒙古华锐肯特家具有限公司

内蒙古华锐肯特家具有限公司成立于2003年，是内蒙古最大的集研发、生产、销售、售后服务为一体的家居产业集团。经过十几年的拼搏，如今华锐旗下有华锐肯特家具公司、华锐床垫公司、华锐装饰公司、华锐包头分公司、华锐经营公司、华锐培红家具公司、华锐文宝轩办公家具公司、华锐文宝轩家具公司、华锐小额贷款公司及华锐香河红木家具体验馆等多个子公司，并投资蒙银银行，占投资总额的10%，涉及家具生产销售、装饰装潢、银行贷款、金融投资及公益事务多个领域。2015年实现销售收入4亿元，成功实现了年初制定的集团整体销售翻番的目标。

（四）内蒙古润佳家具有限责任公司

内蒙古润佳家具有限责任公司于2009年11月18日注册成立，2012年末投产，主营民用家具是内蒙古最先进的家具生产线，年生产能力实木家具5万套、实木套装门5万套，产值可达1.5亿元，每年可实现利税3000万元。2015年初，公司开始建设自己的电商平台，涉足商务电子销售平台，并在“天猫”商城成功注册。目前已建立50多个电子商铺、3个淘宝商城、建行、农行的电子商务购物平台。公司于2015年9月成功获得“ISO9000质量管理体系认证”及“ISO14000环境管理体系认证”。公司商标“拜思特”于2015年8月份获得中国著名品牌的封号。

内蒙古润佳家具有限责任公司有自己强大的设计团队，自主研发科学专利，现有2项发明正在复审中，3项实用新型专利已经通过中华人民共和国国家知识产权局的审核，并获得了国家知识产权局颁发的实用新型专利证书。公司正向高端家具方向进行研究、创新、改革。

（五）内蒙古美林实业集团

内蒙古美林实业集团注册于2012年，注册资本达5000万元，总资产近5亿元，是目前内蒙古地区最大的集装饰、家具设计、生产、订制、销售、物流配送为一体的大型综合集团。企业自主品牌“红猴”已被认定为“内蒙古著名商标”“内蒙古名牌产品”，并正在申报“中国驰名商标”。

公司装修业主要从事写字楼办公空间、商业空间、酒店、学校、医院、家居住宅等场所的装修设计与施工。公司所建工业园是集家具研发、设计、生产、4S家具定制、体验式销售为一体的工业园项目，注册资金1000万元，预计总投资2.8亿元，占地面积约13公顷。一期建设的研发中心、生产车间已全部完工并投入使用。其中研发中心建筑面积1.25万平方米，配备专业技术团队30余人，生产车间2.3万平方米。工业园全部建成后新增就业岗位500余个，具备年产10万套家具产品的生产力，能够满足全国市场的供需要求。

（六）赤峰白领家私有限责任公司

赤峰白领家私有限责任公司成立于2001年10月，白领丽家家居商场2004年底建成，是内蒙古自治区家具行业的知名品牌。目前白领丽家家居港的两大卖场分别位于赤峰市红山区钢铁西街和巴林右旗大板商贸中心，总营业面积3万多平方米，拥有员工200多人，是内蒙古东部地区规模较大的专业化家具经营商场。营销软体家具、板式及实木套房、整体厨房、餐台茶几、办公家具、窗帘及家居饰品、集成家具等众多种类产品。2005年4月，被赤峰家具行业商会确定为“家具中甲醛含量检验把关”示范单位，“赤峰家具行业商会会长单位”；2005年8月，被中共赤峰市委、市政府确定为“市重点保护企业”。

四、存在问题

原材料价格上涨，成本增加，企业的利润下降，加之市场经济下行，行内竞争激烈，企业效益差。资金短缺，融资困难，企业在贷款时普遍面临条件严格、程序繁琐、利息高等问题，资金投入过大，投入与产出比例失衡，资金周转困难。企业员工数量多，承担社会保险、员工福利负担较大，缺乏高新技术及管理人才。交通不便利，一些新建园区公交线路不太方便，导致企业员工上班困难，加大了企业交通费用。由于一些开发区这边为农业用电，经常停电，也在不同程度上给企业增加了负担。

五、发展趋势

随着内蒙古自治区经济的飞速发展，内蒙古家具市场潜力巨大。呼和浩特市内一大批向自治区70周年大庆献礼项目即将竣工，这些项目所需的办公家具不在少数。另外，各地迎庆活动层出不穷，这也为酒店家具业带来巨大商机。今后几年内，自治区一些城市及盟市地区星级饭店将增加，势必为家具业的发展注入强劲的活力。同时，全区现有的星级饭店和一些成规模、上档次的大饭店中，八成以上都有改造需求，由此产生的市场需求数额巨大，因此，对酒店家具的需求不容忽视。

辽宁省

辽宁省家具协会　祖树武、白红

一、行业概况

2015 年，是在新常态下锐意改革奋力前行的一年。辽宁省全行业 30 万人共同努力拼搏，实现工业总产值 700 亿元，同比增长 7.7%，确保全省家具行业“十二五”发展规划总体目标的实现。据辽宁省统计局对全省家具行业规模以上的 153 家企业统计：全年实现主营业务收入 260.04 亿元，同比增长 –20.15%；实现利润 10.86 亿元，同比增长 –21.9%；家具产量 2,274.77 万件，同比增长 0.54%；出口交货值 5.5 亿元，同比增长 –5.17%。

二、行业创新发展成果

（一）中国沈阳国际家博会成长为最大规模区域展

“2015 第四届中国沈阳国际家博会”于 2015 年 8 月 15~17 日在沈阳国际展览中心成功举办。展会汇聚 600 多家国内外家具企业，比 2014 年增加 20%；展厅面积达到 12 万平方米，比 2014 年增加 22%；近 10 万专业观众观展，比 2014 年增加 35.7%。展会不仅在参展品牌、展厅面积、服务质量上得到提升，而且展会的内涵和品质得到升华，亮点频现。经过 4 年洗礼的沈阳家博会，成为继上海、广东三大家具展会之后，中国北方最大规模的专业展会。

（二）发挥中国实木家具产业基地优势

辽宁是中国实木家具大省，以沈阳和大连沿线为主的实木家具集聚区，依托资源和地域优势，主要发展实木家具产业，其实木家具企业规模、品牌影响力在全国处于领先地位。

大连庄河是“中国实木家具产业基地”，产业基础雄厚，以华丰为龙头的中国实木家具产业基地，拥有 1000 多家家具生产企业，培育出了华丰、华夏、华特、科冕、艺腾等一批家具精英企业。

阜新彰武“中国北方新兴家具产业园”是“十二五”发展起来的国家级家具产业集群，园区企业产品涵盖实木家具、板式家具及家具配套等，

2011 ~ 2015 年辽宁省家具行业发展情况汇总表

主要指标	2015 年	2014 年	2013 年	2012 年	2011 年
企业数量	2200	2200	2000	2000	2300
规模以上企业数量	153	168	174	190	192
工业总产值（亿元）	700	650	600	500	420
规模以上企业主营业务收入（亿元）	260.45	326.18	400.06	357.16	319.90
出口值（万美元）	55346	58362	75802	82463	48670
家具产量（万件）	2274.77	2262.57	1653.73	1711.84	1973.87

数据来源：辽宁省家具协会

初步形成以原材料加工、家具制造、包装配套、商贸物流等产业为主体的现代家居产业基地。

以宏发、舒丽雅品牌为代表的沈阳家具产业，致力于以实木家具和软体家具为主的集研发设计、产品制造、市场开发、创新服务于一体的经济模式，实施品牌发展战略，在国际国内具有较强竞争实力。

（三）开展行业自律和服务升级工作

面对新常态下经济消费的变化，在全省家具建材装饰行业深入开展自律规范市场、推进“放心消费示范店”创建活动，实现服务升级拉动终端消费。

辽宁省家具协会与辽宁省工商局及质检部门组成联合检查组，深入省内大型家居卖场检查，配合各级消协及媒体，提供消费维权平台。通过3.15纪念日、新消法培训、《消费指南》科学普及等形式，配合辽宁省消协及各市区消协开展行业消费维权活动。在沈阳开设“12315消费维权服务站”，开展行业标准、行业规范的咨询服务，协调处理消费纠纷。将行业自律活动提升为政府、协会和企业联动互动，上下支撑，点面结合的立体结构，增强了行业自律的刚性。

（四）扩大对外交流与合作

国内方面，辽宁省家协组织企业参加全国及重点地区的家具展会并出席部分省市行业年会，到家具产业发达省市学习考察。每年还邀请全国各省市家具协会、产业基地及国内一线品牌企业的代表来辽访问，以进一步加强行业交流与合作。国际方面，扩大了与世界先进国家的国际往来，完成了与美国的阔叶木市场推广、芬兰的温木中国市场调查项目；与俄罗斯家具业贸易互通互补以及日本、朝鲜家具采购等合作项目进展顺利；组织企业参观美国高点、意大利米兰的国际高端家具展会。

通过一系列的国内外商务交流活动，促进了行业的国际交流，加快了与国内外先进潮流接轨的进程，为辽宁家具立足东北、面向全国、走向世界架桥铺路。

三、特色产业发展情况

（一）率先树起定制家具大旗

随着家具市场的发展和生活观念的转变，消费者对家具的差异化及个性化需求不断增加，定制家具异军突起增速加快。早在2012年首届沈阳国际家博会上，定制集成家居作为展会前瞻性的项目加以推广。目前全省定制家具企业达400多，贝格尔、格瑞澜、郁林、古诺奇、玖玖利峰、家仕得等品牌脱颖而出，在行业整体增速放缓的形势下，定制家具逆势而上，增速高达20%以上，在业界极具发展潜力。

2015年，沈阳家博会高擎定制家具的大旗，百余家定制家居企业将整屋定制、集成家居、定制家具、橱柜、衣柜、各类配套门板、五金配件、移门等集中展示，打造了中国北方定制家具第一展，预示定制家具产业在绿色、健康、环保基础上，向个性化、人性化、智能化发展是一大趋势。

（二）加强品牌创新与推广

为进一步提升辽宁家具品牌的竞争力和影响力，积极推进产品研发设计创新工作，打造自己的原创品牌。华丰、华夏、宏发家具、舒丽雅沙发、

辽宁省家具行业3.15国际消费者权益日纪念大会现场

辽宁省家具协会组织企业到米兰考察

祖树武会长与芬兰农业和林业部长 Petteni Orpo 会面

梦宝床垫、艺新家私、隆兆办公家具等企业不断加大投入开发研制新产品。沈阳家博会新品率达 70% 以上，特别是首次开设的原创设计展示与专利转让展区，展出以沈阳鲁迅美术学院为代表的由国内外业界专家、学者、设计师和大专院校师生最新研发设计的作品 100 余件套，成为展会一大亮点。

在全省家具行业开展“中国实木家具产业基地十大品牌”、“辽宁办公家具十佳品牌”、“辽宁地板十佳品牌”、“辽宁门业十佳企业”及“辽宁精品沙发十佳品牌”的评选活动，以企业品牌塑造形象，以绿色环保惠及民生。评选活动促进了企业竞争力的提高，推动了辽宁家具品牌的崛起。

（三）推进四大进口木材加工、储备、物流、交易基地建设

以东北老工业基地新一轮振兴发展为契机，积极整合资源，实施跨界联合，充分利用临港优势与木材码头、木材物流、木材加工、家具生产配套的优势，推进大连、丹东、抚顺等四大木材加工、储备、物流、交易基地项目建设。目前，大连庄河的中国进口木材资源加工、储备、交易基地，大连金普新区木业产业园，丹东港进口木材贸易加工园区及抚顺救兵东北亚木材交易中心等项目已经建成或正在建设中。为行业的集约化、专业化、规模化、市场化发展提供条件，逐步形成原材料加工、家具生产、配件制造、物流保障、技术服务和商务服务等完整的产业链，打造辐射东北乃至东北亚的产业新高地。

四、品牌发展和重点企业情况

（一）华丰家具集团有限公司

大连华丰是中国实木家具产业基地的龙头企业。主要从事家具制造、设计，开发、管理咨询、技术推广服务等。2015 年实现销售额 16.67 亿元、工业总产值 17.89 亿元、利润 7958 万元，上缴税金 4000 万元。华丰品牌家具荣获“中国驰名商标”、“辽宁省名牌产品”、“中国消费者协会推荐商品”，企业先后获得“中国企业最佳形象 AAA 级单位”、“辽宁省质量管理先进企业”。在全国家具行业中率先贯彻国际标准，通过了“ISO9001：2000 标准的质量体系认证”、“ISO14001：2004 标准的环境管理体系认证”，并且拥有完善的测量管理体系。产品历次监督抽查均合格，无消费者投诉。多年来，企业重视技术创新和新产品开发，并取得了较好的经济效益。

（二）大连华夏家具有限公司

大连华夏是从事中、高档实木家具及办公家具等生产经营业务的现代化跨国公司。2015 年实现销售额 2.34 亿元，工业总产值 2.4 亿元。华夏品牌家具先后荣获“中国驰名商标”、“辽宁省名牌产品”、“中国十省市环保家具知名品牌”。企业得获“国家林业重点龙头企业”、“中国十八省家具行业诚信企业”，通过了“ISO9001–2008 认证”。2015 年，华夏家具将总部搬迁到辽宁省大连庄河市新兴产业经济区临港产业园，占地近 20 万平方米、规划建筑面积 12 万平方米新厂区。在俄罗斯建立木材基地，供货量 10000 立方米 / 月；新开发的旅游产品加工项目——木屋生产线正式投产运营；产品转型升级项目——欧式家具生产线已投产；开发中东市场——参加阿曼、迪拜、卡塔尔家具展获得成功。

（三）沈阳宏发企业集团家具有限公司

沈阳宏发是辽宁家具行业知名企业，主导产品为民用家具和办公家具。2015 年实现销售额 5.2

亿元、工业总产值5.2亿元。宏发家具品牌先后荣获“中国驰名商标”、“中国实木家具产业基地十大品牌”、“辽宁省名牌产品”、“辽宁省办公家具十大品牌”和“质量信得过产品”。企业获得“全国轻工行业先进集体”、“重合同守信用企业”，率先通过了“国家质量和环境管理体系”及“中国环境标志产品认证”。销售网络遍布全国20几个省、市地区，部分产品远销日本、美国、韩国等国。

（四）沈阳市东兴木业有限公司

沈阳东兴是集家具生产和销售为一体的产品多元化、管理科学化、市场国际化的跨国公司。2015年实现销售收入20000万元，利润3000万元，出口创汇950元万美元。公司生产的美国欧林斯家具荣获第十五届中国广州国际家具博览会设计优秀奖、第34届国际名家具（东莞）展览会欧美古典设计金奖。面对2015年家具“冷市”挑战和考验，欧林斯家具2015全新CasaBella（卡萨贝拉）系列产品面市。推出“五大加盟新政”拓展国内外市场，实施“三大举措”服务经销商。参加东莞国际名家具展会和美国高点展会，并获得成功。实现了市场和销售的稳定增长，彰显了高端美式家具的强大品牌魅力。

（五）沈阳梦宝家私有限公司

沈阳梦宝是国内专业生产软体家具的重点骨干企业，2015年实现销售额1.35亿元、工业总产值1.58亿元。公司的主要产品“梦宝床垫”多年来一直是省、市优质品牌，国家免检产品；荣获“中国家具行业床垫知名品牌”、“亚洲品牌创新奖”、“中国十省市环保家具知名品牌”。企业获得“中国家具行业2015年度优秀企业”、“辽宁省家具行业诚信企业”。通过了“ISO9001：2000国际质量管理体系认证”。

（六）沈阳贝格尔实业有限公司

沈阳贝格尔是中国北方最大的橱柜专业生产企业之一，产品以整体橱柜为主，拥有丰富的大型工程施工经验，具备出口加工能力。2015年实现工业总产值9.8亿元。公司生产的贝格尔橱柜三次荣获“辽宁省名牌商标”和“沈阳市名牌商标”，被评为“辽宁省定制家具十佳品牌”。企业荣获“辽宁省橱柜行业十佳企业”，通过了“ISO9001：2000国际质量管理体系认证”。公司秉承科学、严谨、求实的精神制造产品，服务社会。目前，公司拥有百余家经销商，销售网络遍布东北华北等地，产品远销到海外市场。凭借自己的实力，以品牌优、质量好、造型美观、独创的微喷技术、售后服务好等特点，创造更加辉煌的业绩。

（七）抚顺万华实业有限责任公司

抚顺万华位于抚顺县救兵镇木制品产业园区核心地段，占地面积4万平方米，建筑面积23000平方米，为园区内最大的传统木制品加工企业，2015年的销售额为1.1亿元，年产值1.2亿元。公司拥有常规木制品加工项目，还有自主研发出的木材炭化生产技术及设备，具备生产过程中材料损耗低、产成品尺寸稳定性高等优点，技术水平在国内处于领先地位。企业获得国家发明专利1项，国家实用新型专利1项，辽宁省中小企业专精特新产品等多项荣誉。2015年5月30日，公司在上海股权托管交易中心举行Q板挂牌仪式。

（八）辽宁蓝亿实业有限公司

辽宁蓝亿是生产新型环保中高密度纤维板的专业企业。2015年工业总产值2.3亿元，利润2569万元。企业生产的丹宝牌高密度纤维板荣获“中国驰名品牌”。企业通过了“ISO9001–2008标准的质量体系认证”、“美国CARB认证”、“中国环境标志认证”等。生产的活性炭板材、硅藻泥板材、防火难燃板材等获得国家专利技术和辽宁省科技成果鉴定。公司计划进一步扩大经营范围，实施多元化经营，开发沿海港口贸易，引进国外原材料，以满足生产需求。通过产学研合作等方式开发出高档次的环保产品，为家居行业发展做贡献。

沈阳市

沈阳家具协会　赵娟

一、行业概况

2015年，据行业初步调查统计，沈阳家具工业总产值达160亿元人民币，与2014年相比下降1%，家具生产企业近800多家，呈现减少的趋势。全行业职工人数近16万人，家具市场的经营面积达200多万平方米，基本稳定在2014年水平。

二、品牌发展和重点企业情况

（一）各类家具制造与重点企业运行状况

根据调研数据显示，2015年，沈阳市家具制造业与2014年同期比，实木家具、软体家具均基本持平，办公家具与2014年同比下降10%左右。

实木家具　宏发家具、梓乔家具、舒丽雅家私做好产品板块调整及品牌运作，销量同2014年相比在持平的基础上略有上升。梓乔家具研发的以胡桃木为原料的实木家具产品，适合80后年轻人及中年人品味需求；舒丽雅家私新研发的以乌金木为原料的实木家具产品，是更有广泛市场销售空间的实木产品，销量上升10%。

隆兆家具是以办公家具为主的实木家具企业，在办公家具急剧滑坡的情形下，企业顺应市场需求，在东北地区率先推出了“隆之茗”茶艺家具，在设计上或为中式、或为新古典设计，古朴典雅、讲求细节，拥有视觉灵动之美；功能上，合理配备自动给水、保温及消毒装置；款式上，分有石质、实木、竹材、玻璃类，圆、方、扇形等多个类型。并在2015年9月参加了中韩家具展会，在展会上组织了东北三省60多家经销商代表签约了项目。

软体家具　2015年，沈阳梦宝家私在传统的销售模式下，运用微信网络促进业绩增长的策略，微信线上带动线下的促进销售出现可喜开端，促进了梦宝床垫健康、稳步、持续的良好发展形势。梦宝在产品研发设计上，研发设计了“欧思梦”高端私人定制品牌和“咪哟卡”专业儿童品牌。对外阜市场的专款产品推行，引进了智能健康睡眠产品，将传统产业与现代科技有机结合。

美式家具　东兴木业由美国设计师研发的欧林斯品牌，美式家具进入国内市场已经进入成熟期。欧林斯家具以原汁原味的美式设计、精制手工制作成为行业一枝独秀，将品牌服务向深度和广度延伸，给家具市场带来了经销商同心经营、消费者放心消费的市场环境，成为了家具市场的“责任品牌”。2015年欧林斯家具实现了渠道下沉、开发“蓝海”的新发展。从专卖店向独立店模式转变的跨越，进入了家居体验、高端定制新阶段。在市场低迷的大环境下，创造了“冷市热销”的奇迹，保持了20%稳健增长。

（二）流通领域的运行情况

2015年，虽然家居卖场不看好，但沈阳市中国家具城旗下五大卖场还是稳中有升。

抓好信息工作的软硬件平台建设，开创信息工作新局面。2015年以来，信息中心通过开通领秀家居市场、油源涂料市场和橱柜门业精品城三大市场的微信、微博平台等举措，建立了形式多样的市场与消费者消息交流互动平台，通过持续、多渠道扩大“中国家具城”品牌的影响力及所属各商场对目标消费群体的吸引力。切实提高了市场产品促销和品牌推广活动的丰富性、针对性和实效性。目前，以中国家具城股份公司官方微信公众平台——“沈阳家居”为基础的“中国家具城智慧商圈”正在逐步形成，正式开通10个月以来，通过定期发布行业资讯、推送市场业户促销信息和商品信息、开放信息交流和沟通互动平台等形式，成功吸引了1000多户市场业主的加入。为股份公司拓展全新的经营渠道、提升应对新商业竞争的能力奠定了基础。

2015年以来，各市场在开展品牌招商和提升市场管理水平方面做了大量扎实有意的工作。

家具城一、二期市场　持续贯彻做实“摊位管理规范化；通道畅通整洁化；广告统一亮化”的市场管理标准，对市场经常出现的摊位乱摆乱放、超高超宽、商品外延、占道、遮挡消防设施等一系列问题进行了严格的控制和治理整顿，通过集中专项整治方式，清理占用道的商品200余件，使市场经营秩序和商业环境质量得到有效提升。提升市场商业氛围、打造良好的经营环境和经营秩序。加强经营管理，规范经营措施，保障消费者权益，提升市场信誉。

领秀家居　以提升品牌结构为目标，以优化家具组合为基础，推进品牌调整和提升。通过展会建立招商渠道，保持商场品牌定位的稳定。共新引进、升级家具品牌15余家，更新调整摊位38个，涉及装修改造面积达总计6000多平方米，新增摊位面积400平方米，确保了商场健康、稳定、有序的发展。在稳步提高市场摊位总经营面积的同时，不断优化摊位性价比，不断提高市场和业户的抗风险能力，使市场业户的经营信心得到了加强，确保了商场的稳定可持续发展。

陶林居　重点关注大品牌的动向和意向商户动态，建立招商储备机制，合理行业布局调整，通过新增行业、政策扶植等措施有力地保持了市场的稳定。全年共引进陶瓷、地板、壁纸、家具品牌30多家，在保持商场品牌定位的基础上，整体摊位出租率达到96%以上。不断强化市场日常管理工作，推进各项工作的制度化和规范化。及时解决并处理业户和顾客产生的纠纷。有力地维护了市场的正常经营秩序。

（三）新技术及现代化管理模式的运用

艺新家具是集综合设计研发、生产销售为一体的办公家具专业制造企业。2013年研制出组合式多功能翻转家具，集办公休闲为一体，款式时尚、使用方便、节约空间，适用于家庭、办公室、写字间、高铁火车、游艇等环境。系列产品的研制填补了国内翻转家具的空白，获得了国家专利。经过两年市场营销推广宣传，签约了桃仙机场T3航站楼、地铁工程、辽宁工业学院等项目共360万元。

三、行业纪事

（一）推行诚信环保

历年“3.15”国际消费者权益日纪念活动，由行业协会组织，在沈阳红星美凯龙家居商场举办对消费者承诺、品牌宣传活动。共有571家品牌企

沈阳家具装饰行业3.15国际消费者权益日活动纪念大会现场

业参加评选申报，共计向市民发放调查卡35000份，评选活动在整个行业引起了很大轰动。

家具装饰行业近400家企业参加活动，辽沈地区10余家新闻媒体到会采访及现场报道。会上授予80种品牌为绿色示范品牌，32种品牌为诚信环保品牌、8家企业为诚信示范企业、18家商场为诚信示范商场，52名个人获得表彰。会上还向消费者发放2015年沈阳家具装饰行业消费警示2000多份，获表彰的单位及个人代表全行业在会上签署了消费承诺。

（二）注重产品品质

2015年，行业协会共组织有关专家20多次，深入企业开展“ISO9001质量体系认证”、“ISO14000环境体系认证”等咨询工作，并积极宣贯“中国驰名商标管理办法”，帮助企业查找存在的问题，针对问题予以解决。现有规模企业30多家获得了ISO9001质量体系认证、ISO14000环境体系认证。帮助有一定规模企业通过“十环”认证。宏发家具企业集团、舒丽雅家俬已获得认证。全年共咨询指导企业26家，帮助企业节约资金据估算达156万元，这些资金大部分用于企业的节能减排、新产品研发和设备改造等方面。帮助办公家具企业积极参与政府采购、开发区及地铁等项目采购，每一年按政府采购的计划实施。

（三）搭建展会平台

为进一步加速实施振兴东北老工业基地战略，提升中韩两国在家居装饰产业、建筑材料、节能环保、高新技术领域的行业竞争力，推动两国高新技术方面的可持续和谐发展，2015年9月11~14日，在辽宁工业展览馆举办了“2015中韩家具•家居装饰建筑材料品牌展览会”。展示面积为1.5万平方米，分为两大展区，即中国展区和韩国展区。中国展区包括东三省内参展企业，韩国展区韩资企业。参展领域包括家居装饰产业、建筑材料、节能环保、高新技术、厨房卫浴等。参观人数预计可达15万人次。

会展经济能够带动第三产业的综合发展。具体来看，会展业不仅能带来场租费、搭建费等直接收入，而且还能拉动或间接带动数十个行业的发展，并能促进各大产业的发展，对一个城市或地区经济发展和社会进步产生重大影响和催化作用。

四、发展措施

2016年，是实施“十三五”规划的开局之年，也是沈阳推动全面创新改革，全面振兴东北地区老工业基地、加快实现新一轮全面振兴发展的关键一年。

加大宣传引导力度　加强与媒体合作，发挥自办媒体和新兴媒体作用，为企业能够享受到政策支持；挖掘、树立、宣传创新品牌的典型企业。利用“北方家居门户网”展示企业风采、服务于会员企业。

扎实开展教育培训　坚持引导教育与自我教育相结合，加强培训工作领导，加大会员培训投入。探索企业家自我教育新形势，通过开展“企业家进校园”等活动，引导企业家自觉践行社会主义核心价值观。

加强企业文化建设　引导企业，构建先进企业体系作为重要工作积极推进。引导企业建立推进文化建设的长效机制，高度重视企业文化建设对构建和谐劳动关系的促进作用，打造企业与职工的利益共同体、命运共同体和事业共同体，积极促进构建和谐劳动关系。

深入开展融资服务　继续搭建银企对接平台，推动研发适合中小微企业特点的金融产品，扩大融资服务工作的覆盖面。引导企业守法诚信经营，增强风险防控能力。

继续做好人才服务　加强人才信息服务，与就业局等部门的合作力度，组织召开高质量的专场招聘活动，继续与辽宁林业职院合作，为家具生产企业提供专业的技术人才。建立校企互动平台，有力推动创业、创新。

搭建联络交流平台　继续扩大对外联络半径，借助国外、海外驻沈机构延伸对外联络工作触角。组织企业参加国内外经贸交流，组织联谊交流活动。引导企业参与“一带一路”战略实施，积极拓展对外投资项目渠道。

黑龙江省

黑龙江省家具协会　赵国奇

一、行业概况

2015年，在全球经济发展放缓、国际及国内需求不足、经济景气指数下行压力加大的背景下，黑龙江省家具行业力克市场竞争加剧、资金短缺、配套材料涨价等诸多不利因素，确保了家具生产经营的平稳运行。

据黑龙江省统计局统计，2015年，全省66家规模以上家具生产企业家具产量228.19万件，同比下降12.3%。其中，木家具175.24万件，同比下降14.9%；金属家具28.4万件，同比下降7.6%；软体家具5.78万件，同比下降11.8%。规模以上企业主营业收入6.7亿元，同比增长6.3%。

据哈尔滨海关统计，2015年，全省家具出口2.2亿美元，同比下降62.2%，下降幅度之大、减少金额之多为近年少有。

2015年全国规模以上家具企业家具产量为76961.32万件，同比增长1.62%。黑龙江省家具增长速度低于全国13.9个百分点，全年家具总量仅为辽宁省的1/10。十二五期间，全省家具产量从2011年的307.1万件递减到2015年的228.19万件，下降幅度之大、递减产量之多实属罕见。

二、品牌发展及重点企业情况

（一）勇于创新、迎难而上

2015年，黑龙江省家具行业整体运行中潜伏着危机，成效伴随着风险，面对行业生产经营下行压力加大，消费需求不足等诸多制约因素的影响，多数生产企业把转型的重点均放在了企业产品开发、营销模式的创新上，多走出去考察市场产品变化情况，加大产品结构调整的力度，转换营销方式使其更贴近市场。在注重自行研发新产品的同时还要投入资金购买专业公司开发的新产品，以多品种、多档次的产品来满足市场不断变化的需求。光明集团在市场萧条的大背景下，经营业绩实现逆市高速增长，集团主营业务收入同比增长30%，利润增长34%，力争用三年时间再造一个新光明。

2011～2015年黑龙江省家具行业发展情况汇总表

主要指标	2015年	2014年	2013年	2012年	2011年
企业数量	790	980	1080	1110	1170
工业总产值（万元）	896000	1014000	878200	794300	620100
规模以上企业数量	66	65	61	51	47
规模以上企业工业总产值（万元）	690000	780200	675620.7	611046.4	477254
出口值（万美元）	22000	58100	20504	20604	13029
内销（万元）	625000	670000	753000	669000	537000
家具产量（万件）	228.2	249.6	307.8	279.5	307.1

数据来源：黑龙江省家具协会

光明集团举办成立三十周年庆祝大会

华鹤集团投资达 5.5 亿元人民币、占地面积 15 万平方米的梦工厂建成，争做不断发展创新的百年家居企业。

（二）个性定制、柔性生产

有着庞大的市场规模的定制家具在经历过初期发展后已初显定局，由于定制家具零库存、周转快、盈利水平高等优势，越来越被众多的成品家具生产企业所关注，有的企业正在逐渐试水定制家具。一时间，定制家具在黑龙江全省应运而生，发展势头良好。尤其是一些中小型家具生产企业率先实施，哈尔滨市华信家具、金源豪迈家具、大庆时代华信家具等均收到较好的成效。当下，有的企业全部转入定制经营，有的部分转入定制经营，还有的与装饰公司联合，共同开展个性化定制、柔性化生产家具，受到市场消费者的青睐。然而，定制家具也存在或多或少的问题，主要在于未成熟厂商缺乏在定制家具方面的实战经验，致使定制家具质量参差不齐与用户要求产生差距。

三、发展现状

（一）互联网销售模式步伐加快

逐步转入网络销售，是黑龙江省家具企业正在运作的可行有效方式。除大型家具企业早期应用网络销售家具之外，一般中小型家具企业依旧沿用老的家具卖场为主营销售家具渠道。这主要原因还是传统企业负责人对网络知之较少，不能灵活运用新技术、新手段，与既有优势形成合力，创造营销新优势。尤其 2015 年互联网对传统渠道市场份额的冲击不断加大，利用网络营销购置家具的消费者越来越多，传统营销家具企业已改常规的销售模式，开始参与“网络销售＋服务跟踪”销售模式的传统家具企业越来越多。家具行业向服务化转型，其最重要的标志之一就是传统销售渠道的服务化转型。当下，对于一个家具导购人员的要求是，不仅仅要懂得家具知识，还要了解装修知识。消费者不仅仅需要家具本身的相关参数，还需要一个设计师来为他讲解家具风格、家具放置空间，让家具成为居室中最重要的一部分。为了适应这股新的消费潮流，不少家具企业做出了努力，让自己的销售人员担当更多的个性化服务重任，获得了有效的回报。

（二）家具行业调整步伐加快

随着市场的规范和家具行业竞争的加剧，生产型企业的调整重组速度正在加快。一是生产型企业的优胜劣汰，很多小工厂无法独立生存，转向成为代工厂或是关门、停业。二是卖场调整加快以适应市场需求。很多小卖场，因卖场位置不合理，经营不景气而关门。三是销售商转型加快。盲目冲动开店现象逐渐减少，小型销售商自动淘汰出局，以往盲目建厂、盲目开店畸形发展的少了。

（三）家具卖场竞争更趋激烈

受到房地产市场营销不景气因素的影响，家具市场的竞争更趋激烈，营销难度也更加大。市场疲软并没有影响早已饱和的家具卖场，反而越建越多，给举步维艰的家具经销商雪上加霜。2015 年，在哈尔滨市群利新区和松北新区正在建设的十多家家居卖场，无疑给家具经销商们雪上加霜，有限的家具消费资源被无序扩张的市场所分割。

（四）家居展会规范迫在眉睫

一年举办十多届的家居展会，为零散消费者购置家居商品提供了便捷条件。然而展会与卖场定位不同，展会是为采用新材料、新工艺，在结构功能上有所创新而研发的新产品而举办的，服务对象是各地经销商。而卖场的商品是为广大消费者所提供，进入展厅的参观者们是为购置家具而来。家居展会难以吸引家具经销商们前来看展洽谈贸易，其主要原因是展会的定位不够准确。实践证明，决不能急功近利，把展会办成大卖场式的罗马大市场。

哈尔滨市

哈尔滨市家具行业协会　张萍

一、行业概况

纵览5年来哈尔滨家具发展形势：根据2011~2015年哈尔滨市家具行业发展数据显示，哈尔滨市家具行业受市场变化、产品结构调整的影响，仅在2013年，制造业有所抬头，随后大幅下挫，迎来了家具行业的严冬。但庆幸的是，哈尔滨市的家具消费品零售总额保持逐年增长态势，2012年，哈尔滨市家具消费品零售总额10.1亿元，同比增长12.3%；2013年，零售总额13.3亿元，同比增长31.7%；2014年，零售总额15.7亿元，同比增长18.0%，2015年家具零售总额16.8亿元，同比增长7.0%。在生产量逐年下降的形势下，零售总额却保持增长，反映出哈尔滨市家具行业在市场变化中注重产品质量和产品附加值的提升，但也反映出制造业在逐步萎缩，销售市场在快速发展的现状。

家具产业上游状况：根据中国经济网对楼市分析的数据显示，在全国32个主要城市性价比排名中，哈尔滨列第十位。哈尔滨新房均价7318元/平方米，而2015年秋季平均每个市民薪酬为4828元，房价与薪酬的比值为1.52，买房难度系数为0.34，这表明哈尔滨市消费者的购房能力在全国主流城市属于“易消费”水平。

在全国10个最该谨慎买房的城市中，哈尔滨列第四位。2008年，哈尔滨小学生人数为48.1万人，2014年下降为41.4万人，6年下降了14%，远远超过全国平均水平，属人口明显流失地区。刚需的流失，导致了下游家具业的蛋糕缩水。

二、行业纪事

2015年，哈尔滨市办公家具企业开展了“企业综合实力信用等级”评定工作，各企业对省、市诚信示范企业，中国环境产品（十环）认证，驰名商标，省、市名牌等品牌建设工作更为重视。截止2015年底，哈尔滨市拥有中国驰名商标、中国名牌各1个，黑龙江省名牌12个，哈尔滨市名牌15个，获“黑龙江省诚信示范企业”称号的企业3家。

哈尔滨市家具行业协会连续25届参与组织了“哈尔滨经济贸易洽谈会”和两届“中国－俄罗斯博览会”的家具、家居专业展区的招商、招展的组织和落实工作。2004~2015年哈尔滨协会成功地组织了12届（哈尔滨）国际家具暨木工机械展览会，由哈尔滨市人民政府主办、中国家具协会作

2011 ～ 2015年哈尔滨市家具行业发展情况汇总表

主要指标	2015年	2014年	2013年	2012年	2011年
企业数量	902	938	950	959	968
规模以上企业数量	213	205	189	160	128
主营业务收入（万元）	168000	157000	133000	101000	91000
家具产量（万件）	46.9	33.7	59.9	54.9	79.9

数据来源：哈尔滨市家具行业协会

为特别支持单位、哈尔滨市家具行业协会协办的第 12 届哈尔滨国际家具暨木工机械展览会，共有 420 多家来自全国各地的家具厂商参展，同比增长 20%。主、分会场总面积 11 万平方米，同比增长 22%。展会三天现场成交额 1.05 亿元，比上届增长 11%；订货额 7.7 亿元，比上届增长 15%。

2015 年，哈尔滨市家具行业协会全面启动服务平台建设，满足家具制造企业在互联网、物流、研发、培训、融资等方面的需求，促进行业发展。其中设计平台为企业提供品牌包装、软装设计和视觉设计等项目，提升企业对空间的重点把握，增加家具产品的附加值收益。

三、特色产业发展情况

近十年来，哈尔滨软体家具都保持了两位数的增长速度，软体家具产业发展速度较快的主要因素，体现在制造企业对产品研发、材料应用、技术创新和渠道拓展几方面的提升。2015 年是哈尔滨软体家具（沙发、床垫）处于历年来发展的最好时期。新常态形势下，全市家具企业正面临着增长速度的换挡期、结构调整的阵痛期和高速发展的消化期，家具制造企业生产萎缩订单枯竭，生产淡季再次提前。面对竞争激烈的市场环境，哈尔滨市的软体家具异军突起，皮布结合的创新理念，把握了时代流行趋势的混搭，将个性与产品价值发挥极致，得到河北、内蒙古、辽宁、吉林、黑龙江等北方诸多城市经销商的喜爱。

四、品牌发展及重点企业情况

（一）哈尔滨市宏益实业集团有限公司

2016 年初，哈尔滨宏益床垫赴美国拉斯维加斯参展，将黑龙江软垫品牌打向国际，床垫的绿色、环保、智能得到了国际经销商的认可。2015 年，宏益床垫获得海绵塑形装置、透气层海绵切割装置、覆带式泡沫切割机、圆轨式泡沫切割机、缝纫机走线固定装置等国家十项专利授权。

（二）哈尔滨七品家具公司

哈尔滨七品家具整合多个行业的高端技术，精心打造的“三维模压”系列产品问世以来，以其“板式工艺、实木感受、科技创新、绿色环保”的产品特色荣获多功能茶几桌、多功能旋转组合厅柜、新型抽拉式鞋柜、新型多用梳妆组合柜、新型可双面利用的家具柜门、新型可双面应用的抽屉面、移动式双层鞋柜七项国家专利。荣获“哈尔滨名牌产品”、“黑龙江省名牌产品”、“质量万里行诚信品牌”、“国家三 A 信誉企业”、“国家权威检测达标产品”、“中国著名品牌”、“中国家具行业畅销品牌”、“第八届北方国际家具展板式家具金奖”、“第九届北方国际家具展客厅家具金奖”等荣誉称号，深受消费者喜爱。

（三）哈尔滨宏象源科技有限公司

在科技方面，宏象源科技有限公司研发的加热功能型床垫、玉石火炕床垫与宏象源科技 LED 智能显示器结合，透过 LED 屏显示的大数据分析，可以更人性化的为顾客选择最符合需求的床垫款式，科技与家具的应用得到了经销商和消费者的喜爱。

五、行业展望

2016 年，哈尔滨市家具行业协会将致力于为企业搭建更加高效的服务平台，整合行业上下游资源，做好互联网平台、设计研发平台、物流便捷平台、金融服务平台、人才疏导平台等多方面建设。大数据分析哈尔滨市场环境和应对策略，积极倡导企业向科技创新、绿色智能的设计引领、共享资源的方向发展，面向全国，走向国际。

江苏省

江苏省家具行业协会　达式孝

一、行业概况

2015年，江苏省有家具企业6500余家，规模以上企业有600多家；从业人员达60多万人；全省家具商场达1万平方米以上的有293家，总面积达1310万平方米。

一年来，江苏省完成家具工业总产值1318.99亿元人民币，同比上升3.45%；家具产品产量14985.4万件，同比增2.34%；家具进口总额1.65亿美元，同比下降17%；家具出口总额36.32亿美元，同比增长3.46%。

二、品牌发展和重点企业情况

（一）品牌发展和重点企业运行情况

2015年以来，部分规模以上的企业，特别是行业内重点骨干企业，由于注重产品结构调整，加快转型升级，发展的实力都在不断地提升。虽然受到大环境的影响，但随着人民经济收入和生活水平不断提高以及室内装饰业的迅速发展，中高档产品的需求量仍呈上升势头。新中式家具、古典家具、欧风家具、美式家具等需求量大幅上升，定制家具、固装家具、智能家具等需求量皆出现不同程度上扬，有的企业反映产品供不应求。调研显示，原来单一生产松木家具的企业部分已研发了新产品。原来生产钢木家具的部分小型企业也已基本转型，实力比较雄厚的企业做到量力而行。软体家具、卧房家具、办公和教学科研家具、红木家具、厨房家具、门业家具等类型企业，有的企业购置土地兴建厂房和展示大厅，有的则搬迁新厂，增办分厂，扩大生产规模，产品产量也有了一定的突破。

2015年新建并开业的家具商场共5家，面积约达20万平方米。

（二）重点优秀制造企业

斯可馨　江苏省内最大的软体家具制造企业。在东部家具基地兴建的6万多平方米厂房已投入运行，1万多平方米在建项目正抓紧进行。实木家具已迁至新厂收效甚佳；沙发、床垫、软床同比均上升20%左右；公司拥有2000多家经销商和专卖店；新品研发储备了红木茶饰。

亚振　中国海派艺术家具的前驱者。全国工业品牌培育示范企业，2015年意大利米兰世博会

2011～2015年江苏省家具行业发展情况汇总表

主要指标	2015年	2014年	2013年	2012年	2011年
企业数量	6500	7000	8000	8000	8000
规模以上企业数量	600	600	600	600	600
工业总产值（亿元）	1318.99	1275	1229.51	1131.10	1043.44
出口值（亿美元）	36.32	98.1	37.3	43.5	26.4
家具产量（万件）	14985.4	14642.76	14330.36	13159.19	12083.74

数据来源：家具出口数据由江苏省商务厅提供，其他数据来自江苏省家具行业协会

中国馆全球合作伙伴。拥有两个制造基地、五大直营公司、29 家品牌旗舰店和近 200 家品牌形象店。上海非遗中心授予亚振“非物质文化遗产”铭牌。拥有“AZ、乔治亚、利维亚”三大系列各式民用海派艺术风格家具。

恒康　国内最大的记忆绵枕头、床垫、沙发、休闲旅游用品的专业生产商之一。在美国、西班牙、塞尔维亚、香港等地区设立控股子（孙）公司 8 家。全年销售记忆绵床垫 150 万条，记忆绵枕及其他各类产品 1000 万件。公司品牌“Mlily 梦百合”产品行销至全球 73 个国家及地区，用户超过 7000 万。与欧美当地 2000 家销售门店展开深度合作方式，有望将“Mlily 梦百合”打造成美国床垫 TOP10 品牌。

金螳螂　国内最大的家居装饰企业之一。金螳螂率先投入改进现有的生产设施和环境保护设施。引进进口加工设备总值达 8000 多万元。环保设施投入总预算 1080 万元。目前环保设施投入已达 900 多万元，旋流除尘式低温等离子废气处理装置已投入运行。金螳螂还投入 60 多万元完善 MES 信息化系统。

2015 苏作红木博览会论坛

三、特色产业发展情况

（一）中国东部家具产业基地——海安

海安是集原料采购、家具研发、制造、销售、物流为一体的综合型产业基地。2015 年升级为江苏省重点项目，江苏省服务业“十百千”工程，被中国家协多次授予“中国优秀家具产业集群”称号。已有 300 多家知名生产型企业签约入驻，100 多家企业开工或投产。滨海产业园已有 58 个项目签约入驻，38 个项目开工建设，部分即将投产；提供商住配套的邻里中心一期已投入使用；为助力中小家具企业发展而建设的家具标准厂房一期 5 万平方米将于 2016 年初竣工。曲塘工业园已有 20 多家企业开工建设，部分已竣工投产。规划建筑面积 30 万平方米的东部全球家具博览中心于 2015 年 10 月 1 日盛大开业，一周吸引了近 5 万名消费者，创下销售额近 6000 万的成绩；2 号馆于 2015 年底开工建设；3 号馆于 2016 年上半年开工建设；意大利品牌馆与红木艺术馆已于 2015 年底竣工；

第七届苏州家具展览会开幕

东部家具原辅材料市场一期 6 万平方米土建工程已经竣工，2016 年初试营业；10 公顷的物流中心已建成并开通了苏州、上海等数百条专线（产业发展具体情况请翻阅本书“产业集群”篇）。

（二）中国东部商贸之都——蠡口

蠡口是华东地区乃至全国的家具购物集散地。蠡口荣获市级“特色商业街”、“特色产业基地”、“服务业集聚区”、“中国家具先进产业集群”等荣誉称号。2015 年，市场年销售额保持在 150 亿左右，经营户达 4000 多家，从业人员近 50000 人。近期在积极筹划物流配载基地和加速家具市场的提升改造，蠡口家具市场 B 栋作为先期试点将原地重建（产业发展具体情况请翻阅本书“产业集群”篇）。

四、行业纪事

（一）组织培训鉴定，造就行业领军人才

积极与高等院校合作，为企业培养人才，解决企业人才短缺和招工难的问题。2015 年初，江苏农林职业技术学院家具设计专业毕业的学员，江苏省家具行业协会同劳动人事部门对他们进行了考评鉴定，39 名成绩合格的分别颁发了设计师证书，毕业后向企业输送。

2015 年 10 月中旬，江苏省家具行业协会在无锡举办“2015 江苏省家具行业协会红木家具从业人员职称评聘工作培训班”，近 60 人参加培训。邀请江苏省经信委领导解读现今江苏省企业从业人员职称评聘工作的相关政策，邀请江苏省工艺美术协会领导介绍了职称申报工作流程和注意事项，为企业家指导努力的途径。

红木家具从业人员职称评定培训

（二）普及消费知识，引导健康消费

2014 年底，江苏省消费者协会家居木业消费争议专家委员会成立，2015 年 3 月 15 日，江苏省消费者协会携手江苏省家具行业协会在南京宣传贯彻《消费者权益保护法》，协会工作人员会同南京月星和南京红星家具城及南京宝鼎红木家具企业在现场热情回答前来咨询投诉的消费者。

3.15 家具行业协会现场维权

2015 年 6 月，江苏省家具行业协会与苏州市经信委和苏州市家具协会共同举办了第五届“姑苏杯”红木家具作品展，展会评选出本届“姑苏杯”金、银、铜奖和最佳创意奖、最佳工艺奖及优秀奖，更好地推动苏作红木家具的传承、创新与发展。

2015 年 10 月中旬，江苏省家具行业协会与江苏省工艺美术协会合作，在“2015 江苏省工艺美术精品博览会”上为江苏省红木企业争取了 24 个展位，参展的名佳、金蝙蝠、东方、虞林世家、元鸿、海龙等 6 家企业展品均获得一个金奖。

（三）家具电商悄然兴起，转型升级势在必行

2015 年 3 月，江苏省家具行业协会电商分会在苏州蠡口成立。

2015 年 4 月下旬，中国家具协会、江苏省家具行业协会、南京林业大学家具与室内设计学院、邢台蓝鸟家具厂等单位领导赴江苏省省睢宁考察，

就沙集镇申报“中国家具网销第一镇”有关事宜参加考评。

（四）塑造江苏家具品牌新形象，构建江苏家具品牌新格局

江苏家具品牌联盟经过一年发展，目前拥有25家企业。坚持“引进来，走出去”的方针，组团参加全国主流卖场的招商会，签订战略合作协议，策划、组织联盟发展论坛，举办设计师峰会等。同时邀请主流卖场参观联盟企业展厅与工厂。

五、存在问题

2015年，经济下行的压力依然很大，经济增速换挡的过程还没有结束。电子商务和新商业模式逐步涌现，对家具商场和经销商有一定地冲击。楼市温差较大且起伏不定，家具行业呈现出前所未有的低迷状态。家具市场销售不旺，消费预期偏低。商场多种形式的促销活动和管理费用的增加等造成销售成本增加，少数卖场出现了部分清场现象，多数家具卖场的营业收入不足全年业绩指标的4/5。家具制造企业订单不足，利润空间继续缩小。原辅材料价格浮动和物流成本加大，加上人员工资调整和管理费用上升等因素的影响，部分制造企业各类家具不同程度地出现了产量和销量双下滑的现象，企业产能过剩矛盾逐步凸显。

六、发展趋势

2016年，是实施“十三五”规划的第一年，供给侧结构性改革离不开适当的总需求的管理，加速经济结构转型，激发消费倾向，强调有针对性精准发力。

一是商品同质化销售和智能家居的发展对商场影响逐步扩大。个性化、多样化消费渐成主流。居室固装和新房统一精装已成趋势。

二是家具制造企业已逐步转向质量型、差异化的竞争。经济增长将更多地依靠人力资本质量和技术进步。新材料、新产品、新技术、新工艺，规模化、智能化，提高资源配置效率是家具发展的内生性要求。

三是网络销售时机日渐成熟，探索家具网销策略具有重要的现实意义。企业要在分析家具产品特点的基础上准确定位实体店销售和网络分销的策略。

浙江省

浙江省家具行业协会　蒋鸿源

一、行业概况

2015 年，浙江省家具行业顺应新常态，保持平稳发展，主要经济指标均保持小幅增长。据浙江省经信委及省统计局对全省规模以上企业统计，2015 年 1~12 月全省家具行业经济运行情况如下：

（一）家具产量趋稳、工业销售产值增长

全省 523 家规模以上家具企业实现工业总产值 874.78 亿元，同比增长 4.67%；工业销售产值 838.77 亿元，同比增长 4.68%；家具产量 2.11 亿件，同比下降 0.61%。其中，木质家具 3388.84 万件，同比增长 2.47%；金属家具 1.34 亿件，同比下降 2.96%；软体家具 1922.81 万件，同比增长 3.23%；

（二）出口交货值略有增长

全省规模以上家具企业实现出口交货值 441.15 亿元人民币，折合 67.89 亿美元，同比增长 1.67%。出口占销售产值的比重为 52.59%。

（三）新产品开发情况乐观

全省规模以上家具企业实现新产品销售 310.62 亿元，同比增长 20.09%，新产品占工业销售产值的 37.03%，开发情况乐观，新产品销售率为 95.88%，同比增长 0.01%。

（四）利润、利润双增长

全省 739 家规模以上家具企业实现主营业务收入 811.05 亿元，同比增长 4.48%。主营业务成本 666.68 亿元，同比增长 3.79%；利税 83.79 亿元人民币，同比增长 24.68%。其中，实现利润 54.58 亿元，同比增长 38.49%；税金 29.21 亿元，同比增长 5.09%。亏损企业 124 家，同比增加 18.10%，亏损企业亏损 5.14 亿元，同比增长 11.33%。

（五）各项费用情况

全省 739 家规模以上家具企业，科技活动经费支出总额为 9.33 亿元，同比增长 19.00%；购置技术成果费用 4358.7 万元，同比下降 44.59%。

2011 ～ 2015 年浙江省家具行业发展情况汇总表

主要指标	2015 年	2014 年	2013 年	2012 年	2011 年
企业数量	4500	4500	3100	3000	3000
规模以上企业数量	739	679	639	597	538
工业总产值（亿元）	1800	1600	1493	1350	1210
规模以上企业主营业务收入（亿元）	811.05	824.31	729.26	630.66	572.33
出口值（亿美元）	104.41	100.13	91.17	84.26	79.90
内销（亿元）	1142.20	1036.60	919.54	819.16	681.06
规模以上企业家具产量（亿件）	2.11	2.12	1.88	1.81	1.80

数据来源：中国轻工业信息中心、浙江省家具行业协会

销售费用37.34亿元，同比增长2.21%；管理费用47.51亿元，同比增长6.18%；财务费用11.50亿元，同比下降26.70%。全部从业人员平均数16.61万人，同比下降4.57%；应付职工薪酬77.91亿元，同比增长9.75%。

（六）数据分析

据浙江省家具行业协会测算，全省规模以上家具企业净利润率为6.72%；资产负债率为62.46%，流动资产周转率为1.56次，亏损企业占比16.78%，人均创利32860.6元/人•年，全员劳动生产率为48.83万元/人•年，每度电创造产值106.40元，从业人员平均劳动报酬为3908.74元/人•月，工资占成本11.69%。

另据浙江省家具行业协会统计，全行业4500家企业全年完成工业总产值1800亿元；家具出口104.41亿美元，同比增长4.28%，实现利税约100亿元人民币。

二、行业纪事

在2015年举办的浦东、虹桥、广州、东莞、苏州等各大主要家具展览会上，顾家、城市之窗、圣奥、喜临门、莫霞、德昌五金等数十家浙江家具企业凭借精美的设计和稳定的质量荣获多项设计大奖。在国际知名设计竞赛中，恒丰家具打造的“FLY椅”以出众的设计荣获德国红点设计大奖。

经浙江省经信委评审认定，7家家具企业成功申报成为省级制造企业设计中心，分别为顾家家居股份有限公司顾家家居工业设计中心、浙江大丰实业股份有限公司浙江大丰演艺装备工业设计中心、浙江利豪家具有限公司利豪家具设计中心、大康控股集团有限公司大康健康家具企业设计中心、浙江和也健康科技有限公司和也功能寝具与生态家纺工

浙江家具企业在各大家具展获奖情况汇总表

第33届国际名家具（东莞）展览会获奖名单		
类别	奖项	获奖企业
客厅系列	金奖	浙江莫霞实业有限公司
	银奖	东阳市明堂红木家俱有限公司
	铜奖	东莞市城市之窗家具有限公司
	优秀奖	浙江利豪家具有限公司
卧室系列	金奖	杭州玛润奇家俱制造有限公司
	银奖	东莞市城市之窗家具有限公司
	优秀奖	喜临门家具股份有限公司
欧式古典系列	铜奖	浙江莫霞实业有限公司
	优秀奖	宁波富邦家具有限公司
中式古典系列	银奖	浙江卓木王红木家俱有限公司
	银奖	浙江中信红木家具有限公司
	优秀奖	浙江名流家具有限公司
青少年系列	铜奖	浙江哈喜创意家居有限公司
展位设计	铜奖	浙江富得宝家具有限公司
	优秀奖	浙江哈喜创意家居有限公司
	优秀奖	浙江样样红家具有限公司

（续表）

第 34 届国际名家具（东莞）展览会获奖名单		
类别	奖项	获奖企业
最具创意设计大奖	金奖	顾家家居股份有限公司
现代家具	铜奖	东莞市城市之窗家具有限公司
	优秀奖	浙江中信红木家具有限公司
欧式古典系列	优秀奖	东莞市城市之窗家具有限公司
中式古典系列	铜奖	浙江卓木王红木家俱有限公司
展位设计	金奖	顾家家居股份有限公司
	优秀奖	东莞市城市之窗家具有限公司
第二十一届中国国际家具展览会创新奖获奖名单		
类别	奖项	获奖企业
客厅家具	金奖	顾家家居股份有限公司
	铜奖	杭州玛润奇家俱制造有限公司
卧室家具	金奖	东莞市城市之窗家具有限公司
户外家具	金奖	嘉兴铭度户外用品有限公司
办公家具	银奖	安吉卡贝隆家具有限公司
	铜奖	杭州恒丰家具有限公司
展位设计	银奖	东莞市城市之窗家具有限公司

第二十一届中国国际家具展览会金点奖获奖名单	
类别	获奖企业
金点奖	杭州素壳家居有限公司
金点传承奖	浙江大清翰林古典艺术家具有限公司

第 35 届中国（广州）国际家具博览会一期获奖名单		
类别	奖项	获奖企业
外观单件	银奖	浙江顶丰家具有限公司
	优秀奖	星威国际家居有限公司
	优秀奖	浙江森川家具有限公司
	优秀奖	宁波鑫晟工贸实业有限公司
外观组合	银奖	宁波竞卓家居用品有限公司
	铜奖	顾家家居股份有限公司
	铜奖	台州三和家具有限公司
制造工艺	银奖	浙江好人家家具有限公司
	优秀	浙江天源家具有限公司
材料应用	银奖	嘉兴铭度户外用品有限公司

（续表）

类别	奖项	获奖企业
外观单件	铜奖	浙江森川家具有限公司
外观组合	优秀	浙江冠臣家具制造有限公司
制造工艺	优秀	杭州恒丰家具有限公司
功能创新	金奖	杭州德昌五金家具有限公司
	铜奖	浙江永艺家具股份有限公司
	优秀	浙江圣奥家具制造有限公司

业设计中心、嘉瑞福（浙江）家具有限公司嘉瑞福高端功能座具设计中心、安吉富和家具有限公司富和家具设计研发中心。4 家家具企业经浙江省科技厅评估，入选 2014 年度浙江省创新型示范 / 试点企业名单，其中永艺家具股份有限公司入选“创新型示范企业”；喜临门家具股份有限公司、浙江帝龙新材料股份有限公司、浙江泰普森休闲用品有限公司入选“创新型试点企业”。

2015 年，浙江省家具行业以两化融合为切入点，深入推进结构调整和转型升级。顾家家居股份有限公司推出 3D 打印沙发和床，其骨架使用 ABS 材料制作，已具备了批量生产的能力；浙江恒林椅业股份有限公司研发了一对一量身定制的 3D 打印椅；永艺家具股份有限公司借助 3D 打印技术，开发了 TICEN 系列网椅采用的立体托盘。圣奥集团开始使用 7PLUS 水性涂饰技术，降低 VOC 的排放，并紧跟“互联网 +”、“智能化”等科技潮流，相继推出了无线充电家具、电磁感应开合抽屉等系列智能家具。

三、特色产业发展情况

至 2015 年年底，浙江省共拥有 6 个家具产业集群，他们分别是：“中国椅业之乡”（安吉县）、“中国欧式古典家具生产基地”（玉环县）、“中国出口沙发产业基地”（海宁市）、中国办公家具产业基地（杭州市）、中国红木（雕刻）家具之都（东阳市）和中国浴柜之乡（萧山瓜沥镇）。

（一）中国椅业之乡——安吉县

安吉县是全球最大的椅子生产基地，在中国每出口两把椅子中，其中就有一把产自安吉。至 2015 年底，全县共有椅业类企业 700 家，其中规模以上企业 146 家，比 2014 年增加 9 家，占全县规模以上企业的 37.4%；亿元以上企业达到 39 家，40 家企业位列安吉工业经济 100 强。排名前六位企业的销售收入均突破 4 亿元，占规模以上椅业企业的 26.5%。规模以上企业完成工业总产值 174.2 亿元，同比增长 3.5%；累计出口 187803 万美元，同比增长 1.5%，占全县出口总额 73.3%；全县出口 1000 万美元以上规模家具企业共有 40 家。恒林椅业（含恒友、唯亚）出口 20116 万美元，同比增长 4.1%；中源工艺品出口 6744 万美元，同比增长 38.1%（产业发展具体情况请翻阅本书“产业集群”篇）。

（二）中国欧式古典家具生产基地——玉环县

玉环县从 20 世纪 90 年代开始进入机械化生产，短时间内就形成了自己独特的风格，尤以将地方传统雕刻艺术和欧式风格相融合著称。2015 年，全县家具行业总产值 38.765 亿元，同比下降 21.81%。据海关统计，全县出口 1.297 亿美元，同比下降 36.21%；内销比 2014 年同期下降 16.39%。

（三）中国出口沙发产业基地——海宁市

海宁市是以沙发为主，以办公家具、酒店家具等产品为辅，配套完善，种类齐全的沙发产业特色产区。全市共有生产企业 170 家，从业人员 4 万余人。据海宁市统计局对 35 家行业内规模以上企业的统计资料汇总，全市累计实现工业产值 51.14 亿元，同比增长 9.3%。全年家具行业累计实现工业总产值约 96 亿元，增长 10%。据海关统计数据，海宁市家具及制品累计出口 7.1 亿美元，同比增长 6.5%，高于全市 1.4% 的增长水平。

（四）中国办公家具产业基地——杭州市

杭州市经过数十年的发展，已初步形成以办公家具制造为主，家具原辅材料、五金和木工机械等各类产品相配套的产业体系。1~11 月，全市 94 家规模以上家具企业完成工业总产值 139.32 亿元，同比增长 4.99%；家具产量 3157.68 万件，同比下降 4.9%；工业利润总额 17.28 亿元，同比增长 17.28%；工业利税总额 23.54 亿元，同比增长 50.89%；出口交货值 8.41 亿美元，同比增长 1.2%。1~11 月杭州市（含省级公司）出口家具及其零部件 15.12 亿美元，同比增长 3.5%。全市 900 多家家具企业全年完成工业总产值近 250 亿元（产业发展具体情况请翻阅本书“产业集群”篇）。

（五）中国红木（雕刻）家具之都——东阳市

中国红木（雕刻）家具之都——东阳市，以木雕与红木家具相互融合为特点。截止 2015 年底，东阳市共有大大小小家具生产企业 2756 家，规模以上家具企业数量 123 家，实现工业总产值 153 亿元。目前，东阳红木家具产业链基本形成，成为全国红木家具生产销售的重要基地（产业发展具体情况请翻阅本书“产业集群”篇）。

四、品牌发展及重点企业情况

（一）品牌发展情况

2015 年，全省共有“LEOVOL”、“昌丽”、“大清翰林”、“诺贝”等 9 个品牌（产品）被新认定为浙江名牌；“帝龙”、“方太”、“大丰”、“蒙努”、“恒林”等 11 个品牌（产品）通过复评；“大丰”、“喜临门”、“和也”、“欧宜风”等 10 件商标被新认定为浙江省著名商标；“舒福德”被新认定为浙江省知名商号；“永艺”通过复评。

（二）重点企业基本情况

1. 中国办公家具龙头企业——圣奥集团

2015 年，圣奥集团完成家具销售 14.51 亿元，

2015 年度浙江家具行业名牌名单

新增工业产品			
序号	类别	企业名称	商标
1	沙发	安吉中源工艺品有限公司	LEOVOL
2	木家具	浙江昌丽家居有限公司	昌丽
3	木质家具	浙江省诸暨市斯宅家具制造有限公司	斯宅
4	家用燃气灶具	浙江亿田电器有限公司	亿田
5	木雕红家具	东阳市国祥红木家具有限公司	国祥
6	木雕红木家具	浙江卓木王红木家俱有限公司	卓枉
7	木雕红家具	浙江大清翰林古典艺术家具有限公司	大清翰林
8	户外休闲家具	浙江临亚股份有限公司	LIN YA
9	家具	浙江诺贝家具有限公司	諾貝

（续表）

复评工业产品			
序号	类别	企业名称	商标
1	装饰纸	浙江帝龙新材料股份有限公司	帝龙
2	灶具	宁波方太厨具有限公司	FOTILE 方太
3	家用橱柜	宁波欧琳厨具有限公司	OULin 欧琳
4	舞台机械	浙江大丰实业股份有限公司	大丰
5	自动开启天窗	浙江大丰实业股份有限公司	大丰
6	沙发	慕容集团有限公司	蒙努
7	办公椅	浙江恒林椅业股份有限公司	恒林
8	吸排油烟机	浙江亿田电器有限公司	亿田
9	木雕红木家具	浙江万家宜家有限公司	万家宜
10	红木家具	浙江兰福家俱有限公司	兰福红木
11	萧山装饰卫浴	杭州市萧山区瓜沥装饰卫浴行业协会	萧浴

来源：浙江名牌战略推荐委员会

2015 年度浙江省家具行业著名商标名单

新认定著名商标			
序号	类别	企业名称	商标
1	20/ 椅子（座椅）；桌子；金属座椅	浙江大丰实业股份有限公司	大丰
2	20/ 办公家具、家具、弹簧床垫	喜临门家具股份有限公司	喜
3	第 20 类 / 家具、漆器、软木、竹木工艺品	浙江张正文化产业发展有限公司	張正
4	20/ 垫子（床垫）	浙江和也健康科技有限公司	和也

（续表）

序号	类别	企业名称	商标
5	20/ 椅子（座椅）	浙江国华家具有限公司	乾门家具
6	第 20 类 / 家具、竹木工艺品	浙江卓木王红木家俱有限公司	卓木王
7	第 20 类 / 家具	东阳市御乾堂宫廷红木家具有限公司	御乾堂
8	第 20 类 / 家具、竹木工艺品	东阳市东艺工艺品有限公司	施德泉
9	20 类办公室用家具	浙江欧宜风家具有限公司	欧宜风
10	20 类 / 办公家具；竹木工艺品	景宁畲族自治县宏强竹制品有限公司	畲竹 She zhu

同比增长 11%，纳税 1.18 亿元，同比增长 19.5%，荣膺“全国售后服务行业十佳单位”。圣奥集团公司董事长倪良正，作为 20 名杰出浙商之一，在第三届世界浙商大会上荣获“杰出浙商奖”。至今，圣奥已获技术专利 262 项，是浙江省内同行业中唯一一家专利示范企业。内销网点已经遍布全国二线以上城市，并在北京、上海、杭州、广州及周边辐射区域设立直销分公司。外销的国家和地区达到 65 个，占销量 90% 以上的产品是自主研发设计的。在成功导入精益生产 (JIT) 模式之后，圣奥全面提升了现场的管理水平和人均产能，并成立了博士后工作站，实行 ERP 管理。

圣奥慈善基金会主席倪良正喜获“浙江孝贤”荣誉称号

除了耕耘好主营业务以外，圣奥还积极履行社会责任，并于 2013 年 7 月，向浙江省慈善总会捐赠 5000 万元留本冠名基金，设立了“圣奥慈善基金”，开展了一系列慈善活动。圣奥集团在慈善事业上的付出得到了政府以及社会各界的肯定，在 2015 年第四届“浙江孝贤”暨首届“慈孝浙商”颁奖典礼上，圣奥慈善基金会主席倪良正喜获“浙江孝贤”荣誉称号。

2. 中国民用沙发龙头企业——顾家家居股份有限公司

顾家家居自创立以来，专业从事客餐厅及卧室家具产品的研究、开发、生产与销售。目前，顾家家居产品远销世界 120 余个国家和地区，在国内外拥有超过 3000 家品牌专卖店。旗下拥有“休闲沙发”、“KUKAHOME 全皮沙发”、“布艺沙发”、“功能沙发”、“KUKA ART 欧美”、“米檬”、“软床”、“床垫”八大产品系列，加上美国功能沙发合作品牌“LA-Z-BOY 乐至宝”及定制家居品牌“顾家家居 · 爱家伯爵”，组成了满足不同消费群体需求

顾家家居董事长顾江生与顾家家居代言人张学友一起在顾家全球合作伙伴大会上

的产品矩阵。

在营销方面，顾家围绕着“暖男”、“顾家”、“爱家”等一系列关键词，开展了丰富多彩的营销活动。顾家连续三年开展了“沙发也要有修养”服务活动，为超过60000多户家庭提供了免费沙发清洗保养。在2015年举办的顾家全球合作伙伴大会上，代言人张学友为其站台，创造了2个小时成功签约门店789家的行业招商记录。

3. 中国红木家具龙头企业——年年红家具（国际）集团

年年红集团是目前国内重要的中式名贵硬木家具研发与生产基地之一，2015年总销售额2.3亿元。由其倾情打造的“中国红木家具文化园”将家居产业服务与文化创意产业相融合，整合红木文化、旅游等资源，形成完整的红木产业链体系。预计实现年接待游客600万人次，年生产各种旅游产品、家具等20亿元，年上缴财政税收1亿元以上。该项目已入选2014年“浙江省生态文化基地”。

4. 中国椅业第一股——浙江永艺家具股份有限公司

2015年1月23日，浙江永艺家具股份有限公司在上海交易所成功上市，成为“中国椅业第一股”。永艺家具2014年实现营业收入9.6亿元，2013、2014年连续2年荣获安吉县财政贡献奖一等奖。永艺是国家办公椅行业标准的起草单位之一，是业内首批国家高新技术企业之一，是首家省级健康坐具企业研究院，并荣获中国质量诚信企业、浙江省家具行业领军企业、省级高新技术企业研究开发中心、省级企业技术中心、省级绿色企业、首家获得湖州市政府质量奖等多种荣誉称号。在内部管理上，永艺一直追求卓越绩效，严格执行ISO9001：2008、ISO14001：2004、OHSAS18001管理体系标准并获得认证。

5. 中国床垫龙头企业——喜临门家具股份有限公司

自2012年7月17日上市，成为“中国床垫第一股”以来，喜临门家具股份有限公司发展迅猛。2015年，喜临门床垫销售收入为11.2亿元，占总营业收入67.07%，同比上年增长12.08%，在传

年年红倾情打造“中国红木家具文化园”

永艺股份在上海证券交易所成功上市

统线下门店与国际客户稳健增长的基础上，快速发展了电子商务、集团客户等新渠道；软床及配套产品实现收入 2.6 亿元，同比上年增长 10.38%，这和公司改善产品及门店形象，提升终端销售能力有关；酒店家具营业收入 7728.5 万元，同比上年下降 34.81%；内销占总营业收入的 67.69%，较上年增长 35.73%；外销占总营业收入的 32.31%，较上年增长 22.30%。

喜临门先后推出“喜临门”、“法诗曼”、“BBR”、“爱倍”等四大主要系列，产品定位呈差异化。

福建省

福建省家具协会　沈洁梅

一、行业概况

2015年，福建省家具行业在下行压力加大的情况下，一部分企业被淘汰，一部分重点企业面临转型升级，但总体发展形势较为平稳，出口略有增长。

2015年，福建省家具行业实现总产值约880亿元，同比增长8.6%；出口额37.98亿美元，同比增长1.94%；完成产量约13500万件，同比增长6.31%。企业数约5300家，从业人员近40万人。

生产布局上，仍然保持福州、厦门以生产板式（办公、民用、校用）家具为主；莆田以生产中式古典工艺家具为主；漳州、泉州以生产出口美式实木家具、钢管家具、酒店家具、软体家具为主；闽侯、安溪等地以生产竹、藤、铁工艺家具为主；三明、南平、龙岩以生产竹木制品为主的格局。

二、行业纪事

（一）加强设计创新，提升产品竞争力

2015年初，由福建省家具协会、好事达（福建）股份有限公司和福建农林大学艺术学院共同策划的“2015年福建省第二届‘好事达’杯家具设计创新大赛”作品征集工作对全国如期展开，活动从2月启动至截稿，共收到参赛作品1000多幅，于9月初对参赛作品进行了评审，共评出金、银、铜奖作品6件，优秀奖26件，获奖作品在中国(福州）家具建材展上展出。

2015年，福建省家具协会与国际竹藤中心、福建省林业厅、中国竹产业协会、永安市政府等相关部门在永安市共同主办了“第四届国际（永安）竹具设计大赛”，本届大赛参赛作品达1512件，共评出金、银、铜奖作品23件。

目前，两个设计大赛中部分获奖作品已产生产

2011～2015福建省家具行业发展情况汇总表

主要指标	2015	2014	2013	2012	2011
企业数量	5300	5500	5500	4500	3500
工业总产值（亿元）	880	810	750	670	570
主营业务收入（亿元）	865	795	735	657	560
规模以上企业数量（个）	331	320	300	280	250
规模以上企业工业总产值（亿元）	433	400	390	370	310
规模以上企业主营业务收入（亿元）	426	393	382	362	305
出口值（亿美元）	37.98	37.43	35.6	41.25	27.71
家具产量（万件）	13500	11000	10876.5	11210	10573

数据来源：福建省家具协会

第二届“好事达”杯家具设计创新大赛颁奖现场

福建省家具协会第六次会员代表大会现场

业化效益。通过此次契机，引导企业开展设计创新活动，提高企业创新意识，以提升福建家具行业综合设计水平，扩大品牌影响力。

（二）注重企业文化 实施名牌战略

近几年，企业更加重视企业文化建设，着力实施品牌战略，并取得较好的成绩。至今，已有诚丰、现代、喜梦宝、森源、国辉、红梅、菲莉、华名华居、冠达星、精工、永嘉、聚丰、龙威、三福、贡品轩、福艺、龙禧、华邦、恒星、大家之家、涌泉、建潘卫厨、闽星、怀古、飞鸿、坝下明珠、宏龙、杜氏、西华、英发、恒发、新佳美、玉致、新嘉华等200多家家具企业获得“福建省著名商标”和“福建省名牌产品”。好事达、闽兴、福田、南林、木村、国辉、红梅、永嘉等20多家企业获“福建省国际知名品牌”。有近千家企业通过ISO9001、ISO14001、ISO18001、FSC质量管理体系、环境管理体系、职业健康管理体系、森林管理体系以及绿色产品认证。永嘉、百乐等企业还通过了国际玩具协会行为守则认证（ICTI认证）和国际反恐认证等。诚丰、喜梦宝、木村、玉鹭、森源等多家企业获“中国驰名商标”。企业通过一系列的品牌建设，进一步提高了市场竞争力。

（三）召开行业会议，加强组织建设

2015年6月30日，福建省家具协会按照章程规定，在福州市隆重召开了福建省家具协会第六次会员代表大会暨“互联网+”时代的家居企业发展战略论坛。中国家具协会朱长岭理事长、福建省科学技术协会游建胜副主席及省商务厅、省城镇集体工业联合社等领导莅临大会指导。大会选举产生了新一届的理事会，表彰了2014年年度福建省家具行业先进单位及个人。

（四）成立海西家具产业发展研究院

2015年6月，福建省家具协会与永安市竹产业研究院联合筹备成立福建省海西家具产业发展研究院，以提供产业规划、市场资讯、工业设计、产品研发、技术研究、人才培训等服务，经过近半年的筹备，于2015年10月底获福建省民政厅正式批准成立。研究院的成立，将全面提升为产业服务的能力，全面推进福建省家具产业健康发展。

三、特色产业发展情况

（一）仙游

莆田市仙游县红木雕刻工艺精湛，2013年被中国家具协会授予“仙作红木家具产业基地”，被中国收藏家协会授予“中国古典家具收藏文化名城”，2014年“仙游古典家具制作技艺”被国务院列入“国家级非物质文化遗产”保护名录，仙游“中国古典工艺博览城”获评国家4A级旅游景区，被国际木文化学会授予“国际木文化研究与实践基地”。2015年古典工艺家具产值达到348亿元，企业数达3400家，受经济下行压力影响，产量约下降29%（产业发展具体情况请翻阅本书“产业集群”篇）。

（二）漳州

近几年，在漳州市相关政府部门、行业协会的支持帮助下，漳州家具产业发展较为平稳。产业体系日臻完善，集群效益显现。2015年，规模以上家具企业总产值95.435亿元，同比增长19.17%；销售94.096亿元，同比增长19.63%；出口交货值45.98亿元，同比增长26.6%。

（三）闽侯、安溪

闽侯、安溪县政府均很重视藤、铁工艺产业，大力扶持该产业，先后打造出“中国藤铁工艺之乡”，藤、铁工艺家具产值逐年上升，2015年产值分别达87亿元和90亿元，比增分别为6.9%和25%，均成为该县的支柱产业之一。

（四）三明

三明市是福建省重点林区，生产商品木材以及人造板产量均居全省之首。三明永安是中国竹笋之乡、中国竹子之乡和全国林业改革与发展示范区，竹资源十分丰富，全市拥有竹林面积6.6万多公顷，2015年，永安市竹产业产值超过40亿元，拥有各类竹加工企业200多家，竹加工产品300多个品种，涵盖家具家居建材工艺文化等十多个行业。

四、品牌发展及重点企业情况

（一）福建省漳平木村林产有限公司

福建省漳平木村林产有限公司是一家主营休闲家居和木屋及构件的科技型木材加工高新技术企业，是国家林业重点龙头企业。公司“美丽家园”商标是中国驰名商标；2015年产值超7亿人民币，其中出口创汇超5000万美元，创税利1.1亿人民币。近年来，木村公司坚持通过科技创新，推动转型升级，实现跨越发展。

公司专注于木材防腐、改性、综合利用等领域的行业领先技术研发与应用，设立由30多名专业研发人员组成的企业技术中心，先后注册95项专利。公司长期与中国林科院、加拿大木业协会、中南林业大学、福建农林大学等多家科研院校、机构联合研发；参与制定、起草16项国家和行业标准。木村公司自主研发的“ACQ-D”木材防腐技术获福建省新产品奖；公司获评福建省第一拟实施技术标准战略企业和创新型企业。

公司从2014年起增加投资4.7亿元，建设木村科技工业园三期，采购智能化全自动化的木材扫描、优选集成生产和木屋加工中心等设备，建设木屋及构件、生物质燃料等6条生产线，通过提高生产效率、降低成本，提升企业经济效益。该项目将于2016年下半年建成投产。进一步拓展国际市场。与国际30多个国家的大型连锁超市和知名品牌运营商保持长期良好的合作关系；扩大“美丽家园”自有品牌的国际市场占有率，在美国、澳大利亚、日本等市场设立销售公司，积极拓展国际市场。扩大国内市场占有率。发挥“美丽家园”驰名商标优势，加大在国内十多个休闲旅游产业发达的省市销售力度，力争2016年国内销售网点和体验中心超过80个。公司大力推进与天猫、京东、亚马逊等电商网络平台的合作与销售，取得可喜成绩，2016年力争实现电商平台销售翻一番。

（二）安溪聚丰工艺品有限公司

安溪聚丰工艺品有限公司创建于1988年，先后荣获“中国家具行业优秀企业”、“福建省著名商标”、“福建省名牌产品”等荣誉称号，成为安溪县唯一荣获“福建省文化出口重点企业”的工艺企业。聚丰网点遍布长江南北。从2014年开始与天津建立生产基地，原材料从马来西亚直接到天津港入关，从而大大降低了物流成本和物流搬运损耗，制造出适合于北方的原生态纯实木家具。

（三）好事达（福建）股份有限公司

2015年，好事达（福建）股份有限公司战略收购福建省百乘家具有限公司，百乘公司成立于1995年，是一家有着20年历史的家具定制厂商。旗下品牌“百乘全屋家居定制”遍布全省50多家具专卖店。好事达公司并购后注入资金，扩大产品系列，产品经营横跨衣柜系列、书柜系列、隔断系列、儿童房系列、橱柜系列、书房系列、餐厅系列、卧房系列、推拉门系列等柜体。2015年，好事达公司制定扩大美国市场战略，利用北美分公司提升好事达全球生产及物流联动性，发挥美国生产基地Made in USA优势，提高在美国市场的亲和力，拓展美国大客户资源。

（四）福建省华名华居家居实业有限公司

福建省华名华居家居实业有限公司系全国出口百强企业、由原省属国有大型企业“华闽”公司投资创建，专业从事红木家具和木雕工艺品的研发、设计、生产和销售。公司投入近2亿元建设生产基地—— 华名华居工业园。经过近十年发展，目前公司已担任“中国家具协会传统家具专委会副主任”、“福建省家具协会副理事长单位”、2015年公司获“全国守合同重信用企业”、“中国家具行业年度优秀企业”等荣誉。

自2012年起，华名华居连续举办五届“企业文化节”，2015年产值已达2亿元。目前公司在社会各界的帮助和指导下，启动新三板上市的准备工作，2016年初已拿到股转系统的受理函，成为全国同行业中红木第一股在望。

（五）福建金竹竹业有限公司

福建金竹竹业有限公司坐落于土楼的故里、盛产竹子的南靖县。公司创办于2011年，占地面积13.3公顷，总投资1亿元人民币，以研发、生产、销售户外重组竹地板、桥梁板、型材板、墙面板、马厩板、室内重组竹地板为主营业务。公司于2014年荣获“省级重点技术改造项目”，2015年荣获“福建省科技型企业”、“漳州市级农业产业化龙头企业”等称号，且成为漳州市政府指定统一采购供应商的企业之一。

金竹公司利用竹材性能的优势，规避易虫蛀、青变等缺陷，经重组、碳化、高温高压等热固化并加以强化成型成重竹材料，并用其制作家具、工艺品、桥梁板、墙面板、型材板、竹地板、竹别墅、竹栈道等系列产品。如今，竹的应用领域远远超出了人们对于竹产品的传统认知，竹子不再仅仅是做日常的竹凉席、竹地板等，近年来创新开发的竹餐具、竹别墅、竹饮料等，正源源不断地走向市场，受到国际市场欢迎。

五、存在问题

一是产业结构性矛盾较为突出。家具产业中低档产品比重偏大，而高技术含量、高附加值的产品比重偏少。

二是福建省家具以中小型企业为主，行业集中度不够高，尚未完全形成由政府牵头的集中度及扶持力度很强的产业集群，企业管理水平也同现代化先进管理方式尚有差距，部分企业管理落后，家具制造业工业化水平不高，与发达国家相比，劳动力生产率较低。

三是自主创新能力不足，产品缺乏核心竞争力。全行业科技研发资金投入较少，高技术人才、设计人才匮乏，自主设计研发能力较弱，产品升级换代慢，制约了行业发展。产业集约化经营，专业化分工、社会化协作程度低，合力尚未形成。同时，中低端市场竞争越来越激烈，产品同质化严重，利润微薄。而欧美等发达国家的品牌家具早已向功能化、环保化、时尚化方向发展，本省家具在环保、工艺和质量等方面与国际先进水平仍有一定差距。

四是国际贸易壁垒频增，企业成本增加。近几年，我国家具出口过程中遭遇的各种贸易壁垒层出不穷，福建省家具企业未形成统一对外的意识，对新材料、新技术的应用及低碳环保设计理念的重视程度仍不够，而频发的贸易壁垒增加本省家具出口的认证和制度成本，在一定程度上削弱了福建省家具出口的竞争。

五是产业链不够健全，原辅材料和配件渠道不够畅通，造成生产经营成本提高，削弱竞争优势。

六是信息建设和交流不够完善等。

六、发展趋势及展望

一是环保家具及定制家具成为市场主流。个性消费者在家具消费观念上有了一个全新的转变与突破，由以往的功能性的追求发展为个性化、安全性的需求。品质铸就品牌，品牌战略建设将成为企业发展重点，注重原创性设计，完成由“中国制造”向“中国创造”发展，提高企业综合竞争力。

二是企业自主创新能力增强。加强自主研发、科技创新的能力，提倡个性设计，加强知识产权保护力度，越来越多的企业申报专利，争创知识产权示范企业。

三是拓宽销售渠道，开发新兴市场。当前，很多企业已关注到三四线城市其所蕴藏的极大市场潜力，三四级市场将成为家具企业新的布局重点。同时，出口市场逐步开发中东、拉美、非洲等新兴市场。部分企业已经开始涉及“互联网+”，建立、完善电商渠道。

四是产业集群和专业化园区日渐成熟，如三明永安市“竹产业基地”，闽侯县、安溪县“藤铁工艺产业基地”，漳州市“美式、钢管家具产业集群”、漳浦粤港家居产业园暨粤港家居商贸城等逐渐形成且日趋成熟。随着福建自贸区的筹备成立，很多关税、制度的障碍影响将减少，一站式服务提升了办事效率，助推福建省家具产业发展。

江西省

江西省家具协会　胡翠萍

一、行业概况

全口径统计主营业务收入达1040亿元，其中规模以上企业主营业务收入231.67亿，同比增长25.19%，在全国各省、市中排名第13位。利润总额16.55亿元，同比增长17.33%。在全国各省、市排名第10位。

二、特色产业发展情况

5月18~19日，中国家具协会组织专家组对南城县申报"共建中国校用家具生产基地"的考评工作顺利通过。通过认真听取南城县政府的介绍和汇报，经专家组实地调研、讨论，最后专家组认为南城县校用家具基地的建设基本符合中国家具协会共建特色区域的要求，一致同意共建"中国校用家具生产基地"。并于2015年9月10日在上海家博会上授牌。这是继南康——中国中部家具生产基地，樟树——中国金属家具产业基地之后，江西的第3个国家级家具生产基地。

三、行业纪事

（一）中国（赣州）第二届家具产业博览会成功举办

2015年5月28日，为期3天的"中国(赣州)第二届家具产业博览会"在江西省赣州市南康区泓泰家具市场盛大开幕。本届家具博览会以"绿色环保、转型升级"为主题，突出林产品的衍生活力，借助国家林业系统和国内外参展单位的支持，注重展会规模和特色，真正将南康实木家具总量做大、品牌做响、特色做足，将南康建成中国中部地区重要的家具展贸中心、重要的林产品集散中心、具有国际影响力的实木家具原产中心。本届家博会在南康家具城中心市场对面设立主展馆，面积8000平方米左右，集中展示南康家具新产品、全国品牌家具和优秀家具设计；此外，高峰论坛、家具设计论坛、电商发展论坛、家具涂料发展论坛、客商见面会、网上家博会等活动将同期举行，为家博会增光添彩。

2011～2015年江西省家具行业发展情况汇总表

主要指标	2015年	2014年	2013年	2012年	2011年
规模以上企业数量	115	110	103	79	56
主营业务收入（亿元）	1040	900	139.50	112.30	/
规模以上企业主营业务收入（亿元）	231.67	177.30	130.39	117.38	82.35
出口值（万美元）	/	80800	116501.59	99139.44	46814.06
家具产量（万件）	/	/	1194.20	1436.60	945.91

数据来源：江西省家具协会

—— 中国（赣州）第二届家具产业博览会现场

（二）第二届中国中部（九江）红木家具博览会成功举办

2015 年 8 月 28~31 日，“第二届中国中部（九江）红木家具博览会暨中国互联网 + 长江发展论坛大会” 盛大举行。活动由江西省协会、中国企业家总部基地、江西省林产工业协会、江西立信集团共同举办的。本次活动邀请了国家工信部、民政部、商务部、国家旅游局等部级老领导、专家和省直有关部门、九江市委、政府的领导出席，有关领导致辞或发表演讲，来自全国 20 余个省市区域红木家具经销商、国内著名红木家具品牌企业代表、红木爱好者、众多新闻媒体等 1500 余人齐聚瑞昌，共同见证了本次大会的盛况，会议期间举办了多场活动，还参观了立信红木产业园，会期各项签约额达 8.5 亿元，比第一届增长 16%，达到了预期的效果。

（三）推进品牌建设取得新成效

2015 年，江西省家具协会积极引导和协助会员企业申报创建中国驰名商标、江西省著名商标、江西省名牌产品工作。各家具企业加强了对产品质量管理和品牌建设的力度。坚持以质量管理为中心，注重培育、提升企业品牌影响力，舍得投入，进一步加强和完善了企业质量管理体系，同时加大对品牌产品的宣传力度。现在江西的家具产品无论在外观设计上，还是在工艺制造上都有质的提高和飞跃，市场竞争力得到了进一步增强。2015 年除各市的知名商标外，全行业新增国家驰名商标 2 个，江西省著名商标 28 个，江西省名牌产品 31 个，无论单项个数还是总量都比 2014 年有所增加。

四、品牌发展和重点企业情况

（一）骨干企业发展能力实现新跨越

2015 年，江西省家具行业的知名骨干企业，都建立了科学的管理制度，拥有业内先进的生产设备、流水线，熟练的生产工人和优秀的企业管理人才。加大用高新技术改造发展传统产业的力度，特别是金属家具产业走在全行业的前列。

江西金虎保险设备集团有限公司、江西卓尔金属设备集团有限公司、江西光正金属设备集团公司、江西阳光安全设备有限公司等先后购置德国、日本的金属加工设备，大大减轻操作人员的劳动强度，提高了工效，使产品的加工精度更加准确。金属家具行业有 9 家企业被批准为省级高新技术企业，这些企业都有自己的研发中心、研发团队、专利产品，产品的自动化、智能化程度大幅提高，产品质量进一步提升，深受用户的好评。江西维平创业家具实业有限公司引进意大利先进喷涂生产线。江西世纪星校具有限公司、瑞昌市中部红木产业有限公司以及不少生产定制家具产品的企业都根据各自的产品质量要求，购置专用的生产设备和软件。

（二）德兴市鸿祥木业有限公司

鸿祥木业总部位于赣、浙、皖三省交界闻名于世的中国铜都德兴，创建于1998年。现拥有江西、广东、江苏等地共600余亩的家具产业园，16万余平方米的标准生产厂房，全国销售网络达900余个，是一家集研发、设计、生产和销售为一体的实木家具、软体家具、办公家具的现代化企业，是“江西省家具协会常务副会长单位”、“中国家具协会常务理事单位”。

公司先后通过了“ISO9001国际质量管理体系认证”“ISO14001国际环境管理体系认证”和“OHSAS18001职业健康安全管理体系认证”，荣获“江西名牌”“江西省省级林业龙头企业”“中国著名品牌”“中国绿色环保产品”“中国驰名商标”和“中国农业银行AAA级信用企业”。

（三）樟树市德泰木制品有限公司

德泰木制品有限公司坐落在樟树市城北工业园，占地面积4万多平方米，建筑面积近2万多平方米。现有职工180余名，其中工程师技术员熟练工占80%。拥有先进木工机械、电脑雕刻设备，是一家集开发、设计、生产、销售的规模企业。公司现有产品：档案装具、图书设备、密集架、书架、文件柜、书柜、古籍柜；樟木家具、办公家具等香樟木制品。

2004年公司通过了“GB/T19001-2008质量管理体系认证”“GB/T24001-2001环境管理体系认证”“GB/T28001-2001职业健康安全管理体系认证”和“国家3C强制认证”，2014年获“江西省林业龙头企业”证书和江西省赣州家博会樟木箱金奖；是“江西省家具协会副理事长单位”“中国建行银行AAA级信用企业”“江西省劳动保障诚信等级AAA企业”。公司正至力于成为中央国家机关、中央直属机关、国家档案馆图书馆等单位定点采购香樟木系列产品的供应商。公司所生产的琪昊牌、陈易锋牌、琪浩峰牌、艳怡香樟牌等香樟木制品，受到国内外广大客商及消费者的青睐。

五、发展措施

（一）夯实基础整体实力迈上新台阶

家具制造业是典型的传统产业，以前大多数企业的管理模式是家族式的，难以适应现代企业的发展，制约了企业做大做强。一批思发展的企业，改革传统管理模式，从夯实基础工作入手。

1. 努力提高企业决策者的自身素质，许多企业决策者通过参加各类总裁班学习，系统学习企业管理等方面的知识，提升企业管理和决策的水平。

2. 通过国家规定的各类管理体系认证工作，进一步加强和完善企业的各项规章制度，开展对员工的职业技能和公司管理人员素质的培训再教育，不少企业与专业的研发机构建立长期的战略合作伙伴关系。

3. 不惜重金聘请专业管理人才和技术人才，使企业的管理、产品的研发、市场的营销等工作顺应了市场的发展。

4. 发挥产业集群优势，江西省有3个国家级产业基地，在当地政府的领导下，积极做好企业入园的各项工作。南康家具产业基地凭借中央对老区建设的支持的东风，实现打造千亿产业集群的目标，加快对全产业链公共服务平台的建设。家具产业生产、研发、检测、销售、物流等产业链日臻完善，2015年实现产业总产值880亿元、同比增长25.4%；樟树市中国金属家具产业基地正在规划建设家具创业园和科技园，2015年实现主营业务收入118亿元，同比增长14.2%；南城县中国校用家具生产基地2015年实现主营业务收入36亿元，同比增长30%。一年来，全省家具行业整体技术水平、研发水平和基础管理工作都得到较快提升，整体实力迈上新台阶。

（二）家具销售模式变革迈出新步伐

江西省各家居大商场，独立门店都在积极探索，变革销售模式，创新经营思路。一是与房地产公司联合进社区宣传促销；二是抓住节假日开展促销；三是与设计、装饰公司联合结成战略联盟跨界进行资源整合，改变单一家具产品经营，向泛家居产品经营延伸；四是与网络媒体联合借助现代网络手段追踪服务，巩固老客户、发展新客户、挖掘潜在客户；五是涉足“互联网+”，实现电子商务与传统实体店铺相结合，使线上与线下资源有效整合。在积极变革商业模式迈出了新步伐，并初见成效。

山东省

山东省家具协会　韩庆生

一、行业概况

山东作为全国家具产业大省，2015年全省家具生产企业4500余家，从业人员约60万人，实现主营业务收入1460亿元，同比增长9.7%。其中规模以上生产企业544家，实现主营业务收入922.2亿元，增长9.9%。出口额25.07亿美元，同比增长2.57%。山东规模以上家具企业的主营业务收入居全国第二位，仅次于广东，出口额位居全国第六位，位列广东、浙江、江苏、福建、上海之后，山东实木家具、软体家具及人造板等最具行业优势。

二、2015年经济运行情况

继2014年中国经济进入“新常态”，整体经济形势进入持续下行期，产能过剩，流通市场过剩导致的市场竞争加剧日益凸显，相对产品设计力量薄弱，同质化产品过多导致的市场竞争日益激烈，行业人员流动较大，从业人员整体专业能力普遍偏低的矛盾一直未得到解决，职业技能认定与推广工作企业积极性不高，进展速度受影响。随着“十三五”时期全面建成小康社会的总体部署，城镇化水平会逐年提高，人们对生活质量的要求日益提高，家居消费将出现个性化、定制化等多方面需求，设计研发的作用将更加凸显。总体而言，家具行业发展既有机遇，又存在挑战，具体分析如下：

（一）行业增速逐渐放缓

家具行业受国家经济形势及房地产调控的影响，行业企业出现产能过剩，存在低端产品的恶性竞争等多方面因素的影响，使行业的增速逐渐放缓，山东家具业的增速首次进入个位数增长，通过图表可以看出，2011~2015年行业增长率均比上年下降2~5个百分点，行业已进入了深度的变革期。

（二）新产品模式快速发展

鉴于行业竞争的激烈，新的产品模式在逐步

2011～2015年山东省家具行业发展情况汇总表

主要指标	2015年	2014年	2013年	2012年	2011年
主营业务收入（亿元）/ 同比增长	1460 9.7%	1332 10.1	1210 11.5%	1085 15%	945 19%
规模以上企业主营业务收入（亿元）/ 同比增长	982 9.9%	858.45 11.37%	820.80 13.37%	702.10 18.40%	606.23 18.65%
规模以上企业出口值（亿美元）/ 同比增长	25 5%	24.45 3.91%	23.53 20.99%	19.45 11.61%	17.43 17.54%

数据来源：山东省家具协会

形成且市场占有率逐年提高，如：整木家装、全屋定制、定制家具类产品，逐渐受到新兴消费者的青睐。在房价居高不下的当前，有效地增加了空间利用率，大家居模式更加成熟与完善，木门、地板、厨房、卫浴、隔断、灯饰、壁纸、软装等产品的相互依存度越来越紧密，整体居室的家装模式在逐步形成。

（三）新《环保法》促使企业关注家具产业链环保

2015年初，新《环保法》开始实施，对家具企业提出了更高的要求，企业在生产环节的环保成为关注的重点，主要围绕生产车间粉尘、油漆喷涂车间的VOC排放等环节，使企业力图将车间除尘、UV线及水性漆的关注度在不断提高。

（四）两化融合速度不断加快

工业化与信息化的不断融合成为未来企业发展的根本路径。家具企业也正在由传统劳动密集型产业向技术型转变，通过技术创新、设备改造升级，新型数控设备的使用，不断降低人工的投入，提高设备的利用率，提升产品的加工精度。向管理要效率，利用现代生产管理软件有效提高企业的生产能力，并切实降低企业的生产成本，提高企业的产品附加值。

（五）电商平台建设不断完善

电商平台成为近年来企业关注的重点，通过淘宝、天猫、京东等电商公共服务平台，加上企业自建的网站、微信平台，不仅能够实现公司的广告宣传效应，同时利用网络支付系统实现支付功能。更多企业电商与实体店面相结合，实现“线上引流，线下体验，线上提交订单”的一站式营销系统，使消费者能减少更多的销售环节，实现与工厂的直接消费。

三、行业纪事

（一）编制《山东省家具行业“十三五”发展规划》

2015年3~10月份，由山东省家具协会起草编制了《山东省家具行业十三五发展规划》，规划紧密围绕转变经济发展方式的总体要求，加快推进家具产业转型升级，深入推进信息化与工业化深度融合，大力发展行业相关配套服务业，构建现代化家具工业发展体系”为指导思想，以“创新驱动、质量为先、人才为本”为基本原则，期间广泛调研走访企业，针对重点企业、重点产品、重大项目、重点集群、技术改造等问题，召开专题会议征求意见及建议，最终完成《山东省家具行业十三五发展规划》并上报有关政府职能部门。

（二）成功举办第12届青岛国际家具展览会

2015年4月17~20日，第12届青岛国际家具展览会在青岛国际会展中心举办，展会展示面积12万平方米，产品涵盖了实木家具、软体家具、板式家具、办公家具、木工机械、原辅材料以及客厅配套家具等产品门类，并重点打造了深圳家具品牌馆、山东家具品牌馆、木工机械馆、综合家具馆、实木白茬馆、配件及原辅材料馆、客厅配套家具馆等八大特色展馆。深圳家具品牌资源引入北方，呈现出以深拓全国二、三、四线市场为目标定位的全国性品牌盛宴。

第12届青岛国际家具展览会主形象

第12届青岛展——山东品牌馆现场

（三）举办家具设计师职业资格培训班

6 月份，由山东省家具协会与山东工艺美院联合组织了首届家具设计师职业资格培训班。在为期 6 天的培训课程中，围绕“大设计”概念，提供了学员与国内顶级室内设计师、家具设计师的交流学习机会。培训就“家具文化、设计表现及工业 4.0 时代家居产业”、“家具设计中的人体工程学研究与应用”、空间设计的系统分析，从建筑设计、室内设计角度诠释了家具设计的发展历程等并深入分析了当代中国家具设计的发展现状，提出家具设计及产品研发要结合社会发展基础的观点，同时对了解消费者的需求等进行了详细讲解。

（四）成立鲁派家居品牌联盟和成立山东家具产业链联盟

为更好地推动山东家具市场拓展、品牌形象及终端竞争能力，2015 年 8 月鲁派家居品牌联盟成立。首批联盟成员单位 45 家，涵盖了实木家具，软体家具，木门、橱衣柜等山东家具龙头企业。鲁派家居品牌联盟将秉承团结合作、携手并进、共同发展的原则，通过整合资源，搭建平台，全面致力于山东家居品牌的整体形象提升、市场拓展、管理高效、综合竞争力提升，并努力成为山东家具业的代言人，引领山东家具业的快速发展。为适应家具产业链的日益融合，11 月，协会组织倡导成立山东家具产业链联盟，旨在上下游企业实现有效互动对接，将新材料、新技术、新工艺与家具企业实现及时沟通，从而实现产业的升级。

山东家具产业链联盟成立仪式

山东省家具协会五届五次例会扩大会议现场

四、特色产业发展情况

（一）中国实木家具之乡——宁津

宁津县位于山东省西北部的冀鲁交界处，区划面积 833 平方千米，人口 47 万，是“山东省实木家具示范县”、“山东省优质木质家具生产基地”和“山东省实木家具产业基地”。2004 年被中国轻工业协会、中国家具协会授予“中国桌椅之乡”，2012 年被授予“中国实木家具之乡”。全县共有家具生产企业 3078 家，其中规模以上企业 158 家，全行业从业人员近 5 万人。2015 年全县家具产业实现销售收入 186 亿元，利税 17.3 亿元，出口创汇 7582 万美元。（产业发展具体情况请翻阅本书“产业集群”篇）

（二）中国软体家具产业基地——淄博周村

软体家具（沙发、床垫）是周村家具的名片，在家具生产企业中占比超过三分之二。2015 年，淄博周村区家具生产企业 1273 家，从业人数从 8174 人增加到 26355 人。在增加总量的同时，促进家具产业升级。先后培育了凤阳、蓝天、福王、仇潍、升霞等 5 件中国驰名商标，久久、鸿嘉腾飞、舒愿等 8 件“山东省著名商标”。山东省家具行业品牌建设示范企业十强中，周村区独占三席。（产业发展具体情况请翻阅本书“产业集群”篇）

（三）山东实木白茬家具产业基地——山东高密

高密市现有实木家具加工企业 400 多家，从业人员 2 万余人，年主营业务收入达 30 多亿元，是国内实木家具的加工、存储、销售重要集散地，销往北京、上海、广东、江苏等省市，产品销量居领先地位，占据了全国实木家具市场的半壁江山。2013 年 3 月，投资建成高密市木器产业园，通过行业统购、统销、信息共享、提高科技含量、提升行业竞争力。木器产业园总投资10.3亿元，规划建设展厅10万平方米，主要定位为以实木家具白茬及成品生产、展览、交易为主，具有行业影响力的实木家具产业园，形成实木家具的生产和展示中心、家具文化的形象中心、综合型低碳型现代产业基地。

五、品牌发展及重点企业情况

（一）烟台吉斯家具集团公司

2015年实现主营业务收入18236万元，同比增长8.6%，实现利润2204万元，同比增长12.7%，公司荣获2015年度“全国家具标准化先进集体”称号，荣获中国轻工业百强企业荣誉称号。

（二）青岛良木集团

2015年良木集团公司内外销实现主营业务收入20亿元，始终坚持名牌战略，先后荣获了山东著名商标、山东名牌、青岛市重点培育和发展的出口品牌。先进的工艺技术、生产设备及流水线是公司发展的根本，2015年公司总计投入科研经费、生产线改造费用7000余万元，对生产效率、生产成本、产品质量、节能减排等环节进行了优化升级，提升了企业的综合竞争力。

（三）淄博宝恩家私公司

2015年9月，宝恩公司综合考虑市场状况和品牌发展需要，使原有产品线下沉，推出面向年轻族群的系列产品，该系列产品涵盖多种简洁时尚款式，并支持多色彩皮料定制，希望通过家具、饰品及生活用品的定制，帮助消费者构筑个性化的家居空间。经过半年多的发展，该系列产品得到了市场的认可。2015年，宝恩公司将信息化应用于沙发厂的制造和管理过程中，确保现场管理管到细节，管到“点”上，使产品制造成本下降5%。2015年底，宝恩品牌事业部实行阿米巴运营模式，内部组织架构进行重新定位和调整，划分为产品中心、制造中心和销售中心，每个岗位的设置更具合理性，品牌管理更具专业性，进一步推动了宝恩精细化管理水平的提升和品牌发展。

（四）山东欧克家具有限公司（赖氏家具）

公司是集研发、制造、销售于一体的大型专业化、规范化的家具企业，占地面积11公顷，建筑面积约12万平方米。公司旗下拥有高端“赖氏家具”品牌，胡桃大师、乌金名作、北美一号、长岛森林等系列产品。公司已实现生产线的合理布局，设备为进口设备与国产设备的有机结合，实现产能的最佳利用。2015年，在传统ERP管理系统无法满足当今精细化管理的背景下，公司开始进行信息化管理的升级改造，导入数夫F19管理系统。系统通过建立产品部件数据库，实现了财流、物流、人流平台共享，公司将通过TPM、TQM、TPS“3T”战略的不断探索，使管理变革成为新常态，达到精益生产的新高度。

（五）山东福王家具有限公司

福王公司以红木家具、软体家具为两翼，从整体战略以及生产、销售、人力资源、内部管理等方面进行调整，整合资源配置，完善公司制度，使公司的发展实现了平稳过渡，2015年实现主营业务收入26872万元，同年“福王电子商务产业园”业已启动，它将成为未来销售模式的强力补充。2016年公司将继续加大增加产品开发力度，设计、生产出具有市场认可度的产品，为销售提供可靠的保障。

河南省

河南省家具协会　唐吉玉

一、行业概况

2015年，国家经济按照市场经济规律进行深度调整，给各行各业带来前所未有的困难和挑战，河南家具行业自2012年起进入调整期，市场销量逐年下行。2015年是河南家具行业最具有挑战的一年，也是园区企业集中投产的第一年，新常态下，新工厂、新设备不能充分发挥作用，企业开工不足，产能过剩，流动资金周转缓慢。融资难、融资贵、还贷压力大，利息、物流、运输、仓储、税收、环保以及管理成本不断增加，企业遇到极大困难。

据统计，2015年1~10月，河南省家具行业累计主营业务收入475.5亿元，同比增长14.69%；累计利润总额46.84亿元，同比增长6.29%；累计产量4483.67万件，同比增长10.6%。2015年1~9月，累计出口值2.5亿美金，同比增长4.17%；累计进口值141.29亿美金，同比下降44.23%。2015年，在经济下行、产能过剩、需求不足的情况下，主营业务增幅超过14%，主要得益于省外发达地区家具产业向河南转移已初见成效。

2015年，家居零售卖场受市场需求不足的严重影响，销售收入呈下降趋势，人气不旺、商品换手率高，空场面积增加。地市中高端卖场空场面积一直没有得到遏制，个别卖场由于流动资金趋紧影响正常的促销活动，销售和资金压力不断加大。

二、行业大事记

（一）雅宝、神宝两公司成为“上合组织—郑州峰会”官方指定的家具供应商

2015年12月15日，上海合作组织政府首脑理事会第十四次会议在中国郑州举行，来自成员国、观察员国的政府首脑和一些相关国际组织的负责人，共商地区发展大计，达成广泛共识，取得不少务实成果。上合组委会通过层层筛选，对国内数家有影响力的家具企业实地考察，最终河南省雅宝家俱有限公司和河南神宝家具有限公司为“上合组织—郑州峰会”官方指定的家具供应商。

会议期间，全场所使用的办公家具均是由河南省雅宝家俱有限公司提供，包括大型圆形会议桌、长型会议桌、会议椅、条桌、会议沙发、茶几。神宝床垫很荣幸为本次峰会各国总理提供一个安全、健康舒适的睡眠。

2011 ~ 2015年河南省家具行业发展情况汇总表

主要指标	2015年	2014年	2013年	2012年	2011年
规模以上企业数量	/	279	294	290	282
规模以上企业主营业务收入（亿元）	590.22	497.89	473.38	/	/
出口值（亿美元）	3.64	3.19	6.46	4.98	4.31
家具产量（万件）	5471.05	4921.47	4633.89	3982.98	3409.77

数据来源：河南省家具协会

上海合作组织政府首脑（总理）理事会第十四次会议现场

（二）大班家居实现技术创新

大班家居结合市场实际，研制开发成功软体家居个性化定制、智能设计模块化产品设计、生产技术、在此基础上开发线上幻美空间软体家居定制网商城平台，网站搭载拥有自主核心技术的开放式在线智能设计、定制软件；线下建成 OSO 个性定制、智能设计五重体验店。形成了“软体家居个性化定制、智能设计生产技术 + 线上 C2B 五项个性化定制服务 +OSO 五重体验”的全新模式，并已落地实行。同时，大班积极开展知识产权保护，申报国家发明专利、实用新型专利、外观专利共 21 项，软件著作权两项，并在继续申报更多专利。

大班“幻美空间”线下体验馆

“标准化复合模块软体家居百变组合智能设计定制”项目通过创新模块化百变设计技术、互联网智能设计定制软件技术、客户端智能设计定制展示软件技术，与公司已有的 ERP 生产管理系统连接，建设软体家居“大规模定制柔性化智能敏捷生产线”，实现软体家居模块化、标准化、自动化生产制造模式，以及营销与服务的智能化控制，本项目是信息化、智能化的柔性生产模式，个性化的定制模式以及线上 C2B 五项服务 + 线下 OSO 体验模式的集成式创新。

（三）第五届郑州国际家具展览会、福蒙特中国中部家具博览会成功举办

2015 年 5 月 8~10 日，第五届郑州国际家具展览会在会展中心顺利举办。展会为省内外家具制造企业开拓河南及周边省三四级市场提供了展览服务。2015 年，在新常态下，展会总面积略有增长，河南省外成品家具增幅高于省内，木工机械、原材料高于成品家具。企业参展面积增幅较大，展览面

积在300~400平方米的企业为数不少，新南方超过700平方米。展会面向民众直销，仅江西华联一家企业零售超过80万元。

郑州福蒙特家居物流中心每年春秋两季的“家具博览会”得到了广大企业的认可。无论是郑州国际家具展还是福蒙特家博会都是推动行业全面发展的重要手段。

（四）《河南家具》杂志不断提升

《河南家具》杂志通过多次改版，品质、形象和品牌影响力不断提升，杂志与易邦设计公司合作后，综合水平和附加值得到不断提高。2015年，《河南家具》印刷发行4万册，其中，委托专业直投公司向郑州公共服务场所、会所、机关、企事业单位直投2万册，市场反映良好。

（五）积极参与政府活动

2015年，河南省家具协会参与研究讨论“河南省淘汰落后产能（人造板部分）”“河南省2015~2017年家居产业行动计划”“河南2025智能家居修改意见”“河南省承接产业转移示范区考核办法（讨论稿）”，向地方工信委推荐家具行业《2015年河南省技术改造项目》等。

三、特色产业发展情况

（一）中国中原家具产业园

中国中原家具产业园（原阳金祥）位于有“郑州北大门、新乡南大门”之称的河南省原阳县，区位优越，交通便利。原阳金祥产业园于2011年10月20日正式启动，项目规划总占地面积466.7公顷，总投资169亿元，计划入驻品牌家具企业150余家，项目全部建成后，年产值将达到450亿元、创税12亿元、安排8万人就业，将成为一个中原地区集家居产品研发、生产、检测、销售、现代物流于一体的大型综合性基地。（产业发展具体情况请翻阅本书“产业集群”篇）

（二）尉氏县产业集聚区

尉氏县产业集聚区成立于2006年，是河南省政府首批确立的产业集聚区之一，2015年12月实行“五规合一”，新尉工业园区正式并入尉氏县产业集聚区。总规划面积26.7平方千米，现已建成区面积24.4平方千米，占规划总面积的91.4%，总人口达26.8万多人，其中东组团规划面积18平方千米，已建成区面积16.3平方千米，辖16个行政村，总人口24.5万人；西组团规划面积8.7平方千米，已建成区面积8.1平方千米，辖9个行政村，总人口2.3万人。

目前，尉氏县产业集聚区已形成了以纺织服装、现代家居和健康医疗三大主导产业。已形成了中部地区最为完整的纺纱、织布、印染、制衣一条龙的产业链条。先后从浙江、广东等地引进了河南成达木业、河南邦瑞家具、河南嘉禾木业、郑州东湖木业、大营家具产业园、河南惠涛洁具有限公司、河南万佳纤维有限公司等以先进家居制造业为主的企业达43家，带动就业人数近12000人，已形成一个由枝桠材、小径木到刨花板、中高密度纤维板再到复合木质地板、多层实木地板、板式家具、高档实木家具、高级弹簧床垫、棕榈床垫及五金、包装的完整家居产业链条。

2015年，尉氏县产业集聚区内已入驻“四上”企业203家，其中规模以上工业企业131家。全年累计完成主营业务收入624.5亿元，增长26.2%；固定资产投资完成178.9亿元，增长25.3%；税收收入完成7.9亿元，增长23.4%，从业人员达8.4万人，增长20.7%。各项主要经济指标均保持高速增长态势，已成为尉氏经济发展新的增长极。

近年来，产业集聚区东、西组团坚持互融互通、融合发展，基础设施日益完善。西组团累计投入资金20亿元建成了“五纵五横”道路网，完成了道路绿化亮化工程，全部实现了通水、通电、通气“三通”；建成了日供水10万吨的自来水厂、日处理污水1.5万吨的污水处理厂，110万伏变电站正在建设，有力保障园区企业生产和项目的快速推进；投资8000万元的商贸综合大楼正在加快建设，上半年即可投入使用。

配套设施的完善，将使产业集聚区的服务功能更加完备。投资1200万元打造了现代化的产业集聚区服务中心和投资4000多万元的产业发展服务平台和110指挥中心顺利建成投入使用，为企业提供电子商务、人力资源、金融服务和行政服务等各项保障。

（三）中原家居产业园项目

中原家居产业园位于河南新乡获嘉亢村产业集聚区，园区总占地面积 933.3 公顷，首期规划用地 233.3 公顷 / 建筑面积 400 万平方米。园区整体规划，分期开发。以家具生产拉动研发和贸易的开发思路，围绕标准化厂房、原辅材料区、物流仓储区、展示博览区、企业总部商务区、生活配套区等环节，将园区规划为六大功能分区。项目建成后将引进生产性企业上千家，配套企业 10000 多家，创造就业岗位 10 万多个，企业进驻实现产值过百亿，税收超几十亿元。

2015 年入驻园区企业 66 家，其中家居区 28 家，广告标识区 38 家。

（四）钢制家具产业集聚区

庞村钢制家具产业集聚区位于洛阳市伊滨区庞村镇，总规划面积约 533 公顷，包括生产制造区、科技研发区、家具市场商贸区、仓储物流区、配套生活服务区等五部分。产业集聚区一期总投资 9.85 亿元，启动用地 43.3 公顷，规划建设多层标准化厂房 20 万平方米，重点发展高档钢制家具。（产业发展具体情况请翻阅本书“产业集群”篇）

（五）信阳国际家居产业小镇

“信阳国际家居产业小镇”项目，选址于羊山新区主城区以北、224 省道和沪陕高速两侧，距离市行政中心区约 10 千米。项目总规划面积 15.16 平方千米，总概算投资 358 亿元，预计全部建成达产后，年可创产值近 1000 亿元，实现税收 51 亿元，提供就业岗位 15 万个。（产业发展具体情况请翻阅本书“产业集群”篇）

四、工业园区发展分析

（一）发展情况

全省家具工业园区蓬勃发展，引起省委、省政府高度关注和大力支持。2013 年，省政府把以家具产业为核心的“泛家居”列入河南省重要产业。近年以来，省委书记、省长多次莅临清丰、原阳、羊山、兰考视察家居产业园区，深入了解招商引资情况，及时解决园区存在的实际问题，促使家具产业园区持续向好发展。2015 年，清丰、阳山、兰考分别赴北京通州、广东东莞、大岭山等地进行招

2015 年中原家居产业园重点入驻企业经济效益一览表

公司名称	2015 年销售额	年产量
河南怡品源家具有限公司	3000 万元	沙发家具 5000 套
瀚美居家具国际（集团）有限公司	5000 万元	沙发、橱柜家具 6000 套
河南千州福定制家居有限公司	1500 万元	定制家具 2000 套
河南筑祥实业有限公司	1500 万元	定制家具 1200 套
河南弗吕斯金门业	1000 万元	门窗 1500 套
河南喜象家居有限公司	2000 万元	铝单板 40 万平方米
河南升孚实业有限公司	1800 万元	沙发 3000 套
河南省创世弘宣实业有限公司	1000 万元	沙发 2000 套
河南大邦雅风标识有限公司	8000 万元	
河南唯美标识有限公司	7000 万元	
河南一丁标识有限公司	7500 万元	
河南政龙气模有限公司	5000 万元	
河南汉唐雅风有限公司	9000 万元	
河南宏基标识有限公司	8000 万元	

商，举办不同形式的招商会、座谈会，有效推动发达地区家具产业向河南转移和战略布局。目前，河南省已成为沿海地区和家具发达地区向中部转移的重要区域。2015年，省内外落户产业园区的企业和开工生产明显增加，初步统计有近40家企业。河南家具产业集聚区的崛起，尤其是发达地区产业向河南转移不仅提高了本省家具产业的整体水平（产品档次、品质和一线品牌数量），而且带来新的经营理念和营销模式。

（二）存在问题

一是园区规模较小。企业数量少，聚集程度低，产业链不够完善，绝大多数园区只有生产企业，缺少配套、原材料供应、仓储物流等服务性企业，造成企业生产成本高，竞争力不强。二是有产品同质化倾向。开发出来的产品大同小异没有自己的卖点，满足不了不同消费者的需求，产生不必要竞争。建议园区要鼓励同业、异业之间融合，如套房、餐厅、沙发、床垫之间融合、家具、地板、木门、电器、橱衣柜、装饰公司之间融合。

（三）解决办法

首先强化园区配套功能，增加企业数量，吸引更多的小微企业为大企业配套，提高园区集聚度。其次，园区之间进行融合，扩大规模，释放积聚能量。原阳与获嘉两个较近的园区有融合的必要性，优势互补资源共享，可进一步完善产业链。两区融合有利于在较短时间内做大做强新乡家具产业集群，可为下一步将两个园区打造成新乡乃至豫北地区规模最大的家具产业集群及集散地打下良好基础。另外，进一步加强郑州现有家居企业和小企业的招商力度，结合实际，针对性的在土地流转、税收、环境等方面给予优惠政策，鼓励中小企业到原阳和获嘉发展。

整合优质资源，走专业化道路。庞村钢制家具园区因为专业和专注，几十年长久不衰，在全国影响力大。原阳、尉氏可以走相对专业化道路，原阳的板式套房家具、木门、橱衣柜、地板、楼梯、护墙板等生产企业较多，实力较强、生产量大，建议把板式家具和定制家居作为园区主导产业。郑州等地十几家中高端实木家具企业集聚尉氏，无疑已成为全省实木家具的生产基地，通过重点扶持，宣传推广，有望把河南实木家具推向全国，成为河南的一张名牌。

湖北省

湖北省家具协会　秦志江

一、行业概况

2015 年，湖北家具行业规模以上企业 163 家，主营业收入 187.6617 亿元，比同期增长 10.74%。据不完全统计，全省 3000 余家企业，主营业收入 300 亿，同期增长 15%，行业从业人员超过 28 万。

二、品牌发展和重点企业情况

（一）品牌企业弯道超越

当前经济发展进入新常态，湖北省家具产业发展继续稳中提升，部分板式套房家具生产企业在经历了企业厂房搬迁、设备换档升级后，原有的产品结构已经不能满足市场需要，部分企业调整产品结构，除生产原有板式家具外，加大了向居家家具的延伸。原生产办公家具的生产企业，在集团家具销售受阻的情况下，向民用家具方向调整。

未来家具行业呈现出向个性化定制发展方向，定制家具在全省家具行业比重逐年上升，百余家企业主推定制家具。索菲亚、博洛尼作为全国知名家具品牌企业在湖北顺利投产经营，怡萧行、木德木作、圣马可等定制家具企业也快速发展，年主营收入增长速度超过 30%，为缓速的家具增长输入一剂强心剂。宝源木业、福汉木业大型板材企业也开始涉足定制家具领域。

实木家具行业由于生产周期较长，原材料、成品库存等因素，需要积淀才能有所成绩，武汉本土的超凡家具和荣星家具一直在湖北省实木家具领域处于领先地位，先后获得省市名牌称号。近几年，琪发家具和金海家具经过四五年的发展，也在实木家具方面有所突破。从板式套房家具领域走出来的佳叶家具在 2015 年 8 月，新工厂顺利投产后，开发生产实木家具发展势头迅猛。湖北首美家具股份有限公司 2015 年 10 月在光谷资本大厦成功挂牌上市，为企业开辟新的发展思路。

企业在转型升级后，部分企业开始注重产品研

2011 ～ 2015 年湖北省家具行业发展情况总汇表

主要指标	2015 年	2014 年	2013 年	2012 年	2011 年
企业数量	3100	3100	3100	3000	3000
规模以上企业数量	163	107	93	60	46
主营业收入（亿元）	300	260	220	160	130
规模以上企业主营业收入（万元）	1876617	1381647	1102452	820302	536124
出口值（万美元）	/	/	14501.32	13084.32	9595.30
家具产量（万件）	662.24	584.78	412.46	315.19	166.37

数据来源：湖北省家具协会

发和品牌发展，将品牌建设提到议事日程，制定了企业品牌发展计划，层层落实，2015年申报省名牌企业达到10家以上，并已进入审查阶段。

（二）国企改制寻求突破

湖北省家具行业目前有三家国企性质企业。湖北航天长征装备有限公司作为三江集团下属家具企业，除保持了原有办公家具、军工用品等外，在酒店宾馆家具、木门等方面业绩节节攀升，2015年增长速度超过20%；武钢旗下两家家具企业，武钢物华科技开发有限公司和武汉梦湖家私有限公司是两家不同类型的企业。武钢物华科技开发有限公司为办公家具生产企业，随着办公家具需求的减少，企业另辟蹊径，开发松木等实木系列家具，取得一定成绩。而武汉梦湖家私有限公司则通过武钢生产的钢丝转变为非钢产业的弹簧，从为软体企业提供席梦思弹簧，到自己生产销售软体家具，成为华中地区软体行业中的全产业链生产企业。

三、特色产业发展情况

新兴产业园、产业基地作为湖北省家具产业的集中发展区域，2015年进展顺利、总体发展趋势较好。目前，已有近80家家具制造企业进入园区，正在形成集群生产、抱团发展的产业格局。2015年，监利香港家具产业园被中国家具协会授予“长江经济带新兴家居产业基地”以及三个“全国级的新兴家具产业基地”园区，为广大企业落户中部提供了产业基地。

为落户企业快速发展，产业园调整思路，相继引进板材企业、包装企业，原辅材料相关配套企业，打造展示销售市场，并将引进物流企业打造全产业链。监利香港家具产业园引进香港家协和东莞家具行业重点企业，助推产业建设；潜江华中家具产业园由华伽投资管理有限公司进行了资产收购和股权重组，将与入园企业一起把园区建设成以家具产业为引擎，生态化、智能化、现代化的产业新城。

四、行业纪事

展会作为家具产业链的重要组成部分，为企业与市场、经销商和消费者搭建了沟通展示的平台，武汉国际家具展是湖北家具企业的大舞台，为湖北家具企业的品牌打造和走出去提供了良好的契机。2015年5月7~10日，首届“武汉国际家具展”在武汉国际博览中心成功举办。参展企业400多家，展出面积6万平方米，湖北本地家具企业踊跃参与，开创了家具行业展会首届爆棚的局面。

武汉市

武汉家具行业协会 谢文桥

一、行业纪事

（一）首届武汉国际家具展成功举办

以“生态家具，绿色生活”为主题的2015武汉国际家具展于2015年5月7~10日在武汉国际博览中心举办，展馆规模7万平方米。展会共设6大展馆，参展企业366家，汇集湖北、广东、四川、河北、江西、江苏等省市家具制造企业及知名品牌，参观人数达5万多人次。其中，来自全国各地经销商及下游专业买家达3万多人次。展会成交额3.8亿元，签单10亿元。大武汉作为九省通衢之地，为家具业承东启西架起桥梁和纽带的功能逐步增强。

首届武汉国际家具展览会现场

（二）家居卖场版图重新改写

随着武汉城市二环三环线的全面贯通，地铁、轨道交通一、二、三、四号线的成网，武汉交通优势更为明显，武汉家居环绕城市交通的延伸而重新改写版图。

地铁三号线聚集十余个品牌家居卖场，地铁一、二号线已成高端家具综合体卖场。二环线周边遍布卖场十余个，卖场硬件好、产品全、规模大，各种促销活动此起彼伏。三环线周边聚集家具产业集群，成为汉产家具走出去、运进来的前沿阵地。

武汉三镇家具卖场，产业集群呈多极分布，商圈鼎立。汉口有额头湾、汉西、汉口北、火车站、竹业山，武昌有徐东、青山、光谷、小东门、武泰闸，汉阳有王家湾、陶家岭，卖场超300万平方米，十余个家居商圈正在崛起。

（三）展会经济在武汉掘起

2015年7月12日，“承接家具产业转移 振兴武汉家具产业论坛”在东湖宾馆落幕，中国家具

2011～2015年武汉家具行业发展情况汇总表

主要指标	2015	2014年	2013年	2012年	2011年
企业数量	1150	1200	1150	1090	1020
规模以上企业量	30	35	20	15	10
工业总产值（亿元）	85	90	80	70	60
规模以上企业工业总产值（亿元）	25	25	20	15	12
内销（亿元）	90	100	85	75	65

数据来源：武汉家具行业协会

CBD华中（武汉）家具产业园落成。武汉金马凯旋家居CBD第二届华中家具博览会暨第十一届秋季家具采购节于2015年8月29~30日举行，采购节以展会带动商贸、制造的发展。武汉和平大世界于2015年9月、10月举办“第四届中部六省家具商贸洽谈会”，9月9日一天接待了来自中部六省近万名客商到会采购、洽谈。

（四）家具企业整体升级

汉产家具一直以来处于中低端档位，产品生产规模小、实力弱、模仿性强，没有自己的研发能力。随着城市整体功能的提升，建设步伐的加快，庞大的中低端市场也孕育着汉产家具发展黄金时期的到来。“8+1”城市圈中，随着中国家具CBD、潜江华中家具产业园、红安融园家具产业园、汉川金鼓城家具产业园的建成，汉产家具脱离原始积累期，入驻三大产业园，向高附加值市场进军。企业着手产品升级、管理升级、渠道升级，人才引进、集群发展，加快了结构升级步伐，通过走绿色、创新、共享、协调、开放的发展道路，提升整个行业转型升级。

（五）红星美凯龙两店逆市入住武汉

位于武汉解放大道和三环线交界处，紧临三环和竹叶海轻轨站，红星美凯龙在汉的第一个项目武汉红星美凯龙世博家居广场于2015年10月31号开业。占地7.73公顷，总面积达27万平方米，拥有近5000个免费停车位，汇聚全国一线建材、家居名品，以精品、文化、时尚的品牌定位，现代化的硬件设施，一流的购物环境，国际化的标准业态，打造最具特色的集家居情景展示、销售、体验于一体的一站式家居商业中心。11月14日，红星美凯龙与武汉竹叶山集团联手打造的位于竹叶山立交桥、二环线与武汉大道交汇处的红星美凯龙竹叶山商场开业。项目占地面积7.4万平方米，建筑面积逾20万平方米。该商场以艺术为主题，拥有五大主题大厅。

（六）行业巨鳄与本土龙头瞄准武汉三镇

沿海家具企业向内地的转移，武汉城市功能的发展理念转变，国内家居行业的巨鳄也瞄准武汉。红星美凯龙、居然之家、月星家居、宜家家居、金马凯旋家居、欧亚达家居相继进住武汉三镇。国际大鳄与本土龙头不约而同布局武汉三镇。欧亚达汉阳国际广场于2015年11月28日隆重开业，配套的七大主题商业区，囊括建材家居、购物休闲、餐饮娱乐、商务办公、酒店式公寓等多重业态，与现有的欧亚达汉阳店相邻而居。3000余个国际标准停车位、30余万平方米超大体量，尽显高端家居生活商业综合体的尊贵品质。充分发挥了武汉九省通衢的功能作用。

二、品牌发展和重点企业情况

2015年武汉市家具行业重点企业及品牌汇总

重点企业	重点品牌
武汉欧亚达家居集团有限公司	“欧亚达”牌 木家具系列
湖北联乐床具集团有限公司	“联乐”牌 软木家具系列
武汉市红旗家具集团有限公司	“家世代”牌 木家具系列
武汉超凡家具制造有限公司	“超凡”牌 木家具系列
湖北荣星家具有限公司	“红荣居”牌 木家具系列
武汉爱蒂思家私有限公司	“爱蒂思”牌 软木家具系列
武汉龙翔家私有限公司	“龙翔”牌 软、木家具系列
武汉锦天家具有限责任公司	“锦天”牌 木家具系列
武汉金都明珠贸易有限公司	“金都”牌 软木家具、套装家具
武汉金海家具有限公司	“帝凡琦”牌 木家具套房系列
武汉梦湖家居有限公司	“梦湖”牌 床垫

湖南省

湖南省家具行业协会　刘发刚

一、特色产业发展情况

湖南省具备7000多万的消费人口，家具消费零售总额突破600亿元，是典型的消费大省，而家具消费品牌以广东、浙江、四川等发达地区输入为主，全省家具制造依然比较薄弱。集中集约发展是湖南家具制造必经之路。湖南家具产业园是行业发展的产物，也是湖南家具人共同的期望。家具产业园区的建立，从生产规模、配套设施、产品品质、发展模式进行全方位产业升级，集中湖南的家具制造企业，引进、吸纳沿海等家具企业的转移，最终形成完善的家具产业链发展基地，打造湖湘家具品牌。这也是国家产业集群化发展的战略导向。

2015年是湖南家具产业集群崛起的一年，益阳顺德城家具集群、浏阳永安家具产业园、永州新田县家私产业园、衡阳祁东家具产业园已成为湖南四大家具集散中心。湖南省将推进林业产业园区建设作为林业产业特别是家具产业转型升级的重大举措。近年来，湖南省林业厅已批复8个省级林业产业园区的筹建，并结合省政府实施"百千万"工程，争取了对家具产业园区建设的支持。目前，已有一大批知名家具企业签订了入园协议。这些能集聚各种生产要素的园区将会整合多方力量，吸引先进技术和管理理念，形成科学、合理的家具产业链，促进湖南家具产业跨越式发展。

二、行业纪事

2015年6月，中国（湖南）家居博览会在湖南国际会展中心开展。12月，湖南省第三届家具博览会在益阳·顺德城举办。湖南省第三届家具博览会由湖南省林业厅、益阳市人民政府主办，益阳市赫山区人民政府、益阳顺德城承办，展馆面积达6.6万平方米，分为品牌体验、湖南馆、顺德馆、O2O体验馆、湘奥文化体验馆、产业链配套区等6个主题展区，参展企业达400多家，参展人数3万多人，是历届家博会展馆面积最大、参展企业最多的一次大型家具博览会。

家具博览会是最好也是最直接助推产业发展的平台。2010、2012和2015年，湖南省先后成功举办了三届家具博览会。在博览会的助推下，全

2014～2015年湖南省家具行业发展情况汇总表

主要指标	2015年	2014年	累计同比增长
企业数量	3500	3000	1.2%
工业总产值（亿元）	465	450	3.3%
主营业务收入（亿元）	500	469	6.2%
规模以上企业数量（个）	100	92	8.7%
规模以上企业工业总产值（亿元）	268	252	6.3%
规模以上企业主营业务收入（亿元）	296	280	5.8%

数据来源：湖南省家具行业协会

湖南省第三届家具博览会现场

省林业产业园区加速建设，家具产业集聚发展；技术创新和品质提升加快，资源有效利用得到空前发展，规模逐渐壮大，与此同时企业环保意识逐步提升，主动维护和改善环境的自觉性进一步加强，经济社会正在向资源节约型，环境友好型的两型社会推进。

三、品牌发展和重点企业情况

（一）湖南省晚安家居实业有限公司

公司主营床垫、软床、实木床、沙发、布艺床、家纺类等产品，先后被评为“湖南省的知名品牌企业”、“全国十大专业床垫生产企业”、“中国家具协会常务理事单位”、“中国家具协会软床垫专业委员会理事单位”、“湖南省 100 强民营企业”、“全国行业标准制定单位”、“湖南省工业旅游示范单位”、“湖南省省长质量奖”等多项荣誉，弹簧床垫、床上用品双双荣获“中国驰名商标”，成为目前中国家居类企业中唯一拥有两个“驰名商标”的知名企业。

（二）湖南星港家居发展有限公司

公司主营家具及配套产品、泡沫塑料的生产、加工、销售等，是全国首家通过“中国环境标志产品认证”的床垫生产企业、“中国家具协会副理事长单位”、“中国家具协会软垫家具专业委员会副会长单位”，先后获得“湖南省著名商标”、“中国家具十大床垫品牌”、“中国驰名商标”、“星际旅游饭店软体家具最佳品牌”、“湖南省质量信用 AAA 级企业”、“企业管理升级奖”、“湖南省诚信建设示范单位”等荣誉。

（三）湖南梦洁新材料科技有限公司

公司主营床垫、床具、沙发等，是“中国家具协会理事单位”，通过“ISO9001:2008 版国际质量管理体系认证”、“ISO14001:2004 版国际环境管理体系认证”、“中国环境标志产品认证”，公司产品经检测被评为 A 级产品，先后荣获“中国驰名商标”、“中国名牌产品”、“湖南省名牌产品”、“湖南省质量管理奖”、“自主品牌奖”、“高新科技企业”等多项荣誉。

STARDOM 星港家居
星/港/床/垫 关/爱/到/家

湖南产业集群分布图

湖南省家具产业园区分布图

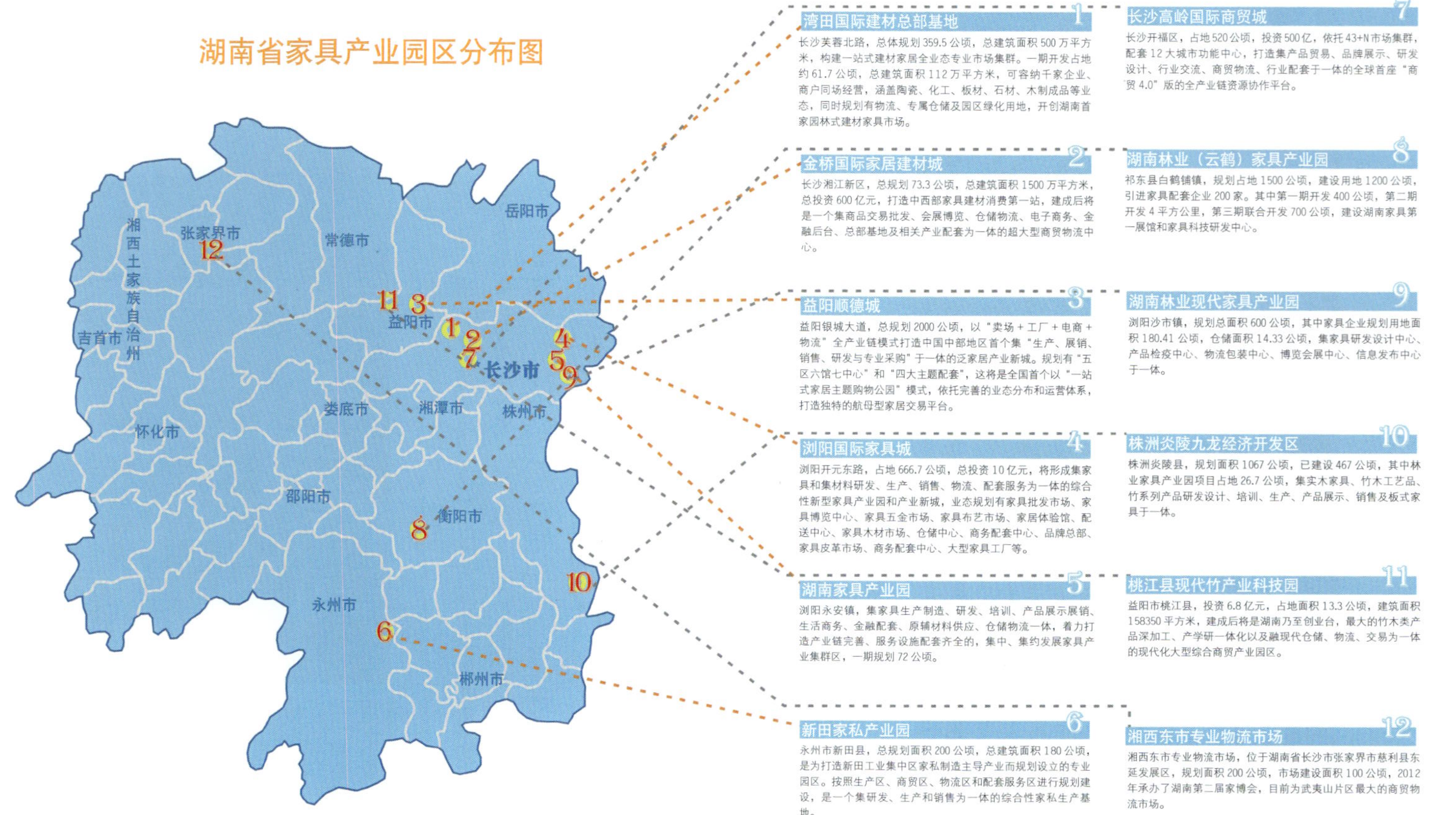

1 湾田国际建材总部基地

长沙芙蓉北路，总体规划 359.5 公顷，总建筑面积 500 万平方米，构建一站式建材家居全业态专业市场集群。一期开发占地约 61.7 公顷，总建筑面积 112 万平方米，可容纳千家企业、商户同场经营，涵盖陶瓷、化工、板材、石材、木制成品等业态，同时规划有物流、专属仓储及园区绿化用地，开创湖南首家园林式建材家具市场。

2 金桥国际家居建材城

长沙湘江新区，总规划 73.3 公顷，总建筑面积 1500 万平方米，总投资 600 亿元，打造中西部家具建材消费第一站，建成后将是一个集商品交易批发、会展博览、仓储物流、电子商务、金融后台、总部基地及相关产业配套为一体的超大型商贸物流中心。

3 益阳顺德城

益阳银城大道，总规划 2000 公顷，以“卖场 + 工厂 + 电商 + 物流”全产业链模式打造中国中部地区首个集“生产、展销、销售、研发与专业采购”于一体的泛家居产业新城。规划有“五区六馆七中心”和“四大主题配套”，这将是全国首个以“一站式家居主题购物公园”模式，依托完善的业态分布和运营体系，打造独特的航母型家居交易平台。

4 浏阳国际家具城

浏阳开元东路，占地 666.7 公顷，总投资 10 亿元，将形成集家具和集材料研发、生产、销售、物流、配套服务为一体的综合性新型家具产业园和产业新城，业态规划有家具批发市场、家具博览中心、家具五金市场、家具布艺市场、家居体验馆、配送中心、家具木材市场、仓储中心、商务配套中心、品牌总部、家具皮革市场、商务配套中心、大型家具工厂等。

5 湖南家具产业园

浏阳永安镇，集家具生产制造、研发、培训、产品展示展销、生活商务、金融配套、原辅材料供应、仓储物流一体，着力打造产业链完善、服务设施配套齐全的，集中、集约发展家具产业集群区，一期规划 72 公顷。

6 新田家私产业园

永州市新田县，总规划面积 200 公顷，总建筑面积 180 公顷，是为打造新田工业集中区家私制造主导产业而规划设立的专业园区。按照生产区、商贸区、物流区和配套服务区进行规划建设，是一个集研发、生产和销售为一体的综合性家私生产基地。

7 长沙高岭国际商贸城

长沙开福区，占地 520 公顷，投资 500 亿，依托 43+N 市场集群，配套 12 大城市功能中心，打造集产品贸易、品牌展示、研发设计、行业交流、商贸物流、行业配套于一体的全球首座“商贸 4.0”版的全产业链资源协作平台。

8 湖南林业（云鹤）家具产业园

祁东县白鹤铺镇，规划占地 1500 公顷，建设用地 1200 公顷，引进家具配套企业 200 家。其中第一期开发 400 公顷，第二期开发 4 平方公里，第三期联合开发 700 公顷，建设湖南家具第一展馆和家具科技研发中心。

9 湖南林业现代家具产业园

浏阳沙市镇，规划总面积 600 公顷，其中家具企业规划用地面积 180.41 公顷，仓储面积 14.33 公顷，集家具研发设计中心、产品检疫中心、物流包装中心、博览会展中心、信息发布中心于一体。

10 株洲炎陵九龙经济开发区

株洲炎陵县，规划面积 1067 公顷，已建设 467 公顷，其中林业家具产业园项目占地 26.7 公顷，集实木家具、竹木工艺品、竹系列产品研发设计、培训、生产、产品展示、销售及板式家具于一体。

11 桃江县现代竹产业科技园

益阳市桃江县，投资 6.8 亿元，占地面积 13.3 公顷，建筑面积 158350 平方米，建成后将是湖南乃至创业台，最大的竹木类产品深加工、产学研一体化以及融现代仓储、物流、交易为一体的现代化大型综合商贸产业园区。

12 湘西东市专业物流市场

湘西东市专业物流市场，位于湖南省长沙市张家界市慈利县东延发展区，规划面积 200 公顷，市场建设面积 100 公顷，2012 年承办了湖南第二届家博会，目前为武夷山片区最大的商贸物流市场。

广东省

广东省家具协会　王克

一、行业概况

2015 年，广东省家具行业面对我国家具市场疲软、房地产市场低谷、实体经济下滑的形势，坚持创新驱动、内外销并举的发展策略，继续保持出口、内销居全国龙头地位。

据不完全估计，2015 年全省家具销售总值 3820 亿元人民币（下同），比上年同期增加 5.2%，净增长 190 亿元，行业进入低增长发展态势。其中，据海关统计数据，2015 年全省家具出口 207.44 亿美元，比去年同期增长 5.6%，净增长 10.95 亿美元；占全国家具出口 542.83 亿美元的 38.2%，比同期全国家具出口增长 1.6%，高出 4 个百分点。据不完全估计，2015 年内销 2470 亿元，比上年同期增长 5.1%，净增长 120 亿元。

据统计部门数据，2015 年全省家具行业规模以上企业（约 1170 家，下同）主营业务收入 1847.32 亿元，比上年同期 1735.32 亿元增长 6.5%，净增长 112 亿元。其中：

平均单价 1178.43 元 / 件套，比上年同期 1029.03 元 / 件套增长 14.5%；

木质家具、金属家具、其他家具表现不俗，主营业务收入分别达 1069.46 亿元、343.34 亿元、434.52 亿元，比上年同期增长 4.9%、15.1%、4.1%；

木质家具、金属家具、其他家具比重分别为 57.9%、18.6%、23.5%。

表 1　2014 ~ 2015 年广东省家具行业主要经济指标一览表

主要指标	2015 年	2014 年	同比增减	净增减
总值（亿元）	3820	3630	+5.2%	+190
出口（亿美元）	207.44	196.49	+5.6%	+10.95
内销（亿元）	2470	2350	+5.1%	+120

数据来源：广东省家具协会

表 2　2014 ~ 2015 年广东省规模以上家具企业主营业务收入一览表

主要指标	2015 年	2014 年	同比增减	净增减
总值（亿元）	1847.32	1735.32	+6.5%	+112
木质家具（亿元）	1069.46	1019.37	+4.9%	+50
金属家具（亿元）	343.34	298.41	+15.1%	+45
其他家具（亿元）	434.52	417.54	+4.1%	+17

数据来源：广东省家具协会

表 3　2014 ~ 2015 年广东省规模以上家具企业总产量一览表

主要指标	2015 年	2014 年	同比增减	净增减
总产量（万件）	15676.17	16863.65	-7.0%	-1187
木质家具（万件）	5128.54	5668.45	-9.5%	-540
金属家具（万件）	6632.74	6870.82	-3.5%	-238
其他家具（万件）	3914.89	4324.38	-9.5%	-409

数据来源：广东省家具协会

据统计部门数据，2015 年全省家具行业规模以上企业总产量 15676.17 万件，比上年同期 16863.65 万件减少 7%，净减少 1187.48 万件。其中：

木质家具、金属家具、其他家具产量全面减产，分别为 5128.54、6632.74、1273.09 万件，比上年同期分别减产 9.5%、3.5%、9.5%；

木质家具、金属家具、其他家具产量的比重分别为 32.7%、42.3%、25%。

二、行业大事记

（一）创新驱动 提升市场竞争力

1. 行业转型升级和结构调整进入关键期　规模企业、品牌企业整体发展良好，效益增幅大于主营业务收入。骨干企业加强工业化、信息化和现代生产服务业的融合，开展以设备更新、绿色制造为主线的技术改造。定制家具成为消费热点，多功能产品、智能家居等新型需求展现潜力。板木家具、实木家具的环保产品逐渐成为消费主流。提高互联网技术应用范围，适度发展电子商务，线上引流、线下体验、上下互动，积极探索新型商业模式。上市和培育上市企业增多，广州好莱客创意家居股份有限公司在上海证券交易所 A 股主板上市。

2. 出口规划　针对复杂多变的国际市场形势，全省家具行业出口会议公布《广东省家具出口五年规划》，明确“创新驱动·提升广东省家具出口国际竞争力”的指导思想，提出八项措施，引导出口企业健康稳步发展：以内外并举两条腿走路，形成企业稳健的发展模式；以创新驱动和技术改造，形成企业新的核心竞争力；以新中式家具为突破口，形成自主知识产权竞争力；以走出去请进来的方式，形成企业自主品牌影响力；以出口方式向效益转变，提高行业扩大出口积极性；以出口产品结构多元化，提高行业国际市场开拓力；以出口国家结构多元化，化解地区经济和汇率风险；以公平贸易预警的机制，提高行业应对危机的能力。对深圳长江家具有限公司等 73 家企业授予广东省家具行业优秀出口企业（2010~2014 年）称号，鼓励多种渠道开拓多元化国际市场。

（二）珍品认定 推动红木升级

按照广东省经信委《关于广东省工艺美术家具珍品认定职能转移的通知》要求，广东省家具协会制定《工作方案》，认真做好宣传、发动、组织和评审工作。征集 87 家企业和个人申报的 174 件（套）作品，涵盖凳墩、座椅、宝座、香几、桌案、床榻、柜架、屏风。评委坚持“公平、公正、公开、科学、有序”原则，认定伍炳亮创作的清式小叶紫檀精刻万里长城大地座屏等 20 件 / 套为家具珍品，评定赵小雄创作的黑酸枝抱元守一画案等 60 件 / 套为广作精品。当中式之王遇见罗浮宫——广东省工艺美术（家具珍品·广作精品）首发巡礼活动，展示家具珍品/广作精品，举办开幕式、颁奖典礼、《珍品 / 精品图录》和名人讲座活动，大力推动优秀工艺家具作品的创作、宣传、展示和收藏，促进广东传统工艺家具行业发展。同时，提高社会组织在承接政府职能转移的代表性、影响力、公信力。

（三）设计创新 推动知识产权

1. 系列创新设计大赛 助推产品水平提升　红古轩杯新中式家具、中泰龙杯办公家具、澳门荷花杯酒店家具、健威杯板式家具、丽江杯公共座椅、百利杯·全国大学生办公家具等系列设计大赛，广东省家具行业摄影大赛，吸引了来自全国各地的企业、设计机构的设计人员和相关院校的师生踊跃参加，参赛作品水平不断提高，受到了专家评委的好评。

2. 广州家居设计展　为期5天的设计创新展览规模进一步扩大，联邦家私、上坐、圣豪庭、广厦地板、领艺、广州美术学院、清华大学美术学院、华南农业大学、顺德职业技术学院等44家企业、院校参展，以新中式、当代原创、新东方生活、自然环保等主题，共同呈献产品功能、造型、工艺、材料创新的成果，以及融合古典与现代家具文化的新生活方式。展品涵盖创意特色的家具（民用、办公、户外等）、家居饰品、工艺品、系列设计大赛获奖作品等。系列活动：主题论坛、设计年会、流行趋势发布、摄影大赛启动、系列设计大赛颁奖礼、华笔•全国家居创意设计大赛等，集合设计交易、潮流发布、展赛互动的三大功能，吸引了大批国内外专业观众、采购商、经销商和众多企业知名人士慕名而来。

（四）会展经济 助力拓展市场

三月，中国广州国际家具博览会、国际名家具东莞展览会、深圳国际家具展览会、龙家具展览会等四大展会如期开幕，强化市场拓展、品牌展示、设计创新、新品发布等作用，提供更多开拓国内外家具市场的商机。其中，第35届中国广州国际家具博览会分两期举，总面积68万平方米，展会以新观念，深耕细作，打造时尚化、全球化、多维度、互动式国际商贸平台。一期分民用家具、户外休闲、家居饰品、家纺布艺，二期分办公家具、商用家具、酒店家具、设备辅料等四大主题，贯通家具行业上下游，连接全产业链。来自中国、美国、意大利、法国、英国、德国、澳大利亚、土耳其、韩国、日本、奥地利等32个国家和地区的品牌企业云集，展览品质与商业价值进一步提升。广州家居设计展、办公环境主题馆、家具设计评奖活动、全球办公家具行业论坛，从不同角度切入行业热点问题，进一步丰富展会信息交流的平台功能，促进展览与配套活动的深度融合。

九月，第36届中国上海国际家具博览会从广州移师上海国家会展中心，以“更大、更好、更加方便、更多收获”的亮点首秀上海，以40万平方米的展览规模，展品涵盖民用现代家具、办公家具、民用古典家具、户外家居、饰品家纺、家具生产设备及配件辅料以及国际家具、设计等六大展区两个专题馆，打造融合家具办公产品全产业链的商贸交流平台，开启家具展“家聚世界，双城魅力”的新格局，为全世界各地参展企业、买家上演一场行业盛宴，广东家具企业更是展会的主力军和获益者。

（五）公平贸易 做好预警工作

对我国及出口国家具行业的市场状况、法律、政策、规则和指令等变化进行长期监测、分析和预警，关注家具行业贸易摩擦案件情况，提醒相关企业予以高度重视。收集相关政策和行业出口信息，分析行业出口情况和影响原因，提出相关建议，制定行业出口规划。建立公平贸易的专题网页、微信公众号，及时发布政策、行业数据、资讯、工作动态等信息。全省家具环保工作会议应对美国复合木制品技术性贸易措施，不断完善行业自律机制；坚持实施《广东省家具市场诚信自律公约》，协调和规范行业经营秩序。全省家具行业公平贸易座谈会，专题研究彩绘家具企业开拓美国家具市场、其他国际市场、国内市场所面临的问题，对彩绘家具列入美国木制卧房家具反倾销案件的可能性，以及应对措施进行了预警和研究。

（六）广东省家具协会被评为广东省5A级社会组织

广东省家具协会被广东省民政厅评为“广东省5A级社会组织”，这是在全省3万多个社会组织中，对运作程序规范、社会责任感强、社会公信度高，在经济和社会发展中发挥了积极作用、树立了良好形象的40个社会组织授予的荣誉称号。

（七）广东省家具协会第六届会员代表大会顺利召开

民主选举产生了第六届理事会，王克当选会长，广东联邦家私集团有限公司杜泽桦等16人当选执行会长，张承志当选副会长兼秘书长，李礼等49人当选副会长，广州市丽江椅业有限公司吴新云等112人当选为常务理事，广州市番禺区石碁古典红木家具行业协会梁烈涛等343人当选为理事；广州市三二一网络有限公司刘波为监事长。

三、品牌发展及重点企业情况

（一）广州百利文仪被国家工商总局认定为中国驰名商标

广东省著名商标评审委员会新认定、延续认定广东省著名商标25件：东莞光润、广州百利文仪、广东大公馆、惠州欧丽斯、广州联友、深圳中意、广东联邦、深圳长江、广州百利文仪、东莞城市之窗、中山轩红坊、中山国景、中山沃盛、广州优派、广东红旗、广州华尚、深圳迪诺雅、广东外贸、东莞楷模、佛山中礼、东莞兆生、广东檠腾、东莞艺藤居、佛山醒目仔、广州马可波罗。

（二）广东省名牌产品推进委员会认定31件广东省名牌产品

广东省名牌产品推进委员会认定31件广东省名牌产品：东莞光润家具股份公司、广州市百利文仪实业公司、江门健威家具装饰公司、东莞市元宗家具公司、广东优派家私集团公司、广州市欧林家具公司、广州市欧亚床垫家具公司、中山市中泰龙办公用品公司、中山市派格家具公司、中山市国景家具公司、中山市华盛家具制造公司、广东大公馆家具制造公司、东莞市慕思寝室用品公司、广东红运家具公司、广东东泰金属制品公司、嘉宝莉化工集团股份公司、广东省宜华木业股份公司、汕头市华莎驰家具家饰公司、东莞达艺家私公司、东莞市兆生家具实业公司、东莞市华立实业股份公司、东莞市兄奕塑胶制品公司、中山四海家具制造公司、中山迪欧家具实业公司、广东森拉堡家具公司、佛山市鑫诺家具公司、佛山市瑞信无纺布公司、佛山市迪奥比家具公司、广东千叶松化工公司、广东星徽精密制造股份公司、广东中侨五金电器制造公司。

广州市

广州市家具协会　杨家辉

一、行业概况

2015年，广州市家具行业在行业深度调整中徘徊，缺乏核心竞争力、同质化严重的家具企业生存艰难，大部分中小企业普遍表现出一种亚健康状态，管理跟不上、战略调整慢、产品缺乏竞争力。广州市大型家具企业在2015年中继续有稳健表现，衣柜五金、衣柜定制类企业继续快速增长。

二、行业纪事

（一）《新环保法》落地

随着《新环保法》在2015年1月1日的实施，广州市各区贯彻落实文件精神，特别是广州市白云区，该区内以中小型家具生产企业为主，广州流溪河饮用水源流经该区，当地政府实行严格的环保准入标准，划分了水源保护区，不通过环保验收的企业，不能开工生产，淘汰了一批产能落后，污染大的企业，倒逼生产企业改善工作环境，企业取得了良好成效。

（二）跨界融合成常态

2015年9月29日，恒大集团知名品牌家居联盟签约仪式在广州举行。恒大携手15家全国家居龙头，推出行业首创的“精装+免费家居”产业服务模式，为恒大业主提供软装等全方位家居一站式服务，实现真正的拎包入住。恒大携手知名品牌家居企业建立联盟，统筹了更多的行业优质资源，在提供领先的家居服务的同时，也凸显了其行业龙头的竞争优势。这在业内极具行业示范效应，或将颠覆地产和家居两大行业的发展格局。

（三）广州两家家具企业受美媒关注

美国商业杂志《快公司》中文版评选出2014年中国最佳创新公司50强中，8家广州企业上榜。酷漫居、尚品宅配榜上有名，其中尚品宅配2015年继续上榜，成为广州家具行业科技创新的杰出代表。广州酷漫居动漫科技有限公司用互联网思维转型，拿下迪士尼品牌形象授权，从传统家具产业逐渐转型为文化创意产业与儿童居室环境相结合的轻资产公司。

目前，创新驱动正在逐渐成为推动广州经济结构调整和产业转型升级的主要动力。新产业新业态在南粤蓬勃生长，新增长点破茧而出，创新资源加速集聚，创新动力不断增强。在全球创新体系中，广州的地位越来越重要。

三、重点企业介绍

（一）广州市番禺永华家具有限公司

广州市番禺永华家具有限公司，1986年诞生

2014～2015年广州市家具行业发展情况汇总表

主要指标	2015年	2014年
企业数量	5610	5788
工业总产值（亿元）	965	978
出口值（亿美元）	46	49

数据来源：广州市家具协会

在广作红木家具发源地，位于广州市番禺区石碁镇，一直致力于顶级红木艺术家具领域的长足发展。公司坐拥10万多平方米的花园式红木生产基地，拥有现代化的专业设备、高效的信息化系统和优秀的设计制造团队；品牌首创业界体验营销先河的观光工艺走廊和永华艺术馆。

多年以来，永华不但通过了“清洁安全生产”“ISO14001环境体系”“ISO9001质量管理体系”等各项审核认证，且先后获得“广东省名牌产品”“广东省著名商标”“广州市家具协会会长单位”“中国家具协会副理事长单位”“最具影响力的中国红木家具十大品牌”等诸多荣誉。2015年，永华继续跨越式发展，年产值达1.5亿元人民币，当选为“中国艺术红木家具专委会主席团主席单位”、荣获“2015中国红木家具十大影响力品牌”荣誉称号，品牌竞争力进一步提升。

（二）广州市百利文仪实业有限公司

百利（VICTORY®）成立于1990年，是一家集研发、制造、销售、售后服务于一体的大型专业化办公家具企业，是“中国驰名商标”、“中国办公家具十大品牌”、“广东省著名商标”、“广东省名牌产品”。企业现有员工1500多人，年产值超5亿元人民币。2009年投产的广州从化工业园是“华南地区最大最现代的办公家具生产基地”，年产能超10亿元，并拥有北京、上海、广州、深圳、香港5个直营分公司和100多家品牌总代理的销售及服务网络。

企业迄今共获得80多项国内外殊荣，130多项国家专利。此外，百利还是“中央国家机关政府采购”家具定点采购单位（行业内唯一获得木制及钢制家具双资格中标的定点品牌），也是首家获得GREENGUARD全品类认证的办公家具企业，并已成为奥迪、宝马、奔驰、宾利、保时捷、联想、华为、搜狐、阿里巴巴、中国移动等优秀品牌的战略合作伙伴。

（三）广州市黛博睿家具有限公司

广州市黛博睿家具有限公司成立于1996年，位于广州市白云区，历经19年的发展，公司拥有11万多平方米的现代化生产工业园区，员工500多人，主要生产摩登、时尚的现代客厅、餐厅家具。公司以出口为主，产品已出口至全球130多个国家和地区。公司拥有5000平方米的现代家具展厅以及专业的外贸团队。公司通过整合外销产品设计、生产、品质的资源优势，提出了全新的内销品牌战略，启用英文品牌“Modern home”的中文意译“黛柏丽雅”打造摩登、休闲、时尚的家居品牌。

广州市番禺永华家具有限公司

广州市百利文仪实业有限公司

广州市黛博睿家具有限公司

深圳市

深圳市家具行业协会　侯克鹏

一、行业概况

深圳家具行业在产业规模、生产技术、设计与工艺、产品质量和出口创汇等方面均处于国内领先地位，是深圳传统支柱产业之一。深圳家具行业在企业数量、工业总产值、行业产值占全市工业总产值的比重等方面均呈现逐年增长的趋势。

目前深圳家具企业近1300家，其中龙岗400多家，坪山500多家，宝安等其他区域近300家。从业人数15多万人，10亿以上产值企业15家，1~10亿产值企业105家。国内一二线城市的家具大卖场家具品牌50%来自深圳及广东地区。

二、品牌发展和重点企业情况

近几年，深圳的许多优秀企业及时抓住了市场机遇，调整自身发展方向，布局全国，得到了较快发展。在这轮行业洗牌当中，许多企业已经迎头赶上，一跃成为各大家具门类中的领先者与佼佼者，例如，软体类有左右沙发、芝华仕等，软床类有圆方园、CBD、路福寝具，现代实木类有柏森、童话森林、恒信华典等，古典实木类有亚力山卓、金凤凰等，板木家具有仁豪迪诺雅、兴利等，儿童家具有松堡王国、七彩人生，板式类家具有红苹果等等，这些在各自家具品类的领导者，都成为了深圳家具这面旗帜的代表。

企业对“深圳制造”的投入日益扩大，在家具产业自主创新的项目经费中，主要包括设计创新、技术创新、设备创新。据调查显示，有90%的企业投入了新产品的研发经费，技术与设备创新投入占全部创新项目经费投入的60%。在技术创新方面，已有65%的企业达到了国内领先水平。

三、发展措施

一是引导生产集群式转移，将研发与营销保留在深圳，发展总部经济，并争取深圳家具服务领域成为国内真正的家具设计中心。

二是改变惯有思维，提升创新思维，进一步解放思想，在资本经营扩大企业规模、成为供应链系统的综合运营商、建立专业化的管理团队、持续树立企业形象、打造共同利益的组织文化、建立标准化物理体系等方面继续创新。

三是稳定一级市场份额，向二、三级市场渗透。深圳家具产业将继续利用营销方式全国领先的优势，国内需求量大、社会主义新农村建设、城镇化建设的契机，快速地以“深圳家具”整体品牌向二、三级市场渗透，以扩大深圳家具在全国的市场份额。

四是鼓励技术联盟与研发，克服单个企业投入有限的不足，推动深圳家具产业的研发与发展，并推动企业进行可循环和再生材料的开发利用，以环保求核心竞争力。此外，专业化是深圳家具行业发展的必然趋势，因此未来家具行业应注重促进企业合并、重组，以求规模经济。

四、塑造核心竞争力的四大方式

（一）提升产品品质，强化深圳家具品牌核心竞争力

“深圳制造”是深圳家具产业核心的竞争力，而要深化“深圳制造”，首先要订立“深圳标准”，确保深圳质量和品质优于全国，为了提升深圳家具品牌核心竞争力，打造精品品质，由中国家具行业协会发起、深圳市家具行业协会承办、深圳

市赛德检测技术有限公司技术支持的“中国家具绿色优品”项目，是旨在打造一种高度负责、安全可靠和高透明度的家具产品评定标签，让高于国家标准的“深圳制造”，树立深圳质量和深圳标准的精品形象，成为中国家具行业内对优质产品的最高等级认定。

2014 年左右家私、雅兰集团、松堡王国、杜莎家居获证“绿色家具优品”的成功，率先为深圳家具品质树立了良好标杆。2015 年仁豪集团、德胜家具、格调家私、圆方园、路福寝具作为第二批参评企业，愿在全社会的监督下，加入“绿色家具优品”大家庭，为打造深圳家具品质献一份力量。

（二）适应大家居产业融合趋势，纵向一体化服务向横向一体化延伸，开辟家具行业市场新渠道

随着精装房占地产比例逐年上升，固装家具及活动家具的配套需求也在呈上升趋势，作为传统家具生产企业的另一种销售渠道，深圳市家具行业协会致力于整合行业供应链，向国内大型地产公司及大型工程装饰公司提供一体化服务，率先与万科地产的合作，建立联合实验室，将原有的家具产业链上下游的“纵向一体化”，转变为向集地产、装修装饰、家具、配饰等“横向一体化”服务延伸，从而为家具企业开拓出一条新的企业发展模式，开拓出一条新的商业发展模式。

2015 年 3 月 19~22 日第 31 届深圳国际家具展，通过联合意大利、日本、香港、台湾、深圳等地一流的设计师，结合于家居产业链的最上游产业——房地产，开创家具和房地产合作新模式，共同完成住宅家居集成大整合的新模式，进行颠覆性的革命创新，新的家具设计方向与销售模式在此诞生。随着万科与深圳家协合作的深化，以万科为首的地产业和以深圳家具为代表的家具业共同携手精装地产新纪元。2015 年深圳仁豪居品、红苹果、松堡王国与恒大集团携手创“精装 + 免费家居”产业模式。

住宅精装研究院在两年前已经高度前瞻性地介入房地产业，成立了“深圳住宅精装集成家居联盟”，家具集成设计中心与万科的合作，帮助万科通过精装房项目试水住宅生态系统并取得了巨大突破，从固装家具的设计、安装、更新到升级换代实现模块化、智能化、信息化，直指未来房地产产业链闭环，为房地产业的“住宅精装化”带来了希望。2015 年，住宅精装研究院正式成立。从家具集成设计中心到住宅精装研发院的升级，不仅意味着行业转型的一次成功，也标志着经济发展的一次跨越。

（三）巧用互联网工具，挖掘大数据价值

互联网是一种手段，家具作为传统行业，该如何利用互联网这个手段来扩大市场是主旋律。深圳市家具行业协会补贴了十家企业去推行“三维 +”。希望通过“三维 +”的软件，更加灵活地掌握终端数据，因为未来最大的价值是数据资源。所以，“家具 + 互联网”的最终目的是“+ 互联网的大数据”。目前，协会正准备成立自己的大数据公司，用“深圳制造”的系统软件跟终端建立起联系。

（四）树立战略思维，打造“深圳制造”品牌

想要做品牌，想要树立“深圳制造”的独立形象，就得有战略思维。所谓战略思维是布局全国的战略意识，这个“布局全国”绝不仅仅是将专卖店开遍全国，而是在各主要区域建立自己的制造中心和分销中心。深圳现在有近十个企业已经开始布局，例如左右在华东布局，还有德胜、富利源等企业在河南信阳也完成了布局。

四川省

四川省家具行业商会　王学茂

一、行业概况

2015 年，大多数四川家具企业逐步适应了宏观经济由高速增长向中高速增长的“新常态”，并努力改革创新，通过一系列逆境中谋发展的措施，最终实现了“稳中有升”；与此同时，随着产业“转型升级”要求的愈加凸显，少部分企业或因产能落后故步自封，或因盲目扩张资金断链而最终黯然退场。

2015 年，四川家具工业总产值 961.88 亿元，同比增幅 6.3%，距离四川家具产业突破千亿大关又前进了一步。全省家具生产企业 4110 家，规模以上企业总产值 701.05 亿元，出口值 2.32 亿元，基本与 2014 年持平。

二、发展现状

多年来，四川家具一直以板式家具见长，以至于全国板式家具企业销售总量的前三甲一直都来自四川家具企业。近几年来，我国经济整体发展速度放缓，市场对家具企业“转型升级”的要求日益凸显，加之随着人民消费水平的总体提升，追求环保、追求品质意识的逐渐增强，市场对实木家具的需求量增势明显，一大部分从事实木家具生产、销售的四川企业发展迅速，很多原来致力于板式家具生产的企业也纷纷增开实木家具生产线，或者彻底转型做实木家具。一时间，四川家具产业整体也呈现出转型创新、工艺技术升级、企业发展分化凸显等多姿多彩的特点。

（一）大中型家具企业发展良好

在实现行业转型升级的过程中，大企业继续发挥在行业中的领军作用，同时很大一部分中型企业呈现增长趋势，在优化企业结构、维持行业稳定发展方面发挥出中流砥柱的重要作用。

（二）实木家具和定制家具快速发展

如前文所讲，近几年来实木家具在四川家具所占的比例呈现快速增长的趋势。同时，定制化家具因为可以满足消费者的个性化需求，从全屋定制到厨房、衣柜、木门等多品类家具定制，家居配套服务等定制企业也发展迅速。

（三）家具电子商务发展迅速

2015 年中国家居行业的电子商务规模突破 2000 亿元。部分大型四川家具企业和卖场都在发展传统经营方式的同时大力发展电商销售模式。部

2011 ～ 2015 年四川省家具行业发展情况汇总表

主要指标	2015 年	2014 年	2013 年	2012 年	2011 年
企业数量	4110	4320	4550	4600	4600
工业总产值（亿元）	961.88	904.87	838.38	762.16	620
规模以上企业工业总产值（亿元）	701.05	620.4	544.85	457.29	/
出口值（亿美元）	2.32	2.28	2.46	2.52	3.67

数据来源：四川省家具行业商会

分企业通过与天猫、京东商城等平台合作，取得了较好的销售成绩，也成为行业中厂商电商渠道的先行者和领头羊企业。

（四）家具流通环节洗牌趋势明显

2015 年的四川家具流通行业，一方面是新的力量在崛起，如成都八益国际家居博览城开业，并将在行业内率先践行“从家具走向居家，从居家走向民生”的发展目标；另一方面，一些耳熟能详、经营多年的品牌却不得不黯然退场，如创美家居、艺展中心、成都第一家园装饰等。

（五）家具展会服务形式多样效果显著

2015 年，由四川省家具行业商会主办的“四川家具春季订货会”首次在成都八益家具城亮相，一举取得了良好的成效，也开启了“春季订货会”常态化的序幕。至此，每年四川家具企业将拥有春季订货会、成都家具展、家居文化艺术节等多种参展选择，家具展会的服务形式更加多样，企业有了更多的选择空间。

三、品牌发展与重点企业情况

在一个充满了变革的时代，品牌在产业和企业发展中的作用更加重要。伴随着四川家具的持续平稳向前，众多四川家具品牌充分发挥了他们的领军作用。

（一）成都八益家具集团

2015 年，成都八益家具集团迎来了成立 30 周年的辉煌盛典。2015 年年末，八益国际家居博览城项目一期隆重开业。行业中唯一的“千家博览馆”致力于为消费者提供整体居家全套解决方案。与此同时，八益集团积极响应国家“一带一路”发展经济的号召，在柬埔寨和老挝的国际项目也如火如荼地进行中，逐渐实现“从家具走向居家，从居家走向民生”。

（二）全友家私有限公司

全友家私有限公司创建于 1986 年，经过 20 余载的励精图治，已发展成为集研、产、销一体的全国最大板式家具生产龙头企业。2015 年，全友家私逆势飞扬。以对绿色实业的高度热忱和执着，全面贯彻“大企业、细管理”和“三品至上”的企业战略，大力落实“绿色文化铸就发展，鱼水文化今生同在”的文化战略，与时俱进，开创了全友事业的新高度。

（三）明珠家具股份有限公司

明珠家具股份有限公司始创于 1989 年，公司以“引领现代家居生活方式”为使命，目前已发展成集研发、生产、销售、服务于一体的大型现代家具企业，形成了以“掌上明珠家具”为核心品牌的涵盖成品家具制造与销售、定制家具制造与销售、网购家具制造与销售、家居用品零售、家居专业物流和家具专业售后服务六大业务模块。2015 年，掌上明珠家居确立了以消费者为核心的战略转型，持续为消费者提供高品质的产品和更为优质的服务，与经销商伙伴“同心”为满足中端消费者的需求而努力奋斗。

（四）成都南方家俱有限公司

成都南方家俱有限公司创建于 1991 年，总部位于成都西南航空港经济开发区，是一家涉及家具制造、房地产开发、矿业投资和商业零售等行业的多元化企业，是中国木家具国家标准主要起草单位。南方家居成立二十多年以来，始终坚持走国外技术引进、消化、吸收和自主创新相结合的道路，不断推出符合消费者个性化、多元化和大众化需求的产品。

（五）成都好风景实业有限公司

成都好风景实业有限公司创建于 80 年代末期，是一家集研发、制造、销售、服务为一体，专业生产高、中档民用家居的大型现代化家居企业。公司聘请国际影星李嘉欣小姐为好风景品牌形象代言人，开创了家居“雅生活”新时代。2015 年，好风景公司发展态势喜人。4 月，成立定制事业部，开启了定制衣柜新时代；6 月，成立软体事业部，开启了研、采、产、销独立运作模式；7 月，参与“第十六届成都国际家具展”，并取得圆满成功；8 月，成立优思科股份网销公司，并入驻京东商城。

贵州省

贵州省家具协会　田洪

一、行业概况

2015年是国家“十二五”规划的收官之年，在当前“新常态”形势下，经济仍处于调整期，家具行业受宏观经济形势及房地产业的影响也进入了深度变革期，总体来讲，全国家具行业增速继续放缓，企业竞争更加激烈。在竞争中新材料、新技术、新模式如整体家装、个性化家具、智能家具市场份额在不断扩大，推动家居产业升级，电商销售模式日臻完善，家具网上交易额又有新的突破。在全国家具行业增速放缓的市场环境下，贵州家具行业总体不降反升，以30%以上的增速领先行业平均水平。总体而言，家具行业既有发展机遇，同时面临诸多困难及挑战。

二、行业纪事

（一）举行贵州省家具行业招投标专家交流会

招投标是贵州省家具生产企业及很多流通企业销售的主要方式。但是，贵州省内的招投标专家们对贵州家具行业的认知还停留在过去小零散认知状态。为了招投标专家们更直观的感受贵州家具行业的发展现状，2015年1月21日~7月27日，贵州省家具协会组织家具行业招投标专家走进贵州合众家具有限公司、贵州大自然床垫、贵州长春藤家具有限公司、贵州嘉和家装饰家具有限公司、贵阳南明华晨贴面板厂等十余企业进行实地考察。通过本次考察，专家组对贵州家具生产企业有了新的认识，不论生产设备、生产技术、产品质量、生产规模等各方面，都达到比较先进的状态，同时也希望贵州的家具生产企业更大程度上做好宣传工作，让更多的消费者认识贵州家具品牌。同时，招投标专家们也对家具生产企业在招投标过程中遇到的问题和经常出现的问题进行详细解答。

（二）树立先进及标杆企业

2015年，贵州大臣家居有限公司被中央电视台“奋斗”栏目选为优秀奋斗企业，并对大臣家居黄先贵董事长的奋斗经历做了详细报道。2015年3月，在中国质量万里行中心3·15调查活动中，贵州合众家具有限公司“合众”牌家具系列产品，经质量监督检验部门检测合格，被列入全国诚信经营3·15放心品牌倡议展示。

2015年3月7日，由中国家具协会主办的“第二届中国家具行业优秀女性表彰大会”在北京召

2011～2015年贵州省家具行业发展情况汇总表

主要指标	2015年	2014年	2013年	2012年	2011年
企业数量	1244	1160	1100	1060	1020
工业总产值（万元）	73.58	62.68	56.47	46.87	36.09
规模以上企业工业总产值（万元）	51.78	45.03	39.85	33.48	26.45
家具产量（万件）	282.34	245.51	220.05	191.78	165.33

数据来源：贵州省家具协会

开。在经过严格推荐和评选后，贵州六名企业先进女性代表，被评选为中国家具行业巾帼建功标兵。2015年4月，工信部发布中国品牌力指数(C-BPI)报告，大自然床垫成为行业第一品牌，实至名归。

（三）贵州长田国际家具产业城成为中国首个工业 4.0 家具产业城

2014 年末，贵州长田国际家具产业城一期配套商业中心上市新闻发布会在贵阳凯宾斯基国际大酒店举行。目标是将长田国际家具产业城打造为集家具研发设计、生产、销售、物流、商业、旅游为一体的产业集群，是贵州省重大工程和重点项目，“五个一百”工程项目之一。目前，贵州长田国际家具产业城已建成数万平方米标准生产厂房及商业配套，贵阳南明黎航床垫厂、贵阳光辉家居等企业已入住生产。

贵州长田国际家具产业城上市

（四）“点亮希望，放飞梦想”爱心助学行动

2015 年 2 月 6 日，贵州省家具协会发起“点亮希望，放飞梦想”爱心助学行动的倡议，得到了贵州西南国际家居装饰博览城、贵州大自然科技有限公司、贵州华信家具有限公司、贵州长田家具产业孵化园有限公司、贵州合众家具有限公司、贵州嘉和家装饰家具发展有限公司、贵州子洋家具有限公司等企业的积极响应。捐款捐物，将物品送到学校，为乡村孩子们贡献一份家具人的爱心。

2015 年 3 月 26 日，由贵州省家具协会发起的“情系乡村，爱心助学行动”走进贵州省开阳县南龙乡田坎小学，将贵州省家具行业企业的爱心送给田坎小学 100 名学生。2015 年 3 月 31 日，贵州省家具协会及 7 家企业，走进红色革命圣地——遵义，为遵义西坪中心学校 500 多名学生送去关爱。

陕西省

陕西省家具协会　虢凌含

一、行业概况

2015年是家具人不断创新、稳健发展的一年。2015年1~11月，陕西省家具规模以上企业总产值23.4亿元，同比增长24.5%。1~10月份利润值2.2亿元，同比增长29.4%。家具规模以上企业的增长速度高于陕西省轻工业的增速，发展势头良好。

二、行业纪事

第十四届西安国际家具博览会。本届家具博览会展示面积近5万平方米，参展商近500家，近2700个展位；现场共接待来自国内外的观众共计59344人次，专业买家8000余人次；现场销售额近千万，达成意向合同额近2.3亿元人民币，展会总收入323万元，费用支付总计266万元，比去年广告宣传费用上增长了3%。在国内行业普遍不景气的情况下，西安家具博览会完成了逆市增长，得到了业界的普遍认可。展会期间，部分地区协会来电表示来年第十五届西安国际家具博览会组团参展，特别是西安家具博览会战略合作伙伴河北省胜芳家具协会和西北家具工业园在博览会开幕式上均再次签订合合作协议，均表示将在2016第十五届西安国际家具博览会上扩大展区面积，共同将西安家具博览会打造成为家具行业的品牌大展。

第十四届西安国际家具博览会开幕式

三、特色产业发展情况

（一）西安阎良区家具产业

1. 阎良区家具产业概况　2015年，陕西省西安市阎良区家具建材企业达300个，主营业务收入达2亿元左右。

2. 阎良永晓国际家具博览中心　区内代表企业——永晓名家具有限公司成立于1979年，是陕西省最早一批进入家具行业的企业。最初以生产

2011 ～ 2015年陕西省家具行业发展情况汇总表

主要指标	2015年	2014年	2013年	2012年	2011年
规模以上企业数量	24	20	18	16	12
规模以上企业主营业务收入（亿元）	24.1	19.4	15.8	11.8	/
出口值（万美元）	2056.2	7560.2	12163.0	16014.0	1662.6
规模以上企业家具产量（万件）	86.0	77.5	76.0	68.6	108.9

数据来源：中国轻工业信息中心

家具为主，2000年初向销售家具转型。2010年，公司将永晓家私城和永晓名家具汇展中心整合升级，在阎良区繁华地段人民路东段投资建设永晓国际家具博览中心。总面积3万平方米，员工300余人。中心包含全国一线品牌100余个，品种达3000多种。

（二）西北家具工业园

1. 园区基本概况　西北家具工业园是由蓝田县人民政府、陕西省家具协会、新港西北家具工业园建设开发有限公司联合打造的一个集家具设计、制造、销售为一体的家具产业基地，是目前西北地区规模最大、配套最全的专业家具工业集中区。园区位于蓝田县华胥镇，毗邻西安纺织工业园，距离西安市区仅6千米、沪陕高速蓝田出口仅1.2千米，交通便利，区位优势明显。

园区总体规划面积7平方千米，计划总投资160亿元人民币，规划为“以生产制造为中坚，材料供应和产品营销为两翼，形成相互配套、相互协作的全功能高端家具产业园区”。园区分为家具生产制造区、原材料供应区、产品展示区、总部经济平台、仓储物流区、生活配套区等六大功能版块区。设立产品研发中心、检验中心、教育培训中心，引领企业向高附加值、高端产品发展。

2. 园区基础设施建设情况　园区一期、二期开发167公顷土地，修建基础设施道路286272.5平方米，修建给排水管道114509米，园区绿化面积达143136平方米。

截至目前，园区三期水、电、道路等基础设施建设，铺设地下管网8700米，聚财路东段路基处理31000平方米，电缆沟长度3720米。仓储物流区已建成标准化仓储库11900平方米，区内道路管网配套设施已全面竣工。园区污水处理厂项目占地6666.7平方米，采用CASS工艺模式，日处理污水5000t/d，污水处理厂项目2015年6月初投入试运行，11月份已通过市、县环保局验收合格，目前正式投入使用。建成华胥110KV变电站，园区高压环网建设已全面启动，目前已完成一、二期高压环网地下管网建设，为园区企业生产、生活提供充足的供电保障，彻底解决园区用电问题。省天然气公司已开始入园铺设天然气管道，现已经竣工，可以服务于园区企业。跨西蓝高速桥现已于2015年4月竣工，并检验通过，彻底解决园区与生活配套区交通问题。

3. 园区配套服务建设情况　与创美公司合作的研发中心已开始运营，技工培训学校也开始招生，家具展厅也已经开始为企业销售提供平台，项目投资5000万元。启动西北家具工业园政务分中心机构，为入园企业提供便利快捷服务，办理各种证照、技术咨询服务。为了更好地服务入园企业，成功申请陕西省西北家具产业集群窗口服务平台。

4. 园区招商引资情况　2015年入园企业累计达144家，涵盖实木家具、红木家具、软体家具、办公家具、民用家具、厨具等各类家具的品牌企业，其中，投产企业75家，在建企业27家，规

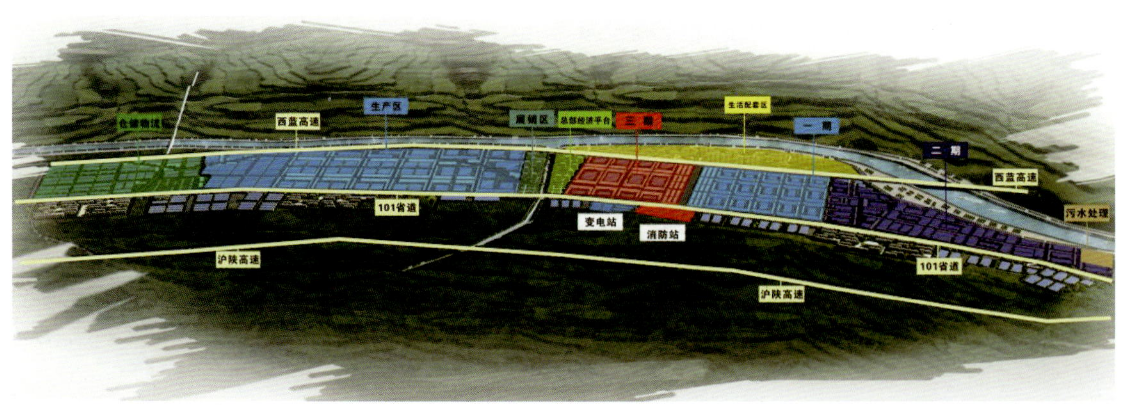

西北家具工业园产业规划图

模以上企业 7 家。

四、品牌发展和重点企业情况

（一）福乐家居有限公司

福乐家具有限公司成立于 1992 年，是西北地区家具行业规模最大的集科研、生产、经营于一体的综合性企业之一。所生产的福乐牌弹簧软床垫是国家“A 级”产品，陕西省、西安市名牌产品。2015 年 6 月 5 日，“福乐”商标被国家工商管理总局商标局认定为“中国驰名商标”。10 月，第十四届西安国际家具博览会开幕，福乐荣耀参展，同时全程冠名“家具设计大奖赛”。

（二）陕西南洋迪克家具制造有限公司

南洋迪克家具成立于 2001 年，生产基地位于西安市长安区郭杜教育科技产业园学府大道西段。现有员工 1400 余人。2015 年 6 月，南洋迪克被中国国家工商总局认定为“中国驰名商标”；7 月影视巨星吴秀波成为南洋迪克全球形象大使，引发热潮；12 月，南洋迪克被第三届中国家具品牌节评为“中国家具行业年度标杆企业”，持续 5 年保持了“中国十大实木家具品牌”的荣誉，公司董事长周小利被评为“2015 年度家具行业十大企业家”；2015 年下半年，两大旗舰新品——新北欧时尚主义实木家具“金木凡品”和新美轻奢主义实木家具“格伦代尔”上市。

2015 年，南洋迪克经营业绩逆势增长 35%，订单应接不暇，生产全线加班加点；与此同时，南洋迪克家具在西安大本营，单系列直营店已达 35 家，总营业面积近 2 万平方米，专业导购人员近 200 人，外地加盟店已拓展至 165 个城市、190 家高端门店；在品牌传播上，南洋迪克家居频出大手笔，先后与百度、央视、机场、高铁等达成战略合作，线上线下联动出击，品牌影响力辐射全国。

（三）西安大明宫实业集团

大明宫实业集团创办于 1993 年，是以商业地产开发经营为主业，致力于为建材、装饰材料、家居产品的流通及百货、餐饮、娱乐行业提供经营平台。2015 年，集团以“600 总裁签售活动”开启了大明宫建材家居繁荣兴市新模式，全面启动“贴心服务”实施举措，重点突出“大明宫建材家居为售出商品负全责”的服务承诺；隆重举办了“爱要找到你”大型公益慈善活动，全年慈善捐款 300 万余元；积极迎接互联网新浪潮，构建大明宫建材家居电子商务平台，顺利完成了大明宫实业集团跨界经营的新内容——汽车用品城项目的启动、建设和招商工作。与此同时，伴随着“大明宫建材家居”渭南、商洛、安康等商业品牌连锁在年度内的相继签约、建设和运营，大明宫建材家居成功实现了 20 多年的跨越式发展，2015 年度销售额约为 40 个亿。如今大明宫建材家居现已成为全国同行业知名品牌，大明宫品牌荣获国家驰名商标。

原点国际家具博览中心全景图

中国原点大家居城镇直销网点签约仪式

（四）中国原点新城

中国原点新城是由明珠国际集团倾力开发的集“产业商贸、文化旅游、生态宜居”为一体的三城合一的现代新城，位于国家级西咸新区核心地段。目前已经形成了 333.3 公顷的成熟商圈，投入运营的商场及配套设施共 10 座，运营面积达 100 万平方米，是集家具、建材、灯饰、石材、皮革、家纺、小商品、物流为一体的大型专业市场集群。中国原点新城是陕西省重点项目、西咸新区泾河新城重点支持项目，是西北最大的家居综合类商贸中心。

中国原点新城位于丝绸之路经济带起点，是国家级发展战略“一带一路”核心。2014 年 12 月，中国原点新城董事长作为中方企业代表与李克强总理出访哈萨克斯坦，参加中哈企业家委员会第二次会议，共同探讨丝绸之路经济带建设；2015 年，中国原点新城正以中国西部“丝绸之路经济带”沿线各城镇为主要拓展区域，全面改造升级已合作的 2000 个大家居城镇批发网点，做西部大商贸批发平台，与各县域共享“一带一路”带来的大联通、大机遇、大平台的同时，推动当地经济发展。

（五）陕西盛百世红木家具有限公司

2015 年，盛百世红木家具有限公司逆势而上，实现订单 5000 万元，完成产值 4500 万元。职工队伍始终维持在百余人以上，生产稳定，工资如期发放。2015 年 10 月，公司斥资 40 万元，参加了秋季西部家具展会，并在会上举办了专业讲座及与老客户面对面交流活动，深得好评。同时，公司在完成现代化生产园区建设的基础上，继续坚持打造有特色的园林式四合院厂房，展现园林生产基地，目前基本完成厂区绿化。2015 年，盛百世红木总经理楼增良被评为“陕西省一级工艺美术大师”称号。

（六）陕西正大国际家具家电有限公司

陕西正大国际家具家电有限公司坐落于咸阳市人民西路 46 号，公司成立于 2001 年 5 月 18 日，总投资 3000 多万元，营业面积 2 万多平方米。现有员工 118 名，累计缴纳税款 300 多万元。目前，毗邻正大国际家具汇展中心、营业面积达 40000 平方米的正大现代建材家居博览中心已盛大起航；三原营业面积为 2.4 万平方米的“世纪佳美购物中心”生意兴隆；占地约 2.7 公顷的咸阳高新区正大国际物流中心已破土动工。以正大国际汇展中心为核心的正大国际集团已初具规模。此外，十几年来，公司累计捐款捐物折合人民币 200 多万元，

陕西正大国际家具汇展中心

西安市

西安市家具协会　张革新

一、行业概况

2015 年，西安家具行业呈现出增长放缓和缓中趋稳的态势。目前全市家具企业 700 余家，规模以上企业近 60 家，大中型家具卖场十余家，年销售额约 30 亿元。新开业了西安宜家、居然之家至尊家居广场，新增家居卖场近 10 万平米，家居卖场总营业面积已超过 170 万平方米。

但受房地产和社会集团购买收紧等宏观经济因素影响，西安家具企业仍然面临较大困难，行业调整和转型升级势在必行。面对市场影响，大部分企业采取了积极有效的措施，通过采取加大促销力度、提升管理、压缩内部成本等措施，以此来最大限度地化解市场不景气与成本增长带来的双重压力。随着西安国际化大都市的建设，近年城市发展速度较快，西咸新区、渭北工业园等大片区开发将成为拉动市场的有力因素，西安家具行业前景依然广阔。

二、转型升级和技术创新情况

近年来，西安部分家具企业进驻到专业化的工业园区，引进先进生产线，企业规模和形象得到了较大提升，行业门类基本齐全，涉及家具生产、原辅材料供应、成品销售、包装配套、流通等领域，整体规模和竞争力有了明显提高。西安家具企业更加注重电子商务，通过依托第三方平台和企业自建

原点网上商城

2011 ～ 2015 年西安市家具行业发展情况汇总表

主要指标	2015 年	2014 年	2013 年	2012 年	2011 年
企业数量	710	710	705	708	730
主营业务收入（万元）	186600	181180	177632	170800	182000
规模以上企业数量	58	58	58	58	57
规模以上企业主营业务收入（万元）	121200	117760	115460	110200	118300
内销（万元）	173300	168300	165000	160000	170000
家具产量（万件）	50	50	50	49	54

数据来源：西安市家具协会

平台积极探索“互联网 +”的营销模式。明珠集团在多年实体卖场沉淀的基础上，正式上线“原点网上商城”，开始发力家居电商，针对重服务、重体验的家居行业打造平台，尝试打破线上线下界限，实现更广阔的资源覆盖与整合。

三、特色产业发展情况

实木家具在西安得到了较快发展，已成为行业一大亮点，涌现出了南洋迪克、源木、富丽、中南、香山红叶、鑫叶、鑫泰、迪瑞王朝等一批优秀企业。特别是南洋迪克家具制造有限公司以其实木工艺，首创实木行业十大标尺，从“设计、环保、材料、流程、品质、细节、服务、艺术、价值、行业准则”十方面将实木家具艺术推向极致，在业界和市场享有广泛口碑，已成为国产实木家具的佼佼者。

四、品牌发展及重点企业情况

西安家具行业历经改革开放三十年的迅猛发展，取得了令人瞩目的成绩，孕育了南洋迪克、中瑞、金金博士、福乐、秦地华美等知名家具企业，建设了西安明珠家居城、原点新城、中联国际家居博览中心、大明宫建材家居城、三森国际家居汇展中心等一批规模较大的家居卖场，在国内家具行业中塑造了一批知名品牌。

陕西中瑞时代家具有限责任公司不断进取，

南洋迪克家具制造有限公司

2015 年公司的质量、环境及职业健康安全三体系认证均通过 CQC 审核，取得“十环认证证书”和“CQC 环保产品认证证书”，标志着中瑞家具全面通过国家相关部门审核，产品不仅质量好，而且更加绿色环保。

南洋迪克家具制造有限公司始终坚持对家具制造工艺的创新，2015 年“南洋迪克”品牌再次荣膺“中国驰名商标”称号，是品牌升级的又一个转折点，进一步提升了南洋迪克产品的知名度。

陕西明珠家居产业有限公司凭借良好的市场口碑以及对家居行业的突出贡献，在中国轻工业联合会主办的第四届中国轻工企业家高峰论坛暨轻工百强企业颁奖盛典活动中，明珠家居的价值能力、研发能力分别以第 9 位和 67 位的排名居于前列，被评为“中国轻工业百强企业”称号。

甘肃省

甘肃省家具行业协会　徐彦英

一、行业概况

2015年，甘肃家具行业受整体经济下行压力持续加大的影响，2015年工业增加值同比下降48.85%，工业总产值同比下降49.15%。

二、行业纪事

（一）教学家具迎来发展机遇和挑战

甘肃省教学家具的生产企业主要分布在兰州，规模普遍较小。2015年，甘肃省教育厅改善农村教育薄弱环节，投入资金加大，教学家具订单有所增加，在此利好驱使下，甘肃省教学家具生产企业加大改扩建资金的投入，一方面企业生产能力、质量和工艺水平有明显提高，另一方面企业资金、成本压力也同时增加。

（二）家居卖场明显过剩

2016年初，在兰州居然之家万佳雁北店经营不景气、北龙口装饰建材城萧条的状况下，红星美凯龙在兰州开业，加剧了甘肃省家居卖场的激烈竞争。

（三）园区建设时开时停

北龙口甘肃家具园区项目于2015年已开工建设，由于建设过程中扬尘，在兰州大气污染治理工程约束下，工期受到严重影响，加之经济下行走势，园区项目建设的成本增加，投资回收期延长。

（四）传统产业改造项目取得进展

在“中国制造2025”甘肃行动纲要推进下，甘肃华一家具股份有限公司续建的酒店家具、办公家具、民用家具、装饰材料、木地板生产线，临夏州雅韵红木家具有限公司的生产线技术改造，天润藏式工艺家具开发有限责任公司的藏式家具产品，天水黄河雕漆工艺有限责任有限公司的雕漆系列产品项目，均被列入《甘肃省2016传统产业改造提升重点项目》计划中。

三、品牌发展及重点企业情况

酒泉富康家具有限公司积极筹措资金，投资450万元新上中央除尘系统，包括1300米集中收尘管道和脉冲式4组除尘器，可有效治理家具生产过程中的粉尘；投资164万元引进UV漆自动化喷漆生产线，效率高，涂装成本降低，无有害气体排放，废漆可回收利用，大大降低了有害气体的排放量。

甘肃龙润德公司紧紧抓住教学家具需求增加

2011～2015年甘肃省家具行业发展情况汇总表

主要指标	2015年	2014年	2013年	2012年	2011年
规模以上企业数量	3	4	3	1	1
规模以上企业工业总产值（万元）	7304	15532.3	10630.6	1279.9	1214.5
规模以上企业主营业务收入（万元）	6212.3	7600	6400	2000	1800
家具产量（万件）	62562	119983	61573	50611	52570

数据来源：甘肃省家具行业协会

的机遇，新建 4 个生产车间并改造了教学家具的生产线，使教学家具生产能力明显增加，质量有较大提升。

四、存在问题

（一）管理制度落后

管理不规范、管理落后仍然是甘肃省家具行业发展的重要制约因素。通过对生产企业调研、管理等级评审发现，由于企业忽视管理的重要性，经过几轮经济大调整，已经有不少企业被淘汰出局，其中包括在兰州家喻户晓的家具企业。在国家支持行业发展，允许 2015 年之后的新进固定资产采用加速折旧法计提折旧后，本省财务制度健全、管理规范的家具生产企业，通过引进先进设备较快收回投资，既符合企业生产设备更新换代加快的现状，也利于生产企业加快固定资产投资的收回和技术创新。然而有些企业新进设备时，为了降低价格而拒开发票，因此无法享受此政策扶持。上述问题均是由于管理不到位而制约了企业的长期发展。在当前的大经济环境下，家具企业因粗放管理将会受到严峻考验。

（二）技术人才缺乏

甘肃省规模以上家具生产企业的助理工程师较为缺少，其他小微企业的专业人才更为匮乏，设计人才严重缺乏。

（三）家居卖场发展过热

2014 年，在居然之家、红星美凯龙准备入驻兰州前，兰州三森美居经过多年对市场和品牌的培育，生意红火。2015 年，居然之家万佳雁北路店开业，一年下来部分商户亏损严重，三森美居的经销商经营尚可略有盈余。2016 年初，红星美凯龙的开业将导致甘肃省家居卖场面对更加残酷的竞争。外来卖场的盲目投资和扩张行为，缺乏对经济前景的把控和预测，不但摊薄了卖场利润，增加了经销商的成本，更加剧了卖场的竞争态势。

五、应对措施

加强对本省家具生产企业的管理培训，强化企业管理意识，不断提高本省家具生产企业的管理水平。根据对管理等级评审企业中出现的问题，找出本省家具生产企业共性和个性的问题，有针对性地对本省家具生产企业提出管理要求，把管理等级评审条款细化，使企业对照检查，找出管理中的盲点和漏洞，不断实施 PDCA 循环改进模式，努力把企业管理提升上去。

帮助企业理顺现有人员中满足初级职称条件的员工数量、申报程序和渠道，通过甘肃省家具行业协会作为主管部门进行上报；引导企业建立和完善人才聘用、培养和发展机制，组织行业专家对企业进行技术服务、人才培训，为甘肃省家具行业长远发展培养和建立人才队伍。

注重对经销商的服务。借助消费者协会对新消法的培训，对本省家具经销商进行系统培训，使我其在不断提高服务质量和水平上下功夫。引导经销商关注智能家居和新兴消费，创新营销模式，推进“互联网 +”，推动实体商业创新转型。

06 产业集群

INDUSTRIAL CLUSTERS

2015年，我国家具产业集群发展规模不断壮大。中国家具协会组织专家对新申报的产区进行考评，新增江苏沙集、湖北监利、江西南城、河南清丰、河南信阳、安徽叶集、山东周村、广东厚街8个产业集群并完成授牌。8个集群产业园和特色区域各占一半，新兴产业园在2015年得到了快速发展。本篇收录了我国家具行业33个产业集群2015年的发展情况介绍，每篇从基本概况、经济运行情况、品牌发展及重点企业情况、2015年发展大事记、发展措施、未来规划等方面进行梳理分析；并将其分为传统家具产区、木质家具产区、金属家具产区、新兴产业园、贸易之都、出口基地、综合产区七大类进行对比介绍，对每个类别进行特点归纳，突出发展重点。

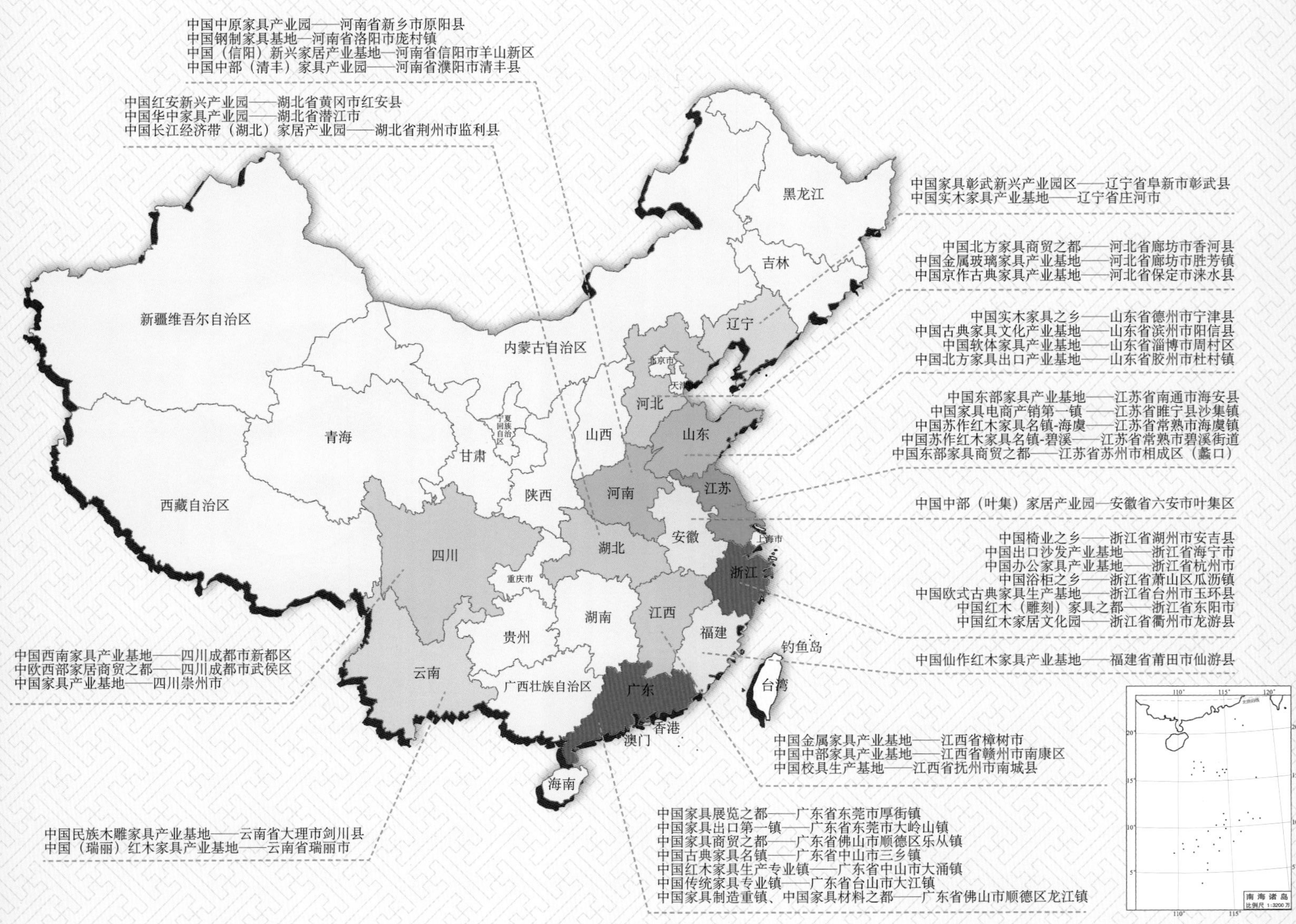

中国家具产业集群分布图

2015 中国家具产业集群发展分析

2015 年，是“十二五”规划的收官之年，中国经济发展进入新常态，经济增长已由高速发展换挡至中高速。2015 年 5 月，国务院正式发布了《中国制造 2025》，这是中国政府实施制造强国战略第一个十年的行动纲领。家具行业作为这场改革大潮中的主力之一，必将面临一场大的转变。中国的家具产业集群，分布在全国 13 个省份中，囊括了全国家具的主要生产区和贸易区，因此，改革的举措必将深刻影响这些地区企业的未来发展。如何适应国家发展政策的变化，紧跟转型升级的步伐，走可持续发展之路，是当前中国家具产业集群面临的重大考验和机遇。

一、产业集群概述

从 2002 年开始，在中国轻工业联合会颁布《关于授予中国轻工业行业特色区域荣誉称号的行业规范》之后，各地家具产业积极响应，中国家具协会根据中国轻工业联合会《规范》的要求，于 2003 年 1 月制定了《授予中国家具行业特色区域荣誉称号的办法》，积极稳妥地开展了家具行业培育和推进特色区域的工作。

2003 年 3 月，第一个《中国红木家具生产专业镇》在大涌镇建立。经过十多年的培育，产业集群规模日益壮大。截至 2015 年底，我国家具产业集群共计 45 个，其中，特色区域 35 个，新兴产业园区 10 个。中国家具产业集群类型涵盖广泛，35 个特色区域中，传统家具产区 11 个，木质家具产区 4 个，流通市场 5 个，出口基地 4 个，金属家具产区 3 个，此外还有办公家具、软体家具、校用家具、家具电商和家具展览等。从分布位置上看，这 45 个产业集群涵盖了东部、中部和西部地区，分布在广东、浙江、江苏、山东、河北、辽宁、云南、江西、湖北、河南、四川、福建、安徽 13 个省份中，分布范围广泛，这些地区同时也是全国工业制造业的核心。其中，广东省占 8 个，浙江省 6 个，江苏省 5 个，是产业集群分布最多的三大地区。

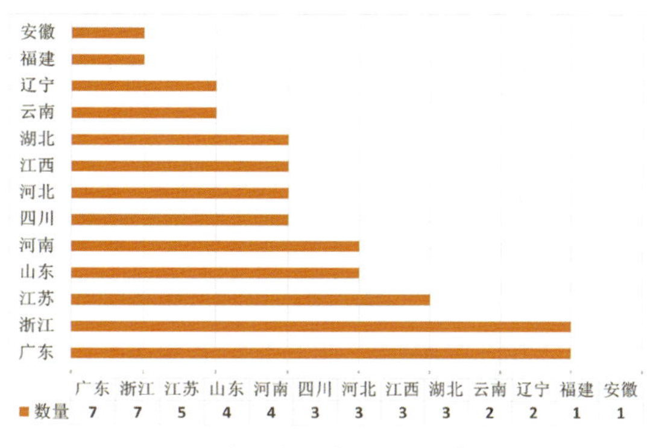

2015 中国家具产业集群分布表

二、2015 年中国家具产业集群发展概况

我国家具产业集群每年都保持着一定数量的增长规模。2015 年，我国新增 8 个产业集群。新增的产业集群中，有 4 个新兴产业园、2 个生产型产区、1 个电商产贸综合区以及 1 个展览贸易区。下面就来集中分析一下新增集群的特点。

（一）产业园建设突飞猛进

从新增集群的类型上看，自然集聚形成的传统制造业产区近两年增加速度放缓，由政府规划的新兴产业园增速突飞猛进。中国家具新兴产业园是家具行业在发展中兴起的工业及相关产业的集中

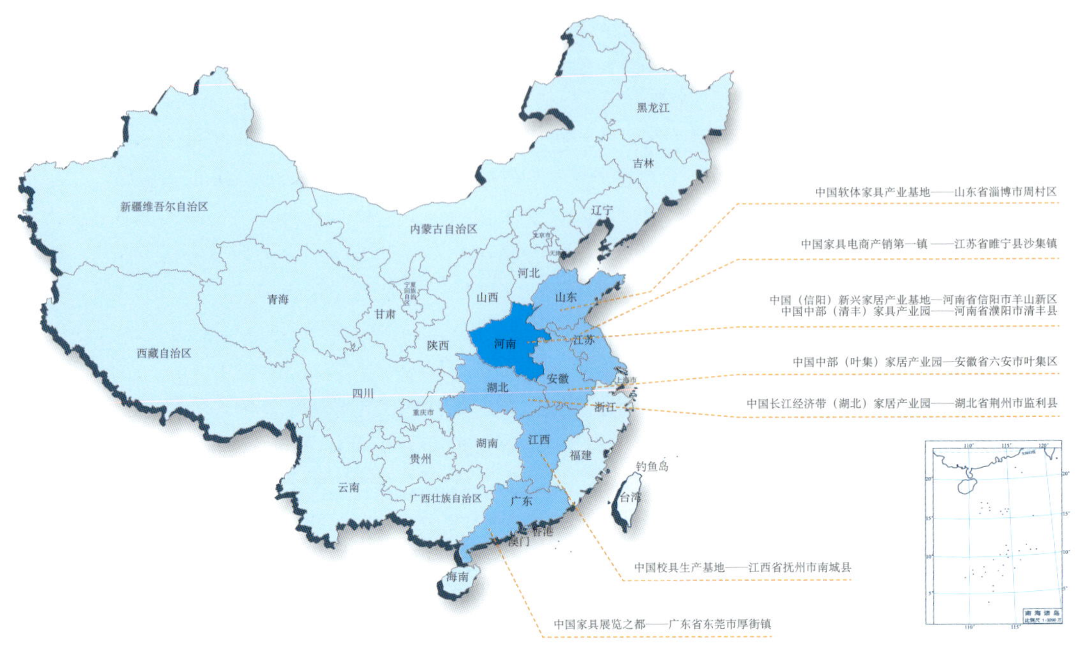

2015 年新增产业集群分布图

区域，在家具行业中，工业化程度较高、产业链也相对完整。由于得到当地政府的大力支持、各项政策的便利倾斜，加之处于重要的交通要塞，各项有利因素导致了产业园建设兴起的浪潮。在很大程度上，新兴家具产业园反映了当代中国家具工业水平，在很大程度上引领中国家具业的发展方向。2015 年，我国新增的 4 个新兴产业园，大多是因为当地政府优厚的发展政策，吸引了行业中由于发展规模不断增加、急需扩充产能的家具企业入驻，间接承接了发达省份家具产业向中部地区的转移。

（二）新型集群多元化发展

新增的 4 个特色区域：中国家具电商产销第一镇——沙集、中国校具生产基地——南城、中国软体家具产业基地——周村和中国家具展览之都——厚街，所属 4 个不同的产业类型，在整个 35 个特色区域中，这 4 个地区的细分领域独一无二。由此可以看出，随着我国家具产业体系的不断健全，产业集群的生产及经营类型被不断细分，一些家具小众分支（如：校具生产基地）也开始成为一个成规模化发展的独立产区，领域的细分有利于当地产业针对化发展策略的有效实施。再如，江苏省沙集镇，紧紧抓住“互联网 +”的发展趋势，在互联网时代下，先人一步，现在的沙集已经成为“中国淘宝第一镇”“中国农村电子商务第一镇”和“中国家具电商产销第一镇”，网销额从 2006 年的 1000 万飞涨至 2014 年的 47 亿，成为了中国家具产业集群创新发展的榜样。多元化发展必将成为未来我国家具产业集群的重要发展方向之一。

（三）中部地区发展势头强劲

在国家及地方政府的支持指引下，中部地区的家具产业发展势头强劲。中部作为承接东部家具产业转移的重地。近两年来，各级地方政府对制造业给予了丰厚的政策红利，通过不断搭建公共服务平台体系，帮助本地企业快速发展，同时也得到了省外企业的青睐。2015 年新增的 8 个产业集群，有 5 个位于中部地区。其中，河南省 2 个、安徽省 1 个、湖北省 1 个、江西省 1 个，位于安徽省六安市叶集区的家居产业园更是成为安徽省首个家具集群，家具产业的发展极大地提升了当地的生活收入水平。

三、中国家具产业格局分析

（一）地理格局

中国家具产业的地理格局正在发生重大变化，产业转移趋势明显，其规律和主要走势为沿海向内地，发达地区向发展中地区、空白区域迁徙。产业转移的驱动力，从降低成本到开拓市场。产业转移的目的，符合国家两横三纵的大格局。产业转移最终的结果是形成相对合理、均衡的产业网络。

（二）产业形态

中国家具产业的形态包括特色区域、新兴产业园等。特色区域是由于产业集聚，经过较长时间积累，当地某种类型家具发展壮大形成集群。特色区域经过多年积累，具有一定的传统优势，然而，特色区域的企业规模小，工业化程度低，必须解决进化问题，应依据发展趋势，重新定位，梳理区域内的产品结构和产业结构，包括企业类型及其比例，打造公共技术平台，重在培育土壤，重视区域品牌的建设与传播。

新兴产业园是在国家政策的支持下发展起来的，产业园的发展壮大需要解决两个问题，即：现实生存与可持续发展。产业园的入驻企业一般都是在市场网络有保障的情况下投资建造的，在目前很长一段时间能够稳定生存。而可持续发展问题与产业园的长远定位及其与之相匹配的资源积累和能力建设息息相关，需要高度重视。

四、2015年产业集群相关政策解读

（一）中国家具行业特色区域荣誉称号、新兴产业园区管理办法的出台

2015年，由中国家具协会主持修订了《中国家具行业特色区域荣誉称号的管理办法》《中国家具新兴产业园区的管理办法》。修改后的《中国家具行业特色区域荣誉称号的管理办法》规定了申报地区特色家具企业数量和规模以上企业数量，对特色区域的命名和退出工作进行了规范，对特色区域的权利和义务进行细化。修改后的《中国家具新兴产业园区的管理办法》对园区企业数量做了详细规定，对新兴产业园区的命名做了规定，明确了新兴产业园区的义务。通过修订《管理办法》，特色区域的共建和新兴产业园区的命名更加规范，产业集群朝着更加良好的方向发展。

（二）《中国制造2025》的出台

2011年，德国提出了“工业4.0”计划，而中国版的工业4.0——《中国制造2025》在2015年两会的《政府工作报告》中首次提出，一经提出便吸引了全世界的目光。《中国制造2025》是中国制造的发展路线图，全文提出了九大任务，涉及了十大领域以及五项重点工程。

我国家具产业集群，按照国务院《中国制造2025》规划的要求，应该从以下几个方面开展工作。

坚持创新驱动　坚持把创新摆在家具制造业发展的核心位置，完善有利于创新的制度环境，推动跨领域跨行业协同创新，促进家具制造业数字化网络化智能化，走创新驱动的发展道路。

坚持质量为先　坚持把质量作为建设制造强国的生命线，强化企业质量主体责任，加强质量技术攻关、自主品牌培育。建设法规标准体系、质量监管体系、先进质量文化，营造诚信经营的市场环境，走以质取胜的发展道路。

坚持绿色发展　坚持把可持续发展作为建设制造强国的重要着力点，加强节能环保技术、工艺、装备推广应用，全面推行清洁生产。发展循环经济，提高资源回收利用效率，构建绿色制造体系，走生态文明的发展道路。

坚持结构优化　坚持把结构调整作为建设制造强国的关键环节，大力发展先进制造业，改造提升传统产业，推动生产型制造向服务型制造转变。优化产业空间布局，培育一批具有核心竞争力的产业集群和企业群体，走提质增效的发展道路。

坚持人才为本　坚持把人才作为建设制造强国的根本，建立健全科学合理的选人、用人、育人机制，加快培养制造业发展急需的专业技术人才、经营管理人才、技能人才。营造大众创业、万众创新的氛围，建设一支素质优良、结构合理的制造业人才队伍，走人才引领的发展道路。

（三）工信部《关于进一步促进产业集群发展的指导意见》的出台

国家工业和信息化部于2015年7月出台了《关于进一步促进产业集群发展的指导意见》，提出了推动产业集群转型升级、进一步促进产业集群发展

的20条意见。这是工业和信息化部成立以来，首次就促进产业集群发展方面出台指导意见。为提高产业集群信息化水平，指导意见明确要实施“互联网+产业集群”建设行动，建设智慧集群。创新和转型升级，是贯穿指导意见的主线，同时要推动建立产业集群知识产权联盟，实现“集体维权、抱团发展”。我国的家具产业集群一定要关注国家政策导向、把握发展机遇，抢占发展的快车道，实现集群的转型升级。

五、产业集群可持续发展建议

（一）推动家具产业集群向中高端迈进

推动传统家具产业向中高端迈进，逐步化解过剩产能，促进大企业与中小企业协调发展，进一步优化家具制造业布局。持续推进企业技术改造。国家将明确支持技术改造的政策方向，建立支持企业技术改造的长效机制。推动技术改造相关立法，支持重点行业、高端产品、关键环节进行技术改造，引导企业采用先进适用技术，优化产品结构，全面提升设计、制造、工艺、管理水平，促进家具产业向价值链高端发展。围绕两化融合、节能降耗、质量提升、安全生产等传统领域改造，推广应用新技术、新工艺、新装备、新材料，提高企业生产技术水平和效益。

（二）促进大中小企业协调发展

强化企业市场主体地位，支持企业间战略合作和跨行业、跨区域兼并重组，提高规模化、集约化经营水平，培育一批核心竞争力强的家具企业集团。激发中小企业创业创新活力，发展一批主营业务突出、竞争力强、成长性好、专注于细分市场的专业化“小巨人”企业。发挥中外中小企业合作园区示范作用，利用双边、多边中小企业合作机制，支持中小企业走出去和引进来。引导大企业与中小企业通过专业分工、服务外包、订单生产等多种方式，建立协同创新、合作共赢的协作关系。推动建设一批高水平的中小企业集群。

（三）优化家具制造业发展布局

落实国家区域发展总体战略和主体功能区规划，综合考虑资源能源、环境容量、市场空间等因素，调整优化家具生产布局。创建一批承接产业转移示范园区，引导产业合理有序转移，推动东中西部制造业协调发展。积极推动京津冀和长江经济带产业协同发展。按照新型工业化的要求，改造提升现有家具制造业集聚区，推动产业集聚向产业集群转型升级。建设一批特色和优势突出、产业链协同高效、核心竞争力强、公共服务体系健全的新型工业化示范基地。

（四）加强公共技术平台建设

公共技术平台的建设，对产业集群发展有着至关重要作用，我国家具行业以中小企业群体为主，在研发创新、质量检测、人才培养等方面有很大需求，在资金、市场等方面也依赖于政府的支持。公共技术平台的建设对中小企业的发展具有特殊意义，对家具产业未来的发展有重要影响。产业集群集聚政府、协会、企业及社会各方力量，加强公共技术平台建设，会进一步促进家具产业集群内企业共同发展，因此鼓励建立公共服务平台，支持研发中心、检测中心、信息中心、融资中心等服务机构建设，为企业提供技术推广、信息咨询、质量检测、融资担保、员工培训等服务。通过家具产业平台的建设，推动产业园内的企业健康发展。

中国家具产业集群一览表

序号	时间	名称	所在地
1	2003 年 3 月	中国红木家具生产专业镇	广东省中山市大涌镇
2	2003 年 8 月	中国椅业之乡	浙江省湖州市安吉县
3	2004 年 3 月	中国家具商贸之都	广东省佛山市顺德乐从镇
4	2004 年 8 月	中国实木家具之乡	山东省德州市宁津县
5	2004 年 9 月	中国家具出口第一镇	广东省东莞市大岭山镇
6	2005 年 7 月	中国西部家具商贸之都	四川省成都市武侯区
7	2005 年 8 月	中国家具制造重镇 中国家具材料之都	广东省佛山市顺德区龙江镇
8	2005 年 9 月	中国金属玻璃家具产业基地	河北省廊坊市胜芳镇
9	2006 年 12 月	中国实木家具产业基地	辽宁省庄河市
10	2007 年 3 月	中国北方家具商贸之都	河北省廊坊市香河县
11	2007 年 5 月	中国欧式古典家具生产基地	浙江省台州市玉环县
12	2008 年 1 月	中国传统家具专业镇	广东省台山市大江镇
13	2008 年 5 月	中国古典家具名镇	广东省中山市三乡镇
14	2009 年 6 月	中国东部家具商贸之都	江苏省苏州市相成区（蠡口）
15	2009 年 12 月	中国民族木雕家具产业基地	云南省大理市剑川县
16	2010 年 4 月	中国板式家具产业基地	四川省崇州市
17	2011 年 4 月	中国出口沙发产业基地	浙江省海宁市
18	2011 年 6 月	中国中部家具产业基地	江西省赣州市南康区
19	2011 年 7 月	中国古典家具文化产业基地	山东省滨州市阳信县
20	2011 年 7 月	中国北方家具出口产业基地	山东省胶州市胶西镇
21	2011 年 7 月	中国华中家具产业园	湖北省潜江市
22	2011 年 7 月	中国家具彰武新兴产业园区	辽宁省阜新市彰武县
23	2012 年 4 月	中国金属家具产业基地	江西省樟树市
24	2012 年 4 月	中国办公家具产业基地	浙江省杭州市
25	2012 年 10 月	中国浴柜之乡	浙江省杭州市萧山区瓜沥镇
26	2012 年 11 月	中国苏作红木家具名镇 - 海虞	江苏省常熟市海虞镇
27	2012 年 11 月	中国苏作红木家具名镇 - 碧溪	江苏省常熟市碧溪街道

（续表）

序号	时间	名称	所在地
28	2012年12月	中国家具红安新兴产业园	湖北省黄冈市红安县
29	2012年12月	中国西南家具产业基地	四川省成都市新都区
30	2013年4月	中国（瑞丽）红木家具产业基地	云南省瑞丽市
31	2013年4月	中国仙作红木家具产业基地	福建省莆田市仙游县
32	2013年8月	中国红木（雕刻）家具之都	浙江省东阳市
33	2013年8月	中国东部家具产业基地	江苏省南通市海安县
34	2014年3月	中国中原家具产业园	河南省新乡市原阳县
35	2014年9月	中国京作古典家具产业基地 中国京作古典家具发祥地	河北省保定市涞水县
36	2014年11月	中国钢制家具产业基地	河南省洛阳市庞村镇
37	2014年12月	中国红木家居文化园	浙江省衢州市龙游县
38	2015年4月	中国家具电商产销第一镇	江苏省睢宁县沙集镇
39	2015年5月	中国长江经济带（湖北）家居产业园	湖北省锦州市监利县
40	2015年5月	中国校具生产基地	江西省抚州市南城县
41	2015年5月	中国中部（清丰）家具产业园	河南省濮阳市清丰县
42	2015年10月	中国软体家具产业基地	山东省淄博市周村区
43	2015年11月	中国（信阳）新兴家居产业基地	河南省信阳市羊山新区
44	2015年11月	中国中部（叶集）家居产业园	安徽省六安市叶集实验区
45	2015年11月	中国家具展览之都	广东省东莞市厚街镇

中国家具产业集群
——传统家具产区

2015 年，受国内经济发展进入新常态的影响，红木家具行业全年走势下降，行业整体步入深度调整期。2015 年 1 ~ 11 月，我国红木原材料进口量与进口额同比均下滑 60% 左右。据中国轻工业信息中心调查数据显示，2015 年，红木家具出口继续呈下降趋势，我国累计出口红木家具 6899 件，同比下降 40.76%，出口额 368.09 万美元，同比下降 15.14%；红木家具进口与去年相比开始呈现增长态势，2015 年，我国累计进口红木家具 178666 件，同比增长 42.57%，进口额 2878.84 万美元，同比增长 16.15%。

2015 年全年，我国红木家具行业的企业有上万家，总产值大约有 1000 亿元左右。产业集群分布在广东、浙江、福建、江苏、河北、北京、上海等省市。中山大涌、中山三乡，江门新会、江门大江，福建仙游，浙江东阳，苏州常熟，江苏南通都是在国内有代表性的产业聚集地。其中，由中国家具协会授予或参与共建的传统家具产业集群共计 11 个。这 11 个产区涵括了全国传统家具产业 80% 以上的生产企业，集群效应显著。

2015 年，各集群发展情况如下：

- 大涌现有红木家具生产企业及销售门店超过 1000 家，成功举办“2015 中国（中山）红木家具文化博览会”。
- 大江传统家具业实现产值 44 亿元，年生产主导产品 28 万套。截至 2015 年底，伍炳亮黄花梨艺博馆主体土建工程已经完成，红木艺术展览城独立展馆 B 已经竣工验收。
- 三乡传统家具产业拥有规上企业 4 家，成功举办“首届中国（三乡）古典家具文化节”。
- 海虞红木行业完成工业总产值 157200 万元，“海虞红木精品展示中心”一期于 2015 年底盛大开业。
- 瑞丽红木企业产值达到 60 亿元，于 2015 年 9 月底成功举办“中国·瑞丽第四届红木文化节‘神工奖’红木家具设计大赛及获奖作品展活动”。
- 仙游家具产业产值达 310 亿元，同比增长 7.1%，成功举办“第二届“仙艺杯”工艺品雕刻制作职业技能竞赛”。
- 涞水家具产业工业总产值达 16.3 亿元，12 月底，涞水县隆德轩红木家具有限公司与北京林业大学就组建“中国（涞水）京作古典家具研究院”签署合作协议。
- 东阳红木家具行业完成产值 153 亿元，4 月底成功举办“第一届中国（东阳）木雕·红木家具交易博览会”，9 月初成功举办“首届 2015 年度中国红木家具‘东作’设计创意比赛”。

中国传统家具产业集群分布图

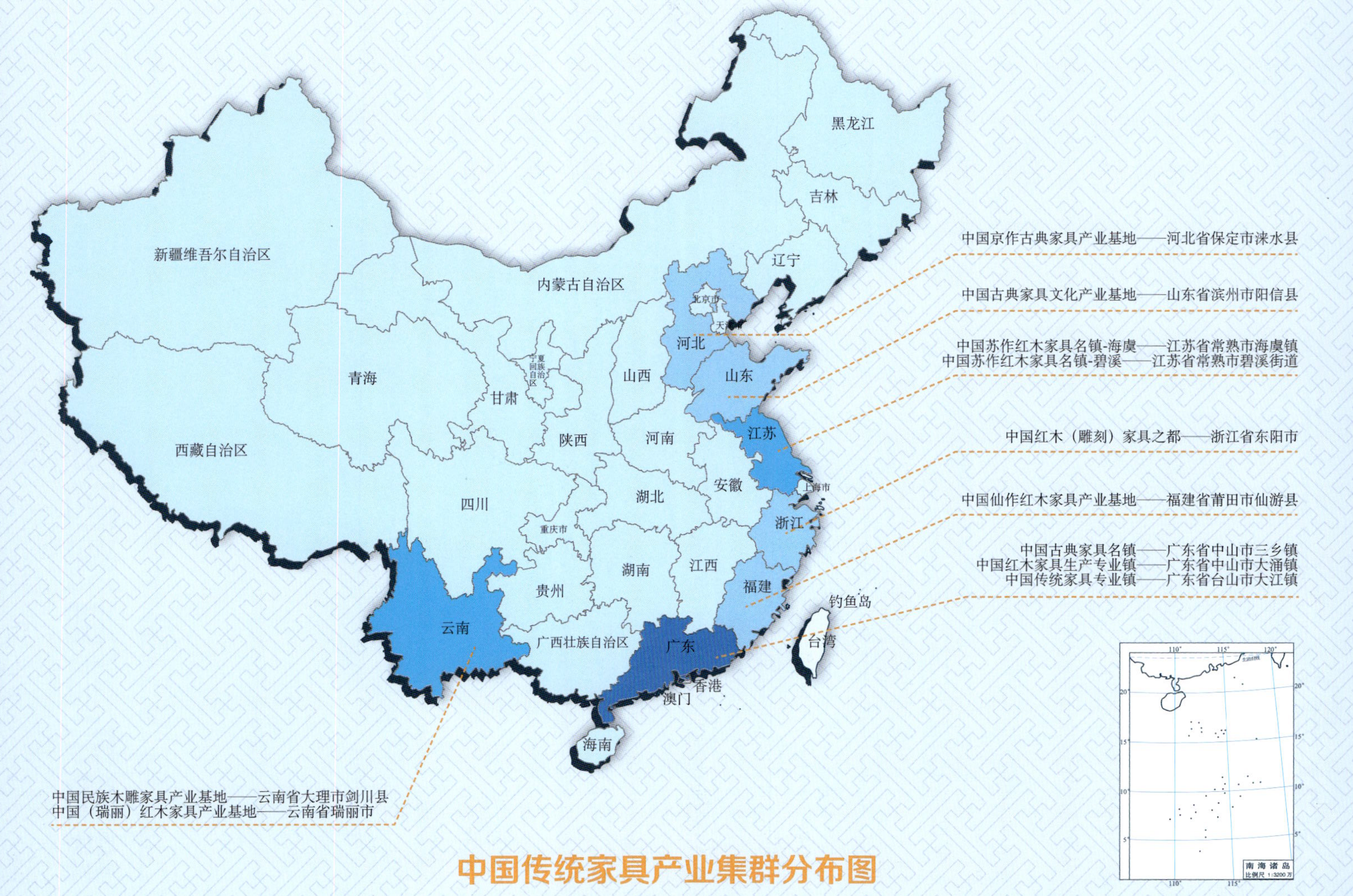

中国红木家具生产专业镇——大涌

一、基本概况

大涌镇地处中山市西南部，全镇面积 40.5 平方千米，是中国最大的红木家具生产基地之一，也是中国家具行业第一个获得国家级荣誉称号的专业镇，先后获得了“中国红木家具生产专业镇”、“中国红木雕刻艺术之乡”、“中国红木产业之都”、“中国红木产业集群名镇”等国家级荣誉称号。

大涌红木家具产业在各级部门的大力支持下，牵头订“行规”《深色名贵硬木家具》、订“国标”《红木家具通用技术条件》，同时攻克了环保用漆、木材干燥等一批共性技术“瓶颈”，举办全国性的红木家具文化博览会，连续三届代表中山参加中国（深圳）国家文化博览交易会。此外，建立了 4 家“标准化良好行为企业”（鸿发、太兴、红古轩、东成），建立了 5 家校外实习基地（鸿发、太兴、红古轩、东成、和业居）和 3 家博士后创新基地（太兴、红古轩、东成），不断推动大涌红木家具产业健康发展。

大涌红木家具集群经过三十多年的发展，已经形成了规模化、专业化、科技化和现代化的产业集群，产业配套能力日益增强，产业链日趋完善，不仅具备了明显的规模优势，企业的数量、质量也得到优化和提升。自 2009 年起，全国红木家具产区和市场迅猛发展，大涌红木家具产业正经历一段向上的发展阶段，部分社会资金也流向了红木家具产业，形成了现在大涌红木家具产业红红火火的局面。截至目前，大涌镇拥有红木家具生产企业及销售门店超过 1000 家，现有展厅面积 100 万平方米左右，在建及将建面积超过 150 万平方米，拥有广东省名牌名标荣誉称号 8 个。

二、产业特点

一是公共服务平台功能健全，服务体系完善，在产品质量监督检验、技术研发推广、知识产权保护、标准化和信息化建设等方面形成了配套服务能力。特别值得总结的是，针对红木家具产业链短的特点，大涌镇将影响产品质量的木材干燥环节从企业剥离出来，成立了中山大涌木材干燥中心，积极为全镇红木家具企业开展社会化服务。

二是拥有一支比较年轻的骨干企业家队伍。经过多年的市场磨炼，发展理念日臻成熟，太兴、红古轩、东成等企业成为行业发展的中坚力量，上述企业品牌意识强，且十分注重文化品位和艺术氛围，具有亲和力和感染力。

三是产品设计上大胆创新，在产品设计理念上创造性地提出了“时尚”定位，并通过成功的系列化产品研发设计和市场推广，确立了产业集群在国内市场的地位。初步形成了辐射全国主要城市的销售服务网络，扩大了企业品牌影响力。

四是抓住木材采购这个影响产业发展的关键环节，开展国际合作。与产地对接拓展贸易渠道，建立了比较稳定的供应关系，发挥了木材采购中心的功能。

五是虽然遇到了发展瓶颈，受大环境的影响，面临产业转型和主导产业被边缘化的难题，但对形势的认识清醒。对存在的问题及改进方向有比较准确地把握，应对方法措施也比较有力。

三、发展措施

大涌红木家具产业在规模不断扩大的同时，也遇到了原材料紧缺、生产工艺革新、市场竞争、人才缺乏等问题，因此，在未来的工作中必将认真把握好市委市政府将大涌列入产业转型升级示范镇的机遇，在完善产业链条、融入文化元素和提高营销水平上下苦功，推进红木产业发展再上新台阶，具体路径如下：

（一）做好红木原材料文章，完善产业链

一是全力推进国家级的广东鱼珠大涌木材产业园建设，为大涌甚至整个珠三角地区提供红木原材料，源头掌握木材原材料的价格话语权，发挥稳定红木家具原材料价格的作用；二是积极推进中国（大涌）红木文化博览城建设，带动全镇红木家具营销水平的提高。目前，红博城首期项目已建成投入使用，通过红博城项目带动红木文化产业新发展；三是积极盘活土地存量，推进南华红木家具产业园、远洋红木家具批发市场等项目；四是加快大自然地板工业园项目的投产，目前，大自然强化地板生产基地项目设备已进场安装，预计本月可试产。通过上述项目进一步做大红木家具产业规模和税收，进一步巩固大涌红木家具产业在国内的龙头地位。

（二）坚持走红木家具与文化相融合的发展之路

重点以中国（大涌）红木文化博览城为窗口，引导红木生产企业在家具制造工艺中融合中国传统文化元素或结合现代简约元素，将产品精品化和适销对路有机结合起来，走精品化发展道路。同时，整合红木文化特色街、万寿台美术馆等资源，结合红木家具引进中式装饰工艺品、刺绣、美术字画等文化产品销售。中长期规划设想是通过整合岐涌路、新平路、兴涌路等周边红木家具展厅，以政府统一规划设计建筑立面外观，企业出资改造的方式，进一步营造红木家具的浓厚文化氛围，以文化引领产业发展。

（三）进行红木家具整体品牌推广，打造龙头骨干企业

通过政府整合红木家具企业资源的形式，重点以大涌红木家具区域品牌的整体形象在全国各地进行宣传推广，全面提升大涌红木家具区域品牌的影响力和美誉度，着力打造大涌红木家具的百年品牌。此外，针对质量好、有品牌发展冲劲的企业进行帮扶工作，打造红木家具龙头骨干企业。

（四）做好产业公共平台建设和引进新技术工作

通过整合红木家具技术工程中心、产业发展服务中心、红木家具研究开发院等公共服务平台资源，重点做好红木家具研发设计、检验检测、品牌推广等配套服务工作，推进红木家具产业的发展壮大。鼓励企业与各大高校进行产学研合作，借专家学者之力，积极引进新技术、新工艺，并在生产实践中推广应用。目前，太兴、红古轩、东成等企业在产学研合作上均取得了非常大的成果。

（五）提高红木雕刻工艺水平

以与潮州意溪镇产业帮扶对接工作为契机，引进意溪镇国家级、省级工艺美术大师和设计师进驻红博城，并鼓励企业与工艺美术大师开展一对一挂点合作。通过定期举办各种类型的红木家具培训班，邀请工艺美术大师授课，培养本土的红木雕刻艺术大师和红木家具设计大师；同时，通过开展红木家具领域市级工艺美术大师评选工作，梯队发展中高级人才，争取省级、国家级工艺美术大师和设计师落户大涌。

中国传统家具专业镇——大江

一、基本概况

大江镇拥有传统家具生产企业 131 户，其中年销售 2000 万以上企业 28 户，培育出了伍氏兴隆、国胜、金裕、孖指、永隆、会龙、华艺、恒升等一批传统家具精英企业，产品畅销国内外。

二、经济运营情况

截至目前，全镇拥有传统家具生产企业 131 户，其中年销售 2000 万以上企业 28 户。2015 年，全镇传统家具业实现产值 44 亿元，年生产主导产品 28 万套。预计 2016 年，全镇传统家具业实现产值达 50 亿元，年生产主导产品 37 万套。大江镇家具行业发展情况如下表所示。

三、品牌发展及重点企业情况

（一）重点企业

伍氏兴隆明式家具艺术有限公司　成立于 1987 年，主要以从事生产高仿明清紫檀，黄花梨等珍贵的红木家具为主。董事长伍炳亮先生在传承、借鉴明清古典家具之精华的基础上，发展创新，创意和改良设计出具有伍氏兴隆风格的宫廷式家具作品确立了以“型、艺、材、韵”作为审美标准与生产制作的发展方向。连续多年获得由中国家具协会、北京家具协会、国际展览馆举办的“传统家具博览会”金奖与最佳展位作品优秀奖。公司董事长伍炳亮先生近年来亦相继被聘请为中国明式家具学会理事、中国传统家具专业委员会副主任、中国红木古典家具理事长等。

国胜木厂有限公司　创建于 1980 年，主要选用上等的紫檀、黄花梨、酸枝等名贵木材制作明清仿古家具。经历 30 载的锤炼，现拥有厂房 2 万多平方米，是红木制作知名厂家。在第七届中国（北京）国际家具及木工机械展览会上，台山市大江镇国胜木厂设计的黄花梨条案被评为铜奖；2008 年，台山国胜木厂有限公司以其制作的古明式靠背椅成功夺取中央电视台第三届仿古家具电视超人赛冠

2011 ～ 2015 年大江镇家具行业发展情况汇总

主要指标	2015 年	2014 年	2013 年	2012 年	2011 年
企业数量	131	129	134	126	121
规模以上企业数量	23	23	23	20	14
工业总产值（万元）	436254	438156	452687	425617	394521
规模以上企业工业总产值（万元）	325871	342467	346987	305641	294562
出口值（万元）	89654.95	93412.98	101202.48	112852.64	108426.35
内销（万元）	346599.05	344743.02	351484.52	312764.36	286094.65
家具产量（万件）	28	29	32	28	24

军，获得“电视超人奖杯”奖励。

金裕明清家具厂　成立于2006年，是红木家具行业的后起之秀，不仅生产典雅美观的纯明清家具，还是一个大型的木材销售商。

孖指傢俬厂　公司专营黄花梨木、紫檀木、酸枝木、鸡翅木、明清古典傢俬，精心打造的“孖指傢私”品牌属高端品牌，产品行销欧美多个国家。

大江投资发展公司　成立于2013年，旗下的红木艺术展览城占地6.7公顷，建筑面积超10万平方米，总投资6.2亿元。项目由华南理工大学建筑设计研究院、上海世博会中国馆设计者何镜堂院士设计，以国家4A级景区标准建设，采用岭南侨乡文化结合现代建筑风格，精心打造仿古+现代+创新的特色建筑群，构筑亚洲最具价值高端红木品牌BPS展销中心，可供过百家品牌红木企业同时入驻。

（二）重点项目

目前，大江镇红木产业的重点项目有：台山市伍炳亮黄花梨艺博馆和台山红木艺术展览城。伍炳亮黄花梨艺博馆主体土建工程已经完成，现正开展装修装饰工程。红木艺术展览城独立展馆B已经竣工验收，部分商家已经收楼装修；独立展馆C、D预计6月份交楼，中心展馆已取得预售证，正在大力招商销售，现阶段工程进度处于外墙装饰状态，预计2016年10月份办理竣工验收；1月份开展E、F馆的土建工程和中心展馆装修装饰工程。

红木艺术展览城占地面积超37.3公顷，定位为“亚洲最具价值鉴藏级传统家具展销中心”，还将配套有仓储物流城和木材交易市场、高标准酒店等项目，与“黄花梨博物馆”相得益彰，共同构成最具地域特色的传统家具产业中国高端展示及销售中心。

四、2015年发展大事记

（一）积极配合扶持小微企业创业创新示范基地工作

2015年12月，中国台山红木艺术展览城成为台山市首批小微企业创业创新示范基地。为将小微创业船型示范基地做好，全镇一方面加强产业园建设，夯实创业基础，投资建设园区道路、供电、通讯、供排水等基础设施；另一方面加大扶持力度，鼓励创新提升。鼓励企业与大专院校、科研院所进行合作，鼓励企业设立研发基金，建立研发队伍。

（二）传统家具产业集群打造

“伍炳亮技能大师工作室”被国家人力资源与社会保障部评为国家级技能大师工作室。伍氏兴隆明式家具艺术有限公司当选为中国家具协会第六届常务理事单位，大江投资有限公司、锐兴红木工艺厂当选为中国家具协会第六届理事单位。大江传统家具人才引育获评选列入广东省2015年“扬帆计划”竞争性扶持市县重点人才工程项目，大江镇将充分合理利用好省拨放的80万扶持基金，加大力度做好红木专业人才培养工作。目前，全镇正开展省专业镇评定的相关工作，如顺利获选，将获得省20万～50万的专业镇发展基金。

五、未来发展规划

（一）加快载体建设

加快台山红木艺术展览城中心、台山市伍炳亮黄花梨艺博馆建设工作，打造“省港澳服务配套最完善的红木家具展示推广平台”和“服务第一的红木营销平台”，并配套以玉石名画博览城及旅游集散中心、陶瓷博览城、星级酒店、棠棣村侨乡乡村旅游文化村等多个项目，优化悠闲娱乐购物环境，大力开发旅游资源，既完善红木展览城的配套设施，留住本地群众的消费力，更吸引大批外来人口的旅游参观消费。

（二）加强推广推介

积极组织企业到北京、重庆、深圳、江门等地参加各类展销活动，进一步提高了大江镇传统家具的知名度。同时，计划于2016年联合中国家具协会，初定11月5日举办“中国传统家具（首届）明式家具（圈椅）制作木工技能大赛”，邀请全国著名的传统家具大师到大江镇同台竞技，进一步宣传大江、宣传台山。

（三）加强基础设施建设

积极争取有关部门的支持，对省道旧高铜线大江段进行路面维修工程，并重新建设排水系统，营造良好交通环境；同时，聘请专业公司对省道旧高铜线大江段两旁进行卫生保洁，营造良好卫生环境。

中国古典家具名镇——三乡

一、基本概况

（一）地区概况

三乡镇隶属于广东省中山市，位于珠江三角洲中部、中山市南部，毗邻珠海，地处山区与冲积平原中间，山丘环列。全镇版图面积93.68平方千米，辖14个行政村和3个社区，2013年末常住人口20.26万人，其中户籍人口4.21万人，港澳台同胞和旅外侨胞7万人。

三乡镇曾获评为全国乡镇企业出口创汇管理先进单位、国家卫生镇、国家级生态乡镇、全国特色景观旅游名镇和中国古典家具名镇。2013年，全镇实现地区生产总值113.56亿元。2015年三乡镇上规模企业共7间，其中4间为家具企业，总产值为8780万元，销售收入为8141万元。

（二）产业概况

三乡镇位于中山市南部，是一座有着近千年历史的岭南古镇，这里曾诞生出中国近代杰出的资产阶级改良主义思想家、《盛世危言》一书的作者郑观应，也是现代著名导演郑君里的故乡，享有“文化之乡”的美誉。

三乡镇古典家具行业起源于20世纪90年代初，本地丰厚的文化积淀，为古典家具行业提供了良好的发展基础和文化氛围，经过十多年的发展，三乡逐步形成了以古旧家具和明清风格仿古家具为主的三大中式古典家具市场（巨龙古玩城、华财古玩城、明清古典家具市场）。与此同时，镇内数十家大型欧美古典家具生产企业异军突起，以高端的设计和优良品质迅速抢占了欧美地区的中高端家具市场，成为了国际市场享有盛名的西式彩绘古典家具群体。三大中式古典家具市场以及西式彩绘古典家具企业群为三乡的古典家具产业带来了人才、技术、销售的高度聚集，吸引到省内外中西古典家具和古玩行业精英先后汇集三乡，形成了一个古典家具、古玩文化圈。2008年，中国家具协会、中山市人民政府、广东省家具协会等十一个单位在三乡镇共建“中国古典家具名镇”，从此开启了三乡古典家具发展的新历程。

20世纪90年代初，有澳门商人为了便于回内地收购古旧家具，最先在三乡镇古鹤村设了中转点，由于当时镇政府的支持引导政策，古旧家具供应商纷纷把加工作坊移师到这个边贸优势的小村落，自然地形成了中式古旧家具市场。由于价格适中，品种丰富，海内外客商闻风而至，古旧家具市场日益蓬勃发展起来，许多实力较强的明清古典家具制造企业也慕名而来建设旗舰店铺，如今的三乡中式古典家具市场已不仅仅是中式古旧家具，还有新制作的明清风格仿古家具，加上三乡镇历来的文化积淀，甚至吸引到了文化品位更浓的古玩、陶瓷商家落户，培育出了巨龙古玩城、华财古玩城、明清古典家具市场这三大中式古典家具市场。2000年，三联（明清）古典家具市场诞生，2003年，华财古玩城、巨龙古玩城相继落成，商家云集，中外客商往来如梭，古文化在三乡放射异彩，三大市场共有二十多万平方米商铺，过千户商家，数万个品种。形成了“中国最大的明清古旧家具集散地”。

二、品牌发展及重点企业情况

三乡的中式古典家具企业，虽是跟随三大古典家具市场的足迹在三乡慢慢形成，但随着家具市场的成熟，众多的外地厂纷纷受吸引来到三乡落户，创立了一批在行业内声名显赫的企业，如“世纪明家”、“忠华瑞”、“啄木居”等。

三、2015 年发展大事记

三乡古典家具行业历经 20 多年的积蓄和发展，在荣获“广东省古典家具专业镇”的殊荣后，凭借“中国最大的明清古旧家具集散地”以及“行内知名度很高的欧美古典家具生产企业集群”两大特色，获得中国家具协会垂青，顺利地举办了首届中国（三乡）古典家具文化节暨招商洽谈会，为迎接此次文化节，除了三大市场奉献了一场中式古典文化盛宴之外，三乡的西式古典家具企业积极响应，花费数月与镇政府共建了“三乡古典家具精品博览中心”，在三大中式古典家具市场之外建设了一个西式古典家具的极佳展示以及销售平台，成为了首届中国（三乡）古典家具文化节上的一个大亮点。文化节通过开幕式（14 项招商合作项目签约仪式）、古典家具精品博览中心开馆、中国家具产业高峰论坛、全国家具协会秘书长年会、西式古典家具行业标准座谈会、央视——寻宝走进中山等等几大板块，极大地吸引了全国家具行业人士的眼球，让“古典家具名镇”旗下的三大古典家具市场以及三乡古典家具精品得到了充分展现。该届文化节以高规格、大规模、涉及面广的文化活动给产业发展带来深远影响。

在成功举办三届“文化节”的背景下，2015 年 12 月 26 日 ~ 2016 年 1 月 3 日为期 9 天的第四届中国（三乡）古典家具文化节暨“品质生活、品味经典”艺术展得以成功、安全、圆满地举行，得到镇内、外各界人士好评，实现经济效益和社会效益双丰收，达到预期的效果。本届文化节将进一步提升三乡镇古典家具行业的整体实力，促进古典家具产业集群转型升级。

中国苏作红木家具名镇——海虞

一、基本情况

（一）地区基本情况

海虞镇地处长江之滨，1999年由原王市、福山、周行镇和福山农场合并而成，全镇总面积109.97平方千米，户籍人口8.92万，公安登记外来人口5.68万。近年来先后被授予全国重点镇、国家卫生镇、全国环境优美镇、中国休闲服装名镇、全国小城镇建设示范镇、中国人居环境范例奖、全国发展改革试点小城镇、全国首批试点示范绿色低碳重点小城镇、中国苏作红木家具名镇等荣誉称号。

2015年，海虞镇完成地区生产总值85.85亿元，公共财政预算收入7.58亿元，实现工业总产值211.63亿元、销售收入203.47亿元，利税总额14.61亿元。

（二）家具产业概况

海虞镇早在20世纪60年代中期就建立了红木家具生产工厂，是上海工艺品进出口公司的出口红木家具生产基地。全镇现有红木家具生产企业86家，占全镇工业企业的12%，其中较具规模的有22家企业，从业人员6000多人。海虞镇的红木家具集工艺、质量于一体，观赏、实用、收藏于一身，充分体现了苏作特色。海虞的红木生产，拥有先进的干燥设备和CNC生产设备，同时不断进行技术改造，添置新型加工设备，改进苏作红木家具生产工艺。海虞拥有一支设计精英队伍和一批善于精雕细刻的能工巧匠，具有工艺美术名人和高级工艺师、工艺美术师等十多名的设计团队。

（三）公共平台建设情况

海虞苏作红木家具商会　海虞镇于2010年成立了江苏省首家苏作红木家具商会，商会现有会员单位34家，从业人员1200多人，拥有先进的木材干燥设备及先进的木工机械设备一千多台套，生产品种达1200多种，生产规模在国内红木家具行业中名列前茅。商会从2012年开始年年组织红木企业技师参加市级的红木雕刻职业技能赛，2013年商会首次在海虞举行了“金蝙蝠”杯红木雕刻职业技能赛，共有21名技工参赛，通过比赛交流的方式，把红木的技艺更好的传承与发展下去。2015年9月商会组织海虞13家红木企业参展常熟首届红木精品博览会，吸引了业内人士的关注与认可。商会不定期的组织企业外出参展，考察各大产区，进行学习交流，如与中山、东阳、江门、仙游、北京、天津等地商会、企业的交流，开拓了眼界，增加了产品创新发展的信念。引导会员提高新产品研发能力和工艺水平，抱团发展海虞苏作红木产业。

中国红木家具文化研究院　2012年11月，中国家具协会与海虞镇政府签订共建“中国苏作红木家具名镇”协议，双方在产品研发、文化挖掘、会展建设以及营销创新等方面加强合作。2013年11月，由中家协与海虞镇政府共建的中国红木家具文化研究院在海虞镇揭牌成立。2014年3月，红木研究院为苏州唐寅故居遗址家具的“形制式样、选用材料、制作工艺、市场价格和方位摆放”等进行了艺术性的指导，为姑苏文化名城打造了一处文化旅游亮点。研究院挖掘红木文化内涵，深化“苏作”的木作、漆作等优秀传统手工技艺，开发红木现代加工、制造技术，带动海虞苏作红木家具产业的不断壮大发展。

海虞苏作红木展示中心　2015年12月，海虞红木精品展示中心一期盛大开业。海虞苏作红木精品展示中心总规划面积约16000平方米，分三

中国红木文化研究院成立

海虞红木精品展示馆开幕

期完成。目前启用的一期展示面积约为 6900 平方米，主要为入驻企业提供产品精品展示、搭建互动交流平台，进一步推动苏作红木传统文化传承和制作技艺创新。

二、经济运营情况

2015 年，海虞红木行业完成工业总产值 157200 万元，规模以上企业完成工业总产值 74700 万元，完成出口额 1934 万美元，在经济形势及市场不景气的情况下基本达到了持平。

三、品牌发展及重点企业情况

海虞红木家具生产企业制作的各类家具，品种繁多、门类齐全，注重产品工艺质量和档次，坚持“工艺质量求生存，争创名优求发展”的理念，走精品发展之路。

常熟市金蝙蝠工艺家具有限公司　公司创建于 1966 年，生产的“金蝙蝠”家具荣获江苏省著名商标、江苏省名牌产品称号及江苏省工艺美术百花奖；“金蝙蝠”牌红木家具 1998 年进入北京中南海紫光阁，1999 年进入钓鱼台国宾馆。公司生产的红木家具在 2015 洛杉矶艺术博览会中国国家展展出、在中国红木家具精品品鉴会中多次获奖。

江苏汇生红木家具有限公司　公司生产的红木家具在 80 年代就远销美国、日本、新加坡等国家，香港等地区。与美国的林氏公司保持着年销售 80 万美元左右的合作关系。汇生牌红木家具被评为上海市家具推荐品牌，荣获苏州市优质产品称号。曾获首届中国精品红木坐具铜奖、第二届中国红木家具品鉴会银奖、第三届“金斧奖”中国传统家具设计制作大赛精品奖等多个奖项。

常熟市明艺红木家具有限公司　公司成立于

2011 ～ 2015 年海虞苏作红木家具行业发展情况汇总

主要指标	2015 年	2014 年	2013 年	2012 年	2011 年
企业数量	86	86	81	78	72
规模以上企业数量	20	20	17	15	13
工业总产值（万元）	157200	157400	139800	116500	104300
规模以上企业工业总产值（万元）	74700	74900	66500	57300	48200
出口值（万美元）	1934	1934	1789	1328	1437
内销（万元）	126520	126720	114350	97450	85670
家具产量（万件）	30.69	32.69	28.33	24.79	21.91

1992年，公司曾为秦山第三核电有限公司生产加拿大专家村家具公司生产的自然沙发系列家具。以生产中高档红木家具为主，半桌、椅子、茶几等的外观设计获得了专利。产品于2015洛杉矶艺术博览会中国国家展展出，曾获首届中国精品红木坐具设计创新奖、第三届“金斧奖”中国传统家具设计制作大赛逸品奖等多个奖项。

常熟市永泰红木家具厂　公司创建于1992年，以书房、套房、客厅家具等产品为主，产品于2016洛杉矶艺术博览会中国国家展展出。获第三届“金斧奖”中国传统家具设计制作大赛神品奖。

常熟市海虞镇耀晨红木家具厂　公司一直致力于仿古家具特别是苏作明清家具的研究和生产，为唐寅故居遗址家具进行制作与修复。其“迎晨阁”品牌获得中国红木苏作流派领袖的称号，产品于2015洛杉矶艺术博览会中国国家展展出。获第三届“金斧奖”中国传统家具设计制作大赛逸品奖等多个奖项。

四、2015年发展大事记

在创新设计方面，不少企业做出了很大的努力与勇敢的尝试，有的淘汰陈旧的设备，以一部分新型的机器代替纯手工，既节约了时间又减少了成本；有的在传统家具的基础上加入了现代的元素，生产的新中式家具给人耳目一新的感觉，也打开了一片市场。

2015年1月，由研究院与海虞镇政府牵头，常熟市金蝙蝠工艺家具有限公司、常熟市明艺红木家具有限公司、常熟市海虞镇耀晨红木家具厂的31件苏作红工家具在众多家具中脱颖而出，成功入选美国洛杉矶艺术博览会中国国家展区。这是常熟苏作红木家具首次走出国门亮相世界级艺博会，在国际文化交流活动中取得了重要收获。

2015年6月，由研究院与海虞镇政府共同组织的十一家红木企业参展“第三届中国红木家具精品品鉴会”。展品为厅堂、书房、卧室等80多件（套）精工细作的红木精品，以“海虞苏作红木精品馆”的方式集体亮相。在第三届“金斧奖”中国传统家具设计制作大赛上，海虞红木精品馆几乎覆盖了所有的奖项。更重要的是向各产区展示了海虞红木特色区的特点和传统手工艺行业应该坚特“小而精”的模式，使产品富有更好的品质和文化价值。

2015年9月，海虞红木商会组织13家红木企业参展常熟首届红木精品博览会，展出的红木精品与新品获得了业内人士的一致好评与肯定，多家企业获得组委会颁发的各种奖项。

2015年12月，海虞镇政府扶持的“海虞红木精品展示中心”一期盛大开业，二、三期会逐年跟进，计划总面积为15257平方米，一期的面积为6578平方米，有12家红木企业入驻，中心汇集了苏作家具的精华所在，尽显苏作家具的传统与现代的合二为一，致力打造成客商云集的繁华红木一条街。

五、发展规划

为了适应新形势，海虞将抓住发展文化产业，弘扬民族优秀文化的机遇，坚持走可持续发展的道路，以传统文化产业为先导，依托苏作红木“尚用、尚雅、尚精”之内涵，全力打造“中国苏作红木家具名镇”。具体有以下规划：

（一）提升产品创意理念，提高人员技术素质

将以中国红木家具文化研究院正式落户为契机，利用苏作红木家具在中国明清家具中的重要地位，引导并支持企业树立品牌意识。利用研究院的设计与创出的样品为切入点，提升产品的创意理念，调整产品结构，逐步提高高档红木家具和自主设计产品的生产比重，多出精品，不断进行技术改造和革新，努力开发红木现代加工制造技术，加强企业产业工人及销售人员红木技艺及营销技能培训，在注重自我培养相关技术人才的同时，引进国内品牌生产企业的创意理念及营销策略，做到取长补短，全面带动苏作红木企业整体素质的提高。

（二）搭建市场平台，加强宣传力度

利用红木精品展示中心这一市场平台，让更多的海虞红木精品新品汇聚在此。同时，加强对外宣传力度，向全国各地的旅游人士和业界专家展示，让更多的人了解海虞、认可海虞苏作；协助企业对外招商，深层次的挖掘市场，开拓市场，为其发展壮大提供有力的空间，让它成为一条名副其实的繁华红木一条街，力争打造成一个旅游示范基地。

中国（瑞丽）红木家具产业基地——瑞丽

一、基本概况

（一）地区概况

瑞丽古称“勐卯”，傣语意为“雾城”，位于云南西部中缅边境的瑞丽江畔，隶属德宏傣族景颇族自治州，东南、西南、西北三面与缅甸接壤，国境线长 169.8 千米，总面积 1010 平方千米，常住人口 11 万人，暂住人口 5 万多人。居住着傣族、德昂族、傈僳族、汉族等民族，少数民族占总人口的 58.1%，是一个具有丰厚的历史文化沉淀而又充满生机活力的国家级口岸开放城市，是首批中国优秀旅游城市。

瑞丽具有口岸、热区和旅游三大优势。地理位置独特，三面与缅甸接壤，拥有国家级口岸 2 个。省级口岸 2 个，渡口 31 个，自然通道无数，两国山水相连，村寨相依，边民同走一条路，共饮一井水，通婚互市，友好往来，是国上少有的和平边境。独特的地理位置、气候资源和民族文化为发展边境贸易、绿色农业和旅游业创造了得天独厚的条件。跨国旅游是瑞丽旅游的特色和优势。

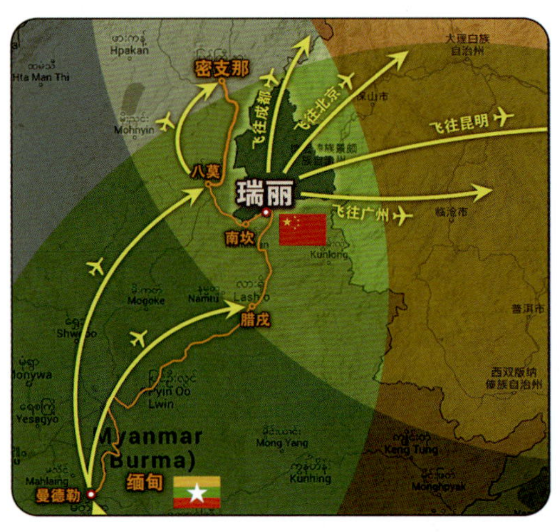

（二）行业概况

瑞丽红木家具产业是瑞丽产业集群中的一支新兴产业。瑞丽现从事红木家具行业的有 100 多家，从事红木家具产业管理及务工人员有近 10000 人。从事红木加工企业的加工厂除规范的姐勒工业园区、弄岛工业园区外，瑞丽城郊还有部分零散的加工厂。整个瑞丽的红木产业经营规模在不断扩大，经营模式均为各厂商自行加工销售。

瑞丽红木家具产业发展历经几十年的历程，从无到有，从小到大，现已彰显效益，初具规模。随着瑞丽已被列为西部开放开发大通道、国家重点开发开放实验区的建设，发展红木产业，开发高档红木家具前景广阔、市场空间极大。红木企业坚持诚信经营。严格执行《红木国家标准》《云南省家俱行业市场经营行为规范公约》《云南省家具产品实施售后“三包”条例》，并签订了《诚信经营公开承诺书》和《诚信经营企业承诺书》。在 2015 年正式实施了《红木类商品销售及售后服务管理规范》（以下简称《管理规范》）。在《管理规范》草案颁布实施之后，解决了市场 80% 的回购纠纷问题。目前，红木行业正随着中国经济转型升级的大潮一起前进。这种通过“互联网 + 交易所 + 产业电商”实现精耕、寻求全新的管理与服务模式，可以不断发掘传统红木产业链中增值服务环节的机会，倒逼传统红木企业调整发展模式。

瑞丽红木产业的优势显著。瑞丽地处云南西部，三面与缅甸联邦接壤，已成为东南亚重要的红木类木材集散地。目前，已由木材“中转站”向红木家具“制造基地”转型，产业园建设初具规模，产业链基本健全，并已涌现出一批在国内红木家具市场行业中有一定影响的生产加工企业和综合性市场。凭借原材料和劳动力成本优势，红木家具产业具有可持续发展的潜力。优势主要表现在：口岸优势，我国80%的奥氏黄檀、大果紫檀等高档红木的原材料都是从瑞丽口岸进口，有很明显的区域口岸优势；资源优势，由于瑞丽紧靠缅甸等东南亚、南亚红木原材料出产国家，在资源上占有就近取材的优势；劳动力资源优势，瑞丽劳动力资源丰富，且有大量的缅籍务工人员。

二、经济运营情况

2015年，瑞丽红木企业产值达到60亿元，预计2016年将达到60亿～65亿元以上，2020年将达到100亿元。

三、品牌发展及重点企业情况

从1985年边境贸易兴起到现在的30年中，红木家具产业经历了不同发展的阶段。经过市场竞争的大浪淘沙，一些企业已发展成为规模较大、档次较高、实力较为雄厚的企业。瑞丽红木企业立足于红木资源优势，实施精品工程，造就了高档次、高品位的红木文化殿堂。现如今个别企业已成为了瑞丽的龙头企业。如瑞丽市德冠恒隆红木家具有限公司、瑞丽市涵森实业有限责任公司，瑞丽市明君红冠家具有限公司等企业不但产业发展快，产区建设规模不断扩大，人员不断增加。其中德冠恒隆、涵森已获得云南省名牌产品称号。部分企业荣获了云南省著名商标。

四、2015年发展大事记

（一）参加中国—南亚博览会、中国昆明进出口商品交易会

2015年第3届中国—南亚博览会与第23届中国昆明进出口商品交易会于2015年6月12～16日在昆明滇池国际会展中心举办。本届博览会和昆交会成为中国与南亚国家互利合作的重要桥梁，成为中国和南亚国家扩大与其他国家和地区经贸交流的重要平台。借助南博会这个平台，携瑞丽市儒艺家具实业有限公司等10多家企业继续抱团前往参展。期间与昆明贸促会和昆明滇池会展中心达成共识，承接5号馆近500多平方米的场地，作为“中国·瑞丽红木文化馆”，来展示瑞丽红木的形象。

第3届中国—南亚博览会现场

（二）举办中国·瑞丽四届红木文化节

2015年9月27日～10月3日在云南省德宏州瑞丽市金星南亚红木城举办中国·瑞丽四届红木文化节“神工奖”红木家具设计大赛及获奖作品展活动。大赛从8月份就开始进行户外宣传，还邀请了中华文化促进会木作工作委员会的主任赵正昆，

2011～2015年瑞丽家具行业发展情况汇总

主要指标	2015年	2014年	2013年	2012年	2011年
企业数量	60	60	58	56	53
规模以上企业数量	23	23	10	/	/
工业总产值（万元）	60	60	50	/	/
规模以上企业工业总产值（万元）	30	30	20	/	/
家具产量（万件）	20	20	16.7	/	/

第四届红木文化节"神工奖"颁奖仪式现场

2015 年昆明泛亚家居家居博览会开幕式现场

副主任田燕波两位专家以及红木家具雕刻大师马如意等一些资深人士参加了评选，今年参加第四届红木文化节"神工奖"的评选共有 20 家企业，86 件作品。评出了金奖 10 个，银奖 20 个，铜奖 30 个，优秀奖若干。

（三）参加第五届中国（昆明）泛亚家居家具博览会

2015 年 11 月 27 ~ 30 日第五届中国（昆明）泛亚家居家具博览会在昆明国际会展中心隆重开展。此次展会，是泛亚家居家具领域的旗舰展会，也是企业面对东南亚、南亚及中国西南地区最为重要的家居盛会。此次瑞丽"红木军团"参展企业创历届新高，这已是瑞丽"红木军团"第四次抱团参展博览会。德宏州瑞丽红木家俱行业协会携十余家会员企业在展馆打造了一个专属的"瑞丽红木展区"。精心组织了志文木业、儒藝经典红木家具、万宝红、涵森红木等 10 多家知名企业抱团参展。

（四）优惠政策

2013 年 4 月 10 日，瑞丽区域成为了"中国（瑞丽）红木家具产业基地"之一，使瑞丽红木产业初步形成了原料进口、设计创意、生产加工、展览销售为一体的完整产业链。瑞丽红木家具产业在发展战略与中长期规划、品牌建设、新技术应用、市场建设、公共技术平台和信息化建设中，市委、市政府已把红木家具产业作为瑞丽工业的特色产业和文化产业，为红木家具产业的发展提供了积极的政策支持。为把瑞丽的红木产业做大做强，政府决定将红木产业移居到第二期轻工业园区（环山工业园区，也叫瑞丽市进出口加工制造基地），占地共 20.87 平方千米，为企业的发展提供更广阔的天地，并给予一定的政策倾斜，为瑞丽红木产业的发展搭建了一个非常好的平台。

中国仙作红木家具产业基地——仙游

一、基本概况

仙游县地处福建东南沿海中部，县域总面积1835平方千米，总人口112万人。2007年注册的“仙作”商标在国内形成区域品牌；仙游县有10家古典工艺家具企业的产品被评为福建省名牌产品，涌现出了以“三福工艺”、“大家之家”、“贡品轩”等为代表的龙头企业，带动了中小企业快速发展。

二、经济运营情况

2015年全县产业产值达310亿元，同比增长7.1%，其中规模以上企业154家产值184.2亿元，创税3亿多元。

三、发展措施

（一）着力引导带动 推进企业转型升级

一是抱团营销。2015年来共组织100多家工艺企业参加了北京、上海、深圳、太原、青岛、杭州、厦门、莆田等13场国内外各类大型会展，达成意向合同5.9亿多元，成交额3.1亿元。2015中国（仙游）红木艺雕精品博览会大获成功，共达成意向额7亿元，成交额达5.2亿元。

二是整合提升。在古典家具行业内推行产销分离，引导个体工商户转为限上商贸企业，推动小微企业上规模，今年新增规模工艺企业40家，规上企业实现产值19.3亿元，比增20.6%。

三是开拓市场。积极引导工艺企业由单纯开发高端市场产品向中高端和大众化消费并重转变，研发面向大众、适销对路的新中式新古典家居产品，形成“高端市场独秀，中低端市场并进”的市场格局。目前已在巩固海黄、越黄等原有高端原料产品的基础上，逐步开发以缅甸花梨、微凹黄檀、白酸枝、鸡翅木等中低端原料为主的红木产品，市场销售额增长约21%。

四是创新产品。大力引导企业改变以往过分讲究复古、仿古的产品理念，将现代家具的实用功能和审美情趣融入其中，在品种款式、结构工艺、功能尺度上大胆创新，同时引导企业牢固树立做古典工艺家具就是做文化、做艺术、做精品的观念，提升产品附加值。积极推动红木家装产业发展，鼓励连天红等龙头企业尝试从单一的家具生产向家装、

2011～2015年仙游县家具行业发展情况汇总

主要指标	2015年	2014年	2013年	2012年	2011年
企业数量	4000	3900	3700	3471	3349
规模以上企业数量	154	114	96	80	75
工业总产值（亿元）	310	290	275	175	160
规模以上企业工业总产值（亿元）	248	232	247	157	136
出口值（亿美元）	31	28.5	27	17	16
内销（亿元）	289	261.5	248	158	144

家饰产品延伸。

（二）着力保障重点 创优企业发展环境

优先突破人才、平台、资金等关键要素的制约，为工艺企业提供优质服务。

一是强化人才培育。大力实施人才强基工程，2015年新增中国传统工艺美术大师6名、中国传统工艺美术青年大师3名、市级工艺美术大师49名。依托县鲁班职业技能培训学校积极开展职业技能、电子商务培训等工作，已举办15期培训班，培训人次750人次。依托仙游职业中专学校，免费为企业技工培训，并颁发技工等级证书，做到持证上岗。鼓励企业积极参与各类技能比赛，推动更多的优秀作品和优秀人才脱颖而出，举办了第二届“仙艺杯”工艺品雕刻制作职业技能竞赛。

二是完善平台建设。重点抓好“一街四走廊”、“两园六个城”，海峡艺雕旅游城、环球工艺城竣工投入使用，工艺产业园及二期、根艺古玩城、三福工艺园等项目动工建设。

三是着力融资服务。用足用好每年500万元产业发展专项资金，积极支持产业的技术研发、市场推广、品牌打造等事关产业发展的关键领域；协调银企关系，多次召开银企融资对接会，设立中小企业风险补偿金2000万元，建立了近3亿元的助保贷资金池，促成银行对仙作工艺企业加大信贷扶持，推动红木质押融资业务，有效解决企业融资与“去库存”问题，2015年银行共放贷工艺美术产业资金81.23亿元，比增9.16亿元。

（三）着力多方宣传 大力推广“仙作”品牌

一是加大广告宣传。投入500多万元用于仙作品牌宣传，与福建省电视台综合频道签订了为期一年的广告宣传，同时在福厦高速等交通要道上建立了16块大型户外广告牌。二是有效利用互联网。充分利用其互联网更新速度快、传播空间广（全球性）、传播自由度高和交互性强等优点，使仙作品牌在全球得到快速传播。2015中国（仙游）红木艺雕精品博览会期间网络点击量突破百万次。三是加强品牌打造。顺利获评“全国红木古典家具产业知名品牌创建示范区”，“世界中式古典家具之都”创建工作通过初评。大力实施品牌培育计划，2015年新增福建省著名商标11家、莆田市知名商标12家。

（四）着力加强监管 促使产品质量提高

一是建立质量保证制度。建立以“一证一书一卡一芯”（一芯指RIFD芯片）为主要内容的质量保证制度，实现从原料进厂、生产加工、出厂销售到售后服务的生产使用全过程监管，以及产品质量的可追溯体系和责任追究体系，强化企业产品质量主体责任。全县已有1000多家古典工艺家具企业实行“一证一书一卡”制度。

二是提升监管力度。经贸、市场监督管理局、税务等部门加强行业服务和管理，主动上门服务企业。加强安全生产监管，坚决取缔三合一厂房，注意预防工人因吸入木粉而发生新的职业病种，强制要求企业与工人签订用工合同、保险合同等。

三是发挥协会作用。推动各行业协会在服务企业、开拓市场、培养人才、创建品牌、行业自律等方面发挥作用，特别是对恶性竞争、投机取巧、生产假冒伪劣产品的企业，采取行业制裁措施，进一步规范企业营销行为，树好行业形象。新成立了福建省红木工艺品协会，加强对红木工艺品的行业监管。

（五）着力培育电商 促进“仙作”蓬勃发展

深化全县工艺美术企业电子商务应用，促进实体购销渠道和网络购销渠道互动发展，提高供应链和商务协同水平。鼓励有条件的龙头企业电子商务平台向行业电子商务平台转化，引导中小企业积极融入龙头企业的电子商务购销体系。鼓励红木产业应用第三方电子商务平台，开展线上销售、采购，线下沟通，提高生产经营和流通效率，提升专业化生产、协作配套作用，促进红木产业和电子商务的进一步融合发展。目前全县80%以上工艺企业有建立企业门户网站，佛珠、小件工艺品商户1万多家，其中90%以上有通过淘宝网、天猫网、京东网、微店等电子商务方式销售产品。初步形成了一个淘宝镇、四个淘宝村，搭建了5833、“仙作购”两个第三方交易平台。全县通过电子商务实现年销售额30多亿元，仙游县位列“电商百佳县”第26位。

中国京作古典家具产业基地、中国京作古典家具发祥地——涞水

一、基本概况

（一）地区基本情况

涞水古典红木家具已有300多年的历史。清康熙皇帝在故宫成立造办处后，从全国各地选拔能工巧匠，其中可追溯的就有涞水县东文山乡上车亭村的王继贵、石亭镇板城村的刘仲春等。2014年8月12日中国家具协会认定涞水县为“中国京作古典家具发祥地”，同时，中国家具协会与涞水县人民政府共建“中国京作古典家具产业基地”。

（二）行业发展情况

近年来，涞水红木行业年销售收入以30%的增速增长，产品在京津冀及蒙、晋、鲁等地市场份额不断增加。目前，涞水京作红木家具制造销售企业420余家，熟练技师近千人，从业人员上万人。2015年产值达16亿元，销售收入达21亿元，被河北省工信厅确定为特色产业集群，是北京周边的主要产区之一。

2015年1月及8月，涞水分别举办了两届京作红木文化节，展现了“京作”家具的文化魅力，增强区域辐射力，扩大品牌传播力。涞水与其他产区相比，虽然规模较小，但独有的区位优势、京作红木传统文化优势及享有的国家战略优势，使涞水红木产业发展潜力巨大，后发优势明显，正成为承接北京产业转移和外溢的首选地。

（三）公共平台建设情况

为进一步做大做强红木家具产业，涞水县委、县政府在县城北侧规划了中国·涞水京作红木文化创意产业园。拟通过园区建设，搭建一个集研发、生产、采购、销售于一体的高端平台，实现古典家具制销商户与平台的近距离对接。

园区概况：项目规划区占地250多公顷，整体呈现一轴、两翼、三园、五组团的空间格局。一轴：即规划区核心发展轴，是规划区整体形象的集中展示面；两翼：家具产业核心发展翼和文化旅游核心发展翼；三园：传统家具博览园、红木文化创意体验园和拒马源湿地公园；五组团：旅游组团、展销组团、文化组团、配套组团、产业组团。

园区功能：园区划分为家具综合博览区、名品家具展销区、家具文化游览区、文化创意体验区、生产物流区、生活配套服务区六大功能区。

产业功能：原材料引进、生产、粗加工、销售、投资、展示、博览、交易、批零等。

旅游功能：4A级旅游景区；观光、餐饮、娱乐、休闲、商务等。

文化功能：体验、创意、科普、教育等。

发展定位：深度挖掘涞水京作传统红木文化渊源及产业基础，紧密对接国家产业发展方向和城市未来发展需要，把握环首都经济圈市场优势，构筑集生产、销售、博览、展示、批零等于一体的传统红木文化全产业链，打造集观光旅游、娱乐休闲、文化体验、商务会议、科普教育为主要内容的全国首个京作红木文化创意产业园区，北方最大传统家具产业、博览、交易中心和京津冀最大古典家具生产销售基地等新名片。

二、经济运营情况

2011 ～ 2015 年涞水县家具行业发展情况汇总

主要指标	2015 年	2014 年	2013 年	2012 年	2011 年
企业数量	420	350	295	226	200
规模以上企业数量	8	4	3	2	2
工业总产值（万元）	163000	160000	120612	101690	80150
规模以上企业工业总产值（万元）	14100	8000	6500	4300	3000
内销（万元）	210000	200000	150000	120000	90100
家具产量（万件）	3.1	2.46	1.48	1.20	0.9

三、品牌发展及重点企业情况

目前，涞水已先后推出隆德轩、森元宏、永蕊缘、万铭森、艺友、艺联、易联升、艺宝、古艺坊、珍木堂等多个品牌。河北古艺坊家具制造股份有限公司成功挂牌石家庄股权交易所，是河北省高新技术企业。隆德轩、森元宏、万铭森、永蕊缘、艺友、艺联在石家庄股权交易所孵化版挂牌。

（一）涞水县隆德轩红木家具有限公司

该公司是涞水县古典艺术家具协会会长单位。公司成立于 2008 年，占地面积 1.3 公顷，总资产 1.2 亿元，注册资本 3000 万元。年生产 3000（件、套）古典红木家具。公司成立以来立足深厚的京作家具文化积淀，大力弘扬“京作”文化及传统工艺，努力创建具有涞水特色的古典红木家具系列。“隆德轩”品牌深受红木消费者喜爱。2014 年 3 月在保定市首届乡土艺术成果展中，参评作品黄花梨《根雕龙凤呈祥》荣获优秀精品奖。2014 年 12 月公司被保定市文广新局授予“保定市第二批文化产业示范基地”。2015 年被河北省科技厅命名为“河北省科技型中小企业”。2015 年销售收入达 1.2 亿元，产值达 8000 万元。

（二）涞水县万铭森家具制造有限公司

该公司创立于 2014 年，注册资金 500 万元，年生产红木家具 3000 件，是一家专业从事古典红木家具的研发、设计、生产、销售、服务于一体的大型综合性企业，厂房建筑面积 1 万余平方米，占地 1.3 公顷，有职工 54 人，其中专业技术人员 37 人，公司主要生产大果紫檀及老挝红酸枝红木家具，包括客厅、餐厅、书房、卧房、休闲、中堂等六大精品系列古典家具，品种达百余款。2015 年销售收入达 1 亿元，产值达 7000 万元。

（三）河北古艺坊家具制造股份有限公司

该公司始创于 1996 年，原名“涞水县古艺坊硬木家具厂”，2005 年成立古艺坊家居文化创作室，于 2010 年 10 月份成立保定古艺坊家具制造有限公司，经股份制改革，2013 年 11 月份组建河北古艺坊家具制造股份有限公司，于 2014 年 2 月在石家庄股交所成功挂牌，股权代码：630002。2014 年。被国家认定为高新技术企业。经 17 年的发展，公司成为一家初具规模的集研发、制造、销售于一体的现代中式家具企业。

公司占地 2.87 公顷，有中式家具专业技术人员 270 名，省内外拥有独立家具专卖机构 27 家，已在北京、石家庄、保定均设立市场拓展部，年生产销售现代中式家具 2.5 万件，公司注册资本金 1500 万元，总资产 5000 多万元。公司下辖三个自主品牌，“古艺坊”主营现代中式榆木家具；“和安泰”主营古典红木家具；“元永贞”主营高档民用家具。2015 年，公司销售收入达 1.8 亿元，产值达 1.1 亿元。

（四）涞水县永蕊家具坊

该公司是一家专业制作、修复各式明清硬木家具的手工企业。古典家具用料考究，工艺复杂。艺人们将木雕、字画、古玩、窗花等艺术点缀其中，融会贯通，使每一件家具都成为了一件赏心悦目的艺术品，体现了高雅的生活艺术品位，传承了传统家具文化。2010 年 6 月 28 日 ~ 7 月 2 日首届中国中式家具精品展，永蕊家具坊的参展作品《梅花画案》获评审专家一致好评。该作品在展会上被中国工艺美术学会授予工艺特色奖。2015 年，公司销售收入达 0.8 亿元，产值达 5500 万元。

（五）涞水县森源仿古家具厂

创建于 1997 年，占地 1 公顷，是涞水县古典艺术家具协会常务副会长及中国家具协会第六届理事会理事单位。职工 30 人，设计人员 5 人，生产书房、客厅、卧室系列红木家具及各种工艺品。家具制作材料以红酸枝为主，以明式、清式家具设计风格为主，重结构、少装饰，重整体简洁厚重、轻奢华雍容。2015 年，公司销售收入达 0.7 亿元，产值达 8000 万元。

四、2015 年发展大事记

2015 年 4 月涞水县京作古典家具制造基地项目获批保定市重点项目。

2015 年 9 月中国・涞水京作红木文化创意产业园完成保定市太行山文化产业带重点项目申报。

2015 年 11 月参加“第三届京津冀文化创意产业合作暨项目推介会”，中国・涞水京作红木文化创意产业园被列入“京津冀文化产业重点对接项目”。

2015 年 12 月 15 日中国・涞水京作红木文化创意产业园获批“河北省十大文化产业集聚区”。

2015 年 12 月 29 日涞水县隆德轩红木家具有限公司与北京林业大学就组建“中国（涞水）京作古典家具研究院”暨“北京林业大学古典家具产学研基地”签署合作协议。

中国红木（雕刻）家具之都——东阳

一、基本概况

（一）地区基本情况

东阳地处浙江省中部，总人口 83 万，地域面积 1747 平方千米，迄今已有 1800 多年的历史。自明朝以来，东阳就有“百工之乡”的美誉，并以东阳木雕扬名于世，很多传统工艺也得以传承，由此发展形成了东作红木家具风格的雏形。近年来，东阳红木家具产业在此基础上蓬勃发展，已成为全国最重要的红木家具生产基地之一。

（二）行业发展情况及公共平台建设情况

随着东阳市委、市政府扶持力度的不断加大，东阳红木家具产区迅猛发展，目前已经形成东阳中国木雕城、东阳红木家具市场、横店红木家具中心、南马花园红木家具城等四大交易市场和城北工业新区、横店镇、南马镇三大产业基地。同时，由东阳市政府联手一批优秀浙商团队投资百亿打造的中国木雕文化博览城项目中的中国木雕博物馆、国际会展中心等已建成并投入使用，这将对进一步提升东阳木雕·红木家具产业知名度，丰富产业层次，打下了坚实的基础。

从人才队伍建设情况来看，东阳作为百工之乡，人才类别之多、数量之多、技艺之高在全国首屈一指。除了拥有亚太手工艺大师 2 位，国家级、省级工艺美术大师 45 位之外，行业协会还积极培养技师和家具设计师，现经培训获得职业资格证书的技师和家具设计师以及中高级技工等专业技术人才已有六百余位。庞大的专业人才队伍是红木家具产业发展的中坚力量。

在政策规划引领方面，自 2010 年起出台了《东阳市木雕·红木家具行业准入指导意见》和《关于促进木雕·红木家具行业转型升级的若干意见》等多个政策文件，同时，制定行业标准——《东阳市木雕·红木家具企业联盟标准》，开展行业整治，并在人才、土地、财税方面加以保障；积极实施“名品、名企、名家”战略，提升自主创新能力扶持，鼓励企业设立技术中心、大师创作设计室等；引导企业综合运用技术、标准、品牌、专利等手段，积极开发新产品、新技术、新工艺。提出了“支持发展，加强管理，规范提升，诚信经营”的原则。

在公共服务平台建设方面，东阳市政府积极搭建招商引资、电子营销、质量检测等平台，制定行业标准，规范市场。东阳市政府在做足内功的基础上通过特色展会、招商引资、举办会议、电视媒体等形式面向全国宣传，走出一条独具特色的“东作”红木家具产业发展道路，成为名副其实的中国红木（雕刻）家具之都。

二、经济运营情况

2015 年，东阳市木雕·红木家具行业完成产值 153 亿元，经工商注册登记的木雕·红木家具生产企业 3000 多家，其中规模以上企业 123 家，从业人员 9 万余人。2015 年红木家具行业新增已授权专利 259 件，全行业累计已授权专利 1500 余件。东阳市先后荣膺“中国红木（雕刻）家具之都”、“世界木雕之都”等称号，已成为全国最重要的红木家具集散地之一。

2011～2015 年东阳市红木家具行业发展情况汇总表（生产型）

主要指标	2015 年	2014 年	2013 年	2012 年	2011 年
企业数量（个）	2756	3267	2627	2072	1035
规模以上企业数量（个）	123	123	95	/	/
工业总产值（万元）	1530000	1420000	1320000	1200000	1070000
商场销售总面积（万平方米）	112.9	106.9	90.9	82.6	82.6
商场数量（个）	6	6	5	4	4

三、品牌发展及重点企业情况

从领军企业的发展水平来看，东阳木雕·红木家具龙头企业实力强劲。现拥有东阳名牌以上的企业有 46 家（其中浙江省级名牌 7 个，金华市级名牌 19 个，东阳市级名牌 20 个）；获得中国驰名商标的企业 10 家（司法认定），浙江省著名商标的企业 5 家，金华市著名商标的企业 10 家，东阳市知名商标的企业 19 家。

东阳市明堂红木家俱有限公司　作为东阳市木雕·红木家具龙头企业，明堂红木积极转型升级，精细生产；立足传统，推陈出新；以人为本，注重培养；创新营销，明星代言；引进设备，环保车间。近年来，明堂积极组建产品设计开发团队，与国内外优秀的设计机构和家具设计师合作，产品出新率达到 15%。2015 年还荣获了“中国家具产业集群优秀企业”、东阳市人民政府“市长质量奖”等荣誉称号。

东阳市中信红木家具有限公司　中信红木是东阳市规模最大的红木家具生产企业之一，也是东阳木雕·红木家具龙头骨干企业。2015 年年初，中信红木引进了一条先进的红木家具生产流水线，这是东阳第一家流水线生产红木家具的企业。采用流水线生产，实现以机代人，进行标准化生产，操作安全，吸尘效果较好，生产效率高。这将把红木家具企业推入现代化、规范化、标准化的轨道。

浙江大清翰林古典艺术家具有限公司　大清翰林作为东阳市的龙头骨干企业，以传统家具设计为代表，在地方、全国、国际三个不同级别的专业展会上大放异彩。截止 2015 年，大清翰林获得了三届以上中国红木家具“东作”奖特别金奖，连续三届“金斧奖”中国传统家具设计制作大赛最高奖项——神品奖。2015 年吴腾飞荣获了中国家具设计领域的最高奖项——金点奖，这是红木家具行业首位、也是唯一获此殊荣的设计者。

四、2015 年发展大事记

4 月 28 日 –30 日，第一届中国（东阳）木雕·红木家具交易博览会在东阳中国木雕城国际会展中心举行。100 多个品牌企业的精品红木家具汇聚一堂，向全国各地的经销采购商一展“东作”之魅力。

9 月 5 日，在 2015 中国红木家具大会期间举办了首届 2015 年度中国红木家具“东作”设计创意比赛，通过实践创作与点评交流不断提升东作家具设计师的实力水平。

2015 年建设健全东阳市红木家具检测机构。自 2009 年起东阳市红木家具行业协会与南京林业大学合作进行材质鉴定检测工作，2015 年初成立了红木家具质量检测机构，并通过实验室资质认定项目。同时，国家级木雕红木产品质量监督检验中心也在东阳积极筹建中。

五、发展规划

近年来，东阳红木家具产业的外部环境发生了深刻变化，东阳红木家具产业要适应新常态保持可持续发展，就需要深入分析产业发展趋势结合自身特点和优势，凸显东阳特色，推动红木家具产业转型升级。

一是进一步完善红木家具产业扶持政策体系，加大支持力度。第一，设立专项引导基金，加大扶持力度。第二，加强与金融业的融合，创建政银企合作平台。第三，加大税收支持力度。

二是完善公共服务平台建设，推动政府职能转变，为东阳红木家具产业转型升级提供动力支持。第一，建立红木家具产业创意设计公共平台。第二，建立红木家具创意人才培训和孵化平台。第三，搭建红木家具创意设计专利维权平台，加强知识产权保护。第四，加快大数据建设，建立中国红木家具产业数据库，整合产业相关数据，提供数据查找和行业分析服务；建立中国红木家具专业人才数据库，构建人才交流平台。

三是规范企业行为，净化市场环境。第一，加强对红木家具市场的监管。对现有市场引导细分，逐步实现差异化集聚，制定统一的市场管理规范，严格执行“一证一书一卡”制度。第二，加强对企业的监管。大力推广《东阳市木雕·红木家具企业联盟标准》的实施，严格把控企业产品质量，引导企业向规范化、标准化方向发展。

四是加强品牌建设。东阳红木家具企业要树立品牌意识，加强特色品牌体系的打造，整合相关资源，提高专利知识产权保护意识，运用现代营销手段，在不断提高产品文化附加值的同时，努力提高产品的品牌附加值。

中国家具产业集群
——木质家具产区

木质家具产品一直以来都是家具产品中的第一大类，从市场供应角度来看，主要分实木家具、板木家具和板式家具三大类，市场价格依次从高到低。随着现代居民生活水平的提升，实木家具近几年深得市场欢迎，因此，实木家具产业在近几年一直保持良好的发展态势。根据中国轻工业信息中心数据显示，2015 年，木质家具制造业规模以上企业主营业务收入 5030.68 万元，占全国家具制造业规模以上企业累计主营业务收入的 63.9%，同比增长 9.66%；完成累计利润总额 299.7 亿元，占行业利润总额的 59.84%，同比增长 11.44%；完成累计出口额 146.48 亿美元，占总量的 26.99%，同比增长 4.29%。从此数据上看，木质家具行业整体处于平稳增长态势；从各实木家具企业的主要销售数据和市场反应来看，各大品牌企业依然保持拥有良好的消费者口碑，处于行业领导地位。

中国木质家具产出主要来自传统的制造业产区，包括黑龙江、辽宁、山东、河北、北京、天津、江西等，广东、浙江、四川等地也很突出。全国木家具生产企业的分布，自然形成集聚，呈块状存在的特点突出，反映了这个行业的发展规律。截至 2015 年底，中国家具协会授予或参与共建的木质家具产业集群共计 5 个，分别是：山东宁津、辽宁庄河、浙江玉环、江西南康和四川崇州（如图所示），其中，前 4 个地区以生产实木家具为主，崇州则以生产板式家具为主。

2015 年，各集群发展情况如下：

- 宁津家具产业实现销售收入 170 亿元，出口创汇 7990 万元；华日集团计划投资 19.5 亿元在宁津建设高档家具产业园，已完成签约。
- 南康家具产业总产值达到 880 亿人民币，年耗材达 560 万立方米，于 5 月组建了南康家具进出口贸易服务中心，并成功举办了“第二届中国（赣州）家具产业博览会”。
- 崇州经开区家具产业规模以上企业工业总产值达 68.49 亿元，同比增长 9.24%，行业占比 31.81%；利润总额 2.26 亿元，同比增长 12.01%，行业占比 16.26%。

中国木质家具产业集群分布图

中国实木家具之乡——宁津

一、基本概况

（一）地区概况

宁津县位于山东省西北部冀鲁交界处，区划面积833平方千米，辖9镇1乡2个街道1个省级经济开发区，人口47万，是“中国五金机械产业城”、“中国实木家具之乡”、“中国桌椅之乡”、“全国食用菌产业化建设示范县”、“中国民间艺术（杂技）之乡”和“中华蟋蟀第一县”。地处北京、天津、石家庄、济南等大中城市圈中心地带，与河北省沧州市、衡水市隔河相望，北邻天津滨海新区、南靠省会城市群经济圈、东接黄河三角洲高效生态经济区，是京津冀一体化发展的协同发展区，为企业开拓市场提供了“南北借力，东西逢源”的地缘优势，是一片投资沃土。

（二）行业发展情况

宁津县的实木家具产业起源于20世纪90年代，起始由加工业户自发形成，经政府引导，逐步由小到大，由散到聚，跨越发展成为全县的支柱产业和富民产业。在宁津，实木家具产业已呈遍地开花之势，全县共有家具生产企业3078家，其中规模以上企业58家，从业人员达到4.7万人，形成了2个家具园区、7个特色乡镇、180个专业村的集群格局。

宁津实木家具产品有餐厅家具、厨房家具、酒店家具、卧房家具、套房家具、办公家具、软包家具和实木内门八大系列上千个品种，拥有经典中式、简约欧式、现代中式、英式田园乡村、后现代实木、明清古典等多种典型风格。三江木业“鲁特蒂亚”欧式古典家具、名岳家具“美瑞克”法式宫廷家具、汇丰家具“左岸尚东”简约欧式家具、大亨木业“欧帝森”实木门等品牌家具主要销往全国一线、二线城市。

宁津家具已经经销全国20余个省市，其中餐桌餐椅占到长江以北市场份额的50%以上，家具产品远销美国、韩国、欧盟等30余个国家和地区。2004年，宁津县被中国轻工业联合会、中国家具协会授予“中国桌椅之乡”特色区域荣誉称号，宁津县先后被评为“山东省优质木质家具生产基地”、“山东省实木家具示范县”和“山东省出口木质品及家具质量安全监管示范区”；2011年家具产业被列入山东省30个过百亿元省级产业集群，获得中国家具产业链模式创新金奖；2012年，被中国轻工业联合会、中国家具协会联合授予“中国实木家具之乡”特色区域荣誉称号；2013年，宁津家具产业集群成为省政府重点扶持的特色产业集群之一，中国实木家具之乡（宁津家具产业集群）被中国家具协会授予“中国家具行业2013年度优秀产业集群”；2014年被省轻工业协会授予“山东省实木家具产业基地”称号；实木家具产业电子商务平台被列为2014年省级专项扶持电子商务平台；“山东省家具质量监督检测中心”被认定为国家级公共服务平台；2015年9月，中国家具协会授予宁津实木家具“中国家具先进产业集群奖”。

（三）公共平台建设情况

投资建立了建筑面积5万平方米的中国宁津家具大世界，集中展销宁津精品家具。投入资金3000余万元，建成了家具行业技术中心，2011年被认定为省级公共服务平台，2013年被工信部认定为国家级公共服务示范平台，可为家具企业提供产品研发、质量检测、出口监管、信息服务、民企培训等多项服务。在2012年的第六届家具文化节上，山东宁津家具研究院正式揭牌成立，为家具企业进行产品研发、人员培训提供方便。以山东省电子商务平台网易商平台为依托，搭建宁津县家具产业电子商务平台。成立电子商务服务中心，县并与“好品山东”战略合作签署仪式。

二、经济运营情况

如今在宁津，家具产业已呈遍地开花之势，全县共有家具生产加工企业3078处（户），其中规模以上企业58家，从业人员达到4.7万人。2015年全县家具产业实现销售收入170亿元，出口创汇7990万元。

三、品牌发展及重点企业情况

宁津县拥有“兴强”、“万赢”、“吉祥木”、“德克”等4个山东省名牌产品和“美瑞克”1个山东省著名商标。家具产业已由过去的“群山无峰”向“群山成峰”转变，家具龙头企业优势逐步凸显，涌现出美善、三江、宏发、德克、鸿源、汇丰、大亨等20余家龙头骨干企业。其中，大亨木业、宏发木业、名岳家具、三江木业被授予“山东省实木家具产业基地骨干企业”称号。

四、2015年发展大事记

2015年，宁津县紧抓京津冀一体化协同机遇，积极谋划，强化招商引资，主动承接京津冀地区家具产业转移，实现与京津冀家具产业的分工协作、协调发展。成功与廊坊华日家具公司举行高档家具产业园投资合同签订仪式，华日集团计划投资19.5亿元在宁津建设高档家具产业园。签约仪式上，来自北京京派联盟及京津冀的家具企业有50多家，进一步考察洽谈，寻找合作契机，为宁津县家具产业招商储备了大量后续项目，确保了大项目的支撑作用。

五、发展规划

（一）发展目标

发挥“中国实木家具之乡”区域品牌优势，坚持配套和创牌两条腿走路，调整优化家具产业集群产品结构和区域布局，明确低碳环保、自主创新、个性定制、信息应用四个发展方向，加大企业培植、强化品牌意识、延伸拓展产业链，不断提高资源综合利用率。力争到2016年末，全县家具行业实现销售收入200亿元，实现出口创汇1亿美元。培植出销售收入过1亿元的企业3家，争创中国名牌产品1个，省级名牌产品达到7个以上。

（二）明确四大发展方向，促进行业转型升级

一是增强低碳环保意识，二是广泛应用信息技术，三是引导和鼓励企业走向设计崛起之路，四是扩大个性化定制家具生产规模。

（三）搭建完善五大平台，促进企业抱团发展

搭建电子商务平台　以建设山东省首批信息消费试点县为契机，引导个体户和中小微企业开设网上商铺，开展网上营销，力争在全县建立一批淘宝村。

2010～2015年宁津县家具行业发展情况汇总

主要指标	2015年	2014年	2013年	2012年	2011年
企业数量	3099	3078	3061	3045	3029
规模以上企业数量	59	58	56	50	48
主营业务收入（万元）	1700000	1680000	1580000	1486000	1407000
规模以上企业主营业务收入（万元）	1610000	1590000	1500000	1408000	1390000
出口值（万美元）	1358	1300	1100	980	950
内销（万元）	1680000	1650000	1550000	1470000	1400000
家具产量（万件）	3550	3360	3160	2970	2800

搭建高端展销平台　新建宁津县家具展示中心，建设成为服务配套设施齐全、档次一流的宁津精品家具展示厅，以打造宁津高端家具主阵地，吸引全国更多的消费者，把宁津打造成北方重要的实木家具集散地。

完善协会服务平台　发挥好行业协会的作用。制定并实施行业规范，严把行业准入关，提高行业门槛，建立行业自律机制，规范家具企业生产经营行为。促进企业之间合作，引导行业抱团发展。

完善网络服务平台　进一步完善并运作好中国中小企业宁津网、宁津家具产业集群窗口服务平台网站，为企业提供新闻动态、产业资讯、政策法规等信息，进行业务受理、展品展示等服务。

完善技术服务平台　强化行业技术中心服务功能，提升产品研发、电子商务、质量检测、民企培训等功能，切实发挥应有的行业推进作用。

（四）强化六项保障措施，推动行业健康有序发展

解放思想观　一是组织外出参观学习。一方面积极组织企业的负责人到先进地区、知名企业学习；另一方面积极组织有关部门、有关乡镇（区）负责同志到国内特色区域参观学习。二是组织教育培训。定期邀请行业内的知名专家学者举办培训讲座，培训企业负责人，积极推动企业负责人参加有关高校举办的管理培训班。三是组织参会。积极组织企业参加有关组织举办的行业论坛、年会等专题活动。

铸造区域品牌　加强“中国实木家具之乡”区域品牌的宣传和推广力度，提升区域品牌知名度。由家具产业办公室和家具协会共同策划，编订《宁津县家具产业宣传画册》，并利用展会等场合分发。加大创建“山东名牌”、“国家名牌”力度，加强对欧帝森、德克、吉祥木等重点品牌培育企业的指导。

完善产业链条　坚持突出全民创业和产业招商两大主要途径，不断完善家具产业链条。利用长三角地区经济发展转型升级有利时机，吸引知名家具企业及家具产业链相关企业落户宁津，打造宁津家具行业龙头。不断引导创业者围绕家具产业链开展创业。

强化对接合作　进一步加强与有关协会、大专院校、特色区域的对接合作力度。一是加强与中国家具协会、山东省家具协会的战略合作。二是加强与国内特色区域对接合作，特别是加强与胜芳、香河的区域对接，借助双方“错位发展”的优势，加强生产、物流、研发、市场等各个层面的合作。三是加强与大专院校的“产学研”合作。

培植龙头企业　进一步加大龙头骨干培植力度，坚持引进“外源龙”与培植“内源龙”相结合，在全县筛选 1 ～ 2 家企业进行重点培植，在用地、税收、参展、创牌、创新等方面给予最大程度的优惠，促进其快速做大做强。谋划建立家具小企业示范园，把一些发展欲望足、协作能力强的小企业进行集中，相互借力，取长补短，迅速组建起产能、销售、税收都强于同等单体规模的“合作体”工厂。

严格行业准入　坚持从源头抓起，严把行业准入关，提高行业准入门槛。以注册资金、纳税强度、投资力度、管理水平、职业安全等方面作为基本依据，对潜力大、后劲足、管理好的企业进行重点培植；对技术低、效益差、不规范、信誉差的企业通过企业自查自改、强制关停等手段进行整改和淘汰。在产品质量、知识产权保护、商标注册等方面进行重点整治，净化全县家具生产经营环境。

中国中部家具产业基地——南康

一、基本概况

2011 年 7 月，中国家具协会与南康区政府签署了共建“中国中部家具产业基地”协议。在国际国内整体经济形势下行和企业生产成本不断上升的双重不利因素的影响下，南康家具产业仍然保持快速发展的态势，产业链条更加完善，品质和形象不断提升，连续五年被中国家具协会评为“全国优秀家具产业集群”。

（一）地区概况

2015 年实现地区生产总值 170.2 亿元，增长 10.6%；实现财政总收入 24.7 亿元，增长 13%；实现公共财政预算收入 18.4 亿元，增长 13.7%，财政总收入增速居全市第一；完成固定资产投资 145 亿元，增长 19%，增速居全市第一；实现规模以上工业增加值 62.7 亿元，增长 10.5%；实现社会消费品零售总额 36.9 亿元，增长 13.4%；城镇居民人均可支配收入 24023 元，增长 11%；农民人均可支配收入 8316 元，增长 13%。

（二）产业概况

南康家具产业起步于 20 世纪 90 年代初，历经 20 多年发展，产业从无到有，规模从小到大，初步形成了集加工制造、销售流通、专业配套、家具基地等为一体的产业集群，是南康最重要的支柱产业、民生产业和富民产业。南康家具企业从 2013 年的 5029 家增至目前的 7548 家，从业人员从 2013 年的 20 万增至目前的 30 万人，家具市场建筑面积从 120 万平方米增加至 160 万平方米，营业面积和年交易额在全国位居前列。2015 年，南康家具产业总产值达到 880 亿人民币，专利申请量 1190 件，授权量达到 1092 件，2015 年全区家具产业年耗材达 560 万立方米，其中国外木材 450 万立方米，占 80%。南康家具行业的中国驰名商标、江西省著名商标、江西省名牌在这三年中分别增加了 3 个、41 个和 17 个。截止 2015 年底，南康家具拥有中国驰名商标 4 个，江西省著名商标 84 个，江西名牌 29 个，各种品牌占有量在江西名列前茅。

二、2013 年以来开展的工作

（一）全面推进家具产业公共服务平台建设

南康在打造口岸、园区、烘干、喷涂、研发、检测、展销、物流、金融等 9 大公共服务平台基础上，又推进了外贸服务中心、进口木材废料加工中心 2 大平台建设，形成了“9+2”的平台支撑。

组建了服务外贸进出口的公共机构 2015 年 5 月组建了南康家具进出口贸易服务中心。以“首问负责、一站式办证、保姆式服务、辐射家具全产业”为宗旨，以家具出口和木材进口企业为服务对象，推动南康家具产业转型升级。截至目前，38 家家具进出口企业签约服务中心，33 家已装修好办公场所可开展业务，其中有实绩的木材进口企业 13 家，全区办理外贸经营者备案登记企业达 230 家，在赣州港直接报关报检的家具进出口企业由最初的 4 家增加到 37 家，辐射带动近 500 家本地家具企业开展进出口业务，实现家具产业向“买全球，卖全球”迈进。

成立了研发服务公共平台 引进中国航天科工集团江西分公司成立航天云网服务平台，建设以云制造服务为核心的高端生产性服务平台。目前已有自由王国、瑞之林、李氏王朝等省内外 1205 家企业成功入驻，完成标的金额1500余万元。

搭建和完善家具产品质量监督检验中心　通过努力，在2013年国家家具产业质量监督检验中心（江西）获批建设，落户南康，项目投资9000万元，占地面积3.3公顷，建筑面积达1.5万平方米，主要承担家具用材鉴定、家具中有害物质检验、质量仲裁检验及有关技术服务和培训等功能，是全国第五家、中部地区唯一一家也是落户县区第一家国家级家具检测机构。2015年10月，中心通过了CNAS“三合一”现场初步评审通过。

展销平台市场化运作日益成熟　2014年南康家具博览会从县级主办跃升为由国家林业局主办的国家级展会，并逐步开始市场化运作。2015年举办的第二届中国（赣州）家具产业博览会吸引观展商和采购商16.6万人次，交易额（含全年专卖签约）达15.25亿元，同步举办的网上家博会共有500多家企业参与，累计访问量达833万人次，成交额4670万元。展会的召开在业内及周边各省市影响力巨大。同时，采取财政补贴等形式，鼓励家具企业到广东、成都、上海等国内外知名家具生产基地参展，通过外出参展进一步提升南康家具区域品牌影响力。

园区平台大规模开工建设　围绕园区化的发展思路，着力推动333公顷家具产业园建设，继续完善产业园布局规划和企业入园办法，通过银行贷款等形式筹措资金3.5亿元，投入3.4亿用于各园区及项目建设，有力推进了开发建设工作，取得了良好效果。同时高标准规划建设了家具产业出口小区。小区位于南康家具产业园，项目占地5.1公顷，总投资约1.6亿元，建设标准厂房14栋，总建筑面积约10万平方米，12家有先进理念，能引领带动进出口业务和具有示范作用的企业入驻南康家具出口小区，目前入驻企业全部正式投产，预计可实现年出口额6000万美元以上。

政企银联合，打造金融创新平台　近年来，南康经济的持续增长，每日上亿的现金流，吸引国内各大商业银行、金融机构的入驻，给南康家具产业发展提供了各式各样的金融贷款支持。主要成效有：一是推动企业直接融资，紧紧抓住中国证监会对口支援等重大契机，积极运作博士家具、金东门化工等一批龙头企业到新三板挂牌。二是引进全国著名的中小企业融资平台—深圳前海股权交易中心在南康设立服务基地，为南康中小企业提供展示、融资服务，至今已有61家家具企业在该中心挂牌，为46家挂牌企业实现融资11470万元。三是积极实施“财园信贷通”、“小微信贷通”，创新推出“家具产业信贷通”、启动“创业信贷通”，4个“信贷通”累计放款14.1亿元。四是总额1亿元的中小企业还贷周转金开始运行，帮助中小企业解决临时“过桥”资金难题。累计提供还贷周转金9326万元，其中家具企业金额5187万元。

（二）产业链条进一步完善

完善的产业链条是南康家具产品“物美价廉”的重要保障，通过近20多年的发展，南康家具内部循环链条已趋近完善，但连接外部循环的产业链仍需建设及完善。在区委政府的不断推动下，产业进行了转型升级，家具业主通过外出参展、观展开阔视野，思维得到转变。区委政府在推动产业转型升级的同时，也不断地吸收新概念，新想法，为家具产业发展注入新活力。

建造和完善赣州港功能　通过各级政府的努力，由南康区政府独资筹建的赣州港于2013年启动，2015年1月19日正式启动直通运营，这是全国首个、也是唯一一个进境木材内陆口岸，目前开通了东南亚“直运”，启动了北欧“直运”工作，即将开通赣州港经满洲里到俄罗斯、经新疆阿拉善到欧洲木材进口及家具出口“一带一路”铁路专列，争取早日开通多口岸直通业务。赣州港铁路专用线于2015年11月29日正式动工兴建，2016年5月投入运营后，将形成一个新的物流枢纽和口岸高地。

推动家具电商快速发展　南康电商目前已形成光明电子商务创业孵化园、泓泰家具电子商务城、北方大厦、城市壹号等电子商务企业聚集区域，办公面积超过20万平方米，集聚了近千家电商企业、200多家广告摄影公司近20家快递企业，有1万多名从业人员，2015年家具电商销售额达52.2亿元，“双11”当日交易额达1.1亿元。南康家具市场被国家商务部评为“国家电子商务示范基地”。

产品业态不断丰富　赣州汇明木业有限公司

进入南康家具产业园后，新上总投资达 12 亿元的年产 22 万立方米人造板项目，达产后将年出口货柜 6000 个以上，出口额将超过 1 亿美元，打通了实木家具与板式家具的链条环节，填补了南康板式家具自营出口的空白；由广东东莞最大的实木家具出口企业远大集团公司，联合本土 3 家优质家具企业成立的江西中元智能家具有限公司，采用世界先进制造技术，专业生产出口美式家具，项目投资 5 亿元，竣工投产后年产值将达 15 亿元，利税 1 亿元。南康家具市场被评为“江西省重点培育内外贸结合商品市场”，以南康为主体的赣州家具基地被评为第三批国家外贸转型升级专业型示范基地。

物流配套链不断强化　南康区现有 304 家专业家具物流企业，经营的物流专线 1000 多条，总营业额已达 65 亿元，年运货量达 20 万车次。有 4 家物流企业被授予国家 AAA 级物流企业称号，4 家被授予国家 AA 级物流企业称号，有规模以上物流企业 8 家，2015 年物流税收达 7300 多万元，同比增长 18 倍，2016 年 1 ~ 4 月已实现物流税收 4400 万元，目前正在申报交通部第四批甩挂中心试点工作。2016 年 3 月，南康家具物流产业被评为“省级重点推进物流示范产业集群”。

（三）产业布局进一步优化

经济开发区扩区调区获得通过　南康经济开发区扩区调区获得省政府批复同意，规划面积由 346.7 公顷扩至 1362.9 公顷，主要承载家具产业的南康经开区基础设施建设加快推进，新增开发面积 366.7 公顷。

建设了一批家具生产聚集区　南康区积极争取省、市国土、林业部门关心支持，按照“引企入园（区）、退厂还耕、区域集聚、疏堵结合”的思路，规划建设了 11 个家具生产集聚区，拓展了企业发展空间。通过引导企业往园区聚集，带动了整个产业的规范发展和集约发展。

强化招商引资　南康区专门成立招商引资工作领导小组，先后开展了“外出驻点招商月”活动、南康家具进出口专项招商活动，积极组织参加省市举办的北京会、香港会、厦门会、广州会、赣台会、长三角赣商联盟投资洽谈会、深圳会，以及“民企入赣”等招商活动。同时积极利用重大节会平台，主动走访对接重点客商、重点企业，加快推进一批重点项目落地，取得了明显成效。目前，已签约落户项目 105 个，跟踪洽谈项目 60 个。

加大龙头企业扶持力度　一是设立家具企业技术改造基金。对采用经省级以上（含省级）相关部门认定属国内领先、国际一流的先进设备的家具企业，给予相应的奖励，2015 年南康区奖励龙头企业技改资金 1500 万元；二是对参加重要展会的参展企业实行补贴。在 2015 年的第二十一届中国国际家具展（上海家具展）上，15 家南康品牌家具企业以南康家具产业集群形式整体亮相，展现了南康家具产业集群，特别是实木家具的整体风采。通过龙头项目的示范引领，带动一批本地企业迅速转变经营理念，积极开展家具出口，化解国内经济下行带来的库存压力。

推行“南康家具品牌联盟”　由区家具协会牵头制定“南康家具品牌联盟”的使用和准入办法以及扶持政策，把南康的优质家具企业全部纳入、统一使用，力争 2016 年实现南康优质家具企业全面使用“南康家具品牌联盟”标志。今后组织企业外出均以“南康家具品牌联盟”的形式参展，以展现南康家具整体良好形象。

中国板式家具产业基地——崇州

一、基本概况

家具产业是崇州的传统优势产业，也是崇州市高度重视和大力发展的重点产业之一。中国家具协会在 2009 年 9 月将崇州命名为“中国板式家具产业基地”。2010 年，家具产业作为成都市十大重点产业之一，根据《成都市家具产业集群发展规划》设定，崇州被确认为成都市家具产业集群发展基地。

现阶段，崇州市已拥有包括全国最大的板式家具生产龙头企业全友家私，以及业内领军企业之一的明珠家具等各类家具企业 300 家，相关从业人员 6 万人以上。主要从事现代板式家具、藤编家具、艺雕仿古家具、部分实木、钢木家具的研发、生产及销售。

二、经济运营情况

崇州家具规模以上企业主要集中在崇州经开区家具园区。2015 年，成都崇州经开区家具产业规模以上企业工业总产值 68.49 亿元，同比增长 9.24%，行业占比 31.81%；主营业务收入 67.94 亿元，同比增长 8.65%，行业占比 32.31%；利润总额 2.26 亿元，同比增长 12.01%，行业占比 16.26%；税收 3.31 亿元，同比增长 24.13%，行业占比 43.20%。尽管面临经济下行压力和市场需求萎缩的现状，但崇州家具产业仍然保持了较好的运行状态。

三、发展措施

近年来，中国家具行业正在进行新一轮变迁，家具企业朝整合方向发展；崇州家具产业坚持龙头带动、促进产业集群发展，坚持沿链发展、构建完备的产业链条，坚持科技创新、增强产业发展内生动力。以技术升级、品牌开发、人才培养、管理创新等为抓手，推动产业发展向“微笑曲线”两端迈进，崇州已成为西部地区家具产业龙头形象最突出、产业配套建设最规范的生产基地。具体发展措施如下：

（一）坚持龙头带动，促进产业集群发展

贯彻大企业、大集团发展思路，着力加强带动作用大、示范效应强、发展前景好的龙头企业的规范和培养。目前，已形成了全友、明珠为龙头，大量规上企业为骨干，众多中小企业沿链发展的产业集群新态势。已基本形成了以板式和实木家具、软体家具、客厅家具、办公家具、户外休闲家具的设

2011 ~ 2015 年崇州家具行业发展情况汇总表

主要指标	2015 年	2014 年	2013 年	2012 年	2011 年
企业数量	345	354	330	321	309
规模以上企业数量	30	27	25	19	19
工业总产值（亿元）	68.5	61.31	57.46	57.38	51.42
主营业务收入（亿元）	67.94	61.40	/	/	46.92

计制造的聚集，家具产业基本形成了集群发展态势，为整个崇州工业经济发展作出了巨大贡献。

（二）坚持沿链发展，构建完备的产业链条

按照沿链引进、配套发展的要求，大力加强家具产业上下游配套企业的引进建设。目前，园区家具产业园引进的包括奥普集团、华立股份、前锋橱柜、帝龙新材、美涂士涂料、飞扬集团、美中美涂料、巨一五金、联友泡沫等为代表的家具上下游企业，使产业融合度逐步提高，崇州家具企业基本已经可以完成主要生产资料的采集本地化。

（三）坚持科技创新，增强产业发展内生动力

经国家质量监督检验检疫总局批准，投资1亿元兴建的全国第三所，国家家具产品质量监督检验中心已经投入使用。西部唯一的家具研发专业机构成都现代家具研究院已经对外承接业务。该类服务性机构面向整个西部乃至全国家具制造企业提供技术支持，推进崇州实现家具产业向产业高端跨越式发展。

（四）坚持技术创新，引导扶持企业进行技术改造升级

全友家私和明珠家具等企业管理具备国内一流水平，多数规模以上企业运营已经采用ERP企业资源计划系统信息化管理。全友、明珠、华立、柯美、索菲亚等公司产品生产线全部采用意大利和德国制造的世界一流生产设备，基本实现全程数控化生产。并且，全友、明珠还具备了国家级企业技术中心。近两年各家具企业为提升生产技术水平而进行的生产线技术改造，累计投入资金已达到7亿元以上。

（五）坚持品牌战略，提升产品市场竞争力

充分发挥“西部板式家具产业基地”的影响作用，鼓励扶持企业大力实施品牌营销战略，积极参加各类展销活动，抓好市场推广，提升产品市场占有率，扩大“崇州造”区域品牌在国内外的影响力。

（六）采取一站式服务真实解决企业的困难

园区管委会行使市级管理权限，组建了快速反应的服务队伍，采取项目经理负责制，为企业提供“保姆式、管家式”的7×24的“不下班”贴身零距离服务，为企业提供投资咨询、证件办理、融资担保等一条龙服务。做到了走进一道门、只找一个人、办完一切事。重大专案的“一企一策”、“联合会审”制度、重点项目计划倒查、重点项目和外资项目“特事特办”绿色通道等制度，在企业的入驻、修建、生产、壮大过程中都提供了重大帮助。

四、发展规划

（一）倡导实施技术改革

引导家具企业采用先进制造技术和信息化的生产方式，引用新材料新技术，加大技术改造力度，调整产品结构。运用先进的质量管理模式，建立严谨的质量管理体系，实施标准化生产，促进生产工序的节能降耗。

（二）强化产品质量检测

充分发挥国家家具产品质量监督检验中心的作用，优化检测手段，扩大影响区域，加强家具产品的质量监管。引导企业加快提升家具机械自动化、智能化水平，加快开发和推广具有健康无毒、绿色环保功能的纯环保家具用涂料、板材产品。

（三）培育品牌龙头企业

对规模以上的家具制造企业，特别是获得了省级、国家级各项荣誉的家具制造企业进行重点培育，通过合作、联合、兼并、委托等方式，引导一批代表性企业做强做大，打造家具制造业品牌企业。

（四）积极实施名牌战略

积极帮助本市有资质的好品牌申报国家级、省级各项荣誉称号，并做专利申请，好品牌保护工作。加强崇州“中国板式家具产业基地”的宣传推广力度，同时着手建设“崇州造”区域品牌的塑造工作。

（五）引导实施标准化建设

借助中国家具协会，充分发挥国家家具产品监督检验中心功能，推动企业加强技术标准的制定，鼓励企业积极参与制定行业标准、国家标准和国际标准，并建立崇州市家具行业标准联盟。

（六）提高产品全国占有率

借助行业商会的对外资源，积极鼓励企业抱团发展，集体参展，共同开拓全国市场，促进企业加大对省外市场的占有率。

（七）发展配套服务市场

利用普洛斯物流，隆腾建筑装饰材料市场，引

进高水平的第三方物流企业，逐步完善交易市场、贸易中心、物流中心，降低企业生产成本。

（八）提高综合服务水平

发展单元级生活配套区建设，优化商贸业发展布局，完善企业员工居住条件，扶持信息、科技、金融、创意设计、评估、咨询、法律、广告服务等新型的综合发展型服务业入驻，吸引人才聚集。

（九）建立完善电子商务平台

完善专人管理的中国西部家具网、崇州公众信息网、四川崇州经济开发区网站等网络平台，提供最新动态、产业新闻、资讯服务、企业名录、家具展会、配套服务、招聘求职等一系列的服务。利用正在打造的新“九通一平”、智慧城市和大数据产业园区，引导园区家具企业在“互联网＋”和OTO方面进一步发展。

中国家具产业集群
——金属家具产区

金属家具产业是家具行业中的重要产业之一，近几年，市场份额越来越高，有着极大的发展前景。根据中国轻工业信息中心数据显示，2015 年，我国金属家具制造业规模以上企业主营业务收入 1467.92 亿元，占全国家具制造业的 18.65%，同比增长 9.27%；完成累计利润总额 109.69 亿元，占全国家具行业的 21.9%，同比增长 11.41%；累计出口额 75.21 亿美元，占总量的 13.86%，同比增长 0%；出口交货值 441.77 亿元，同比增长 4.63%。

截至 2015 年底，中国家具协会授予或参与共建的金属家具制造产区有 3 个，分别是：河北胜芳、江西樟树、河南庞村。

2015 年，各集群发展情况如下：

➢ 胜芳主打金属玻璃家具，年工业总产值达 473 亿，出口额 26.7 美元；4 月，成功举办“第十三届中国胜芳国际金属玻璃家具博览会”，参展企业超 1500 家；5 月，“胜芳国际商业中心”正式启动；8 月，成功举办“第十四届中国国际金属玻璃家具及小件家具博览会”。

➢ 庞村主打钢制家具，销售份额占全国市场的 50% 以上，办公家具占全国同类产品市场的 80% 以上；产业集聚区一期总投资 9.85 亿元，重点发展高档钢制家具。

➢ 樟树现有金属家具生产及配套企业 112 家，实现销售收入 118 亿元，同比增长 14.2%，产品销售覆盖全国 31 个省（市、自治区），部分产品已销售香港、澳门地区和东南亚等国家。

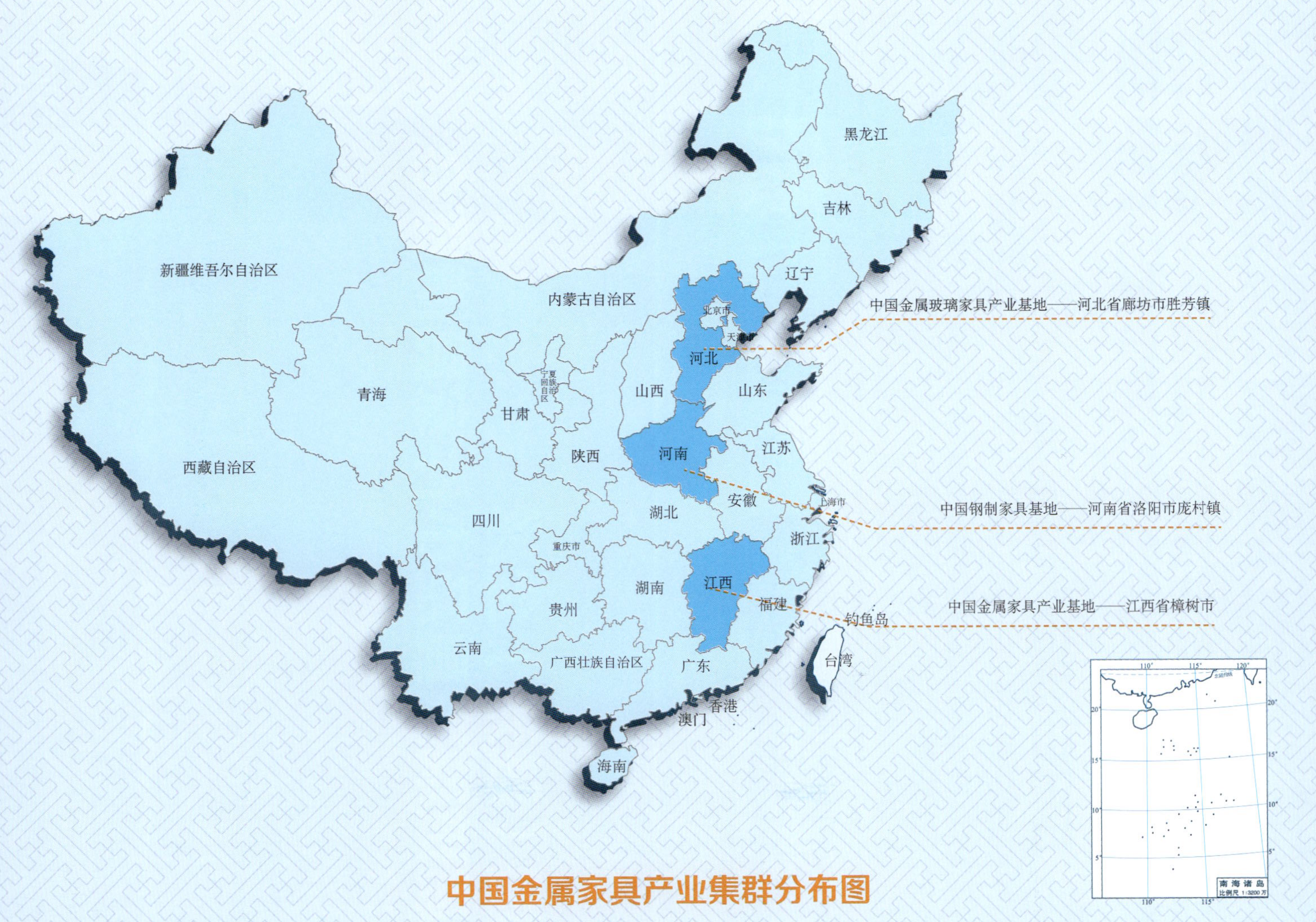

中国金属家具产业集群分布图

中国金属玻璃家具产业基地——胜芳

一、基本概况

（一）地区概况

胜芳镇位于河北省霸州市，地处环渤海经济圈，北距北京120千米，一个半小时内可直达北京机场，东距天津仅35千米，一小时内可直达天津港口。112国道毗邻胜芳，省级廊大公路南北向贯穿全镇，保津高速公路在胜芳设有出口，北部13千米有连接天津的津霸铁路货站，最新开通的胜芳高铁站实现了真正意义上的南北畅通，交通便捷，区位优势明显。

（二）行业概况

经过近几年的发展，胜芳的家具产业规模和层次得到了全面提升，产值年均增速达到25%以上，出口企业发展到400家，出口创汇由2004年的3000万美元增长到3.8亿美元，从业人员4.5万人，产品涉及8大类4000余个品种，年产量3000多万套（件），国内同类产品市场占有率达到65%，畅销美、日、俄等30多个国家和地区，并通过各大展览活动和宣传使胜芳家具赢得美誉，扩大了出口。连续举办14届金属玻璃家具博览会，更是扩大了胜芳家具的知名度，为胜芳家具赢得了更大国内外市场份额。

（三）公共平台建设情况

胜芳素有“金属玻璃家具产业基地”之美称，拥有从钢铁冶炼—轧板—制管—玻璃生产—石材、面料加工—机塑配件—家具制造—物流配送系列化分工、专业化合作的完整产业链。依托胜芳独有优势，2005年11月，总投资11亿元的全球最大的金属玻璃家具单体卖场——“胜芳国际家具博览城”营运而生。占地43.3公顷，家具成品展馆和家具材料城相辅相成，是“河北省最具影响力的十大市场”之一。胜芳国际家具博览城市不仅在华北、东北、华中、西北等地市场覆盖面积广，营销网络已遍及欧洲、美洲、日本等地，被誉为一座集市场交易、商务会展、科研开发、信息交流、物流配送于一体的家具博览航母。

二、2015年发展大事记

（一）第十三届中国胜芳国际金属玻璃家具博览会盛大召开

2015年4月8日，第十三届中国胜芳国际金属玻璃家具博览会盛大召开。展会覆盖120多个国家和地区，参展企业超过1500余家，来自世界各地的采购商50000人。展场规模宏大，展出内容丰富，

2011～2015年胜芳家具行业发展情况汇总

主要指标	2015年	2014年	2013年	2012年	2011年
企业数量	2531	2253	2023	1560	1231
规模以上企业数量	2316	1895	1085	638	528
工业总产值（亿元）	473	405	327	194	161
主营业务收入（亿元）	380.06	340.65	175	79	69
出口值（亿美元）	26.7	12.7	8.5	2	1.3
内销（万元）	4087000	3262600	2743000	1816000	1529400
家具产量（万件）	36740	20250	16350	9700	8050

是家具界国际性的行业盛会。展会历时三天，现场成交金额 60.3 亿元，突破了历史最高纪录。随着胜芳家具产品档次的不断提升，胜芳家具目前不仅是品质优价的代名词，而且是时尚品牌的代名词。

（二）胜芳国际商业中心正式启动

2015 年 5 月 12 日，胜芳国际家具博览城二期续建项目“胜芳国际商业中心”正式启动，项目包含家具展馆 C 馆、综合楼(酒店式公寓、写字楼、商超、餐饮娱乐、休闲) 国际材料城三个板块，建成后胜芳家博城将成为全球最大的金属玻璃家具卖场，集批发、零售 (C 馆、概念家具、产品定制、居家体验)、品牌展示于一体，更将成为胜芳的地标性建筑，成为胜芳新的商业中心，集购物、休闲、办公、旅游为一体，助推胜芳经济的发展。

（三）第十四届中国国际金属玻璃家具及小件家具博览会盛大召开

2015 年 8 月 26 日，第十四届中国国际金属玻璃家具及小件家具博览会暨第一届胜芳国际家具原辅材料展盛大开幕。此次展会由河北省霸州市人民政府、胜芳镇人民政府、胜芳家具行业协会主办，胜芳国际家具博览城承办，霸州市委书记王一平、霸州市政府市长房欣、中国家具行业协会理事长朱长岭、中国家具协会副理事长陈宝光先生、霸州市委常委、胜芳镇党委书记苏振东、廊坊银行行长邵丽萍等领导应邀出席。展会为期三天，以“汇聚产业力量，分享展会之光”为主题，表明胜芳国际展想借助展会之机，全产业链共同发展的美好希冀。首次将原辅材料展纳入展会范畴，在响应展会主题的同时，给了材料企业更大的展示平台。展会分为 4 个展区，参展企业超 2100 家，国内外采购商 8 万余人，三天成交额达 130 亿元，创历史最高。

三、发展趋势及展望

近年来，胜芳家具行业发展显著，主要得力于坚持做金属玻璃家具和小件家具，胜芳现已成为全球金属玻璃家具和小件家具采购的总部基地。接下来，胜芳将继续扩大胜芳展会的规模，利用展会带动产业转型升级，打造环保家具产品，扩大市场份额；以产品为导向，推动产业的转型，吸引消费者，打造高端化、时尚化、专业化、品牌化的胜芳家具。

第十四届中国国际金属玻璃家具及小件家具博览会馆内人气爆棚

第一届胜芳国际家具原辅材料展展馆

第十四届中国国际金属玻璃家具及小件家具博览会开幕式

中国钢制家具基地——庞村

一、基本概况

洛阳市伊滨区庞村镇的钢制家具产业现有从业人员5万人、年产值达50个亿。钢制家具产业起步于20世纪80年代，现有生产企业和原材料供应、锁具、包装等配套企业共318家，拥有1个中国名牌、4个中国驰名商标、3个河南省名牌和18个河南省著名商标，拥有100余项国家发明、外观设计和实用新型专利。销售份额占全国市场的50%以上，办公家具占全国同类产品市场的80%以上。

被中国社科院评为“中国百佳产业集群”，连续两年被河南省商务厅评为“省级最大的钢制家具出口基地”，被河南省家协评为“河南省优秀产业集聚区”。2014年，中国家具协会同意与当地政府共建“中国钢制家具产业基地”。

二、庞村钢制家具产业集聚区概况

庞村钢制家具产业集聚区位于洛阳市伊滨区庞村镇，北临洛偃快速通道，南至新规划的东西干道（省道顾龙路以北），西临城市远景发展区，东至新规划的工业路，总规划面积530多公顷，包括生产制造区、科技研发区、家具市场商贸区、仓储物流区、配套生活服务区等五部分。产业集聚区一期总投资9.85亿元，启动用地43.3公顷，规划建设多层标准化厂房20万平方米，重点发展高档钢制家具。

入驻规模以上企业基本情况：

盛泉公司　总投资2亿元，规划用地约105亩，建设厂房2.2万平方米，年产密封件20万套。目前项目已经竣工投产，2015年产值可达到7000万元，实现利税150万元。

莱特公司　总投资2.8亿元，规划用地约6.9公顷，主要生产钢制办公家具。其中，一期项目完成投资1亿元（设备投入2160万元），建设厂房5.2万平方米。目前一期项目已经竣工投产，2015年产值可达到15000万元。

万乐公司　总投资1亿元，规划用地约64亩，主要生产石化钢构。其中，一期项目完成投资4800万元（设备投资1100万元），建设厂房2.08万平方米。目前一期项目已经竣工投产，2015年产值可达到8000万元。

美立公司　总投资3500万元，规划用地约22亩，主要生产钢制文件柜等。其中，一期项目完成投资1100万元，建设厂房1.1万平方米。2015年产值5000万元。

龙立公司　总投资2.5亿元，规划用地约6公顷，主要生产钢制办公家具。现已完成投资8000万元，建设厂房4.1万平方米。目前正在进行基础设施施工和设备安装，计划2015年6月竣工投产。项目投产后，2015年产值可达到11000万元。

祥凯公司　总投资1.2亿元，规划用地约71亩，建设厂房3.5万平方米，主要生产有色金属管件。目前正在进行办公楼和钢构厂房施工，预计2016年10月份厂房主体完工，年底竣工投产。现有的产业园区扩大到333.3公顷，进驻骨干企业达到30家；产业园区建成集生产、研发、物流、销售、产品展示于一体的多功能工业园区。

三、发展措施

（一）成立行业协会 搭建企业互动大舞台

洛阳市钢制家具协会成立后，在银企合作、企业交流、对外联络、上通下达等方面发挥了重要作用。帮助企业贷款融资3亿元。组织参加观摩活动2300人次，有效破解了企业发展难题，增强了企业间的互相交流。江西樟树也是全国钢制家具生产基地，虽然起步晚于伊滨区，但其规模企业已经超过了伊滨区。为学习樟树人先进的发展理念和超前意识，协会组织20余家企业共50余名代表赴樟树参加了中国金属家具产业发展论坛。

帮助企业转型升级、扩大规模、引进先进设备、研发创新产品、加强沟通合作才能做大做强。据统计，短短半年时间，仅庞村镇，用于更新生产设备的投资就达8000余万元，大大缩减了生产成本，增加了企业效益。

（二）引进家具研究院，提升产业核心竞争力

伊滨区政府与顺德职业技术学共同组建洛阳市钢制家具研究院。顺德职业技术学院是国家骨干高等职业院校和国家重点培育高等职业院校，拥有发明专利、实用新型专利与外观设计专利100多项。洛阳市钢制家具研究院已正式运营，并为伊滨区多家企业设计出了几十款新产品，在外观和实用性上均有较大突破，接单的企业老总十分满意。同时，有32家企业已经与研究院达成合作意向，将企业的产品研发和展厅设计交给研究院来完成。

四、发展规划

集中人力、物力、财力，建设好产业聚集区，争取更多的政策支持，在近几年内将现有的产业园区扩大到333.3公顷，进驻骨干企业达到30家。在科技、装备、管理、产品上创新，真正发挥核心竞争力的作用，将产业园区建成集生产、研发、物流、销售、产品展示于一体的多功能工业园区。在扶持龙头企业上创新，通过扶持壮大龙头企业，提高龙头企业新产品研发、开发能力，使其更大限度地发挥引领众多小企业的示范作用。发挥钢制家具研究院的作用，加快新产品开发步伐，在钢制家具功能创新上与国际先进的设计机构合作。在物流及电商经营上创新，真正做到与先进的物流模式和电商模式接轨。

中国金属家具产业基地——樟树

一、基本概况

（一）地区概况

樟树市地处赣中，跨赣江中游两岸，境内以平原低丘为主，全市总面积1291平方千米，总人口60万，其中城区常住人口23.9万，辖19个乡镇（街道）。樟树因树而得名，因酒而立市，因药而扬名，因盐而闻世，具有悠久的历史，先后获得“中国产业发展能力百强县市”、“中国县域产业集群竞争力百强县市”、“中国县域商标发展百强县”、“中国最具特色金融生态示范城市”“中国金属家具产业基地”、“中国药都”、“中国盐化工循环产业基地”、“中国城市创新能力百强县级城市”、“国家知识产权试点城市”等荣誉称号。

（二）产业情况

樟树市现有金属家具生产及配套企业112家，从业人员20000余人。企业主要产品有金属家具、档案装具、图书设备、安防设备、精藏设备、显示屏、校具设备、城市家具、医疗器械、智能系统等10大系列500多个品种。产品销售覆盖全国31个省（市、自治区），部分产品已销售香港、澳门地区和东南亚等国家。

二、品牌发展及重点企业情况

樟树市金属家具产业的稳步发展，已经成为樟树市继药、酒、盐之后的第四大支柱产业。目前，樟树市金属家具生产企业有中国名牌产品1个，中国驰名商标5个，江西名牌产品13个，江西省著名商标16个，江西省级企业技术中心2个，3家企业获全国诚信企业，8家企业获江西省诚信企业，7家企业被评为中国档案学会定点生产企业，10家企业评为中国家具协会先进企业。3家企业为中央国家机关指定采购定点供应商；9家企业为高新技术企业，获批专利397个（其中发明专利18个）；1家企业为江西省级中小企业公共服务示范平台，19家企业认证为江西省“专精特新”中小企业；中国金属家具产业基地荣获中国家具协会“中国家具先进产业集群奖”；行业协会荣获江西日报“新中国成立65周年江西省65个改革风云单位（人物）”之一，3家企业法人代表荣获江西省劳动模范荣誉，3家企业主要负责人评为宜春市创业标兵。2015年金属家具产业实现销售收入118亿元，同比增长14.2%。

三、发展优势

（一）区位地域优势

樟树市地处江西“大十字架”生产力布局的天心地胆之位，自古就是“八省通衢”、“四会要冲”的水陆交通要津，境内沪昆铁路纵贯东西，京九铁路衔接南北，赣粤高速、沪昆高速、105国道、清宜公路、清高公路在境内相互衔接并向外延伸，市区距南昌机场仅1小时车程，赣江黄金水道中分樟树，区位优势十分明显。

（二）产业集群优势

樟树市金属家具产业起源于1973年，产业从小到大、从弱到强，从地地道道的草根经济逐渐成长为樟树市第四大特色产业，从规模上站在了中国金属家具产业区域的前茅，形成了较为成熟的产业集群，摘得了“中国金属家具产业基地”这一国字号荣誉。随着产业基地建设的推进，金属家具产业集群优势将进一步得到发挥。

（三）产业配套优势

随着金属家具产业的不断发展壮大，与之配套的相关企业也逐步发展起来。金属家具产业配套企业主要产品为模具制造、钢材加工、塑粉生产、木业配套、纸箱包装、货物运输等，部分满足了樟树金属家具产业的生产需要，同时还推动了樟树市的运输业、服务业、房产业等行业的发展。服务于金属家具产业的配套企业已基本形成了较为完整的产业链，大大降低了企业的生产销售成本，提高了企业综合竞争力。

（四）销售网络优势

樟树市金属家具产品销售主要有企业设立办事处销售和销售人员登门联系销售业务两种。产品销售覆盖全国 31 个省（市、自治区），部分产品已销售港澳地区、东南亚国家和俄罗斯等国家。

（五）人才技术优势

樟树市金属家具产业历经 43 年的发展，一直坚持不懈追求质量上的提升，并不断通过技术进步和科技创新提高市场竞争力。通过不断引进技术、人才、设备，成就了樟树市金属家具产业的人才技术优势。大多数金属家具企业都拥有了先进的生产流水线和生产设备、一流熟练的生产技术工人和优秀的企业管理人才。

四、发展措施

（一）突出政策扶持 推动产业稳定发展

中共樟树市委、市人民政府继续实施推动金属家具产业发展的激励政策和税收支持措施，鼓励企业自主创新品牌建设，为金属家具产业发展提供持续稳定的政策保障。

（二）突出宣传推介 提高产业知名影响

持续大力宣传报道金属家具产业，扩大了樟树国家级金属家具产业基地对外的知名度和影响力。通过宣传报道自主创新、吸纳就业能力强、贡献突出、管理成效显著、不断做大做强的企业典型，总结推广企业发展的好经验、好做法，营造了产业发展的良好氛围。

（三）突出规划引领 准确定位产业方向

樟树市在编制发展规划时，把发展金属家具产业作为打造江西省“创新型制造业示范区”的重要组成分。在发展思路上，突出以市场为导向，以科技创新促进产业升级，大力推进企业从加工型向科技型转变，打造出更多的中国驰名商标、中国名牌产品。在发展策略上，以服务机关、院校、军队和中等收入家庭为重点，逐步建立连锁性销售网络，进一步提升“樟树制造”的市场占有率。

（四）突出技术提升 着力增强竞争能力

积极鼓励企业技术创新，近年来仅给予该行业科技创新、技术改造和品牌创建等奖励资金累计超千万元；为突破产业发展瓶颈，积极组织企业老板走出樟树，到江西财经大学等大专院校进行中短期培训，现取得 EMBA 证书的企业高管就有 10 余位，产业也逐步由“家族式”向现代企业转变；加大校企联姻，帮助行业企业与多所科研院所、大专院校建立产学研相结合的双边、多边技术协作机制，如在江西农业工程学院专门设立了机械产业专业，为产业培养后备人才。

（五）突出产业集群 建设特色金属家具园区

目前，樟树市正在规划建设金属家具创业园（占地 46.7 公顷）和科技园（占地 266.7 公顷）两个园区，已有 10 多家企业入园开工建设或正在报批中，部分企业现已投入生产。

（六）突出展示推动 致力提升全国影响

2014 年 9 月，樟树市首次举办了中国（樟树）金属家具新产品、新工艺、新技术展示会，全国各地来樟参展企业 52 家，参展人员 31800 余人，新产品、新工艺、新技术 150 多项。

（七）突出自律发展 积极发挥协会作用

2005 年 1 月 8 日，组建成立了樟树市保险设备（金属家具）行业协会，主要目的就是成为政府与企业沟通的桥梁、行业企业交流合作的纽带。协会根据金属家具产业的特点，积极开展了多项有利于产业发展的活动，有力地促进了金属家具产业的健康快速发展。

中国家具产业集群
——新兴产业园

我国家具新兴产业园基本位于家具产业起步较晚的地区，是在当地政府主导下建造的家具研发、生产、销售基地。近几年，产业园发展建设迅速，有效带动了当地经济的发展。2011 年 7 月，中国华中家具产业园和中国家具彰武新兴产业园区正式成立，这是由中国家具协会命名的第一批产业园。截至 2015 年底，4 年的时间，新兴产业园已经发展到了 10 个，分布在河南、湖北、安徽、江苏、辽宁等地。其中，4 个为新增产业园，分别为：湖北监利、河南清丰、河南信阳、安徽叶集，全部集中在中部地区，有效承接了东部沿海家具产业区的转移。

2015 年，各集群发展情况如下：

➢ 监利湖北香港国际家居产业基地总规划面积 2000 公顷，总投资 300 亿元，已入驻企业 122 家，包含家具、家纺、家电、家装企业。

➢ 清丰产业园已入驻家居企业 62 家，主要为四川家具企业南方家居、全友家私、双虎家居、好风景家居等；11 月在北京通州区举办招商会，现场签约亿元以上家居项目 10 个。

➢ 信阳国际家居产业小镇项目总规划面积 15.16 平方千米，总投资 358 亿元，已完成投资 80 亿，已签约项目 62 个，落地开工项目 30 个。

➢ 叶集为全国建筑模板、人造板主要产地，中部家居产业园已投入基础设施建设 10 亿元，已签约入驻企业 60 家，配套中小企业孵化园、原辅材料交易市场、电商平台、会展中心等公共服务平台。

➢ 潜江华中家具产业园总规划面积 2000 公顷，建设近 6 年来，已成功引进四川全友、好迪等知名企业 72 家，实现年工业总产值 22.8 亿元。目前，华伽投资管理有限公司已正式实现对华中家具产业园有限公司的资产收购。

➢ 彰武产业园总体规划面积 18 平方千米，已投产面积 5.2 平方千米，实现全口径年产值 55 亿元，入驻企业 83 家，于 5 月召开了盈田工业地产招商推介会。

➢ 海安家具产业基地总规划面积 20 平方千米，全县已落户各类家具企业 200 多家，100 多家企业竣工投产；东部全球家具博览中心 A 馆已于 10 月正式开业。

➢ 原阳金祥家具产业园总规划面积 466.7 公顷，总投资 169 亿元，已签约入驻企业 67 家，已建成投产企业 28 家，完成固定资产投资 45 亿元。

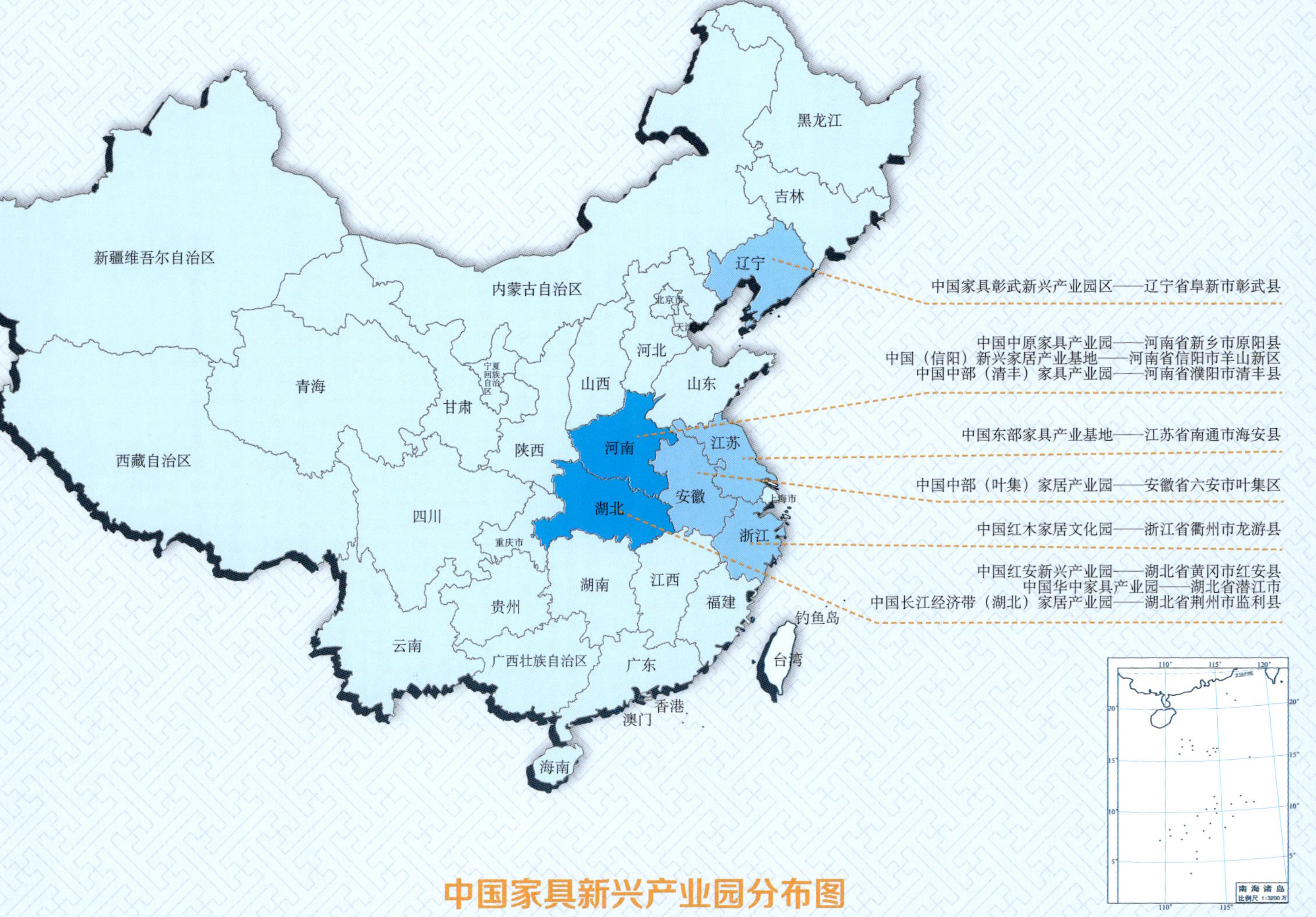

中国家具新兴产业园分布图

中国长江经济带（湖北）家居产业园——监利

一、基本概况

国务院39号令（2014年）发布《关于依托黄金水道推动长江经济带发展的指导意见》明确提出：建设“发挥长江黄金水道的独特作用，在长江中上游打造世界级产业集群，使长江经济带成为充分体现国家综合经济实力内河经济带。”湖北香港国际家居产业基地位于长江黄金水道、国家发改委批准的“承接东部沿海产业转移示范区”，湖北省监利县开发区内。由湖北福茂香港国际家居产业园有限公司投资携手香港家私协会共建，是监利县委县政府的一号工程，于2013年11月6日正式入驻监利。基地总规划面积2000公顷，总投资300亿元，分三期建设。首期规划家具400公顷、家纺200公顷、家电133.3公顷、家装266.7公顷、五金配套66.7公顷，截至目前基地共入驻企业122家，其中家具42家、家纺51家、家电8家、家装21家。

首期三批次有福人木业、福江木业、富宝家居、元宗家具、和风家具、浪度家具、华辉家具、长实家具、森盛家具、城市之窗、新维思、鸿辉集团等42家家具品牌企业入驻，缴款征用土地超过333.3公顷，已有首批次10家企业开工建设，2015年5月初步完成钢构厂房建设；第二批次元宗、浪度、和风等21家在2015年1月全面开工；第三批次华辉、森盛、长实、爱舒迪等10余家企业在2015年5月全面开工。家具木材皮革五金辅料市场和家具展示中心也在建设当中。园区招商、开工建设呈现出全面兴旺的大好局面。

香港国际家居产业基地建设满园后，可实现销售收入1000亿元，解决10万~15万人就业，利税200亿元。湖北香港国际家居产业基地致力于打造集研发、生产、原材料、展销、物流、服务为一体的“宜工、宜商、宜居”的现代化、生态型的家居产业新城。

湖北香港国际家居产业基地与香港家私协会协同谋定而后动，从运行一年多的情况来看，已经抢占到了国家重大政策颁布的先机，为想要产业转移、产业升级企业争取到了难得的发展机遇。

二、产业优势

（一）战略优势

国家经济发展战略调整，必须扩大内需来拉动经济增长；国家区域均衡化发展战略推进，监利地处长江黄金水道经济带、中西部发展战略、洞庭湖生态经济区、武汉城市经济圈、长株潭城市群5个国家区域发展战略交汇点之中，其政策层面可提供的发展机遇无限。

（二）市场优势

中部是人口密度最高、城镇化程度最密的区域，是内需拉动经济增长国家战略的主战场。仅湖北的市场，去年销售600亿元，但生产只有80多亿。中部有六省，所以要抢占中部的“大市场”！

（三）机遇优势

办企业必须要有自己的土地和厂房，它不但是企业生存发展的根基，同时具有强大的抗险能力。把握中部崛起的机遇，购地建厂，才能把企业做大做强。

（四）交通优势

监利区位优势明显，具有“踞两湖、通苏沪、达京津、扼川渝、望陕甘”的特殊区位，离中部六省的5个省会城市都在500千米左右，横贯东西、辐射南北、通江达海。高速公路有京珠高速（60千米）、沪蓉高速（58千米）、二广高速（90千米）、福银高速（100千米）、随岳高速、武监高速等6条；高铁有京广高铁（岳阳东站）、沪蓉高铁（潜江站），到园区时间均为45分钟。货运铁路有京广铁路、荆岳铁路、武张铁路（正在建设）等3条；水运有长江黄金水道，监利145千米长江岸线上有15个深水码头，最大吨位可达5000吨级，江海联动。按照《关于依托黄金水道推动长江经济带发展的指导意见》，国家将重点在长江黄金水道建设综合立体交通体系，仅在监利70千米半径内就将兴建岳阳和荆州二个新机场。

（五）资源优势

人力资源：监利人口有160万，外出务工人员有60万，将陆续回乡就业，为工业发展提供丰富的劳动力资源。原材料资源：监利的福人木业、福江木业均为中国驰名商标的板材企业，年产量50万立方米，能为家具生产企业提供优质、低成本的材料供应。

（六）费用优势

土地按政策给予优惠，政府负责项目用地红线图外的给水、排水、供电、道路、通讯、绿化、亮化和红线图内土地平整等七通一平的公共基础设施建设。入驻园区的工业企业，本级行政性收费实行“零收费”。本级以上的行政性收费由经济开发区管委会按收费标准的下限收取并代为办理。所有费用为一卡式收费，明明白白。

（七）服务优势

到经济开发区投资的各类企业均享受县政府行政服务中心提供的“一站式”服务，由福茂公司和开发区管委会负责全程代办，行政服务中心的各部门在相关材料齐备的情况下，在规定工作日内办完相关部门的审批手续。

（八）安全优势

依法保护投资客商的人身和财产权利，实行企业生产安宁日制度，公安机关实行挂牌保护，确保无干扰生产。每月25日前禁止各部门到企业检查。经济开发区管委会每季度召开一次企业家座谈会、每月走访一次企业，听取企业意见，认真解决问题，并及时反馈。

三、产业特色

产业园是由“家居产业人”打造的园区，与入园企业同呼吸，是“落地生根”而不是“采花走人”。他们与产业园共命运，同发展，促进入园企业的利益最大化；产业园的招商是全产业链的招商，包括供应链、销售链和物流链；土地供地资源充足，在用地指标上一直都有政策上的倾斜。

中国中部（清丰）家具产业基地——清丰

一、基本概况

（一）地区概况

清丰县位于河南省东北部，冀鲁豫三省交界处，地处郑州、石家庄、济南三大省会城市的几何中心，东临聊城，西接安阳，北望邯郸，南依濮阳。总面积828平方千米，70万人。境内大广、南林、濮范高速和106国道交会互通，与京港澳、连霍、德商等高速密织成网。晋豫鲁重载铁路通车、濮阳市客运中心站选址清丰、郑济高铁（即将动工）穿城过境，周边200千米以内，分布着郑州、济南、石家庄三座机场，交通极为便捷。清丰是一个连接沿海、服务中部、辐射西部的不可多得的战略制高点，区位条件十分优越。2014年，清丰荣获“全国文明城市提名城市”称号，2015年成功创建“国家园林县城”和“国家卫生县城”，是宜商宜居的豫北名城。

（二）产业概况

清丰县素有“木工之乡”的美称，家居产业被列入河南省“十二五”发展规划和河南省现代家居产业行动计划，是濮阳市八大主导产业之一，清丰县委县政府历来重视家居产业发展，出台政策并列支专项资金，重点扶持培育家居产业发展。经过数年的发展，全友家居等川派家具抱团入驻清丰县家具产业园，龙乡金冠、艺戈尔家具等本地家具企业迅速壮大，中新泰富、越顺物流、新世纪门业、金太阳彩印包装等配套企业接踵而至。

（三）公共平台建设情况

清丰县产业集聚区内，四纵十二横的路网格局已经形成，供水、供电、供气、通讯、排污同步覆盖，具备了项目入驻前的“六通一平”，先后荣获“河南省最具投资法治环境产业集聚区”、“河南省板式家具产业知名品牌示范区”、“2013中国家具行业年度杰出贡献奖”、“河南省最具竞争力产业集群金星奖”等荣誉称号。2015年9月，清丰县被中国家具协会命名为“中国中部（清丰）家具产业基地”。

目前，河南省家具产品质量监督检验中心、企业服务业中心、人才培训中心即将投用；南京林业大学清丰实验基地、清丰家具技工学校、濮阳市家具协会先后成立，为家居产业做大做强提供了要素保障，为家居产业快速发展奠定了坚实基础。

二、经济运营情况

经过多年持续发展，清丰县家具生产企业已增至356家，较大企业向产业集聚区集中，中型企业分布在106国道两旁，其余散布于17个乡镇。境内及周边有板材、门业木板加工、五金配件、沙发制造、床垫加工等相关企业100余家，家具卖场200余家（含濮阳市区及外地门店），其中在地级以上城市有专卖店100余家。清丰县家具产品主要以民用家具为主，年产各类家具170万件（套），主营业务收入88亿元，带动就业2万余人。郑州、太原、济南、石家庄等周边300千米范围内的城市均有清丰家具的一席之地，并牢牢占据着此范围内的县乡及农村市场，随着产业规模的不断壮大，清丰家具的影响力和辐射圈在不断扩大。

三、品牌发展及重点项目

截至目前，家具产业园累计入驻家居企业62家，四川家具企业南方家居、全友家私、双虎家居、好风景家居已落户清丰。产业集聚区累计入驻中国名牌企业4家，中国驰名商标企业6家，省级产业化龙头企业7家，县域内逐步形成集生产制造、流通销售、物流配送为一体的完整产业链条。

河南新南方家居项目　项目由成都南方家居有限公司投资8亿元建设，厂房总建筑面积约96300平方米，分三期建设，其中一期工程投资3亿元，建设厂房4栋51000平方米，于2011年10月建成投产，主要生产沙发、床垫等软体家具和实木家具；二期工程投资3亿元，建设厂房3栋38880平方米，于2013年3月建成投产，引进德国先进生产线，主要生产板式套房家具等；三期工程投资2亿元，建设厂房2栋6420平方米，主要建设备料库等配套设施。

双虎家居中部产业园项目　项目由成都双虎实业有限公司投资建设，总投资10亿元，规划建设6栋标准化厂房，主要从事板式家具的研发、生产与销售。项目分三期建设：一期工程投资2.6亿元，于2012年9月开工，目前1号厂房试生产，6号厂房基本竣工；二期工程投资3.4亿元，引进德国设备，建设实木家具生产线一条，已经开工；三期工程投资4亿元，建设2栋厂房，引进德国板式家具生产线。

全友家私中部产业基地项目　项目由四川全友家私有限公司投资兴建。总投资12亿元，厂房建筑总面积约21万平方米，从德国、意大利引进国际一流的生产线，主要生产板式套房家具、实木家具、沙发、餐桌椅、床垫等30多个系列、2000多个款式的产品。项目共分三期建设，其中一期投资5亿元，建筑面积76700平方米，于2013年10月开工建设。二期投资5亿元，建筑面积103600平方米；三期投资2亿元，主要建设板式家具厂房2栋27000平方米等。

河南好风景家居有限公司　由成都好风景实业有限公司投资建设，是一家集研发、制造、销售于一体的大型现代化家居企业。集团先后荣获中国驰名商标、中国最具竞争力家具行业50强、四川家具综合实力十强企业。项目总投资5亿元，年产家具20万套，主营收入10亿元。

新世纪门业清丰产业园　由浙江新世纪机械制造有限公司投资建设，总投资5亿元，总建筑面积16万平方米，引进生产企业15家。产业园集门业机械设备制造、模具制造、五金配件制造、辅材制造及五大类型成品门生产、展销、仓储物流于一体，项目建成后辐射京津、河北、山东、安徽、山西、陕西、甘肃等地，将成为中部地区最大的门业产业集散地。该项目年产非国标门30万套，国标门50万套，配件2亿件，2014年3月投产。

金太阳彩印包装项目　总投资5.6亿元，由河南金太阳印务有限公司投建。主要生产家具、食品、医药等产业所需包装材料，达产后，年产各类包装材料3.6万吨，年销售收入3亿元，创税1000万元，带动就业1300人。

中新泰富国际商贸城项目　由四川中新泰富斥资30亿元建设，被列入省定重点项目。项目占地26.7公顷，建筑面积80万平方米。该项目是集家居建材展销中心、原辅材料市场、物流仓储中心、研发中心、培训中心、会展中心、配套酒店、公寓与商业中心等板块为一体的大型家居类城市综合体。

美松爱家家具生产项目　项目由北京嘉逸东欣家具有限公司投资兴建，总投资3亿元，占地52亩，总建筑面积6.5万平方米，其中厂房面积4.8万平方米，展厅面积1.3万平方米，科研楼面积4000平方米。引进国际先进的木工机械设备，采用一流的技术工艺，主要从事松木家具、板式家具的生产制造。“美松爱家”品牌先后荣获“国家免检”产品、“十省市环保知名品牌”等称号。

濮阳艺戈尔家具公司　河南省家具协会会员单位，荣获“河南省著名商标”、“濮阳重点保护企业”“服务质量信得过企业”和“中国十八省市知名品牌”等称号。主要生产民用套房、中高档茶几、中高档沙发。共有三个厂区即艺戈尔总厂、艾尚嘉茶几厂、优迪沙发厂，总建筑面积2.8万平方米，工厂设有10大家具沙发车间和12大工序车间以及独立家具展厅。

河南龙乡金冠家具有限公司　公司创建于1989年，占地4.5万平方米，标准化厂房2万平方米，员工300余名，拥有专业设计团队和管理团队。产品远销河北、山东、山西、安徽、江苏等省。先后荣获“中国著名品牌”、“服务质量信得过企业”、“消费者信得过诚信企业”、“规范化建设先进单位”等荣誉称号。

四、2015年发展大事记

2015年1月、5月、10月，清丰县联合濮阳市工信局、濮阳市电视台、濮阳市家具协会先后举办了濮阳市首届家博会、濮阳市秋季家博会等三届家居专题展，大幅提升了清丰家居的知名度和美誉度，打开了“产销一体”模式，形成了以销促产、产销互补的良性循环。

2015年5月，中国家具协会组织业内专家莅临清丰，对全县家居产业发展情况及新兴产业园区申报情况进行专题考评。9月10日，清丰县被中国家具协会授予“中国中部（清丰）家具产业基地”荣誉称号。

2015年9月，赴上海，参加在世博展览馆举行的第二十一届中国国际家具展览会暨中国家具产业集群群英展示会。清丰县展区面积为91平方米，本地家居企业南方家居和美松爱家参展。

为抢抓北京地区家居产业转移重大机遇，2015年9～11月，开展家居产业专题驻地招商活动。11月24日，在通州区举办中国中部家具产业基地·清丰北京地区家居产业招商县情推介暨项目签约仪式。活动邀请到北京家具协会、河南省家具协会、中国林科院木材研究所等行业领导和专家，以及80余家北京及周边地区家居企业的负责人。现场签约卡卡门业、源和门业、泰思特门业、东源实木等亿元以上家居项目10个。

五、发展规划

（一）目标定位

将清丰打造成为中国中部地区家居产业转移承接地、中国中部地区家居产业最大的板式家居生产基地、中国中部地区家居产业家居商贸物流中心。

（二）发展理念

突出龙头带动和自主创新，强化协作配套，由产品经济向服务经济转变，实行订单生产，推动产业转型升级；坚持培优扶强，大力承接产业转移，构建完善集产、学、研、展、销为一体的家居产业体系。

（三）实施路径

引导本地企业走专业分工配套的产品专业化道路，大型企业突出发展绿色家居、生态家居，走高端市场；中小型企业在注重品牌建设、提高产品质量的前提下，实行差异化发展，走中低端市场品牌之路。在科学规划和引导的基础上，逐步形成分工合理、特色鲜明、体系完备的现代化家居产业集群。提升清丰家居产业知名度和影响力，经过3～5年发展，集聚家具企业1000家，家具年产值达150亿元，形成10平方千米的家具产业带，建立起以骨干企业为龙头、专业分工配套、商贸流通畅达的清丰家具产业链，形成在国内外有影响力的家具产业集群。

中国（信阳）新兴家居产业基地——信阳

一、基本概况

（一）产业概况

“信阳国际家居产业小镇”项目，选址于羊山新区主城区以北、224省道和沪陕高速两侧，距离市行政中心区约10千米。项目总规划面积15.16平方千米，总概算投资358亿元，预计全部建成达产后，年可创产值近1000亿元，实现税收51亿元，提供就业岗位15万个。

（二）项目定位与目标

项目定位“绿色、新型、高端”的“中国（信阳）新兴家居产业基地”，围绕打造宜居宜业、宜创宜游的千亿级家居产业集群的目标，按照集团化体系化引进的思路，真抓实做，持续求进，保持了良好的发展态势。家居小镇按照第四代产业园区的标准，确定了全产业链集群发展的路径，形成了家居制造、商业贸易、仓储物流、园区社会和公共服务等功能板块的布局，明确了建设现代化生态型人文智慧小镇的目标。

（三）运行模式

家居小镇采取“政府主导规划并进行公共基础设施及配套建设，协会组织招商，企业投资建设厂房并组织生产”的运作方式。这种运作方式，分工明确，有利于高效、统筹推进。目前，家居小镇已建成道路20千米，敷设配套管网110千米；为搬迁群众建成安置楼58栋1744套25万平方米；已签约企业62家，在建厂房140万平方米（已建成50万平方米）、在建商业项目50万平方米（已建成16万平方米）。

（四）公共服务平台建设和产业链建设

家居小镇已启动九大公共生产、生活服务平台建设，即检测平台（家具质量检验检测中心）、信息服务中心（含美巢互联科技电商）、融资平台（市区财金担保已投用，与海通恒信建立产业发展基金）、技术服务平台（信阳家具研发院）、用工平台（用工服务中心）、喷涂平台（德克喷涂中心）、物流平台（百茂物流中心）、商务服务平台和烘干平台（颂德烘干中心），随着这些平台的建成投用，将为小镇的快速发展提供强劲支撑。

二、入驻企业概况

小镇已累计签约项目62个，落地开工项目30个，建设标准化厂房140万平方米（已建成50万平方米）、配套商业50万平方米（已建成16万平方米），已有13家生产企业投产，2家商贸企业启动招商，到年底再开工项目10个、在建项目达30个以上，建成投产项目达15个，全年实现主营业务收入20亿元以上。

三、发展规划

目前，家居小镇已完成投资80亿元，其中企业完成投资50亿元，预计到2016年年底，小镇工业项目可形成100亿元的生产能力，实现主营业务收入20亿元，正在形成集中入驻、集群发展的势头。预计通过5～8年的建设，全部建成达产后，小镇年可创产值近1000亿元，实现税收51亿元，提供就业岗位15万个，力争成为中部地区规模最大、产业特征最明显、配套设施最完善、具有良好的经济效益和社会效益的家居产业基地。

中国中部（叶集）家居产业园——叶集

一、基本概况

（一）地区概况

叶集位于安徽省西部，2015年10月经国务院批准设立六安市辖叶集区（原为叶集改革发展试验区），2016年2月28日正式挂牌成立。全区面积320平方千米，2015年地区生产总值42.1亿元，规模工业增加值28.4亿元，财政收入3.31亿元。叶集区位独特、交通便捷，地处皖西、豫东、鄂北结合部。境内史河（干渠）环绕，312国道、105国道、沪陕高速、合武高速、济广高速和宁西铁路、沪汉蓉高铁在叶集周边形成东进西出、南下北上的交通大枢纽。

（二）产业概况

叶集依托大别山丰富的木材资源，发挥独特区位优势，木材产业走出了一条从小到大、由弱到强的发展之路，不仅成为本地的支柱产业，也成为在全国叫得响的名片。至2015年底，全区共有各类木材加工企业2000多家，从业人员4万余人，全行业实现产值115亿元，税收等社会贡献度达70%以上，木材产业实现了集聚集群发展。叶集已成为全国建筑模板、人造板主要产地，享有“中国建筑模板之乡”“人造板生产基地”的美誉。2013年，叶集区根据本地木材产业基础较好，在周边乃至全国都具有较强的影响力这个最大的特点，着眼于国家实施新型城镇化战略给木材产业发展带来的新机遇，决定把木竹加工暨家具制造定位为首位产业，在省级叶集经济开发区内高标准规划建设了13.3平方千米的中国中部家居产业园。按照“产城融合，宜业宜居”的理念规划设计，布局了家具生产、商业配套、辅料生产与交易、仓储物流、生活配套、生态休闲六大板块。2015年，专门出台了《关于加快家居产业园建设促进家具首位产业发展的决定》，按照一切围绕首位产业发展的思路，集聚土地、资金、技术、人才等要素资源，把木材加工、家具产业做大做强。

（三）公共平台建设情况

为推进中部家居产业园的快速壮大，重点实施了九大公共服务平台建设。

园区平台：成立了园区管委会，与省级经济开发区实行一个机构两块牌子，合署办公。

金融服务平台：与多家银行以及担保公司、小额贷款公司等金融机构建立业务关系，投放新贷及续贷资金5亿元。

行业服务平台：组建了安徽省板材协会和六安市木业协会。

中小企业孵化平台：建设了20万平方米的中小企业孵化园，其中一期10万平方米已建成投入使用，10多家小微家具企业签约入驻。

化工配套平台：在大园区内又报批建设了46.7公顷的家具化工产业园，专门为甲醛、制胶、油漆、涂料等企业提供入驻平台。

原辅材料交易平台：规划了100公顷，建设原辅材料交易市场，将原城区分散的各交易场所逐步关停，纳入新市场统一规范管理。

物流平台：开工建设了总规划面积为24公顷的家具物流园，开辟了数十条物流专线。

电商平台：打造了胜利欢乐购电子商务平台，建设了大别山农林产品电商基地。

展示展销平台：依托沪陕高速连接线，规划了总长5千米的家具商业走廊，启动建设了20万平方米的家具会展中心。

二、发展现状

叶集·中国中部家居产业园自 2013 年启动规划建设以来，已累计投入基础设施建设 10 亿元，完成了约 25 千米计 13 条道路、给水、排水、供电等基础设施建设，建成区面积 7 平方千米；总建筑面积 5000 平方米的中国中部家居产业园展示中心已建成并投入使用；20 万平方米的中小企业孵化园已完成 10 万平方米的建设，家具会展中心一期即将开工建设。中至信家具、丽人木业、森美源家具、管仲木业、绿源工艺集团、美之然地板等 60 余家企业签约入驻。2015 年，园区内规模以上家具及配套企业达 59 家，工业产值逐年提升，达 80 亿元；分别占全部规模企业比重 64.8% 和 69%。

2015 年，叶集区被被评为安徽省外商投资放心区；经济开发区成功入选国家级循环化改造示范试点园区；中国中部家居产业园通过中家协评审并正式命名授牌，同时在中国品牌节上荣获中国家具新兴产业基地示范奖。

三、品牌发展及重点企业情况

经过多年发展，叶集本土木材加工企业不断壮大，同时产业招商引资效果显著，不少国内知名企业相继落户叶集，龙头企业对产业发展的带动作用越来越明显。现将部分企业介绍如下：

安徽中至信家具有限公司　该项目由广东佛山中至信家具有限公司投资兴建，计划总投资 10 亿元，占地面积 36.4 公顷，总规划建筑面积 42 万平方米。2016 年 6 月一期将建成投产，项目全部建成后，可实现年产值 10 亿元。

叶集丽人木业有限公司　由浙江丽人木业集团投资兴建，公司占地 8.7 公顷，引进世界上最先进的德国 DIEFFENBACHER（迪芬巴赫）刨花制备和连续平压热压生产线，全程实现 PLC 编程控制自动化生产，总投资 3.8 亿元，总建筑面积 30000 平方米。投产后可年产 30 万立方米环保型刨花板，实现产值 5 亿元，年可利用枝丫材和木材加工废弃物 35 万立方米。

安徽森美源家具有限公司　由海南伟业建筑装饰工程有限公司投资 1.5 亿元建设，占地 6.7 公顷，建筑面积 45000 平方米。公司引进德国威力系列家具生产线，设计安装国内最先进的喷漆系统和除尘系统，主要生产中高档实木门、欧洲风格的仿古怀旧系列高档实木家具、明清风格的红木家具等。年可实现年产值 4.5 亿元。

叶集欣佳门业有限公司　总投资 1.58 亿元，占地 5.3 公顷，位于叶集经济开发区。新建厂房、办公用房等 30000 平方米，新上钢质非标门及精品木门生产线。项目建成后可年产 80 万平方米钢质非标门及精品木门。可实现年产值 3 亿元，利税 3000 万元。

安徽美之然木业有限公司　公司占地 5.7 公顷，总建筑面积 33000 平方米。年产实木地板 200 万平方米，实现年产值 4 亿元。该公司是叶集第一家成品木地板生产企业，对引领本地木竹产业升级将起到良好的示范和带动作用。

安徽管仲木业有限公司　公司占地 5.3 公顷，现有员工 360 人，固定资产累计投资 1 亿元，建筑面积约 50000 平方米，2014 年 8 月，与金田豪迈木业机械有限公司签订协议，引进全套德国木地板生产线，全面进军木地板市场。公司产品注册为“管仲”牌，为安徽省著名商标、名牌产品，正申报中国驰名商标，年产值达 3 亿元。

安徽省绿源工艺品有限公司　占地 3 公顷，建设标准化厂房 6000 平方米、综合楼 8000 平方米。企业主要生产经营柳、藤、草、竹编织和干花、植绒工艺品及各类工艺家具，产品种类近 9 万种，远销美国、西班牙、加拿大等 34 个国家和地区。

叶集林星板业有限公司　公司占地 10.7 公顷，员工 280 多人，固定资产 5164.8 万元。公司采用先进的生产工艺配以环保型脲醛树脂胶生产出质量上乘的中高密度纤维板，年生产能力达到 12 万立方米，产品广泛应用于家具制造、工艺品制造、建筑装潢等行业，产品畅销海内外。

叶集中亚木业有限公司　公司生产基地总投资 1.36 亿元，占地 4.7 公顷，总建筑面积 36000 平方米，新上人造板及木地板生产线 25 条。项目采用全自动温控和进排气系统多层热压机，全自动流水铺装线和锯边机，比传统设备节省劳动力 1/3，降低成本 1/10，增加产量 30% 以上，可实现年产值 3 亿元，利税 3000 万元。

林星化工　生产能力为年产甲醛10万吨，脲醛树脂20万吨，年产值3亿元，主要为人造板及家具产品配套。

四、2015年发展大事记

3月19日，原叶集试验区工委书记刘爱武率队在上海奉贤举办中国中部家居产业园专题招商推介会；

4月10日，与《华东家具》签订战略合作协议，帮助叶集宣传推介叶集中国中部家居产业园，并在苏州招商；

4月19日，原叶集试验区工委书记刘爱武率队在深圳宝安举办中国中部家居产业园专题招商推介会；

5月6日，与安徽省家具协会签订战略合作协议，共同推进安徽省家具产业发展；

5月18日，向中国家具协会正式递交关于给予叶集中国中部家居产业园命名授牌的申请。

6月下旬，中国中部家居产业园所处叶集经济开发区入选国家级循环化改造示范试点园区，为安徽省唯一一家；

7月28日，原叶集试验区工委副书记、管委主任汪宏军率队在昆山举办中国中部家居产业园专题招商推介会；

8月21～23日，苏州安徽商会相城家具分会考察团一行27人来叶集考察中国中部家居产业园；

9月9日～12日，区工委副书记、管委主任汪宏军率团参加第二十一届中国国际家具展览会及首届上海家具产业集群群英大会，并在产业集群群英大会上做典型交流发言；

10月24～25日，苏州家具企业考察团一行21人来叶集考察中国中部家居产业园；

11月5日，叶集·中国中部家居产业园成功通过中国家具协会组织的“中国家具新兴产业园区”专家组评审；

12月13日，原叶集试验区获得“安徽省外商投资放心区”称号；

12月14日，在中国家具协会第六次会员代表大会上，中国家具协会正式授予叶集实验区“中国中部家居产业园”称号；

12月18日，在湖南长沙举办的第三届中国家具品牌节暨第九届中国家具论坛上，叶集·中国中部家居产业园再获殊荣，荣膺2015中国家具行业年度新兴产业基地示范奖。

五、发展规划

（一）打造全国性家具生产基地

力争用5年时间，使全区规模以上家具及其配套企业达到100家，形成家具生产能力500万件、地板生产能力500万平方米、家具板材生产能力100万立方米，新增销售收入100亿元，年销售收入过亿元的企业达到50家以上。

（二）建成中国中部家具采购中心

以S366叶集段（香樟大道）为轴线，建设精品家具采购中心。力争用5年时间，引进家具、原辅材料市场（商城）不低于5家，营业面积达到50万平方米，年营业额达到20亿元，力争建成中国中部地区规模最大、档次最高、品种齐全、采购便利、服务最优的家具采购中心。

（三）积极实施品牌战略

进一步强化品牌意识，培植一批新的知名品牌，使区内主要家具产品跻身于安徽名牌、国家名牌行列。力争用5年时间，争创安徽省名牌产品10个，安徽省著名商标10个，中国名牌产品和驰名商标实现零的突破。

（四）开发新型循环经济家具材料

采用新技术、新工艺开发仿真木、科技木及木塑板等新型木材替代材料。利用周边植物纤维物丰富优势，大力发展仿真木，利用速生杨和一些低档木材发展科技木，利用废旧木材和木材剩余物质等木质碎料发展木塑板。

（五）延伸家具产业链条

发挥区域优势，突出地方特色，促进家具连接件、装饰件、油漆、黏结剂等家具辅助材料生产企业发展；推进家具商贸流通向会展经济、电子商务转型。

中国华中家具产业园——潜江

一、产业概况

华中家具产业园项目是湖北省“十二五”期间重点在建项目，是承接东南沿海家具产业转移和西部家具产业扩张的重要载体，被中国家具协会命名为“中国华中家具产业园”，被湖北省林业厅授予“湖北省现代林业产业基地”、“湖北省林业产业化省级重点龙头企业”、“湖北省家具产业集群示范基地”等荣誉称号。同时被国家发改委列为承接东南沿海产业转移示范园区，由地方战略上升为国家战略。园区总规划面积2000公顷，计划总投资500亿元，分3期建成；其中一期工程占地666.7公顷，总投资160亿元。

随着京津冀协同发展战略的推进，为加快华中家具产业园重点项目建设，2015年5月16日，潜江市总口农场与湖北华伽投资管理有限公司签订了《关于湖北华中家具产业园项目10000亩地二期开发建设的合作协议》，项目开发建设用地总面积400公顷，投资建设周期为5年。由湖北华伽投资管理有限公司组团整体开发，总投资额为120亿元。华中家具产业园满园后，入驻企业将达500余家，可实现年销售收入1000亿元。将成为高标准、现代化的中国家具产业新的聚集地，形成集家具和材料研发、生产、销售、物流、配套服务为一体的综合性新型家具产业园和产业新城。

华伽投资管理有限公司已正式实现对华中家具产业园有限公司的资产收购、股权重组。目前，正在围绕园区规划修编、工业招商、盘活存量资产等“八大年度工作目标”，有序推进园区建设。

二、2015年行业运行情况

（一）承接产业精英，加快推进产业集群建设

园区建设近6年来，已成功引进四川全友、好迪等知名企业72家，其中全国名牌家具企业2家，总占地面积超过666.7公顷。园区已入园家具制造企业38家，其中21家已投产营运，17家企业开工建设。目前，四川全友家私和好迪家私一、二期工程已投产。全友集团拟在潜江市投资22亿元建设全友家私华中家具产业基地，占地80公顷。其中，2013年1月投资建设年产40万套家具及家具制品（一期）项目，该项目总投资18649万元。

2013～2015年潜江华中家具产业集群发展情况汇总表

主要指标	2015年	2014年	2013年
投产企业数量	21	20	17
规模以上企业数量	18	16	7
工业总产值（万元）	228020	201323	83831
主营业务收入（万元）	218050	191482	75324
内销（万元）	221445	194092	79782
家具产量（万件）	200	180	80

2个板式家具车间和物流库房、质检大楼等8.2万平方米生产设施已建成，设备已全部购置，目前正在进行试生产。该项目全面投产后，可实现年销售收入3.2亿元，新增利税0.5亿元。目前，华中园区共完成固定资产投资99.8亿元，实现年工业总产值22.8亿元，工业增加值6.5亿元，安置就业4000人，顺利完成了一期266.7公顷企业满园的规划。

（二）制定新年度目标，盘活存量资产

“站在风口，抓住重点，全面对接，集中引爆”。华伽公司董事会按照这一思路，确定了2016年八大工作目标任务：A区开业；B区装修；C区续建；销售回款5亿元；工业招商200公顷；园区2000公顷总规修编；生态主题公园设计施工；运营中心装修开业。

（三）建立“园中园”模式 全力启动工业招商

目前工业招商全面启动，已建立“三位一体”招商模式：发挥行政优势，由市政府和总口农场大员上阵招商；利用新成立的潜江家具协会平台，与各地家具协会紧密合作招商；公司招商团队走四方、找客户。按照“园中园”的建设模式，公司将园区划分成广东东莞工业园、北京工业园、河北香河工业园等几个“园中园”。目前，占地80公顷的河北香河工业园区已进入立项审批程序，正在办理土地证照和相关批文手续，其他工业招商项目也在有序推进中。

三、品牌发展及重点企业情况

（一）好迪家具有限公司

好迪家具有限公司位于华中家具产业园的湖北潜江好迪家私占地50公顷，总投资10.2亿元。好迪家具有限公司于2011年正式入驻华中家具产业园，2012年3月厂房破土动工，经过9个月，完成一期工程超过12公顷，总投资2.2亿元，吸纳劳动力700余人，2012年12月正式投产。为了不影响工程和生产进度，好迪公司实行边建设边生产的产业布局，在工厂生产的同时就开始了二期180余亩的工程建设。二期主体工程已全部竣工投入营运，预计投资3亿余元，可吸纳剩余劳动力500余人。目前，工厂已有布艺沙发、好迪板式、好迪床垫、好师傅真皮沙发、好师傅高档实木家具等7条生产线以及4栋物流仓库。

2015年，虽然同比2014年销售有所下降，但通过加大产品研发和市场客户群开发力度，增加产品种类，公司全年实现销售收入2.6亿元。

（二）潜江市嘉添家具有限公司

潜江市嘉添家具有限公司是华中家具产业园内最早投产的企业之一。2012年5月18日正式动工建设，不到4个月就竣工投产。公司滚雪球式发展，全部依靠资本积累，共投入建设资金2800万元。公司以生产室内装修生态门和板式家具、拆装衣柜、书柜、电脑桌、鞋柜、整体衣柜、橱柜、床头柜三件套等为主体。2015年以来，嘉添公司努力提升生产能力和创新能力，新增了钢木门、实木门、书柜、电脑桌、筒子柜等产品，并在油漆、做工等工艺上有了很大提升，现已在全国形成了近百家家具销售窗口。公司在潜江市场上首创“超市销售法”，根据客户需要的颜色、款式、尺寸等需求上门定制衣柜、橱柜，受到了消费者的青睐。

四、2015年发展大事记

5月16日，潜江市总口农场与湖北华伽投资管理有限公司签订了《关于湖北华中家具产业园项目666.7公顷地二期开发建设的合作协议》，项目开发建设用地总面积400公顷，投资建设周期为5年。由湖北华伽投资管理有限公司组团整体开发，总投资额为120亿元。

10月31日，华伽投资管理有限公司收购“华中”、股权重组，正式进驻华中家具产业园运营办公，为华中家具产业园项目“浴火重生”注入了新的活力。目前，华中家具产业园已形成由华鑫集团、北京富华楚商、北京家具行业协会、北京湖北商会、辽宁省湖北商会、香河家具协会等“金牌联盟”共同打造的新格局。其“金牌联盟”旗下拥有数千家家具制造商的优质客户资源。

11月28日，来自北大、上海交大等全国各地的30余位专家学者、企业家代表汇聚华中家具产业园，参加“会盟潜江、对接全球·2015中国家具产业转型研讨会”。代表们建言献策，深层次研讨“立足华中家居产业新城、讨论家居产业转型升

级”的大课题，助推华中家具产业园顺利转型，助力潜江家居产业发展成功升级。

五、发展规划

（一）重新定位，高水准修编规划

2015 年，潜江市人民政府决定对华中家具产业园进行升级，使之成为潜江城规划构架一主两翼中的一翼——华中家居产业新城。在此目标上，政府对潜江南区范围的核心区域进行城市规划概念性设计。未来的华中家居新城既是潜江的新兴的产业城、宜居城、旅游城与文化城，也将是湖北省武汉城市圈内科技产业的聚集区、现代工业的样本区、功能齐全的宜居区。目前华中家居产业新城概念性规划方案已进行了初步评审，并与国内顶尖的综合型景观设计建造品牌——夏岩园林文化艺术集团和中国科技建筑设计院合作，对园区原 2000 公顷土地进行规划升级修编。

（二）大力推进国家倡导的“PPP”项目建设模式

PPP 是一种公私合作模式，是公共基础设施中的一种项目融资模式。在该模式下，鼓励私营企业、民营资本与政府进行合作，参与公共基础设施的建设。为了从根本上解决产业新城资金瓶颈，在市委、市政府的坚定支持下，嘉晖投资公司、华伽公司正联手谋划“潜江产业新城”PPP 模式，目前正与省、市发改委紧密对接，使华中家居产业新城建设步入新常态。同时，通力合作，力争将华中家居产业新城项目做成“新三板”、“创业板”，甚至“主板”上市，力争在“十三五”期间建成千亿级家具产业集群，打造一个以家具产业为引擎，生态化、智能化、现代化的产业新城，真正实现家具产业园向集生产、物流、金融、商贸、体验、休闲、观光、服务、教育、电子商务于一体的产业新城的转变，加快发展华中新业态、新经济。

华中家居产业新城东区建设现场

建筑面积 17 万平方米的华中家居直销城

华中家居直销城 A 区初具规模

中国家具彰武新兴产业园区——彰武

一、基本概况

（一）地区基本情况

彰武县位于辽宁省西北部，全县总人口42万。彰武背靠蒙东、黑、吉和俄罗斯等远东地区，处于东北亚大经济圈和沈阳经济区腹地，是蒙东地区物流通道进入辽宁省的门户，是俄罗斯、东北亚通往北京、天津的交通要道。彰武是沈阳“一小时经济圈”的黄金节点，是沈阜经济合作的“桥头堡”。新建成的沈彰开发大道将彰武县到沈阳的直线距离缩短到60千米，通辽至北京经彰武的通赤凌高铁于2016年开工建设，计划2019年竣工通车。四通八达的交通网络，缩短了彰武与省城等周边城市群的时空距离，成为沈阳经济区名副其实的卫星城。

（二）行业发展情况

2008年4月，辽宁省委省政府从全省产业布局的战略高度，明确提出要将彰武打造成“全国重要的板材家具生产销售基地”。2010年4月，沈阳经济区正式获批国家新型工业化综合配套改革试验区，将阜新市林产品产业基地列为沈阳经济区“一核五带十群”中的“十群”之一，上升为国家战略。2014年5月，辽宁省中小企业厅和阜新市人民政府在阜新市林产品产业基地基础上成立辽宁省中小微企业创业基地（一个机构两块牌子）。

在机构设置上，基地为市政府派出机构，规格正县级，与彰武县政府合署办公，党组织实行属地化管理。

在规划目标上，总体规划面积18平方千米（起步区面积8.07平方千米，核心起步区2.04平方千米），规划生产加工区、集市商贸区、仓储物流区、生活服务区“四个区域”，确立林木产品、新能源产业“两个业态”。

在基础设施上，截至目前，“六通一平”配套面积达到5.2平方千米，投入建设资金9.3亿元，完成了水、电、路等基础设施建设，建成标准厂房90万平方米，修筑“三横三纵”公路骨干路网17.8千米，铺设给排水管线41.7千米。

在项目建设上，截至目前，入驻企业83户，其中生产类63户（规模以上企业23户）。培育出龙头企业19户，打造出名牌产品11个。

在产业配套上，目前，引进豪德商贸城、红星美凯龙、华北商城等大型综合性商贸企业5家；成立板材家具研发中心一个；成立旋切基地1个。同时，分布在24个乡镇为林产品基地配套的旋切点，带锯加工点还有111个。直接或间接从业人员达5000人。

在企业产品上，已涵盖板式家具、实木家具、木门、板材、地板、胶漆等20余类、千余品种，产品远销全国和日本、韩国、美国等国家。

在行业影响上，目前，辽宁省中小微企业创业基地是东北地区板材家具行业企业比较集中，产业链比较完整的产业集群。2010年2月，中国木材与木制品流通协会授予“中国北方木制品加工基地”称号；2010年11月，中国林产工业协会授予“中国北方家居基地”称号；2011年10月，中国家具协会授予“中国家具彰武新兴产业基地”称号；2014年6月，中国建筑装饰协会授予“中国建筑装饰材料（东北）产业园”称号。

（三）公共平台建设情况

在技术研发平台上，基地现有板材家具、化工产品研发、石油井下工具、联信硅砂、华联保温材料五个研发平台。依托武汉理工、沈阳化工、沈阳工业、南京林业、辽宁工大等科研院所，设立了专家服务站和研究生基地，推进企业技术创新、新产品开发改造和技术攻关。

在金融服务平台上，与工行、建行、农行、农信联社等10余家银行建立服务业务，集中了担保公司、小额贷款公司等金融服务业务，与30余家企业对接，发放新贷及续贷资金6亿元。

在职业培训平台上，依托辽宁林业职业技术学院等院校，定向为基地企业培养输送职业人才，并正在建设基地培训中心，每年可为基地培训各类人才2000余人次。

二、经济运营情况

目前基地内拥有东北板式家具第一品牌辽宁格美特家具，全国木门三十强辽宁赛斯木业，出口日本的地板生产企业阜新华荣木业等12家家具企业；拥有辽西最大的密度板生产企业沈达板业，产品出口欧洲的阜新森化木业等17家板材企业；拥有胶漆系列产品生产的彰武金源化工、阜新市高新技术企业阜新市石油工具厂、国内500强阜矿集团辽宁金石科技等20余家配套企业。阜新森化集团已完成上市前的各项准备工作，力争在2017年末中小板上市。辽宁赛斯木业有限公司作为全国木门三十强企业正在做E板上市的准备，预计2017年国庆节前上市。2015年基地企业实现全口径产值55亿元，占全县总产值的1/3。基地企业产品正在走出省门，迈向全国，进军国际市场。

三、品牌发展及重点企业情况

（一）重点企业

目前，基地企业产品涵盖板式家具、实木家具、木门、板材、地板、胶漆等20余类、千余品种，产品远销全国和日本、韩国、美国等国家。以板材加工、家具制造、地板生产、包装配套、商贸物流等产业为一体的板材家居产业集群已初步形成。

赛斯木业　生产能力为年产木门200万樘，年产值20亿元，是东北地区最大，全国木门30强企业；

华荣木业　生产能力为年产复合运动地板100万平方米，年产值2.5亿元，产品全部出口日本，是日本免检产品，年可创汇4000万美元；

沈达板业　生产能力为年产中高密度板8万立方米，年产值1.6亿元，是辽西北地区最大一家密度板生产企业；

森化木业　生产能力为年产单板层积材5万立方米，年产值4亿元；

金源化工　生产能力为年产醛、脂、胶、漆等4.4万吨，三氨纸3000万张，年产值1.5亿元。

（二）重点项目

盈田工业地产项目（中小微企业创业园）　项目占地66.7公顷，计划投资9.5亿元，建设标准

2011～2015年彰武家具行业发展情况汇总

主要指标	2015年	2014年	2013年	2012年	2011年
园区规划面积（平方千米）	18	18	18	18	18
已投产面积（平方千米）	5.2	5.2	5.2	5.2	5.2
入驻企业数量	83	92	69	50	40
工业总产值（亿元）	55	72	63	52	22
主营业务收入（亿元）	52	73	62	51	23
出口值（万美元）	1000	1077	940	2133	2380
内销（万元）	512060	713000	623890	506137	204530
家具产量（万件）	70	90	75	65	30

工业厂房50万平方米，其中一期工程25万平方米，32栋标准化厂房。50万平方米厂房全部交付使用后，计划可安排80～100户企业入驻，可实现销售收入120亿元，利税10亿元。

君航工业地产项目　是由沈阳君航房地产开发有限公司投资建设的。项目计划总投资4亿元，开发建设20万平方米工业地产。

中国建筑装饰材料（东北）示范产业园项目　该项目由中国建筑装饰协会与彰武县人民政府共同建设，总规划666.7公顷，核心区域333.3公顷。倾力打造一个汇集生产加工、仓储物流、商业博览、国际会展、园区配套、旅游观光等6大园区15个业态为一体的中国建筑装饰材料产业示范园区。

群德国际商贸城项目　该项目由深圳市豪德宏业发展有限公司投资，建设彰武县面积最大、经营商品门类最多、服务功能最齐全的大型综合性商品集散地。项目总投资12亿元，规划占地面积20公顷，其中一期工程占地12公顷，建筑面积30万平方米，建设期两年。项目建成后，将成为辐射辽西北地区的大型综合性商贸中心，同时具有能够满足“一站式采购”需要的功能，成为彰武经济发展的重要引擎。

四、2015年发展大事记

5月8日，项目签约暨盈田工业地产招商推介会隆重召开。来自全国各地150余名企业界精英及商会领导参加了会议。本次招商推介会共签约项目42个，实现签约额40亿元。

5月、7月和10月，辽宁格美特家具制造有限公司举办三期财富分享招商会。

6月9日，中国·彰武首届辽蒙经贸博览会暨三省一区地方名酒展销会在基地彰武豪德国际商贸城举办。

7月10日，由辽宁林业职业技术学院主办，基地管委会承办的阜新市板材家居行业高级研修班在基地二楼会议室开班。

7月18日，在江西南康召开了中国北方家具基地（辽宁·彰武）产业对接座谈会，邀请53位企业家前来座谈。

8月15日，江西南康家具协会率领当地50余家企业到辽宁省中小微企业创业基地考察，次日在县政府宾馆召开“辽宁彰武与江西南康产业对接座谈会”。

9月10日，辽宁省中小企业“百名专家、百日巡诊”咨询服务现场会在基地召开。

9月，基地被中国家具协会授予“中国家具先进新兴产业园区奖”。

11月8日，春华企业家创投联盟一行40余人到基地开展投资考察活动。

五、发展规划

计划到2020年，基地建成区达到8平方千米，入驻企业达到150户，实现产值100亿元，实现税金2亿元，提供就业岗位1万个。将着力打造背靠东三省及蒙东，连接京津冀，面向全国的家居、泛家居、轻工产业基地。

中国东部家具产业基地
——海安

一、基本概况

（一）地区概况

海安率属于江苏省，靠江靠海靠上海，东临黄海，南望长江，是长三角重要的省级综合交通枢纽城市，也是长江经济带、长三角一体化、江苏沿海开发和“一带一路”等多个国家发展战略的优势叠加区域。海安抢抓改革开放的重大机遇，是全国首批中小城市综合改革试点地区，拥有全国唯一落户县级城市的国际合作园区——中意海安生态园。2015 年，实现 GDP680.44 亿元；财政总收入 140.71 亿元，其中一般公共预算收入 62.06 亿元，增长 14.7%。在全国中小城市综合实力、最具投资潜力百强县中，分别位居第 32 位和第 11 位。在全国县域经济最具创新力 50 强县中，位居第 5 位。

（二）产业概况

中国东部家具产业基地为江苏省重点项目，2010 年正式落户海安。海安县委、县政府围绕“研发有机构、生产有基地、物流有平台、消费有市场、服务有配套”的家具全产业链目标，高起点、高标准规划了产供贸一体化的全产业链基地，形成“一区四园”格局，在国家级经济开发区设立核心区，同时在滨海新区、曲塘等四个区镇建设家具产业园。整体规划面积 20 平方千米，将以全球化视野、产业化高度、超大型规模打造以产城一体化、全产业集群、人文体验城为核心的全球家居产业新城，做成华东地区条件最好、平台最大、政策最优的产业转移承接地。

二、发展现状

经过几年的努力，海安家具全产业链建设成效斐然，初步形成了家具产业链式发展新格局。

（一）生产方面

形成了“一区四园”的基本格局，在国家级经济技术开发区设立核心区，已有斯可馨、迪高乐、上海品至、新冠美等 100 多家企业开工建设；在滨海新区设立滨海家具产业园，掌上明珠、广东大明、上海澳凡等 50 多家企业落户建设；在曲塘镇设立曲塘家具产业园，台森、富元、金百丽等 30 多家企业入驻园区。目前，全县已落户各类家具企业 200 多家，100 多家企业竣工投产。

（二）销售方面

面积达 30 万平方米的东部全球家具博览中心 A 馆已于 2015 年 10 月份正式开业，商户入住率达 100%，吸引了顾家、木之家、斯可馨等众多国内一线品牌，日均销售额近 500 万元；B 馆以精品家具为主题，目前正在进行内部装修，将于 2016 年 7 月份正式营业。采购中心 2 号馆项目建设面积达 20 万平方米，目前正在进行项目前期审批工作，计划 6 月份进场施工。同时，利用“中意海安生态园”的平台效应，建设了意大利家具品牌馆，将引进意大利家具的原创设计和原装产品。目前该馆已经封顶，将于 2016 年 10 月份正式营业。

（三）物流方面

紧邻家具采购中心、建筑面积 30 万平方米的东部家具物流园已于 2014 年开业运营，园区拥有先进的物流管理和配送管理平台，实现了家具配送的机械化、自动化、信息化操作和管理，开通了近 100 条物流专线，为园区家具企业提供运输、仓储、包装、装卸搬运、流通加工、配送、信息服务等功能。同时，扩建后的铁路货场已经正式启用，内河专用码头、保税物流中心正在加快建设，将为家具原材料和产成品提供更加便捷的物流服务。

（四）研发方面

充分发挥全国首个落户县级城市的政府间国际合作园区“中意海安生态园”的品牌效应，积极引入意大利家具产业先进的品牌、设计、研发力量，提升海安家具产业的国际化水平、标准化水平。同时，深入推进企业创新步伐，引导传统家具企业强化研发设计工作，逐步建立企业研发机构。全面加快建设以家具职业技术学院、体验中心、检测中心、设计中心等为核心的“智慧谷”项目。

（五）配套方面

规划面积达50万平方米的家具原辅材料市场一期工程将于2016年7月份开业，目前已经招引油漆、五金、皮革、布料等60多家一级批发商入驻，市场入住率达70%。此外，规划面积3.8万平方米的板材市场正在进行施工设计，2015年6月份动工建设，建成后将引进100多家板材批发商进驻。

中国中原家具产业园——原阳

一、基本概况

中国中原家具产业园（原阳金祥）位于有“郑州北大门、新乡南大门”之称的河南省原阳县，区位优越，交通便利。地处中原城市群核心腹地，与郑州一河之隔、四桥相连，京港澳高速与连霍高速交汇于此，107国道纵贯南北，311省道横穿东西。自县城3分钟车程进入全国交通主干网，25分钟车程抵达郑东新区，40分钟车程抵达新郑国际机场。

中国中原家具产业园（原阳金祥）项目位于原阳县产业集聚区，于2011年10月20日正式启动，项目规划总占地面积466.7公顷，总投资169亿元，计划入驻品牌家具企业150余家，项目全部建成后，年产值将达到450亿元、创税12亿元、安排8万人就业，打造成一个中原地区集家居产品研发、生产、检测、销售、现代物流于一体的大型综合性基地。截至2015年底，已有大信、大自然、顶好威派、名昊木业等67家知名企业正式签约入驻园区，开工建设153.3公顷。已建成投产的企业有大自然、顶好威派、十月家居、千家万福、威仕德木业等28家，完成固定资产投资45亿元，提供就业岗位11000余个。

中国中原家具产业园（原阳金祥）项目由河南省川渝商会家具分会承办，汇聚众多家具制造企业联合成立了河南川渝金祥家具有限公司具体运营。园区搭建完善的“家居”基础设施平台、互动交流平台、增值服务平台，以全新的行业模式，服务于家居行业。实施中介招商、以商招商，推动集群引进、抱团发展。中国中原家具产业园（原阳金祥）建设发展成就得到了各级政府及社会各界的高度认可。2013年经河南省发改委批复为河南省第一批A类重点项目；2014年3月被中国家具协会授予“中国中原家具产业园”称号；2014年12月河南省省委书记郭庚茂亲批为“全省典型推广示范园区”。2015年4月，原阳县代表新乡市参加全省观摩，被评为豫北第一。同年6月，原阳县委县政府确定以“家具产业立县”的发展方向，将原阳金祥家居产业园列为重点发展的园区。12月，新乡成为中西部地区唯一获批国家综合改革试点，原阳金祥家居产业园名列其中；荣获“2015年度河南家具行业优秀企业奖”。

二、发展规划

中国中原家具产业园（原阳金祥）致力于打造一个专业化的服务平台。务实、高效的团队为企业提供保姆式、一站式、专业化服务。园区服务中心本着为入驻企业节省资金、提高工作效率、提供便捷服务的原则，摸索出一条良性发展之路。

承接产业转移，打造家居生态海洋。中国中原家具产业园（原阳金祥）汇聚了政府和企业共赢的“人和”，为家具企业转移开拓了一条改造、升级之路，改变了河南省家居业不集中、不规范、“小、散、乱”的局面。项目建成投入运营后对相关产业的发展和就业人员的安置，对社会的稳定、经济的发展必将起到积极的推动作用，将为繁荣中原地区注入新的活力。中国中原家具产业园的建成将成为原阳县首座真正意义上的综合性工业、商业为一体的现代化城市。

中国家具产业集群
——贸易之都

中国流通型家具产业集群建立时间集中在 2004 ~ 2009 年之间，建立时间早、产业基础好。这些流通型产业集群的市场总面积大、市场聚集效应和辐射能力强，为家具流通市场创造了有利条件，也带动周边生产企业的发展。2015 年，东莞厚街镇被正式授予“中国家具展览贸易之都”，因连续十几年举办“国际名家具（东莞）展览会”而闻名世界，这也是国内首个以展览贸易著称的家具产业集群。截至 2015 年底，中国家具协会授予或参与共建的流通型产业集群达到 5 个，分别分布在华北香河、华东蠡口、华南广东和西部四川，相对分散的格局基本圈住了我国所有人口聚集区，形成一张四方大网，建成了完善的国内家具物流贸易体系。

近两年电子商务的崛起对实体卖场产生了巨大的冲击，各地方采取多种措施寻求突破，通过举办家具展、文化节推动产业发展。蠡口家具城是苏州家具展览会的分会场，市场规模 150 万平方米，交易大厅 50 座，5000 多家常驻商户；香河家具城管委会每年举办中国香河国际家居文化节；成都每年举办八益家具城国际家居文化艺术节；厚街的名家具展总展览面积达 81 万平方米，名家居世博园单体面积 40 万平方米、进驻的世界级家具品牌达 500 多个。

2015 年，各集群发展情况如下：

- 厚街规模以上家具企业 170 多家，其中生产规模上亿元的企业有 62 家，已建成 10 个总经营面积达 80 多万平方米的家具原材料交易市场，年营业额达 480 多亿元。
- 香河国际家具城总面积突破 330 万平方米，城内入驻企业 7500 多家，年客流量 650 万人次，年销售额达到 280 亿元。
- 蠡口家具市场已投资金额超过 30 亿元，总建筑面积 150 余万平方米，近 4000 家入驻，年销售额达 200 亿，规模以上企业数增加 32%。

中国家具贸易之都分布图

中国家具展览贸易之都——厚街

一、基本概况

（一）地区概况

厚街位于广东、香港、澳门一小时经济圈的核心腹地，地处广州－东莞－深圳－香港等城市发展轴带的中央和外向型经济发展活跃的珠三角经济圈几何中心位置，北通广州机场、南连宝安机场、西倚虎门港码头。全镇总面积126.15平方千米，常住人口约50万人，先后获得了“中国会展名镇”、“广东省家具专业镇”、“广东家具国际采购中心”等区域荣耀。

改革开放以来，厚街经济社会各项事业得到了快速发展。2015年厚街镇实现生产总值321.94亿元、规模以上工业增加值135.3亿元、进出口总额141.08亿美元。特别是厚街的家具产业，已形成特色明显、配套齐全的产业集群体系和产业综合体，尤其在家具展览、国际采购、终端销售、设计研发、配套市场等方面更是全球瞩目，被全球家具业界公认为“东方家具之都”。成功走出了一条以生产制造为基础、创新研发为方向，以展促贸、以贸带产的新路子，实现了由“产地办展”向“展贸一体”的转型升级。

（二）产业概况

厚街规模以上家具企业170多家，其中生产规模上亿元的企业有62家，上下游关联企业800多家，行业从业人员约10万人，设计从业人员5000多人，实现生产总值92.1亿元。先后组建了全国家具快速维权中心、东莞名家具俱乐部、国际名家具设计研发院、名家具俱乐部青年企业家委员会、名家具俱乐部设计师委员会、名家具定制工程委员会、名家具品牌促进委员会等行业组织机构，与清华大学等9所国内著名院校开展产学研合作和与30多个国家和地区的家具行业组织结盟发展；成功培育国家、省高新企业7家，建设省、市级工程及技术中心2个；家具企业注册品牌累计2000多个，获得了中国驰名商标3件、广东省名牌产品11个、广东省著名商标8件。

目前，厚街已建成10个总经营面积达80多万平方米的家具原材料交易市场，年营业额达480多亿元；培育了名家居世博园、兴业家居等8个大型家具产品营销中心，其中名家居世博园以单体面积40万平方米、进驻500多个世界级品牌家具的规模创造了家具行业的多项第一，经营面积达15万平方米的兴业家居也成为了国内品牌家具企业展示产品的“热土”；全长5千米的家具大道已成为了“家具黄金大道”，吸引了192家国内外品牌企业设立体验馆和专卖店，年销售额达240亿元；已连续举办34届“国际名家具（东莞）展览会”。

二、发展措施

（一）做强家具制造业，夯实创建基础

厚街家具业起步于20世纪80年代末90年代初，历经30年的发展，家具生产的技术、设计和工艺等方面均在中国处于领先行列。厚街家具产业已经形成包括家具原材料供应、研发设计、生产制造、展览展销、品牌发展、批发零售、电子商务等完备产业链，国内外知名度逐年攀升，成为了厚街的三大支柱产业之一。

（二）发展家具流通业，丰富集群要素

已建成经营面积达40万平方米的名家居世博园、营业规模达25万平方米的兴业家居等10个

总面积超100万平方米的家具专业市场；将全长5千米的“家具大道”打造成为珠三角地区的家具大型集散地，集聚了192家国内外家具品牌专卖店、体验馆，年营业额超480亿元；建有中国名家具网、开店客等多个网站和开发出工程家具远程电子商务系统等电子商务平台，可提供B2B、B2C、C2C、O2O等电子商务服务；培育了天一美家、欧工等“软体”家具企业，开启了厚街家具“定制”服务的新内容、新载体。

（三）做响名家具展会，推动展贸结合

已建有同时可展览面积共计23万平方米的展馆7个，每年举办国际性的大型展会30多场、节事活动近80场。其中，“国际名家具（东莞）展览会”自1999年3月成功创办以来，已连续举办34届，成功实现了由产地办展向展贸一体的转型升级，展览规模由原来的4万平方米发展到展贸一体后的81万平方米，成为国内外最具品牌和影响力的家具展览会。17年来，名家具展累计招揽参展企业3.5万家次、专业采购商超400万人次到厚街参展采购，影响覆盖全球150多个国家和地区。据不完全统计，2015年通过“厚街家具展贸平台”实现交易额近480亿元，广东全省有近70%、全国有近50%的家具生产企业通过“厚街家具展贸平台”获得海内外订单；全球约35%的区域性采购商通过“厚街家具展贸平台”获得交易采购，累计带动国内外企业发展专卖店达30000多间。

鉴于“厚街家具展贸平台”的良好效果，作为全球最有影响力的三大国际家具博览会之一的“高点国际家具展”所在地的美国高点，于2015年11月7日与厚街签订了《经贸战略合作发展框架协议》，与名家具展组委会签订《家具展贸合作伙伴协议》，正式开启了两地家具展览贸易的合作。

（四）加快平台建设，提升区域影响

先后建立了东莞名家具俱乐部、东莞国际名家具设计研发院、东莞市厚街镇知识产权服务中心家具类工作站、厚街镇知识产权服务中心综合类工作站和东莞市企业发展研究院等服务机构，并被国家知识产权局授牌成立“中国（东莞）家具知识产权快速维权援助中心”，进一步巩固了厚街家具产业在全国风向标的地位。同时，建有高端信息发布平台，每年举办中外家具行业领袖峰会、中国家居流行趋势发布会等高规格论坛或活动30多场，引领家具行业的发展；与《亚太家具报》等50多家国内主流媒体和14家国际家具媒体联盟成员建立了长期宣传协作关系，及时进行家具信息发布。

（五）优化产业布局，保障后续发展

为扶持家具产业发展和推动“中国家具展览贸易之都”的建设，当地政府在经济发展新时期下，通过确立“一、三、五”发展战略，把以广东现代国际展览中心为轴心，以家具大道、会展南路为轴线的会展片区定位为重点发展家具产业。

三、发展规划

厚街将进一步加快展览场馆、广东现代国际展览中心、厚街家具万科云产业园、广东（东莞）双创设计小镇等建设，提升家具产业发展的软实力；进一步加快实施会展片区控规，把会展片区打造成为现代家具产业园，提升家具产业发展的硬环境；继续办好“国际名家具（东莞）展览会”，加快展贸融合，推进家具产业发展国际化。

中国北方家具商贸之都——香河

一、基本情况

（一）地区概况

香河国际家具城地处环渤海经济圈腹地，距北京市区 45 千米，距天津市区 70 千米，位于京津冀都市圈金点之区，拥有四通八达的交通网络。产品除畅销北方十余个省市外，还远销东北亚、欧美和非洲等国家和地区。

（二）行业概况

历经了 18 年的跨越式发展，目前，香河国际家具城由 33 座单体展厅组成，总面积突破 330 万平方米，城内参展企业 7500 多家，知名品牌 1500 余个，年客流量 650 万人次，2015 年销售额达到 280 亿元。尤其是近年来，在香河县委、县政府建设“中国家具之都”发展定位指引下，家具城管委会围绕“平安、繁荣、诚信、卓越”的核心发展理念，科学系统地制定了家具城“二次创业”实施方案，在精心组织行业动态研究、市场建设规划、销售服务追踪、上下游环节贯通等方面进行充分调查研究的基础上，投入专项资金有序启动了平安建设、诚信建设、物流平台建设等项重点工程，创新了周边地区拓展、品牌发展论坛、从业人员高端培训等服务模式。

香河国际家具城是中国家协、河北省家协副理事长单位，先后荣获“全国十大著名家具城”、“全国十大家具卖场”、“中国产业集群品牌 50 强”、“全国家具批发市场第一名”、“中国商业旅游品牌魅力家具城”、“全国十佳流通商业品牌”、“全国质量服务双十佳信誉单位”、“全国售后服务十佳单位、特殊贡献单位”、“中国家居产业最具价值卖场品牌”、“北京市消费者信得过单位”、“河北省十大最具影响力市场”、“重质守信 3·15 满意单位”、“中国家具先进产业集群奖”等多项荣誉称号，“香河国际家具城”的品牌效应家喻户晓。

二、2015 年行业大事记

2015 年，香河国际家具城与中国家具协会、河北家具协会成功地举办了四届“中国香河国际家居采购文化节”，通过开展商品展销、产业研讨、项目对接、特色展示等多项活动，全力打造京津冀协同发展大背景下家具产业对接交流的广阔平台。

三、发展规划

在未来发展中，香河国际家具城将按照“中国家具之都”的发展定位，通过建设大型物流园区、家具景观大道、过街天桥、快捷酒店、美食街、家居博物馆、培训学校等公共服务设施，力争把香河打造成为集购物、观光、休闲、旅游为一体的专业化家居市场，力争尽快实现“造国际影响、创世界品牌”的宏伟目标。

香河国际家具城鸟瞰图

中国东部家具商贸之都——蠡口

一、基本概况

（一）行业概况

蠡口家具市场总投资超过30亿元，已经形成了45栋家具大厅和金源路、广登路两条家具大道，总建筑面积150余万平方米，经营面积80余万平方米，仓储面积近60万平方米，市场内汇聚了全国大部分的家具知名品牌，有来自全国的近4000家经营户在市场内设摊经营，市场批零兼营，产品齐全，市场内各类从业人员5万余人。1998年省工商局核准为省级专业市场，2006年12月被苏州市人民政府命名为“苏州市家具（相城）特色产业基地”；2007年4月被苏州市人民政府授予“苏州市服务业重点集聚区”；2009年6月被中国家协授予“中国东部家具商贸之都”；2011年被苏州市人民政府命名“苏州市特色商业街”。2015年，蠡口家具城被中国家具协会授予“优秀产业集群”。

（二）公共服务平台

江苏省家居家装检测中心，筹建于1998年，2000年由省级实验室认证。拥有试验房300平方米，安置检测设备40余台（套）。2005年被中国质量认证中心（CQC）授权，成为CQC签约实验室。2007年，实验室面积扩大到2400平方米，检测设备投资300万元。2008年，家居家装检测中心被授予中国蠡口家具市场科技公共服务平台技术机构，同时挂牌中国蠡口家具市场质检中心，承担家具市场消费者的投诉及技术咨询工作，为消费者提供技术支持。2015年，通过政府大力投入支持，该检测中心扩大到6000多平方米，进一步健全了检测功能和项目。

（三）苏州家具展

通过展会效应，扩大市场影响力。苏州家具展览会已连续举办7届，是华东地区规模最大、档次最高的家具盛会，已经成为苏州相城区的一张城市名片。展会带动了旅游、交通、酒店、餐饮等其他相关行业，更带动了蠡口家具市场的繁荣，全国各地媒体的聚焦对蠡口家具市场的知名度起到了非常好的宣传效果。

二、经济运行情况

2015年，蠡口家具市场全年销售总额达200亿元，规模以上企业数增加32%。

三、发展措施

（一）优化市场形象

积极筹办第七届苏州家具博览会，据统计，本届苏州家博会参展企业近600家，客流超35万人

2011—2015年江苏蠡口家具行业发展情况汇总表

主要指标	2015年	2014年	2013年	2012年	2011年
商场销售总面积（万平方米）	80	80	80	80	80
商场数量（个）	45	45	45	45	45
入驻品牌数量（个）	4000	3900	4000	3700	3600
销售额（万元）	2000000	2000000	1800000	1500000	1300000

次，总成交金额超 12 亿元，各项指标数据均超过以往各届；着力加强消防安全、安全生产、城市管理、环境卫生等方面的规范管理和监督管理；通过打造“逛蠡口”导购平台，与网易、搜房网等网络媒体合作，推动本地企业与淘宝、天猫、京东等第三方线上平台合作等多种形式，积极加大推动市场改造升级，结合城市形象，对蠡口家具市场核心区域进行功能定位和规划设计，力争将传统家具市场向现代化专业商贸区转变。2015 年，B 栋已全面停业，即将进入改造阶段，其他多家商场也都制定了改造方案。

（二）提升管理品质

加大对家具市场的指导力度，建立并健全较为完善规范的家具市场诚信体系，重点加强明码标价、产品质保、售后服务、投诉咨询等制度建设，严厉打击假冒伪劣等不良不法行为。整合市场管理力量和资源，在交通秩序、环境卫生、社会治安、经营秩序、公税负、消防安全、工商质监等方面进一步加大管理和执法力度。在原工商、质监等部门合并成新的市场监管局后，成立直属区家管委管理的市场监管工作组，并增强进驻人员配备，进一步理顺市场监管机制。推动成立专门服务于蠡口家具城的家具产品质检中心，完善市场管理配套机构。

四、品牌发展及重点企业情况

创名牌，提升市场整体形象。多年来当地企业在提高自身内涵上下功夫，生产上规模、管理上水平、产品上档次。通过每年组织企业申报“苏州名牌产品”，目前已有新宏基、斯可馨、依福园、瑞特、金顺龙、迪高乐、华强、鑫唐、柏蘭、名耀、蠡口兄弟等数十家企业的产品被评为“苏州名牌产品”，亚博家艺被评为苏州服务业名牌，“新宏基”、“金顺龙”被评为苏州市知名商标。

五、发展规划

（一）加快实施市场改造

立足中心城区规划，加快对相城大道两侧区域（春申湖路—蠡塘河）改造步伐，进一步拓展实体市场容量，提升整体业态形象。同时，鼓励部分商场按照相关政策、规划和标准实施自行改造。合理引导调整完善产业结构和功能布局，打造以上述改造区域为重点的实体销售主体市场，鼓励蠡塘河以北部分商场根据市场需求逐步向发展电子商务转型，建元路、广登路和齐门北大街则以发展配套泛家居产业和家具批发为主，进一步推动蠡口家具城向综合性现代市场转型发展。对相城大道两侧商场立面空间进行统一规划设计和调整改造，同时兼顾商业广告效果和城市视觉效果，进一步优化市场中心区域的城市形象。

（二）助推企业健康发展

推动企业集聚。根据渭塘镇保留提升渭西村级家具集聚区，望亭镇保留提升迎湖、宅基村级家具集聚区，北桥街道优化提升灵峰、庄基家具产业园，阳澄湖镇规划新建一个家具产业园的规划布局，由相关镇（街道）严格制定标准，统一规划建设消防、安全等配套设施。同时，合理设置家具企业准入条件，重点引进具有品牌和规模优势的家具生产企业，并建立规范的长效管理机制。提升品牌意识。积极引导和帮助企业创建优势品牌，大力提高自主创新能力。

（三）规范市场管理秩序

构建诚信体系充分发挥首批诚信经营品牌店的示范引领作用，不断总结经验，加大宣传力度，让更多的消费者重新了解蠡口、信赖蠡口、选择蠡口，同时“倒逼”其他商场也开展自我提升，重塑蠡口家具城新形象；结合市场改造升级，探索研究规范化的管理模式，推动市场向商场化提升、发展；区家管会对进驻执法部门进行有效整合、统筹协调，进一步加大执法力度，确保市场管理不留“死角”和“盲区”，特别是将消防安全生产和管理作为重中之重。

（四）稳步推动电商发展

引导和支持现有电商企业做大做强，充分发挥现有家具电商平台的优势和作用；通过加强与“逛蠡口”、“网易家居”、“搜房网”等网络媒体合作，实现对蠡口家具市场的宣传、引流，巩固实体市场的销售业绩；充分发挥行业协会的积极作用，通过协会加强对众多家具电商的引导和管理，推动电商配套产业发展，实现抱团取暖、共同发展。

中国家具产业集群
——出口基地

2015年，我国家具出口贸易较去年有了小幅提升，据海关统计，2015年，全国家具行业完成累计出口额542.83亿美元，同比增长1.62%，比上年提高了1.01个百分点。我国家具行业规模以上企业完成出口交货值1720.13亿元，同比增长5.02%，占全国家具行业主营业务收入的21.85%。2015年，我国家具产品出口主要集中在美国、日本、英国、新加坡、澳大利亚等地区，其中，美国是我国家具出口的第一大国，占出口总额的30.83%。

我国以出口贸易为主的集群主要集中在东部沿海一带，截至2015年底，中国家具协会授予或参与共建的以出口为主的家具产业集群有4个，其中，安吉以出口椅类家具为主，海宁以出口沙发为主，广东省依然为我国家具出口的第一大省，出口额262.37亿美元，占家具出口总额的48.33%。

2015年，各集群发展情况如下：

- 安吉共有椅业类企业700家，其中规上企业146家，同比增加9家；家具类出口企业332家，年累计出口187803万美元，同比增长1.5%。
- 大岭山家具年生产总值131.29亿元，其中家具出口总额13.82亿美元、占东莞市家具出口总额的55%，目前有家具企业122家。

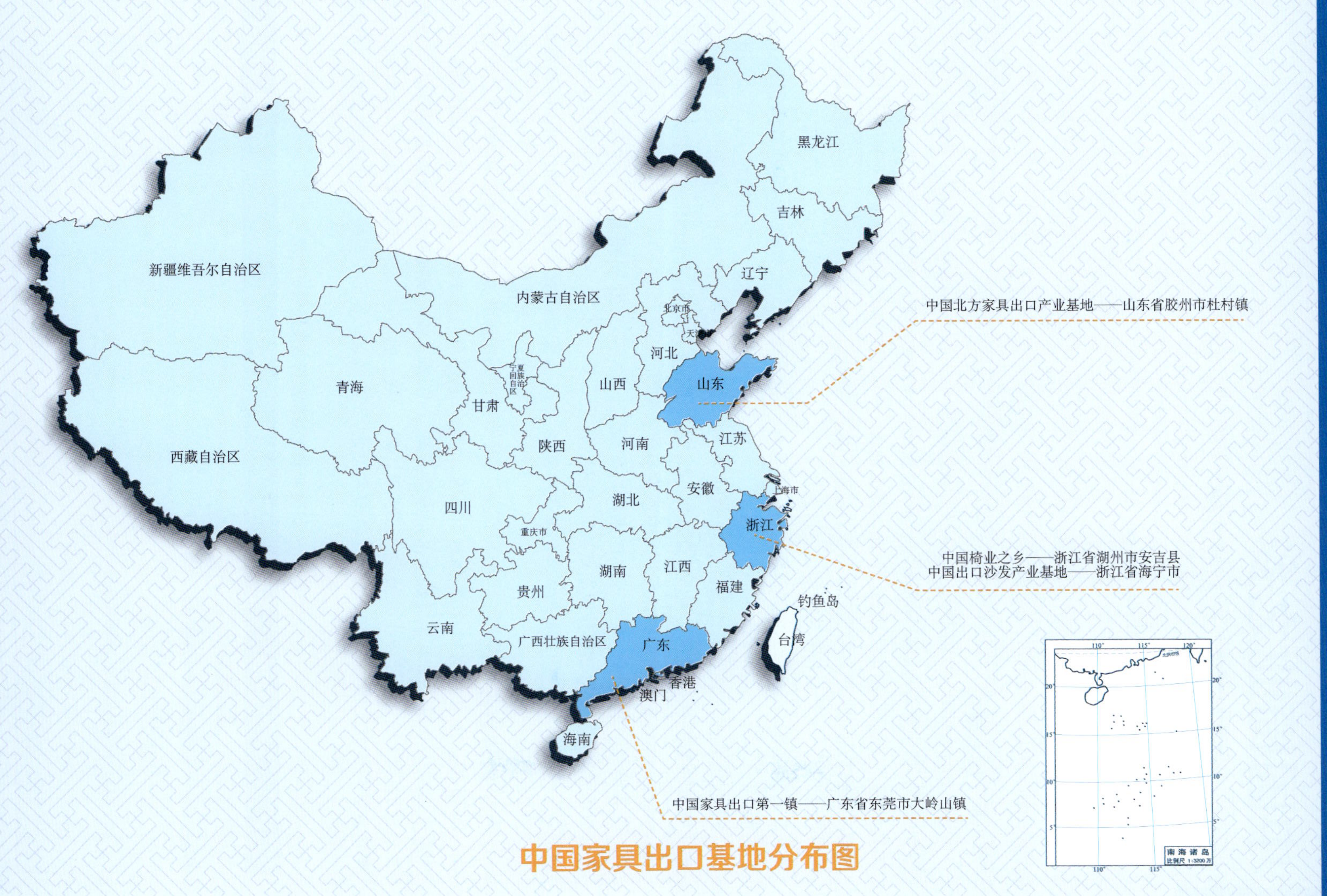

中国家具出口基地分布图

中国椅业之乡——安吉

一、基本概况

安吉是闻名中外的“中国椅业之乡”，是全国最大的办公椅生产基地。安吉椅业起步于20世纪80年代初，经过30多年的发展，产品由原来的单一型发展到系列化生产，椅业已成为安吉县第一大支柱产业。安吉无论从椅业生产规模、市场占有率还是品牌影响力，在全省、全国乃至全球，都具有领先地位。

2010年安吉荣获“浙江省块状经济向现代产业集群转型升级示范区”称号；2011、2012、2013连续三年被中国家具协会授予“中国家具优秀产业集群奖”荣誉；2014年被中国家具协会授予“中国家具重点产区转型升级试点县”；2015年被中国家具协会授予“中国家具优秀产业集群奖”。

二、经济运营情况

2015年，全县共有椅业类企业700家，其中规上企业146家，比去年增加9家，占全县规上企业的37.4%；亿元以上企业达到39家，40家企业位列安吉工业经济100强；排名前六位企业的销售收入均突破4亿元，占规上椅业企业的26.5%。2015年，椅业规上企业完成工业总产值174.2亿元，同比增长3.5%。

2015年，全县家具企业累计出口187803万美元，同比增长1.5%，占全县出口总额73.3%；全县共有出口实绩企业571家，其中，家具类企业332家，全县出口1000万美元以上规模家具企业共有40家。恒林椅业（含恒友、唯亚）出口20116万美元，同比增长4.1%；中源工艺品出口6744万美元，同比增长38.1%。

三、发展措施

（一）积极参加各大展会 着力打造区域品牌

安吉椅业除组团参加广州国际家具博览会外，自2012年起“安吉椅业形象馆”已连续5年亮相广州国际家具博览会至，获得了区域品牌宣传和贸易订单的双丰收。安吉椅业企业持续参加科隆、芝加哥、拉斯维加斯、马来西亚等展会，“一带一路”线上的迪拜、澳大利亚等展会取得突破。成都国际家具展，突出安吉椅业的整体形象和“中国美丽乡

2011～2015年安吉县家具行业发展情况汇总

主要指标	2015年	2014年	2013年	2012年	2011年
企业数量	700	695	755	758	761
规模以上企业数量	146	137	123	108	105
主营业务收入（万元）	305	300	280	260	245
规模以上企业工业总产值（万元）	169	167	135	109	100
出口值（万美元）	18.8	18.5	16.4	14.7	13.1
家具产量（万件）	6600	6500	6000	5900	5400

村”品牌。“第36届中国(上海)国际家具博览会(虹桥展)”，首次推出了“安吉绿色家居体验馆”。2015年，安吉县两次携带首届椅业大赛的作品在第20届中国五金博览会和义乌国际装备制造业博览会上进行跨界巡展，恒林的莒米按摩椅也同步参与设计展。

（二）协助企业保护知识产权 打击侵权行为

浙江省椅业协会、安吉县维护公平竞争领导小组办公室联合发经委、工商、质监等部门组织“提倡文明参展，打击仿冒侵权活动”，组织现场维权组赴上海展会现场和广州家具展现场督查取证。该项活动对于促进行业自律、维护企业合法权益、加强企业知识产权保护起到积极作用；并有效促进企业及时申报自主知识产权，提高企业研发创新的积极性。

（三）依托设计研发 椅企创新能力进一步提升

2014年举行了第一届“安吉椅业杯”中国座椅设计大奖赛，收到来自全国的500多名学生及专业设计师的作品500余件；2016年3月广州家博会期间启动了第二届“安吉椅业杯”大奖赛。该大赛对于提升安吉椅业区域性品牌价值、加强对外合作交流具有积极意义，同时也有利于促进企业提高自主创新能力、提升产品竞争力。2015年，利豪、和也、大康、嘉瑞福、富和5家企业申报成为省级制造企业设计中心，为企业吸引更多优秀的设计人才提供了有利的基础。

（四）拓展宣传渠道 创新推广模式

浙江省椅业协会与安吉新闻中心、梅地亚紧密合作，出版了《浙江椅业》，展现了安吉椅业发展历程，剖析了安吉椅业发展中出现的问题，推广了优强企业；发布了安吉椅业全新宣传片《椅子的一天》，摆脱了传统的介绍汇报模式，以一家人一天的活动，将安吉的座椅产品、产品设计生产过程、家庭生活场景、休闲娱乐体验贯穿其中，既注重产品细节展示又贴近日常生活。此外，安吉椅业在高铁杭州东站、北京南站、湖州站，安吉境内的高炮、候车亭、道路指示牌，浙江日报、湖州报、浙江航空杂志等投放系列广告，进行区域品牌宣传；积极利用微信公众平台及时发布安吉椅业动态消息，并通过平台与全国各地粉丝积极互动，展示安吉椅业形象。

（五）龙头企业做大做强 产业优势地位明显

2015年，永艺股份在上海证券交易所成功上市，成为全县首家上市公司，同时也成为全国首家椅业上市公司；浙江永裕竹业股份有限公司成功挂牌新三板，成为安吉竹产业中首家拿到股票代码的企业，也是安吉县在“新三板”挂牌的首家企业。恒林椅业正在积极准备IPO，上市工作提上了日程。

（六）借势“互联网+”电商销售平台展现活力

2015年，浙江省椅业协会与安吉星号电子商务有限公司签订合作协议，打造“安吉购”家居电商分销平台。上线当月即实现销售500单以上。平台上线运行三个月，每月成交量持续上升，目前月销售额量已超过70万元，并以30%的月增速递增。随着平台影响力不断扩大，有更多的供货商、分销商踊跃加入。“安吉购”电商平台成功上线运行，并获得良好发展趋势，成为了安吉椅业发展的全新亮点，对于未来开辟新市场、拓展新渠道、丰富产品线具有积极意义。同时，借助互联网开放、融合的特征，也将加快安吉椅业的转型升级之路。

中国家具出口第一镇——大岭山

一、基本概况

大岭山镇是新兴的工业镇区，产业布局相对一体化，具有五大支柱产业及四大特色产业。家具产业作为当地特色产业，大岭山家具产业集群先后被评为“亚太地区最大家具生产基地”、“中国家具出口第一镇”、“中国家具出口重镇”、“中国家具优秀产业集群”、“广东省家具产业集群升级示范区”、广东省技术创新（家具工业）专业镇、“东莞市重点扶持发展产业集群”。

家具产业发展情况具体如下：

企业群体：全镇拥有各类企业 1600 多家，家具及配套企业 530 多家，其中上规模、上档次的家具企业有 350 多家，上市公司、投资超亿元企业 30 多家，家具从业人员 10 万多人，大大促进了就业，推动了经济快速发展。

产品品质：大岭山家具产品在海内外各大展览会上获得很多的奖项，通过认证的超过 300 多项，家具产品获“ISO9001 国际质量体系”认证的企业有 100 多家，以及获质量环保认证的企业有 30 多家。

内外销：大岭山家具出口连续 18 年雄踞全国乡镇家具出口第一位。据统计，2015 年全镇家具工业总产值 131.29 亿元人民币，其中家具出口总额 13.82 亿美元，占全市家具出口总额的 55%；全镇全年家具内销总额达 46.575 亿元人民币，占全市家具行业内销总额 40%。

企业税收：根据税务部门的统计，2012 年税收 5.6 亿元，2013 年税收 5.73 亿元，2014 年税收达到 6.48 亿元，2015 年税收 6.89 亿元。

企业自动化设备应用：大岭山家具企业采用现代化生产技术，引进并应用家具自动化设备，包括自动封边机、数码镂花机、激光电脑雕刻机等一系列世界先进的家具生产机械。家具自动化设备使用量由 2008 年年底的 450 台上升到目前的 1200 台。

产业链配套：拥有最好的板材加工厂、五金配件厂、皮具加工厂，还有一批上规模、高质量的化工、涂料、木材企业，包括全球最好的贴面料加

2011 ～ 2015 年大岭山家具行业发展情况汇总表

主要指标	2015 年	2014 年	2013 年	2012 年	2011 年
企业数量	530	549	540	522	489
规模以上企业数量	350	330	321	303	285
工业总产值（万元）	1312900	1258000	1185000	1118000	1087000
主营业务收入（万元）	1013820	981240	924300	872040	847860
出口值（万美元）	138200	135500	131800	130000	130600
内销（万元）	465750	405000	367300	334900	302100
家具产量（万件）	1640	1580	1490	1420	1360

2012～2013“大岭山杯”金斧奖中国家具设计大赛复赛现场

工厂家、中纤板生产厂乡源木器，世界500强企业——阿克苏诺贝尔涂料和丽利涂料，华南地区最大的木材供应市场——吉龙木材市场和最具规模的家具五金市场——大诚家具五金批发市场。

二、品牌发展及重点企业情况

大岭山家具区域品牌影响力不断增强。自主自创家具品牌大幅增加，由2008年的25家企业30个品牌上升至目前的122家企业220多个品牌，共培育了家具行业中国驰名商标5个、广东省著名商标5个、广东省名牌产品9件；家具企业实用新型专利200件，外观设计专利5155件。家具品牌专卖店逐年递增，全国范围内拥有100家以上品牌专卖店的企业由2008年的10家增加到目前的35家，拥有300家以上的由原来的2家增加到目前的8家，内销所占比例较去年增长了30%。

三、服务平台建设情况

（一）家具职业技能培训

经中国轻工业联合会和中国家具协会批准，中国家具行业职业技能培训基地2010年已落户大岭山，培训基地下设5个企业实训点和东莞理工学院、东莞职业技术学院两个学校教学点，2012年大岭山职业学校也升格为东莞市家具学校。2013年成功举办两届家具行业职业技能培训班，共培训企业员工及在校学生200人次。目前家具企业普遍存在用工不足，缺乏技能型人才等问题。举办家具职业技能培训班，是在目前企业用工不足的情况下，提升现有工人职业技能水平，转化为推动企业生产效率提高的动力。

（二）“金斧奖”中国家具设计大赛

与中国家具协会联合主办的“金斧奖”中国家具设计大赛每两年举办一届，自2010年以来组委会均设在大岭山镇，已成功举办三届，其中2012～2013“大岭山杯”金斧奖中国家具设计大赛复赛征集到1325件参赛作品，无论是参赛人数还是作品质量均为历届之最。主办该赛事有利于发掘家具设计的新星，开启产品设计的新思路、新理念，凝聚了国内设计力量，为家具行业搭建一个公平、开放、高层次的家具设计交流平台，提高了家具设计水平，也为企业输送了设计人才。

（三）中国家具图书馆

建设面积达4万平方米，以家具为主题的全国一流专业图书馆——中国家具图书馆。图书馆是与大岭山镇打造“中国家具第一镇”战略目标相适应的标志性文化建筑。图书馆落成后，计划在图书馆内设中国家具文化创意中心，包括家具展示中心、家具研发中心、家具知识产权展示中心、中国家具行业职业技能培训基地。四大中心即四大公共服务功能：展示、研发、专利申请、专业人才培训。形成全面、完整、扎实的家具文化保障体系和信息服务体系。

（四）高新技术研发

目前大岭山拥有企业技术研发中心85个，检测中心3个。在大岭山家具行业中，崧崴电子科技有限公司、佳居乐厨房科技有限公司先后荣获“国家高新技术企业”称号，并且积极筹备以“厨房设计研究院”申报广东省工程技术研究中心项目。运时通家具有限公司“国际睡眠研究院”也计划申报。

中国家具产业集群

——综合产区

我国家具产业集群类型涵盖广泛，除前述几类产区外，在以生产为主的集群中，还有办公家具、浴室家具、校用家具、软体家具等各类家具产区，如：浙江杭州、浙江党山、江西南城、山东周村；有集生产家具和原材料为一体的综合集聚区，如广东龙江；也有集制造和商贸为一体综合集聚区，如四川新都、江苏沙集，特别是江苏省睢宁县沙集镇，以“前电（电脑）后厂”的新模式开启了家具电商小镇的发展之路，是集群创新发展的典范。类型多样的产业集聚区充实了我国家具生产贸易的产业结构，形成了完善的产业供需链，为行业发展奠定了基础。

2015，各集群发展情况如下：

- 沙集镇现有网商 8120 家、网店 9680 家，2014 年网销额达 43 亿元，其中简约家具占比达 70%，是简约家具制造业和家具电商小镇的代表。
- 南城现有校具加工相关企业 140 家，主营业务收入上亿元企业 9 家，年生产各类校具 1500 余万套，占全国同行业的 30% 以上，实现主营业务收入 36 亿元，同比增长 30%。
- 周村是江北最大的软体家具生产基地，企业以山东凤阳集团为首，上下游关联企业达 4000 家，产值达 150 亿元。
- 龙江家具企业以中小企业为主，现有家具企业 3000 多家，原辅材料制造企业与销售商户超过 3000 家，制造产值超过 200 亿元，材料交易产值超过 400 亿元。家具电子商务平台已聚集 1000 多家家具成品类私人网站、商城及旗舰店，电子商务特色产业园逐渐成形。
- 杭州以办公家具为特色，拥有 900 多家家具企业，规模以上企业（94 家）完成工业总产值 156.16 亿元，同比增长 5.68%；家具产量 3572.71 万件，同比下降 3.3%；但利润总额同比有大幅增长。
- 新都家具产业园规划面积 200 公顷，现已全部建成。现园区生产型企业 70 个，规上企业 62 个，年工业总产值达到 183 亿元，出口值约 500 万美元；流通型商贸企业 2015 年商场销售总面积达 120 万平方米，入住品牌数量约 1600 个，年销售额达 21 亿元。

中国家具综合产区分布图

中国家具电商产销第一镇——沙集

一、行业概况

（一）地区概况

睢宁是徐州市的南大门，面积 1769 平方千米，人口 137 万，下辖 16 个乡镇。睢宁现有网商 8120 家、网店 9680 家，2014 年网销额达 43 亿元，其中简约家具占比达 70%。

（二）产业概况

“从无到有”的萌芽阶段　简约家具发祥地东风村是什么样子呢？十多年前，睢宁县的东风村是以收购废旧品为生的典型农村，“路北产粉丝，路南磨粉面，沿河烧砖瓦，全村收废品”，这是十年前“沙集模式”诞生地东风村的真实写照。2006 年，东风村农民尝试互联网创业，催生了简约家具产业的萌芽。2006 年，返乡大学生孙寒开设了第一家网店，主要经营充值卡、小家电等，生意不温不火，但 2007 年的一次上海之行，改变了一个人、一个村庄的命运。在上海逛街时，孙寒看到一些别致的简易、拼装木质家具，产生了一个念头：能不能把这些家具放到网上卖呢？他买了几件样品回村，然后请木匠、改进设计、加工生产、上网销售，第一个月就销售了十来万元，当时东风村既无家具厂，也没物流快递点。此后的东风村开始热闹起来，网店如雨后春笋。经济实力强的农户，则“前店后厂”，在院子里办起家具加工厂，东风村从一个贫困村迅猛“逆袭”，1180 户，超过六成“触网”，经营 2000 多个网店，开办了数百家具企业（点）。“无中生有”了一个产业、一个完整的产业链条，一跃成为名噪一时的“明星村”。

“从少到多”的发展阶段　从 2009 年开始，睢宁县委、县政府敏锐地发现了“互联网 + 简约家具”的强劲发展潜力，在市场主体的动力驱使下开始在全县进行推广。同时，社科院的专家、学者等也发现了这一模式的可推广可复制性以及在新农村“四化同步”建设中的积极作用，将其总结为“沙集模式”，并赞誉为“网络时代的小岗村”，2015 年 1 月 4 日，被《人民日报》头版称为“一个被互联网改变的村庄”。简约家具制造业的迅猛发展带来物流集聚的“洼地效应”，以沙集镇为中心的方圆几十里的农民纷纷赴沙集取经，网销、拿货、配送、收款，网店经营流程简单；锯板、封边、钻孔，简易家具生产也不复杂。再加上政府的宣传引导、帮扶支持，以简约家具为主产业的电子商务的发展开始“风生水起”，呈现出裂变式增长。到目前，睢宁的简约家具企业已经遍布各镇，形成了东部沙集、高作、邱集、凌城等镇联动发展的简约家具片区。全县 2000 多家电商企业中有 1500 多家是简约家具企业，年实现网销额约 30 亿元，占全县网销额的 70% 左右。

“从小到大”的集聚升级阶段　睢宁的简约家具产业从简单的复制模仿起步，经历 8 年的发展，从简易拼装家具，到实木、钢构家具，从简单仿制到个性化定制，从“拿来主义”到自主创新，全县简约家具企业注册商标达 300 余个，近 600 家拥有自主品牌，仅沙集镇就有双皇冠网店 28 个、皇冠网店 86 个、带钻网店 2851 个，部分企业的产品已经走出了国门，销往新加坡、韩国等国家和台湾、香港等地区。

二、产业效应

电商的发展，带动相关产业的快速发展，形

成了较为完整的产业链。“互联网 + 简约家具”的产业模式给睢宁的农村带来了巨大的改变，解放了农民对土地的依赖，为土地规模集中、集约经营和农业现代化创造了空间。越来越多的农民从事网上创业，加快了土地向大户集中，促进了适度规模经营，规模连片种养殖、高标准良田不断增多，为农业现代化发展打下了基础。简约家具电子商务发展，带动了生产、加工和物流等相关产业的快速发展，与其配套的网络信息服务、电信、电力以及金融保险等现代服务业的迅猛发展，网上开店实行公司化经营，一、二、三产业相互交叉、密切联系，实现了“三产”跨界，服务业、制造业“两业融合”，促进了产业链条的延伸与拓展。

三、存在问题

（一）家具生产企业起点低、规模小

大多实体家具生产企业都是农民从“前店后厂”发展而来，规模相对较小，生产现场缺少标准化管理或者程度不高，企业内部管理也相对松散，多为家族式企业，缺少现代化企业管理制度。

（二）产品设计、加工技术、知识产权有待提高

绝大多数网商从事的是简约家具的生产与销售，产品设计研发能力不足，造成产品同质化严重，技术含量不高，市场竞争力不强，抵御风险的能力较弱。对自行设计的产品，绝大多数网商也很少主动去申请外观设计专利，知识产权保护意识不强。

（三）高层次人才短缺

大部分网商都是原本打工或种地的本土农民，学历不高，经营管理水平有限；尽管网商群体中有少数高学历的年轻人，但是由于缺乏长期专业的职业培训，但他们同样缺少现代化的企业管理知识和经验，高层次人才短缺明显，制约产业的健康发展。

（四）检测手段欠缺 质量把关不严

企业进货和产品出厂前，应对甲醛释放和其他理化指标进行检测，睢宁家具企业目前都不具备自检能力。此外，睢宁县也没有相应的检验检测服务平台，只能送到 80 千米外的邳州市国家人造板及家具检测中心进行检验，周期长、成本高，达不到来料和出厂的批次检验要求。

（五）物流、质量、售后服务有待提高

在沙集，随着电商的迅速发展，物流产业也快速发展起来了，目前已有 43 家物流企业入驻沙集，为睢宁电商的发展做出了贡献。但是过多良莠不齐的物流企业入驻，竞争导致低价，很难保证质量，出现货物受潮、挤压等损坏，而消费者退换货也比较困难。

（六）生产要素制约

网商企业因土地限制、银行贷款难度大，企业规模得不到发展；由于沙集镇住房、酒店餐饮、娱乐等生活配套设施缺乏，不少有意向进入的外地人才也望而却步，网商们很难招到大量的技术工人、有才华的企业管理者和优秀的家具设计师，导致产品质量和企业经营管理方式得不到很好的提升。

五、发展规划

（一）发挥政府规划作用 利用市场助推产业升级

市场的主体是电商、企业、个人等，政府应高起点超前做好规划。电商业态是指数级增长，要为电商发展留出足够的空间。 按照未来的发展前景超前规划、设计、制定简约家具网络创业战略规划和政策，努力实现以科学规划引领科学发展。避免分散带来的城镇土地浪费，市政设施投入成本高的问题，改善生态环境问题。

（二）加快沙集电子商务创业园建设

政府将加大资金投入力度，把沙集电子商务创业园打造成一个集在线交易、产品研发设计、配套服务、人才培训等于一体的网商创业乐园；招引大物流、电商和招商平台，努力打造苏北规模最大（县级）的物流集聚区。

（三）积极发挥家具协会作用

整合现有的家具生产企业，鼓励上规模企业实行抱团发展，信息共享。为现有的家具生产企业搭桥牵线，邀请全国家具生产、设计专家调研指导，加强与南京林业大学家具与工业设计学院的沟通和合作，加快全县的家具生产、设计及技术人才的培育。

中国校具生产基地——南城

一、基本概况

（一）地区基本情况

南城县位于江西省东部，抚州市中部。县域面积 1698 平方千米，其中城区面积 16.5 平方千米，总人口 35 万。2015 年实现生产总值 110 亿元，增长 11.8%。财政总收入 14.4 亿元，增长 10.8%；工业门类较为齐全，形成了机械制造、食品加工、服装鞋帽、五金建材、医药化工五大支柱产业，及近年来得以快速发展的校具加工产业。2015 年全县新增货运汽车 570 辆，总数达 5370 辆，总运力达 9.1 万吨，拥有物流运输企业 268 家，货运车常年奔走南北，被誉为“江南汽运大县”。

南城按照“以巩固传统产业为起点，以培育优势产业为手段，把工业园区打造成为经济发展的重要增长极”的工作思路，全力主攻工业。从南城的区位条件来看，南城是江西省对接海峡西岸经济区的前沿阵地，同时受全国市场经济最发达的长珠闽三个经济圈辐射，是闽台浙粤等沿海经济向内地延伸的直接腹地，在承接东南沿海发达地区产业转移方面具有独特的区位优势。从南城的交通条件来看，交通网络四通八达，已形成铁路、公路为一体的综合交通体系，福银高速、济广高速与 206、316 国道和昌厦一级公路交汇贯穿，规划中的资光高速横跨南城。

（二）行业发展情况

近几年来，南城县校具产业迅猛发展，凸现集聚效应。校具品种由单一的纯木制品向钢木、钢塑结构转型。校具加工产业配套齐全，已有一大批校具面板压缩制作、五金加工、塑料加工等配套产业落户，形成了较完备的产业链。校具产品生产从“选料—制作—成型—烤漆—烘干—包装”的整个过程均形成现代化流水线作业。

据统计，全县现有校具加工相关企业 140 家，主营业务收入上亿元企业 9 家。目前，南城县生产的校具产品畅销江苏、浙江、安徽、上海、河南、新疆、广西等 20 多个省（市、自治区），拥有相关从业人员 28000 人，有近 4000 人的产品销售队伍，在全国 90% 的大中城市建有分公司（销售部）。

二、经济运营情况

2013 年，南城县校具加工企业产品出口实现零突破，远销非洲等国家，2014 年又实现出口

2011 ～ 2015 年江西省南城县校具行业发展情况汇总表

主要指标	2015 年	2014 年	2013 年	2012 年	2011 年
企业数量	140	134	118	110	102
规模以上企业数量	16	16	12	8	3
主营业务收入（万元）	360000	275000	189800	146000	122000
出口值（万美元）	/	800	500	/	/
内销（万元）	360000	270000	186600	146000	122000
校具产量（万套）	1500	1200	1000	850	700

800 万美元。2015 年，全县校具企业生产各类校具 1500 余万套，占全国同行业的 30% 以上，实现主营业务收入 36 亿元，同比增长 30%，利税 3.24 亿元，同比增长 22.3%。

三、品牌发展及重点企业情况

南城拥有自主品牌企业 28 家，其中规模以上企业 16 家，省名牌产品企业 5 家，省著名商标企业 5 家，校具外观设计及实用新型专利 18 个。真诚、龙乐、育佳、盱江品牌全国闻名，企业在国内竞标有很大影响力。

江西真诚校具实业有限公司　创建于 1999 年，公司累计总投资 1.5 亿元，其中固定资产投资 9000 万元，现有职工总数 500 余人，其中工程技术人员 80 人，是江西最大的校具加工企业、江西省名牌产品企业，具有雄厚的研发基础。该公司是专业生产影院礼堂椅、会议室桌椅、实验室成套设备，中高档钢木课桌、椅、学生床、阶梯教室、多媒体、报告厅、连排座椅等集设计、销售为一体的大中型企业。公司已通过 IS09001 质量管理体系认证、IS014001 环境管理体系认证证书，现已形成年产 200 万套课桌凳椅、床、讲台等校具的能力。公司主厂区内设有 8000 平方米的生产车间，其中木制品车间 2 个，板式车间 1 个、金属制品车间 4 个，先进的流水线静电喷塑间 4 间、烘房 4 间，酸洗、磷化、除锈车间 1 间、质量检测室 2 间。2015 年实现总产值 1.85 亿元，创利润 1200 余万元，实现税金 550 余万元。

江西海龙校具有限公司　公司于 2006 年 11 月建立，总投资 8000 余万元。设有：锯木烘干车间、木品车间、钣金车间、油漆与喷塑车间、总装车间、原料仓库、成品仓库等 7 个车间。拥有全自动流水线静电喷塑设备、大型木材烘干设备等各种现代化设备 148 台套，年生产各类校具产品 100 余万套。公司专业生产钢制、木制课桌椅、学校实验室成套设备、学生公寓组合床、铁架床、餐桌椅、黑板等产品供应市场。公司先后通过了 ISO9001 质量管理体系认证和 ISO14001 环境管理体系认证，江西省名牌产品、江西省著名商标企业。2015 年实现主营业务收入 1.56 亿元，实现税金 468 万元，安排就业人员 258 人。

江西世纪星校具实业有限公司　公司始创于 2000 年，注册资金 1500 万元，现有职工 298 人。拥有教室、寝室、餐厅、会计室、图书馆、报告厅、体育馆（场）等十多个系列几十个品种的教学用具及配套设施的制作生产线。该企业已通过 ISO900l: 2000 质量管理体系认证，ISO14001: 2004 环境管理体系认证，GB/T28001–2001 职业健康安全管理体系认证，为江西省名牌产品、江西省著名商标，并获国家 2 项专利。2015 年实现产值 1.45 亿元，实现利润 950 万元，上交税金 430 万元。

江西圣盛钢木工艺制品有限公司（原南城县圣盛钢木工艺制品厂）　公司创建于 1999 年，注册资金 2158 万元。公司占地面积 27600 平方米，实际建筑面积 9600 平方米，公司已通过 ISO9001 质量体系认证、ISO1400 环境管理体系认证及职业健康安全管理体系认证。设有实木制品车间、钢制品车间、实木烘干车间、钣金车间，拥有全自动流水线静电喷塑设备等各种新型先进设备。公司拥有完整钢木制品生产流水线，烤房和完善的质量检测体系。现年生产课桌椅产量可达到 150 万套以上，公寓橱柜 6 万套等校具装备。2015 年，该公司实现主营业务收入 1.35 亿元，创利润 920 万元，完成税收 400 万元。

江西育佳工贸有限公司　公司现占地面积 5 万余平方米，拥有全套的钢、木等校具生产线、喷塑流水线。生产的产品涵盖有办公、教室、餐厅、实验室、图书馆、体育馆、公寓、户外照明、会议室等系列一百多种产品。为江西省名牌产品、江西省著名商标及获国家 12 项专利的企业。2015 年实现主营业务收入 1.2 亿元，实现利税 1100 万元，安排就业人员 200 人。

江西兴达校具有限公司　公司前身为创建于 1992 年的南城县兴达钢木厂，注册资金 580 万元，占地面积 18906 平方米。兴达公司技术力量雄厚，现有职工人数 228 人，其中专业技术人员 54 人，技工 156 人。公司下设 2 个钢制品车间、2 个木制品车间、1 个精坯成形车间，拥有全自动流水线静电喷塑等各种现代化设备 30 多（台）套，是全县第一家实现校具产品出口的企业。2015 年实现营业收入 9000 万元，创利税 880 万元。

四、2015 年发展大事记

自 2011 年南城县换届后，新领导班子把校具作为全县特色重点产业之一，研究制定了《关于南城县校具产业发展的实施意见》等方案，从项目投资入园额度、厂房容积率、亩均税收、创品牌奖励、内部管理与帮扶等多方面出台政策。

2015 年 9 月获中国家具协会授予南城县为“中国校具生产基地”称号；株良镇新创建的校具加工小微企业创业园已落户校具企业 36 家，获江西省中小企业局授予的“省级小微企业创业园”称号；获得专利 18 个，省著名商标及名牌产品各 5 个；兴发校具等多家企业与省出口公司、或通过与其他企业合作，已成功将校具销往非洲等有关国家；原外出办厂的、外出务工人员纷纷回乡办厂。2016 年，有 20 余名返乡人员找到有关单位要求回乡投资落户办厂。

株良镇校具产业的发展，带动了紧邻乡镇校具产业的发展，如新丰街镇也新建了小微企业创业园，目前已落户企业 10 家；而紧邻的里塔镇积极与株良镇产业配套，大量生产校具的零配件；产品的品种不断增多，校具企业根据大学、中学、小学学生特点，新开发了大学生宿舍用的组合柜、可高低调节的课桌、一桌多用的课桌、学生用的体育器材、无粉尘电光黑板等，生产过程中喷漆实现了全自动化，整个生产过程实现了半自动化；南城县校具纳入江西省政府采购目录，得到了省有关部门的高度认可。

五、发展规划

（一）打造一个千亩校具产业基地

在现有以株良镇校具为中心区域的基础上，沿 206 国道规划面积 66.7 公顷，主要用于落户校具加工企业及相关配套企业。其中，拟建面积为 33.3 公顷的校具加工示范园，用于承接一些投入大、技术含量高、产品档次高、用地节约的大项目，实现南城县校具产业大提升；另拟建面积 13.3 公顷的校具市场，以集聚全国各地的校具产品来南城销售，打造全国最大的校具销售总汇。

（二）打造一批校具精品

在现有省著名商标、省名牌产品的基础上，重点扶持一批校具企业创优产品品牌，提升产品质量，引导企业实现高、中档差异化发展。

（三）走出国门实现出口创汇

南城校具已进入了非洲市场，出口创汇有了突破。要在此基础上，参加各类家具国际展览会，让南城校具走出国门。通过与进出口公司的合作，多渠道把南城县的课桌推向亚洲、欧洲、美洲等世界各地。

校具生产场景

中国软体家具产业基地——周村

一、基本概况

（一）地区概况

周村，素有“天下第一村”之称，是著名的鲁商发源地。区域总面积216平方千米，人口29万，辖5个镇、5个街道、1个省级经济开发区、257个行政村（居），是一座历史悠久又充满活力的现代化工商业城市。周村地处鲁中腹地，是连接省会经济圈和半岛城市经济圈的重要枢纽，同时也处在京沪、京福快速通道的辐射半径范围之内，西距省会济南100千米，距济南空港80千米，东至青岛220千米，到青岛海港、空港均在3小时车程范围。北到天津、北京分别为300千米、360千米，南到南京、上海、杭州分别为630千米、860千米、875千米。境内有胶济铁路、国道309、国道205、济青高速、滨莱高速以及102、325、246三条省道，周村区公路通车里程达311千米。

（二）行业概况

周村区家具产业自20世纪90年代，逐步由小到大，由散到聚，发展成为全区的支柱产业和富民产业。

机构设置　2015年3月27日成立了淄博市周村区家具产业联合会。周村区家具产业联合会的成立，将为周村家具产业集群的发展注入新的动力和活力。

产业配套　区内已建成凤阳家具商场、胜利家具市场、明珠家具商场、国际家具会展中心、红星美凯龙家居商场、全球家居会展中心、五洲国际家具广场、金周沙发材料市场等14个家具及家具原辅材料商场（市场）组成的产业集群，先后被评为“山东省30强市场”和“中国家具行业十大商品交易市场”。

企业产品　涵盖软体家具、实木家具、客厅（小件）家具、家具原材料等30余类、千余品种，生产的家具等商品辐射到江苏、河北等30余省市和地区，成为周村区重要的富民产业。

行业影响　2015年12月，中国家具协会同意共建“中国软体家具产业基地”。

（三）公共平台建设情况

职业培训平台　依托山东轻工职业学院、淄博市职业学院等院校，定向为基地企业培养输送职业人才，每年可为基地培训各类人才1500余人次。

电子商务平台　集中建设了方达电子商务园、淄博家具村电子商城、福王电子商务园等电商平台等项目，从事家具电商超过150家，家具电商在周村区得到蓬勃发展。

二、品牌发展及重点企业情况

山东省家具行业品牌建设示范企业十强中，周村区独占三席。山东凤阳集团为中国家具协会副理事长单位，山东凤阳集团股份有限公司、山东福王家具有限公司、山东蓝天家具有限公司为山东省家具协会副会长单位。以上三家企业还获评“创建山东省优质产品生产基地龙头骨干企业”。目前，周村区已形成以原材料供应、家具生产、展销、教育培训、物流配送、电子商务于一体的家具产业集群，上下游关联企业达到4000家，从业人数超过5万人，产值达到150亿元，成为江北最大的软体家具生产基地。

近年来周村家具产业升级步伐加快，涌现出凤阳、蓝天、福王、仇潍、升霞等5件中国驰名商标，久久、鸿嘉、腾飞、舒愿等8件山东省著名商标。软体企业代表主要有凤阳、福王、蓝天、艺隆、鑫尼斯、信意、盛娜、康林、布神、西夏公主、亨泰、傲丽居、枚萱、正泰等，原辅材料企业主要有华业无纺布、恒富金属、豪艺椰棕、同泰棉业、华达布艺等。

（一）重点企业

凤阳集团　是中国软体家具大型骨干企业、中国驰名商标，生产能力为年产床垫 20 万件，年实现销售收入 28 亿元。

福王家具　中国驰名商标，山东省家具行业综合实力前五位的中型企业。生产能力为年产家具 12 万件，年实现收入 26 亿元。

蓝天家具　国内最大的高档软体家居专业制造商之一，中国驰名商标，生产能力为年产家具 10 万件，年实现销售收入 25 亿元。

伊斯特家具　山东名牌、中国驰名商标，生产能力为年产家具 8000 余件，年实现销售收入 6000 余万元。

美迪雅家具　山东名牌、中国驰名商标，生产能力为年产家具 3000 余件，年实现销售收入 1500 万。

（二）重点项目

胜利沙发家具市场　由周村区丝绸路街道胜利社区投资建设，位于 309 国道南侧，交通便利、区位优势明显。目前已有市场营业面积 15 万平方米，入驻经营业户 1000 余家，发展成为集生产加工、销售经营、仓储物流于一体的大型综合性家具贸易中心。

胜利家居材料批发城　是由周村区丝绸路街道胜利社区投资 7000 万元建成的市场营业面积 6 万平方米的家具材料批发市场。

山东凤阳家具商场　位于山东省淄博市周村区 309 国道沙发市场，经营面积 1.7 万余平方米，入驻品牌 110 家。

盛和国际家居博览中心　位于山东省淄博市周村区 309 国道家具市场东首，地理位置优越，总经营面积 6.8 万平方米。

国际家居会展中心　位于山东省淄博市周村区 309 国道沙家具市场，经营面积 2 万余平方米，分上下两层，入住商户 80 余家。

明珠国际家居会展中心　位于山东省淄博市周村区 309 国道沙家具市场，经营面积 1.8 万余平方米，分上下两层，入住商户 90 余家。

红星美凯龙　由淄博加美商业发展有限公司投资 12 亿打造的 23 万平方米品牌家居交易基地，位于周村家居市场核心位置、经营氛围浓厚。商场建筑面积 5 万余平方米，分地下一层、地上五层，采用红星美凯龙第七代商场模式、气势恢宏。

全球家居会展中心　是由山东凯宇集团与红星美凯龙合资成立的淄博加美商业发展有限公司投资 12 亿打造的 23 万平方米品牌家居交易基地，是市政府重点工程。项目占地 6 万多平方米，共分为两期开发。一期总面积 12.4 万平方米，在整体建筑内分为 A、B 两个区，A 区 7.2 万平方米，B 区 5.2 万平方米，红星美凯龙商场独立运营。

山东五洲国际家居博览城　位于淄博市周村区正阳路西、309 国道南，占地 333.85 亩。规划建设主体建筑面积 39 万平方米，计划总投资 30 亿元人民币。主体工程为两栋 4 层精品馆，面积 10 余万平方米；专业街铺 2000 余套，13 余万平方米；其余建筑为配套商业街、酒店、住宅、仓储物流中心、地下停车场等。

金周沙发材料市场　市场占地面积 9 万平方米，营业面积 6 万平方米，拥有经营商户 500 余户。

三、2015 年发展大事记

3 月 27 日，成立淄博市周村区家具产业联合会；4 月 10 日，举办周村区家具产业联合会揭牌大会；4 月 17 日，会员企业抱团参加第 12 届青岛国际家具展；4 月 27 日，会员企业与淄博职业学院开展校企合作、召开供需见面会；8 月 6 ~ 10 日，举办“首届周村家具金秋采购节”，来自全国 12 个省（市、自治区）的近 3000 名采购商参与了展会，展会期间合同销售达 8000 余万元；9 月 8 日，会员企业抱团参加第 21 届国际家具展；11 月 30 日，会员企业赴广州参加品牌设计战略培训；12 月 14 日，参加中国家具协会第六次会员代表大会，中国家具协会同意与周村共建“中国软体家具产业基地”，并举行了授牌仪式。12 月 22 日，决定举办“福王杯”第二届周村家具采购节暨家具原辅材料展。

中国家具制造重镇、中国家具材料之都——龙江

一、基本概况

（一）产业概况

龙江镇是中国现代家具产业集群制造的发源地。起源于20世纪70年代的龙江镇，凭借改革开放、区域经济的发展及地理优势，经过30多年的产业培育和发展，形成了以家具制造为龙头，集产品开发、材料交易、涂料生产、木工机械、五金配套、家具商贸和第三产业为一体的中国乃至全球最大、最为完善的产业链，赢得了“中国家具制造重镇”、“中国家具材料之都”、“中国塑料建材产业之都”、“中国家具电子商务之都”和“国家家具电子商务示范基地”等国家级产业盛誉。紧紧依托一年两届的“龙家展”和“亚洲国际材料展”，吸引数以万计海内外客商，孵化并成就了龙江家具、建材产业的辉煌与经济繁荣。

（二）企业概况

龙江的家具企业以中小企业为主。据不完全统计，截止2015年12月，扎根龙江镇的家具企业超过3000家，原辅材料制造企业与销售商户超过3000家，从事家具制造及相关行业的从业人员达10多万人，制造产值超过200亿元，材料交易产值超过400亿元。目前，全镇制造业工商登记在册企业5764间，其中家具制造企业4263间，占比为74%，实际经营家具制造企业2400多家，占用各类土地资源约400公顷，亩产值约305万元。

（三）家具电商

据龙江镇家具电子商务协会统计，龙江镇共聚集1000多家家具成品类私人网店、商城及旗舰店，由龙江制造的家具约占全网40%，无论在全省乃至全国都占有绝对优势。镇内家具电子商务企业主要包括：纯贸易性质的电商公司、工厂与电商团队共建的电商公司、工厂自营网络销售、摄影工作室、提供美工和店铺托管等服务的代运营公司、物流服务平台。另外，迈购、中品家博、易事麦、乌托家、家装360等一批针对家居自建平台发展迅速。

（四）家具产业链

龙江家具业经历了30余年的发展，在家具制造、家具材料、家具电商、家具设计、家具知识产权等方面都有了协会和第三方服务平台，形成了上至原材料供应，下至仓储、物流，配套如会展、家居设计、电子商务等服务业的整条家具产业链。

二、经济运行情况

龙江家具业经过30多年的发展，荣获了“中国家具制造重镇”、“中国家具材料之都”、“中国塑料建材产业之都”等称号，现有家具制造企业2800多家，销售额达到194.4亿元；家具材料销售企业3000多家，拥有8大家具原辅材料专业市场，已经形成家具设计、制造、会展、物流配送等环节完备、配套完整的产业链。据统计，2015年，全镇完成工业产值637.9亿元，增长8.1%；税收实际入库（不含调库收入）17.4亿元，增长2.1%。同时，龙江的家具电子商务近年来也有长足发展、渐成规模，已经聚集1000多家家具成品类私人网站、商城及旗舰店，电子商务特色产业园逐渐成形。根据2015年第二季度天猫家具类目数据，龙江镇家具电子商务销量占全国的21.4%。龙江镇家具行业详细发展情况如下表所示。

2011 ~ 2015 年龙江镇家具行业发展情况汇总

主要指标	2015 年	2014 年	2013 年	2012 年	2011 年
企业数量	2280	2806	2171	1535	1128
规模以上企业数量	82	86	76	81	87
工业总产值（万元）	2564450	1944305	1832583	1692430	1665031
规模以上企业工业总产值（万元）	786697	653697	582587	500865	693142
出口值（万美元）	1880	1620	1510	1420	1410
内销（万元）	2056110	1924620	1815203	1672505	1645026
产量（万件）	442	386	353	320	302

三、2015 年发展大事记

（一）家具产业转型升级

从 2014 年底起，龙江镇开展为期 5 年的家具行业整治提升工作，对不符合安全生产、消防安全、环保要求等标准的企业实行整治工作；实施 6 大战略全面提升全镇家具产业。经过一系列的工作实施，通过各职能部门互相配合、全方位深入整治，三联工业区试点整治提升工作已取得了阶段性成果。整治后园区内企业在环境保护、安全生产、消防安全方面取得明显成效。龙江镇 6 大战略中的电商促进战略、服务升级战略等都取得重大突破，家具行业整治提升为全镇的产业转型升级打下了坚实基础。

（二）龙城国际家居创意小企业基地获评“省级小企业创业基地”

2015 年 4 月 16 日，区经科局召开顺德区小企业创业基地工作会议，会上正式对龙城国际家居创意小企业获评“广东省小企业创业基地”称号进行授牌。该小企业基地成立于 2007 年 4 月，首期 6.9 万平方米已投入运营，目前已引进 223 家与家居创意和自主创业为主的小企业，包括家具材料、家具设计、展厅设计、软装设计、家具饰品、电子商务等。着力帮助小企业解决创业门槛高、融资难、场地少、技术人才缺乏等一系列问题，进一步促使龙江家具产业从自主生产向自主设计、自创品牌、自主技术创新转变。

（三）四方共建中国·龙江家具（材料）交易平台

实现家具产业转型升级，需加快包括交易平台在内的第三方公共服务体系的建设，龙江镇作为中国家具材料之都，具有导入新业态的规划优势。搭建家具第三方交易公共服务体系，有利于进一步完善家具行业产业链的形成和融合发展，提高家具产品的流动性和融资能力，降低交易成本，实现传统经销商向现代交易商、传统铺位经济向现代席位经济模式的转型升级。为此，佛山市顺德区诚顺资产管理有限公司、佛山市顺德区龙江镇兆江科技投资有限公司、佛山市顺德区汇聚投资有限公司、广州商品交易所四方合作共建中国·龙江家具（材料）交易平台，力促产业转型升级。

中国办公家具产业基地——杭州

一、基本概况

杭州家具行业以办公家具、户外家具和软体家具等制造为主，家具辅料材料、五金和木工机械等相配套的各类产品，尤其是办公家具，其产品无论是研发设计、工艺制作和品牌建设，在国内外同类产品中均具有较高的行业知名度和市场占有率。

杭州市有家具企业和公司近1128家，杭州家具业年销售额超过2000万元规模以上的企业约258余家，同时相关的板材、涂料、五金配件、木工机械、胶料等家具配套企业近100余家，民营企业占到95%以上。全市有6家企业荣获中国驰名商标，3家企业荣获中国名牌荣誉称号，7家企业荣获浙江省名牌，3家企业荣获浙江省著名商标荣誉称号，20家企业荣获杭州市名牌或杭州市著名商标。主要企业有顾家工艺、圣奥、荣业、春光、金鹭、德昌、中泰、帝龙等。国家级技术中心1家、省级技术中心3家、市级技术中心5家。

杭州办公家具产业基础较好，产品特色明显，创新能力较强，品牌建设结硕果，产品结构调整速度加快，企业核心竞争力进一步增强，产品研发力度大，会展大奖不断，家具产业链初步形成，配套企业逐步完善，质量与环保意识进一步增强。经过近几年的市场及企业发展，本地产业集群在国内产生一定影响力，龙头骨干企业在国际国内展现其领先地位，带动一批企业形成专业化生产氛围，并进步显著，产业链进一步完善。

二、经济运营情况

2015年杭州市规模以上企业(94家)完成工业总产值156.16亿元，同比增长5.68%；家具产量3572.71万件，同比下降3.3%；工业利润总额23.10亿元，同比增长66.41.28%；工业利税总额28.01亿元，同比增长50.54%；出口交货值61.95亿元，同比增长1.1%。预计全市900多家企业全年将完成工业总产值近250亿元，1～11月杭州市（含省级公司）出口家具及其零部件15.12亿美元，同比增长3.5%。

三、政策导向

杭州市政府于2015年5月为认真贯彻落实省政府关于加快发展时尚产业的部署，培育时尚产业知名企业和品牌，省时尚办牵头制定了《浙江省时尚产业第一批重点培育企业、品牌试点工作实施意见》，将大力发展时尚服装服饰业、时尚皮革制品业、时尚家居和休闲用品业、珠宝首饰与化妆品业和时尚消费电子产业等五大领域，家具行业作为其中一大产业之一，市政府将对本行业加大其整体品牌推广宣传、产业转型升级、重点企业培育、专项资金补助、与高校创建培训研发机构、市场资金融资等方面提供政策扶持。

中国西南家具产业基地——新都

一、基本概况

新都是成都市的新型卫星城和北部交通门户，是四川省现代制造业和现代商贸业的重要承载地，也是成都传统的木作之乡，有着悠久的家具制造历史．新都家具企业已达600余家，从业人员20余万，产品涵盖酒店办公、民用卧房、软体沙发和别墅定制等家具门类，培育出好风景、好迪、帝标、浪度、阳光林森、喜洋洋、天骄等众多中国知名品牌，行业内有“西部家具在成都，成都家具半新都”一说。

2006年，经成都市政府批准成立，占地6平方千米的成都家具产业园落户新都。成都家具产业园是推动西部家具产业集中集群发展的基地和承接东部沿海家具产业扩张的重要载体，园区的设置不仅为成都家具产业向集中、集约、集群发展拓展了空间，也为家具企业提档升级、增强核心竞争力以及引导单一的家具制造向家居展示展销和商贸流通提供了平台。经过多年的建设，园区规划的3000亩家具制造区已全面建成，规划的家居商贸区重在突出项目之间的错位竞争优势。现已有香江全球家居CBD、中润欧洲城家居小镇、家和家园国际家居商城、爱灯堡西部灯饰采购中心等四个项目、80余万平方米建成投运，大煌宫灯饰商城和家百年家纺布艺商城也正在加紧建设。区域家居产业集群效应已初步形成。

二、经济运营情况

截止2015年12月30日，成都家具产业园园区生产型企业数量为70个，规模以上企业数量为62个，2015年全年工业总产值达到183亿元，主营业务收入达180亿元，出口值约500万美元；流通型商贸企业2015年商场销售总面积达120万平方米，入住品牌数量约1600个，全年销售额达21亿元。

表1　2011～2015年成都家具产业园发展情况汇总表（生产企业）

主要指标	2015年	2014年	2013年	2012年	2011年
企业数量	70	70	70	65	65
规模以上企业数量	62	57	54	49	45
工业总产值（亿元）	183	162	143	120	89
主营业务收入（亿元）	180	157	139	112	85
出口值（万美元）	500	0	0	0	0
内销（亿元）	182.675	162	143	120	89
家具产量（万件）	610	540	477	400	297

表 2 2011 ～ 2015 年成都家具产业园发展情况汇总表（流通市场）

主要指标	2015 年	2014 年	2013 年	2012 年	2011 年
商场销售总面积（万平方米）	120	80	44	20	8
商场数量（个）	4	4	3	2	1
入驻品牌数量（个）	1600	1500	1000	600	200
销售额（亿元）	21	13	6	4	2
家具销量（万件）	70	43	20	13	7

表 3 2011 ～ 2015 年成都家具产业园发展情况汇总表（产业园）

主要指标	2015 年	2014 年	2013 年	2012 年	2011 年
园区规划面积（万平方米）	600	600	600	600	600
已投产面积（万平方米）	450	450	400	300	280
入驻企业数量（个）	80	80	80	75	75
工业总产值（亿元）	183	162	143	120	89
主营业务收入（亿元）	180	157	139	112	85
出口值（万美元）	500	0	0	0	0
内销（亿元）	182.675	162	143	120	89
家具产量（万件）	610	540	477	400	297

三、品牌发展及重点企业情况

成都家具产业园现已形成家具制造、商贸展示和配套服务 3 个大板块。从园区目前的企业分布可以看出，在家具品类方面，既有以实木套房为主的企业，也有以软体家具为主打的品牌，在商贸格局上更注重上下游链条的重建，既有全国连锁卖场，也有区域强势终端，还有下游的灯具、布艺、陶瓷等品类的专业卖场。专业原辅材料卖场更是进一步完善了园区的产业生态链。

中国新繁家居博览城是成都家具产业园倾力打造的区域品牌，过去几年主要通过联合园区家居商贸项目、统筹品牌优势，不断强化区域品牌的影响力和知名度。2014 ～ 2015 年，成都家具产业园更是携区域品牌——中国新繁家居博览城相继参加了第十五届、十六届成都国际家具展，成为了成都家具展历史上首次以区域形象参展的园区，并在 2015 年成功亮相第二十一届中国国际家具展。通过两年的参展，中国新繁家居博览城大幅度地提升了在业内人士和消费者中的影响力和知名度。

园区主要制造企业有好迪、帝标、阳光林森、金虎、派尼尔等 70 余家优秀家具企业。商贸区已建成投运香江全球家居 CBD、家和家园国际家居商城、中润欧洲城、爱灯堡西部灯饰采购中心等专业家具、灯具商城。

成都好迪家私有限公司 公司始建于1999 年，是一家集规划、开发、出产、销售于一体的综合性大型家具公司。总部基地现已开展为占地 700 余亩，已建成高标准的现代化家私工业园，完善的家具产业链，相对完备的家具样式是其最大的特征。

成都帝标家具制造有限公司 公司成立于2003 年 3 月，目前拥有员工千余人，终端专卖店1000 多家，遍布全国 30 多个省份及自治区，产品涵盖沙发、软床、套房等 12 个产品系列、1000 多种产品款式，连续多年畅销全国，并远销欧美、东南亚等二十多个国家和地区。

四川省成都市金虎家俱有限公司 公司始建于

1989年，建筑面积达51万平方米，是一家集专业设计、制造、销售民用卧房家具产品、拥有自主知识产权和多项专利技术的现代化大型企业。金虎家具在业内率先引进了全套意大利、德国等具有世界一流水准的高端生产设备，拥有配套完善的物流渠道与市场销售网络。

香江全球家居CBD　公司创建于1990年，占地1300亩，产业包括家居流通、房地产开发。是由四川省成都市人民政府、新都区人民政府、全国家具装饰业商会、香江集团共同打造的家居批发交易集散。成都市政府授予本项目“成都市重大产业化项目”、“广东家具外销转内销西南基地”、“成都中调规划家具行业承接地”等殊荣。

四、2015年发展大事记

3月7～8日，“2015西南家具人才专项招聘会”在成都家具产业园举行。据统计此次招聘会现场共有157家家具企业设立招聘展位，提供包括家具生产、销售、管理等各类工作岗位3000余个，招聘会两天共吸引了20000余名家具专业人才前来应聘求职，现场与求职者达成用工意向协议的岗位约9700个，占总数的48.5%。

5月15日，由中国家具协会主办、成都家具产业园管理委员会承办的“新繁杯”金斧奖中国家居设计大赛作品评审活动在成都落下帷幕。

5月21～24日，第十三届哈萨克斯坦－中国商品展览会在哈萨克斯坦阿拉木图举行，展会总规模8000平方米，新都家具企业抱团参展。期间，还举办了“中国（四川）－中亚（哈萨克斯坦）企业经贸对接洽谈会暨四川省成都市新都区优势产业推介会”，新都区家具协会在哈萨克斯坦投资设立办事处，将优质的家居产品介绍到哈萨克斯坦，搭建供需之间的桥梁，实现共同发展。

7月3～6日，中国新繁家博城联合中国家具协会、成都传媒集团、四川省家具进出口商会，参加第十六届成都国际家具展，以“创想未来•家”为参展主题，以“一展两会”为核心，进行区域品牌营销推广。

11月13～22日，由中国家具协会主办、成都家具产业园管理委员会承办的第三届中国西南家居博览会暨新繁家居购物节在中国新繁家居博览城举办。

五、发展规划

成都家具产业园将围绕“企业做强、产业做优、区域做活”三条主线，突出“中国新繁家居博览城”这一区域品牌，并结合新繁镇被列为全国小城市建设试点的契机，加快产业转型升级和区域联动发展，以区域的大发展来促进产业的大提升。

一是进一步调整优化园区的规划布局，按照“产城一体”的发展理念，突出园区对新繁小城市建设的产业支撑作用，将园区的产业规划、城市形态以及配套建设等放到区域整体规划建设上来，相互带动，共同发展。同时，在规划优化当中适应形势，突出商机和人气的聚集，主动调减商贸市场规模，拓展产业公建配套以及城市公共设施功能，以更有利于商贸市场的建成投运，加快产业集群效应的发挥。

二是突出高水平加快发展主题，不断推进制造企业转型升级的步伐。从政策、资金以及服务等方面引导和促进企业提档升级，重点支持帝标、阳光林森、金虎等企业做大做强，加快发展。同时，重点支持区域内品牌优、市场占有率高、对园区企业有强力带动作用的成长型企业加快发展。尽快培育家具制造龙头企业，依次推动园区制造水平的整体提升。

三是加大区域推广和功能完善，提振商贸项目发展信心。未来进一步加强区域品牌“中国新繁家居博览城”的营销推广力度，通过策划重大行业活动、组织开展国内国际商贸交流，对外开展品牌展示展览等活动，全面开展区域品牌营销。同时，由政府牵头组织对园区配套的家居文化创意中心、餐饮酒店、旅游休闲、文博会展、研发服务等配套短板项目进行梳理并加快投资建设步伐，不断完善区域的综合服务功能。

07/行业展会

INDUSTRY EXHIBITION

2015年3月29日，国务院《关于进一步促进展览业改革发展的若干意见》发布，这是国务院首次全面系统地提出展览业发展的战略目标和主要任务，并对进一步促进展览业改革发展作出全面部署。我国家具展览会将紧跟国家政策导向，顺应国情、因地发展。本篇开篇的《2015全国家具展览会发展现状报告》，针对性地分析了我国家具展览会的发展现状，阐述了家具展览会在行业发展方面的作用，介绍了各大展会主办单位情况、对展会未来发展提出了建议。此外，本篇还收录了2015年举办的31个国内重点家具展会和42个国际知名家具展会的基本情况信息，对国内外行业展会进行了梳理归纳；重点介绍了中国国际家具展、中国（广州/上海）国际家具博览会以及中国沈阳国际家具博览会三大展会在2015年的展会情况。

2015 全国家具展览会发展现状报告

2015 年 3 月 29 日，国务院《关于进一步促进展览业改革发展的若干意见》发布。经过全行业的共同努力，我国家具行业创造了举世瞩目的成绩。2015 年，我国规上家具企业主营业务收入达 7872.50 亿元，家具总产值占世界家具总产值的四分之一以上；家具出口 542.83 亿美元，成为世界第一大出口国。当前，中国家具行业面临着经济下行的压力，行业已经由高速增长变为低速增长，需要全行业共同努力，实现行业转型升级，不断提高质量效益，促进行业科技技术进步，加快家具行业的工业化、信息化，两化融合过程，保证行业健康、持续、快速发展。

我国的全国性和地方性家具展览会经过 20 年的发展，已经成为家具行业订货贸易、信息交流、新品发布以及品牌建设的重要平台。许多家具企业通过展览会提高企业的知名度，家具行业通过展览会得到了长足发展，特别是为我国家具出口，外商订货，国内家具流通提供条件，展览会在我国家具行业发展中的作用日益凸显。

一、我国家具行业展览会现状

我国家具展览业具有强大的竞争力，中国是家具制造业大国，家具行业经过多年的发展形成了很强的生产能力。随着家具产业的转移，国外的市场对中国家具有一定的依赖性，我国自 2006 年首次超过意大利成为世界家具出口第一大国之后，家具出口一直稳居第一，和外商建立了强有力的渠道联系。国内企业以及国外参展商争相参加展览会，在产业中形成了一种良好势头。我国家具展览会已形成一定规模和市场格局。

我国家具展览会由国际性、全国性、地方性和市场结合的各类家具展览会组成。全国年家具展览会总面积超过 250 万平方米，已经成为世界最大的家具展览市场。

（一）全国各大主要展会概况

国内最具影响力的，在国际上也有很强竞争力的展会是由中国家具协会作为主办单位之一的中国国际家具博览会（上海）和中国（广州）国际家具博览会。

中国国际家具博览会（已举办 20 届）由中国家具协会和上海博华国际展览有限公司合力主办，以展览为突破口发展行业，经过 20 年的磨练，中国国际家具展已经成为行业的一个典范。2014 年中国国际家具展览会面积 35 万平方米，参展商 2685 家。国外参展商主要来自美国、加拿大、俄罗斯、意大利、日本等 45 个国家和地区，其中有来自美国等七个国家和地区的九大展团参展。经过不断努力，上海展在国际上享有很好声誉。

中国（广州）国际家具博览会（已举办 35 届）享有“中国家具行业的晴雨表”美誉，在行业内拥有巨大的影响力和号召力，主办单位坚持致力于打造全球最具价值的家具与家居行业贸易平台，为行业提供最广泛的合作与贸易空间。2015 年 3 月展会面积 68 万平方米，有来自全球 30 多个国家 3800 多家品牌企业参展。展览内容包括民用家具、家居饰品、家纺布艺、户外家居及休闲用品、办公家具、酒店家具、公共家具、家具生产设备及配料等。2015 年又将 9 月展览会移师上海虹桥国家展览中心，呈现上海有世界最大的家具展览会盛事。

除去上海、广州两大展会之外，深圳国际家具展（已举办 30 届）是国内首个以设计为导向的、高端的家具专业贸易平台，引领国内家居流行趋势风向和生活方式。2015 深圳国际家具展以“视界所达，设计所至”为主题，展会面积 16 万平方米，设置高端奢华订制家具馆、工程订制馆，全屋订制家具馆、儿童家具馆、实木都市馆、原创个性家具馆等，此次展会汇集了国际和国内的数千家展商以及知名设计师代表。

国际名家具（东莞）展览会（已举办 33 届）由东莞市人民政府主办，东莞名家具俱乐部承办。该家具展是全球展览面积最大，国内订货非常重要的平台。2015 年第 33 届东莞展启用 10 座展馆，面积达 77 万平方米，吸引 1306 家参展商。展会推出以出口为导向的国际馆，吸引美国、日本等国家的家具品牌参展商的加入，使得东莞展由一个国内本土家具展览逐步变成国际展览。另外，展会九号馆实现展贸一体化，各品牌产品也做了调整，整体档次提升。

成都家具展举办 16 届，成为国内西部最大的家具展览会，展会以四川当地企业产品为主，成为国内家具订货、西部家具行业与东部交流的平台，展会规模逐年扩大，内地参加展会的企业逐年增多。2014 年成都展首次实现一展两期，拥有 9 个专业展馆、4 个室外展区，展出总面积超过 12 万平方米，参展企业 900 多家，展位突破 6500 多个，展会达成购销协议超过 100 多亿元，成为一个综合型国际展会。

（二）地方性展会迅速发展

青岛展（12 届）、苏州展（7 届）、龙家具展（29 届）、哈尔滨国际家具暨木工机械展览会（12 届）、哈尔滨国际家具展览会（3 届）、沈阳展（3 届）、大连展（20 届）、天津展（2 届）、武汉展（1 届）、石家庄展（4 届）、郑州展（5 届）、西安展（13 届）、福州展（4 届）、宁波展（20 届）、中山红木展（14 届）、义乌展（3 届），这些展会在发展中为本地区和周边省区家具企业提供展示机会，展会规模在 5 万～10 万平方米，有逐年扩大的趋势，得到地方政府的支持，这些展会基本上是以地方家具协会为主办单位。这些区域性家具展会为本地区家具销售，为拓展区域品牌起了很大作用。

（三）各类型展贸一体展会蓬勃发展

在国内还有很多以家具卖场为主的展贸展示会。如香河家具文化节、正定家具订货会、胜芳家具展示会、东阳红木经销商大会、南康家具展览会、龙江家具材料展览会、中国西南家具博览会、八益家居文化节等。展贸一体的博览会形成有利于行业内订货和区域性交流活动的开展。

家具展览会经过多年的积累，展览水平不断提升，许多展览会不断完善展览内容，以家具展为主体，发展原辅材料展、软装饰品展、木工机械展等。展览规模增大，展馆面积扩张，展览时间增长，由一期变成两期。布展水平有很大提升，特殊装修的展位比例逐年提高，展位设计侧面体现家具企业实力，展示品牌形象，大型家具展上的特装展位已达到 90% 以上。产品水平提高，展会是家具企业新品发布的平台，代表了企业的最高水平。近年，家具展会推动产品设计水平的提升，效果明显。参展企业国际化，很多大型家具展览会引进国际品牌，外国展商数量也逐年递增。观展中的专业观众及国外观众人数比例不断增加。

二、家具展览会在行业发展方面的作用

（一）家具展览会是品牌推广、新品发布、业务贸易的平台

家具展览会的举办，为企业提供了品牌展示，新产品发布，发展订货商的平台。许多企业通过参加展览会，获得大批国内、外订单，成为出口重点企业。许多产业集群通过展览会展示当地产品形象，为区域品牌拓展起了重大作用。家具企业订货量的增加，说明展会上的企业获得了经济效益。很多新产品设计通过展会得到推广。新技术、新材料都通过展会得到应用。大型家具展览会的参展商来自全国甚至世界各地，家具代理商能够迅速找到适合代理的产品。

（二）展览会是产业链配套的平台

大部分家具展览会涵盖成品家具、木工机械、原辅材料、配品配件、家居设计等，是家具行业全产业链的展示。通过家具展览会，任何企业都能找到对应的配套供应，促进了家具上下游产业的结合，这对全产业链协调发展具有深刻的意义。比

如，在展会上做沙发布的企业就与沙发企业实现了上下游产业的对接。

（三）家具展览会是国际交流和家具出口的平台

家具展览会推动中国家具业“国际化发展，引进来，走出去”，主办方在引进国外家具企业参展和邀请国外采购商观展做了很多努力，取得了很好的效果。通过这个展览平台，生产企业和经销商能够达成一种比较集中、有效的沟通，促使供求信息实现良性互通，拓展和整合销售渠道。国外企业通过参展来进入中国家具市场，国外采购商采购中国家具产品，促进了我国家具出口的快速增长。

（四）展览会是行业信息发布交流的平台

家具展览会上会举办各类论坛会议活动，这些活动有的是具有行业前瞻性的，有的是行业总结性的，是许多业内专家、组织多年的经验交流，具有很强的指导作用。世界各国的协会商会也利用展会期间在中国召开各种推介会，进行贸易洽谈。

（五）展览会是推动设计水平提高的平台

家具展览会极大促进了家具设计水平的提高。许多家具展览会非常重视设计工作，大多数展会在展出期间开展设计评比和推出新设计产品。展会设立设计馆，展示设计师的设计作品，能够极大地提升设计师参展的动力和信心。设计馆的规模逐年增大，分为原创设计馆和品牌设计馆，吸引了许多致力于原创家具品牌的设计师和家具人的加入。另外，大型展会聘请业内专家进行评审，并为优秀的产品设计和展位设计颁奖。无论是面向专业家具人还是面向院校师生，都能有力地推动行业设计水平的提升，这对家具人才的提拔和培养具有重大意义。

（六）展览会是行业组织活动的平台

我国家具展览会的举办为家具行业协会的发展提供了机会，各地家具协会通过举办和协办家具展览会促进了与企业之间的交流。在展会期间召开行业会议，团结广大会员共同进步。另外，很多协会通过办展取得协会活动的资金，保证协会的生存与发展。

三、主办单位情况

中国家具协会，各省、市家具协会成为各地展会的主办单位，大型的展览公司实际操作，是中国家具展览会的主要组织方式，家具行业协会是家具展览会的创始单位和重要组织单位。中国家具协会是中国家具行业家具展览会的创办单位，现在仍然主办的家具展览会有中国国际家具博览会（上海）、中国（广州）国际家居博览会（春季展）和中国沈阳家具博览会，一直以来为家具展览会倾注大量心血，中国家具协会主办的家具展览会已经成为行业的典范，家具展览会也有力地推动了中国家具行业的发展。省、市家具协会、商会在家具展览会的组织和主办中的作用越来越大，能有效运用自身的资源，为展览会的组织和服务发挥越来越大的作用。

四、学习贯彻国务院《关于进一步促进展览业改革发展的若干意见》的体会

（一）办展指导思想

坚持专业化、国际化、品牌化、信息化办展方向，倡导低碳环保绿色理念，培育壮大市场主体，加快家具展览的转型升级，更好地服务于家具行业的发展，服务于国民经济和社会发展的全局。

（二）坚持科学发展

统筹全国展馆展会布局和区域展览业发展，科学界定展览场馆和展览会的公益性和竞争性，充分调动各方面积极性，营造协同互补、互利共赢的发展环境。

遵循展览业发展规律，借鉴国际有益经验，共建公开公平、开放透明的市场规则，实现行业持续健康发展。充分发挥市场在资源配置中的决定性作用，更好发挥政府作用，积极推进展览业市场化进程。

（三）加快信息化进程

认真分析行业数据，紧跟国家改革和市场调整步伐，运用电子商务、互联网营销等信息化手段，促进展览会的进步与发展。展览会应引导企业运用现代信息技术，开展服务创新、管理创新、市场创新和商业模式创新，发展新兴展览业态。举办网络虚拟展览会，形成线上线下有机融合的新模式。推动云计算、大数据、物联网、移动互联等在展览业的应用。

（四）发挥行业协会作用

充分发挥社会化、市场化、专业化、规范运作、独立公正的家具行业协会、商会等行业组织的

作用。开展展览业发展规律和趋势研究，与贸促机构等经贸组织合作，向企业提供经济信息、市场预测、技术指导、法律咨询、人员培训等服务，提高家具展水平。

（五）提升组织水平

鼓励多种所有制企业举办展会，大型骨干展览企业可以通过收购、兼并、控股、参股、联合等形式组建国际展览集团。部分展览企业发展成为具有先进办展理念、管理经验和专业技能的龙头企业，充分发挥示范和带动作用，提升行业核心竞争力。

（六）优化国际交流合作

展览机构通过多种途径与国际知名的展览业组织、行业协会、展览企业等建立合作机制，引进国际知名品牌展会到境内合作办展，提高境内展会的质量和效益。培育境外展览项目，改善境外办展结构，构建多元化、宽领域、高层次的境外参展办展新格局。

五、家具行业展览会未来发展建议

家具展览会有自身特点，在借鉴国务院《关于进一步促进展览业改革发展的若干意见》同时，根据行业特点给出以下建议：

（一）专业化办展

家具企业需要定位，家具展会同样需要定位。随着家具企业招商手段的丰富，以往展会求大、求全的做法将逐渐过时，招商定货的模式也需要与时俱进的加以改进，代表着行业趋势发布、发展水准展示的专业展会或将成为主流。

（二）创新办展模式

展贸一体化是一种很好的创新方式，避免了大量一次性建筑材料的使用，减少了运输和其他费用。这种模式为企业的产品展示、客户接洽等方面带来了便利和改观。企业不但可以在平时将展馆作为店面经营，展会期间还可作为展位的延伸，迅速让客商和消费者深切感受品牌的定位、设计、技术水平以及实力。

（三）努力提升设计

家具展览会经过多年的发展，设计得到了广泛重视和应用，也取得了很大成效。但是我国家具在产品设计中的造型、款式、工艺、色彩，环境设计中的灯光设计等方面与国际水平相比还有较大差距。这方面，家具人还有很长的路要走。

（四）促进行业发展

家具展览会要以行业发展为目标，举办展会的目的是要促进行业进步，促进行业信息交流，提升行业技术水平，形成展会促进行业发展，反之，行业发展促进展会做强做大。

我国家具展览会从无到有，从小到大，经过全行业的努力取得了举世瞩目的成绩，我国的家具展览会已经成为世界上最大最具竞争力的展会。中国的家具展览会依托于中国的巨大消费市场和全球出口第一的国际市场，具有很强的生命力和竞争力，在新形势下展会的作用更加突显。我国家具展览会的发展需要按国务院文件要求，深化改革，科学发展。还要不断创新，发挥各方面优势，组织好各方面力量，共同办好展会，促进行业发展。

2015 国内外家具行业展会汇总

2015 国内家具行业展会一览表

2015 年	展览名称	地点	展会介绍
3月 15～19日	中国（中山）红木家具文化博览会	中山博览中心	该展会每年一届，2015 年该展会主题为“穿越古今、引领时尚”主会场面积 16500 平方米，其中，特装展位 55 个，标准摊位 110 个，中山参展商 40%。
3月 16～20日	第 33 届国际名家具（东莞）展览会	广东现代国际展览中心	该展会每年两届，为期 5 天，2015 年该展会启用 10 座展馆，规模达 77 万平方米，展品涵盖了红木家具、家居饰品、软体家具等。吸引了来自中国近 20 个省市地区及美国、新加坡、意大利、加拿大、马来西亚等国家 1306 家参展商参展，接待来自全球 150 多个国家和地区的 125378 名观众，其中海外买家 11046 名。 官方网址：http://www.3f.net.cn
3月 17～20日	第十九届亚洲国际家具材料博览会（AIFME）	顺德龙江·亚洲国际家具材料交易中心	该展会创办于 2006 年，每年两届，于每年 3 月和 9 月举行。开设 A、B、C 三大展馆，联合亚洲国际家具材料交易中心实体市场分会场，展览规模逾 40 万平方米，形成 1300 多家商家同期展览的盛况，展览范围涉及家具包覆材料、家具五金及配饰、家具基材、办公家具及配件、家具填充及包装材料、家具生产设备、家具材料及配件、家具专用化工材料、家具新材料等，有超过 80000 种家具原辅材料及生产设备同期展出。 官方网址：http://www.aifm.com.cn
3月 17～20日	第 29 届国际龙家具展览会暨 29 届国际龙家具材料展览会	佛山市前进汇展中心	该展会每年两届，2015 年该展览会共有参展企业 430 家，设立了民用展区、办公展区、材料展区、电商对接专区四大展区。吸引来自全球 12 万多名专业买家到会参观采购。
3月 18～22日	第 35 届中国（广州）国际家具博览会——民用家具展	广州琶洲展览中心	该展会始创于 1998 年，每年两届。展区面积 34 万平方米，参展商 1500 多家，吸引来自全球 190 多个国家和地区的 14 万名专业观众到会参观。该展分为九大展区、六大主题展馆。 官方网址：http://www.ciff-gz.com
3月 19～22日	第 30 届深圳国际家具展	深圳国际会展中心	该展会创始于 1996 年，每年一届，是以设计为导向的家具专业贸易平台，引领着国内家居流行趋势风向和生活方式。2015 年该展会主题为“视界所至设计所达”，延续“设计”“创新”两大特色，展馆面积 16 万平方米。 官方网址：http://www.sifechina.cn
3月 20～23日	第八届中国（杭州）国际花园户外家具及休闲用品展览会	杭州市和平国际会展中心	该展创始于 2006 年，2015 年展会展品主要有休闲家具系列、园艺用品系列及户外运动系列，展出面积 26000 平方米，吸引了约 185 家企业参展，近万名专业观众到展会现场洽谈、采购，同比去年，专业观众增幅 18%，海外买家占总数的 9.27%，在展会规模、产品种类及观众人数上都比上届有所突破。 官方网址：http://www.outdoorhangzhou.com.cn

（续表）

2015 年	展览名称	地点	展会介绍
3 月 28 ~ 4 月 1 日	第 35 届中国（广州）国际家具博览会——办公环境展	广州琶洲展览中心	该展规模超过 34 万平方米，来自全球 32 个国家与地区的 2120 家参展商展出办公系统家具、酒店家具、办公配件、钢制家具、办公坐具、公共家具、家具生产设备及配料等产品。 官方网址：http://www.ciff-gz.com
3 月 30 ~ 4 月 2 日	中国国际酒店家具展览会	上海新国际博览中心 E7 馆	该展已成功举办 4 年，本届展会吸引来国内外 81 家优质企业参展。4 天展期，E7 馆共接待了 20126 人次观众，客户精准度提高 8.7%。 官方网址：http://www.hotelex-fur.com/zh-cn
4 月 15 ~ 17 日	第十二届哈尔滨国际家具暨木工机械展览会	哈尔滨国际会展中心	本届展会启用哈尔滨国际会展中心的室内 A、B、C、D 功能馆、广场 E1、E2、E3 室外展区，展出面积 11.2 万平方米，展会共有 450 多家来自全国各地的家具厂商参展，同比增长 7%。到会专业买家及专业商客达到 10 万人次。 官方网址：http://www.hrbjjz.com
4 月 17 ~ 20 日	第 12 届青岛国际家具展览会暨第 3 届青岛家具木工机械及原辅材料展览会	青岛国际会展中心、青岛市崂山区苗岭路 9 号	该展每年一届，展会总面积 12 万平方米，产品涵盖了实木家具、软体家具、板式家具、办公家具、木工机械、原辅材料以及客厅配套家具等产品门类，并重点打造了深圳家具品牌馆、山东家具品牌馆、木工机械馆、综合家具馆、实木白茬馆、配件及原辅材料馆、客厅配套家具馆等八大特色展馆。 官方网址：http://www.qiff.net
5 月 7 ~ 10 日	武汉国际家具展览会	武汉国际博览中心	本届展会总面积 7 万平方米，共六个展馆，汇集全国各大家具制造企业及知名品牌，涵盖实木、板式、定制、软体、红木、户外等各种品类及原辅材料与木工机械板块，参展企业 366 家。观展人数达 5 万多人次，其中来自全国各地经销商及下游专业买家达 3 万多人次。 官方网址：http://www.wh-ife.com
5 月 8 ~ 10 日	第五届中国郑州国际家具展览会	郑州国际会展中心	该展会每年一届，展会面积 10 万平方米，展馆中心分上、下两层共 12 个展厅，本届展商数量 500 多家，观众数量 5 万人次。辐射范围涵盖河南、河北、山东、山西、安徽等中部地区。 官方网址：http://www.ciff-zz.com
5 月 28 ~ 31 日	第二届中国（天津）国际家具展览会	天津市梅江会展中心	该展会每年一届，本届主题为“比肩世界，爱木天津”，展览会面积增加至 10 万平方米，以实木展示为主，涵盖其他品类，国际知名品牌近 500 家企业集中亮相。 官方网址：http://www.tifexpo.com/
6 月 6 ~ 9 日	第十一届中国（北京）国际红木古典家具博览会	北京全国农业展览馆	该展会每年两届，于每年 6 月和 11 月在北京举办，展会面积 2 万平方米，吸引参展商近百家。本届展会重点突出主体化、专业化和品牌化。举行大型开幕式、珠光晚宴、现场抽奖、新闻发布会、客户见面会与配套红木、沉香、茶艺、书画、红酒品鉴会和红木发展论坛、推介企业新品上市等系列活动。 官方网址：http://www.circfe.com

（续表）

2015 年	展览名称	地点	展会介绍
6 月 24 ~ 27 日	第七届苏州家具展览会	苏州国际博览中心	本届展览会主会场面积 12 万平方米，8 个展馆，50 座交易大厅全方位展示家具、木工机械、原辅材料、家居饰品四大系列，汇聚了来自全国各地的一线家居品牌 600 余家。同时，设置蠡口分会场，分会场面积 150 万平方米，有 50 座交易大厅，5000 家工厂直销。 官方网址：http://www.szjjzlh.com
6 月 26 ~ 29 日	中国（湖南）家居博览会	湖南国际会展中心	该展会每年一届，展会面积达 2 万多平方米，参观人数 4 万余人。展会同期举办多场设计活动。 官方网址：http://www.hngejx.com
7 月 3 ~ 6 日 /7 月 12 ~ 15 日	第十六届成都国际家具工业展览会	成都世纪城新国际会展中心	该展始创于 2000 年，每年一届，7 月 3—6 日举办一期成品家具展，7 月 12—15 日举办二期家具设备材料展，两期展出总面积 17 万平方米，吸引了 1100 余家企业参展。本届展会开发了 "720 度 " 全景展示系统，运用 3D 实景拍摄，完整地呈现展会全貌，参展商和观众只要轻点鼠标或滑动手机屏幕，就能在线上参观第十六届成都家具展实景。 官方网址：http://www.iffcd.com
7 月 25 ~ 27 日	第四届中国石家庄国际家具博览会	石家庄国际博览中心、石家庄老火车站会展中心	本届展会增加老火车站会展中心展馆，展览面积增加一倍，同期举办 2015 中国石家庄全屋定制家居展览会、2015 中国石家庄 020 家具电商采购会。
8 月 15 ~ 17 日	第四届中国·沈阳国际家博会	沈阳国际展览中心	本届展会汇聚 600 多国内外家具企业，展厅达到 12 万平方米，9.7 万余名专业观众与会，据不完全统计，成交额超过 30 亿元。本届展会，首次开设了国际家具和原创设计展区，来自美国、德国等 9 个国家的 20 多个国际名牌和鲁美、沈阳大学等大专院校、设计师最新作品 100 多件套参展，同期举办首届中国现代家居产业发展（沈阳）国际论坛。 官方网址：http://www.jj999.com
8 月 20 ~ 23 日	第十四届济南国际家具博览会	济南国际会展中心	本届展会展出面积 8 万平方米，启用济南国际会展中心一二三层全部展览区域，共计 11 个主体展示馆，展期来自全国各地的专业买家 10 万人次，参展企业 700 多家，展期参观观众突破 12 万人次。 官方网址：http://www.jn-ff.com
9 月 3 ~ 7 日	第 34 届国际名家具（东莞）展览会	广东现代国际展览中心	该展会每年两届，分别在 3 月和 9 月举办，名家具展内外销并重，本届展会共九大展馆，展会总面积达 75 万平方米，全球有千余家家具及相关企业参展，共接待专业观众逾 6 万人，其中还包括海外买家 3 千余人。 官方网址：http://www.3f.net.cn
9 月 4 ~ 7 日	第 20 届亚洲国际家具材料博览会（AIFME）	亚洲国际家具材料交易中心	本届展会展会延续“对话材料，接驳产业”的主题，共开设有 A、B、C 三大展馆，展馆总面积 6000 平方米。 官方网址：http://www.aifm.com.cn

（续表）

2015 年	展览名称	地点	展会介绍
9月 4～7日	第 30 届国际龙家具展览会暨 30 届国际龙家具材料展览会	广东佛山市顺德区龙江镇前进汇展中心	该展会一年两届，2015 年秋季展会突出“新锐品牌提升平台，引领刚需家具走向”的市场定位，共有参展企业 430 家，设立了民用、办公、材料、电商代工企业四大展区，参观人数达到 10 万人次，参观人数和成交额都明显增加。
9月 8～12日	第 36 届中国（上海）国际家具博览会	国家会展中心（上海）	本届展会 40 万平方米，设置国际家具馆、民用古典家具展区、设计馆、饰品家纺展区、民用现代家具展区、办公酒店、户外、生产设备及原辅材料等 8 大展区。展商数量 1471 家，参观人数 75122 人，具有商业价值的专业参观人次 22 万，展会期间举办 42 场行业活动。 官方网址：http://www.ciff-gz.com/default.aspx
9月 9～12日	第二十一届中国国际家具展览会	上海新国际博览中心、上海世博展览馆	本届展会展览面积 35 万平方米，有来自中国、澳大利亚、比利时、美国等国家和地区的参展商 3000 家，其中包括来自几个国家的参展团。参观人数达 101888 人次，来自 163 个国家和地区。第二十一届中国国际家具展览会同期举办第二十一届中国国际家具生产设备及原辅材料展览会、2015 中国国际家居饰品展览会、2015 年中国国际设计师作品展示交易会以及产业集群群英展示会。 官方网址：http://www.furniture-china.cn/zh-cn
9月 13～21日	首届亚洲国际家居（南宁）展览会	南宁华南城好百年国际家居建材博览中心	本届展会规划面积 4 万平方米，共吸引了来自世界各地近 300 家家具与相关企业的参展，囊括了新加坡、马来西亚、泰国、印度尼西亚、韩国、菲律宾、土耳其、巴基斯坦等国内国际家具企业。
9月 18～21日	第八届中国上海红木艺术家具展览	上海展览中心	该展每年一届，本届展会展览规模 3.5 万平方米，吸引 500 多家参展商参加，集中展示传统苏作、京作、广作、仙作、东作家具及海派家具。 官方网址：http://www.hongmuexpo.com
10月 16～19日	第十四届西安国际家具博览会	西安曲江国际会展中心	该展会每年一届，展示面积近 5 万平方米，参展商近 500 家，现场共接待来自国内外的观众共计 59344 人次，专业买家 8000 余人次，现场销售额近千万，达成意向合同额近 2.3 亿元人民币。 官方网址：http://www.xajjzh.com
10月 23～26日	第五届石家庄国际木工机械及家具材料展览会	石家庄国际会展中心	本届参展品牌达到 160 多个，展览面积达 1 万多平方米，展会同期举办了 2015 河北省家具协会年会暨成立 20 周年大会。
11月 27～30日	第 5 届中国（昆明）泛亚家博会	昆明国际会展中心	本届展会展出面积达到 3.5 万平方米，共计有 600 多中外品牌聚“惠”昆明，同期举办 20 多场精彩活动。 官方网址：http://www.kpfe.org

2015 国际家具行业展会一览表

2015 年时间	展览名称	地点	展会简介
1 月 14 ~ 17 日	法兰克福国际家纺展	德国法兰克福展览中心	该展每年一届，是纺织品领域规模最大、国际性最强的展会之一，现已在东京、纽约、莫斯科、上海和广州相继举办了同品牌全球展。该展会对于流行趋势的权威预测使其站在全球家纺用品潮流的前沿。2015 年第 45 届 Heimtextil Frankfurt 展会面积 26.81 万平方米，参展商 2734 家，专业观众 7 万人次。 官方网址：http://heimtextil.messefrankfurt.com
1 月 18 ~ 22 日	拉斯维加斯国际家具展（冬季）	拉斯维加斯市区的新世界市场中心	该展会是美国西部最著名的家具展览会，每年两届，美国境内有 15 个顶级卖场，该展直接辐射西部和西南部地区的 7 个顶级卖场，创造出比其他途径多出 50% 的销售机会。在前 100 名零售商中有 83% 会出席该展会。大部分当地展商以长期展厅展出，只有约 10% 的外地展商以短期展厅展出，总展出面积 65 万平方米。 官方网址：http://www.lasvegasmarket.com
1 月 19 ~ 25 日	德国科隆国际家具展	德国科隆国家会展中心	该展每年一届，始于 1949 年，自 2011 年起，与两年一届的科隆厨房展同期举行。共计 138 个国家 14.6 万名观众，来自 49 个国家的 1047 家参展企业汇聚一堂，其中，国外参展商高达 65%。此次展览会共接待观众 13 万名。 官方网址：http://www.imm-cologne.cn/
1 月 19 ~ 22 日	英国伯明翰国际家具及室内装潢用品展	英国伯明翰展览中心	该展自 1992 年举办，每年一届，是英国历时最长的家具博览会，成为英国传统与现代家具最大型的贸易展。2015 年，展会面积 7 万平方米，共计 7 个展馆。 官方网址：http://www.interiorsuk.com
1 月 23 ~ 27 日	法国巴黎春季国际时尚家居用品装饰品展（MAISON&OBJET）	巴黎北郊维勒班展览中心	该展始于 1995 年，一年两届。通过该展会，能够度全方位了解家居装饰（装饰、家具、设计、布局，桌上摆件艺术、家纺用品等）。2015 年展览面积 12.3 万平方米，参展商 3000 多个。 官方网址：http://www.maison-objet.com/en
1 月 24 ~ 27 日	加拿大多伦多国际家具博览会	加拿大多伦多国际会展中心	该展是加拿大规模最大、影响力最高的家具专业展览会之一，每年一届。展览面积 7 万平方米。 官方网址：http://www.chfaweb.ca/i-tsfs.html
1 月 28 ~ 2 月 2 日	土耳其伊斯坦布尔全球家具展	土耳其伊斯坦布尔会展中心	该展会每年一届，是土耳其规模最大、影响力最强的家具展会，是亚洲及欧美家具贸易公司进入中东市场的桥梁。展览面积 15 万平方米。 官方网址：http://www.english.istanbul.com
2 月 11 ~ 14 日	西班牙华伦西亚国际家具展览会 FIM	西班牙华伦西亚展览中心	该展会始于 1963 年，每年一届，展会面积 7 万平方米。与灯具展（HABITAT）及装饰装修用品展（DECO）同时同地举行，买家主要来自欧盟，其次是俄罗斯、巴西、乌克兰、波兰、墨西哥及阿联酋。 官方网址：http://www.feriahabitatvalencia.com

（续表）

2015 年时间	展览名称	地点	展会简介
2月 18 ~ 22 日	墨西哥瓜达拉哈拉国际家具展（冬季）	墨西哥瓜达拉哈拉展览中心	该展会是墨西哥及拉丁美洲最专业、规模最大的家具展览会之一，举办至今已有三十多年的历史。该展览会每年两届，分别于每年 2 月及 8 月举行，春季展规模较大。买家除了来自墨西哥本土外，还有来自美国、巴西、意大利、西班牙等。展会展示的家具风格各异，类别齐全，起居室家居风格、自然纺织纤维等材料及布艺产品等都比较受当地市场欢迎。 官方网址：http://www.expomuebleinvierno.com.mx
3 月 3 ~ 7 日	第二十届马来西亚国际家具展（MIFF）	吉隆坡太子世界贸易中心（PWTC）、马来西亚外贸促进局会展中心（MECC）、吉隆坡会展中心（KLCC）	该展会创立于 1995 年，每年一届，展出面积 8 万平方米，展会中麻坡家具公会特设麻坡馆。2015 年该展参展商 508 位，其中马来西亚本地 353 位，其他来自中国、印尼、新加坡、韩国、美国、印度、意大利等地，该展会销售记录 8.65 亿美元，吸引买家 17416 人次。 官方网址：http://www.miff.com.my
3 月 4 ~ 7 日	第十一届马来西亚国际出口家具展（EFE）	马来西亚沙登农业博览馆	该展每年一届，秉承为家具制造商创建一个国际化的贸易平台的宗旨，云集了来自以马来西亚为主的各国家具制造商，展示了家具的流行趋势和高品质的制造力，成为贸易商和制造商的良好沟通合作桥梁。 官方网址：http://www.efe.my
3 月 7 ~ 10 日	美国芝加哥国际家庭用品博览会	芝加哥麦考密克展览中心	该展会每年一届，始办于 1928 年，是美国规模最大、效果最好的家庭用品展览会之一，2015 年举办第 118 届展会。2015 年该展展出面积超过 10 万平方米，包括三座展馆。 官方网址：http://www.housewares.org
3月 11 ~ 14 日	乌克兰基辅家具展	乌克兰基辅会展中心	该展会一年两届，分别在每年 3 月和 10 月举办，是乌克兰林业、木材和家具业最负盛名的国际贸易博览会，2015 年展会面积 2 万平方米，吸引来自德国、意大利、土耳其等国家的品牌超过 150 个，专业买家超过 2 万名。 官方网址：http://www.mtkt.kiev.ua
3月 11 ~ 15 日	泰国曼谷国际家具展览会（TIFF）	曼谷展览中心	该展每年一届，2015 年展会展出面积 3 万平方米，有 220 个设计公司和设计师作品参展。 官方网址：http://www.thailandfurniturefair.com
3月 12 ~ 15 日	印尼国际家具和手工艺品展（IFFINA）	雅加达国际会展中心	该展是印尼最大的家具展览会，每年一届。 官方网址：http://www.iffina-indonesia.com
3月 13 ~ 16 日	第 32 届新加坡国际家具展览会（IFFS）	新加坡展览中心	该展每年一届，是专门针对出口欧美市场和南亚市场的展会，2015 年展会展馆面积 7-8 万平方米，主要展出家具、材料、建材、五金等。 官方网址：http://www.iffs.com.sg

（续表）

2015 年时间	展览名称	地点	展会简介
4 月 14 ~ 19 日	第 54 届意大利米兰国际家具展览会	意大利米兰新国际展览中心	该展会始于 1961 年，每年一届。2015 年该展会有 2016 名展商，700 名青年设计师，展览面积 20.17 万平方米，包括国际家具展、国际装饰配套展、卫星展以及 9 ~ 11 和 13 ~ 15 号展厅举行的欧洲灯光照明展、22 ~ 24 号展厅内举办的致力于办公环境的国际办公家具展和工作环境双年展。 官方网址：http://www.cosmit.it
4 月 18 ~ 23 日	美国高点家具展览会（HIGH POINT）	美国 Downtown Hight Point & Thomasville	该展会始办于 1913 年，是全球最有影响力的三大展之一，每年两届，每一届都会吸引来自世界各地 110 个国家和 50 个地区的超过 80000 人的家具及灯饰行业的进口商、代理商、批发商及设计师。本次展会有来自美国和其他国家 106 个国家的 2000 家参展商参展参与展出，其中 850 多家为世界领先的家具生产商，包括世界上最大的 25 家家具公司中的 23 家，除了家具，另有 41800 平方米场地用来展示家具附件、灯饰、地毯及墙壁装饰。 官方网址：http://www.highpointmarket.org
4 月 20 ~ 23 日	俄罗斯国际家具及配件展览会（ZOW）	莫斯科 EXPOCENTR 展览中心	该展会在家具生产设备及家具配件领域规模较大，始办于 1995 年，每年一届，2004 年以前，展会在德国举办，之后在莫斯科举办，2015 年是该展的第 12 届。2014 年 zow 调查显示，87% 的参展商能够获得新的客户资源，57% 的参展商能够建立新的分销渠道。 官方网址：http://www.zow.com.tr
5 月 16 ~ 19 日	第 27 届 ICFF 纽约国际当代家具展（ICFF）	纽约雅各布贾维茨会议中心	该展是北美最主要的当代设计展会，每年一届，2015 年是第 27 届，该届展会面积 1.35 万平方米。 官方网址：http://www.icff.com
5 月 18 ~ 21 日	中东迪拜家具暨室内装饰博览会(INDEX)	迪拜展览馆	该展每年一届，已成功举办 25 年。2015 年展会面积为 4 万平方米，吸引 105 个国家 20922 位专业买家到场。 官方网址：http://www.indexexhibition.com
5 月 19 ~ 23 日	俄罗斯莫斯科国际家具展会（MIFS）	斯莫斯科国际会展中心	该展会创办于 2012 年，每年一届，首年有 300 家知名参展企业参展，专业买家近 20000 名，96% 的参展商确认参与下一届的展会。2015 年参展人次达 72000 位，其中超过 10000 位设计师与建筑师。 官方网址：http://www.rooms-moscow.com
7 月 16 ~ 19 日	澳大利亚墨尔本国际家具展（Furnitex）	墨尔本国际展览中心	该展会每年一届，主要针对澳洲本土市场，对全球参展商公平开放。2015 年展会面积 3 万平方米，澳大利亚参展的效果突出的产品为：沙发、软体家具、卧具、坐具，澳大利亚当地人注重休闲生活，对户外家具、休闲家具和户外用品需求量庞大且更新换代快。该展会主要针对国内市场，给所有国外家具有意出口澳大利亚市场的厂家提供了一个平台。 官方网址：http://www.furnitex.com.au

（续表）

2015 年时间	展览名称	地点	展会简介
7 月 16 ~ 19 日	澳大利亚国际家具展（AIFF）	澳大利亚悉尼会展中心	该展始办于 2004 年，是澳大利亚最具行业影响力的家具展，每年一届。2015 年，展会面积 3 万平方米，参展公司 250 家，参展人次 10200 位。 官方网址：http://www.aiff.net.au
8 月 2 ~ 6 日	美国拉斯维加斯国际家具展（夏季）	美国拉斯维加斯世界市场中心	该展每年两届，分夏季展和冬季展。美国境内有 15 个顶级卖场，该展直接辐射西部和西南部地区的 7 个顶级卖场，创造出比其他途径多出 50% 的销售机会。在前 100 名零售商中有 83% 会出席该展会．拉斯维加斯家具展面积 6 万平方米。 官方网址：http://www.showtime-market.com
8 月 14 ~ 17 日	墨西哥瓜达拉哈拉国际家具展（夏季）	墨西哥瓜达拉哈拉展览中心	该展会是墨西哥最大的家具展，已经举办三十多年，每年两届，展会面积约 5.2 万平方米，超过 1000 个展位。2015 年该展会有来自美国、巴西、意大利、西班牙等多个地区的 6000 多位专业卖家。 官方网址：http://www.expomuebleinvierno.com.mx
8 月 19 ~ 23 日	韩国国际家具及室内装饰展览会（KOFURN 2015）	韩国国际会展中心）	该展会每年一届，是韩国最负盛名的家具展览会。展会面积达 3.2 万平方米，有 3 ~ 5 个展厅，1200 个展位。2014 年韩国家具展有 350 多家具及室内装饰公司和木工机械厂，及来自各国的 10 万多名参观者参加。 官方网址：http://www.kofurn.or.kr
9 月 4 ~ 8 日	法国巴黎国际家居用品展（秋冬）	巴黎北郊维勒班展览中心	该展每年两届（1 月春夏流行展示、9 月秋冬流行展示）为公众展示最新家居设计，已成功举办 20 余年。主要针对专业人士开放，与家居设计展（Now! design avivre）和室内场景展（Scenesd' interieur）同期举办。巴黎国际家居用品展背负着传递家具与家饰下一季的主要流行趋势与设计动向的使命，展区面积 16.8 万平方米。 官方网址：http://www.maison-objet.com
9 月 20 ~ 24 日	欧洲家具订货博览会（M.O.W.）	德国巴德萨尔楚夫伦展览中心	该展会是专门面向德国和欧洲家具采购商的年度订货会，每年一届，已有 20 多年的历史，分设在 10 个展览场馆。其独特优势在于产展销一条龙服务，仅对批发、零售、代理的采购专业人员开放，成交概率远远大于通常的国际家具博览会，展会面积 10 万平方米。 官方网址：http://www.mow.de
10 月 15 ~ 18 日	第 26 届印度孟买国际家具展（INDEX MUMBAI）	印度孟买国际会展中心	该展会每年一届，已成功举办 26 届，是南亚家居国际大展。2007 年开始，主办方 Universal 集团与德国科隆国际展览公司合作，带动提升该展的档次和人气。 官方网址：http://www.ubmindexfairs.com
10 月 18 ~ 23 日	美国高点国际家具展览会（HIGH POINT）	美国北卡罗来纳州海波因特高点镇 IHFC 展览中心、美国北卡罗来纳州高点镇	该展会始办于 1913 年，是全球最有影响力的三大展之一。每年两届，展会每年超过 85000 人次参展，展楼 180 多座，参展面积达 103.5 万平方米，参展商达 2000 家，在此推出发布数以万计的新产品，展品涉及家具家居行业的 350 种，每年的展会成交额都在数亿美元。 官方网址：http://www.highpointmarket.org

（续表）

2015 年时间	展览名称	地点	展会简介
11 月 8～11 日	比利时布鲁塞尔家具展	布鲁塞尔展览中心	该展会每年一届，展会面积 11.5 万平方米。2015 年该展会总展商数 275，观众人数 19296。 官方网址：http://www.furniturefairbrussels.be
11 月 23～27 日	俄罗斯家具、配件及室内装潢展览会	莫斯科 expocentr 展览中心	该展已经成功举办 27 届，每年一届，是俄罗斯及东欧地区规模最大质量最高的家具展览会，是进军俄罗斯家具市场的重要平台。2015 年共有来自 36 个国家的 1200 家参展企业出席了该盛会，展出面积高达 8.5 万平方米，迎来了世界各地共 60430 名的观展嘉宾，其中 39180 名是家具行业的专业人士，比上一届增长 16%，更有多达 12 个国家和地区开拓了集体展区，突出各自的产品特色。中国参展企业分别来自浙江、福建、佛山、中山、江门、深圳、广州等地共 25 家，参展面积共 498 平方米。 官方网址：http://www.meb-expo.com
11 月 26～27 日	英国伦敦国际睡眠展览会	英国伦敦 BUSINESS DESIGN CENTER	该展是欧洲唯一一个以酒店领域的设计、建筑、睡眠系统法杖潮流趋势为主题的专业性展览会。展会面积达 1 万平方米，陈列的展品有建筑学方面的床垫、床配件系列、建筑用灯、商业及办公场所所需要的灯装饰类、睡眠工艺及工业用灯等。展会分三大主题：睡眠展览会、睡眠论坛以及欧洲酒店设计大赛 / 表彰。 官方网址：http://www.businessdesigncentre.co.uk
11 月 25～27 日	第三十五届日本东京国际家具展（IFFT-ILL）	日本东京国际展览中心	该展会每年一届，至今已成功举办 35 届，是日本规模最大、最权威的家具行业贸易设计展。展品范围包括软体家具、家具类、原辅材料、家居装潢及配件、饰品、灯具及灯光系统。 官方网址：http://www.ifft-interiorlifestyleliving.com

2015 第二十一届中国国际家具展览会

一、展会概况

2015 年 9 月 9 ~ 12 日，第 21 届中国国际家具展览会在上海新国际博览中心和上海世博展览馆顺利举行。本届展会跨越浦东新国际与世博两大展馆，以产业链优势布局家具业，汇聚一站式家具上下游资源，为展商与观众呈上一场行业盛筵。

本届展会首次在世博展览馆展出来自中国特色产业集群的群英展，以“产业引领”为宗旨，召开亚洲家具发展论坛及产业集群群英大会，聚焦全亚洲产业发展，推动行业升级转型。同时，在新国际博览中心，“我的态度”整合各大设计板块推出“我的态度”设计联展，包括已经连续举办四年的 DOD 设计师作品展示交易会、DOD 论坛、优秀设计企业及院校作品展示、Home Plus 生活概念馆、中国好沙发、中国家居设计大会、设计师之夜、中国国际家居设计周等极具吸引力的展示及活动，成为展会独一无二的亮点，在展会前后形成一股“态度风尚”。

中国国际家具展还有一大其他展会无法企及的优势便是来自 26 个国家和地区的 248 家海外品牌。2015 年还新增了土耳其和澳大利亚，海外展团数增至 9 个国家，分别来自法国、土耳其、澳大利亚、比利时、西班牙、马来西亚、印尼、新加坡、韩国。这些海外品牌大多数是已经在海外享有盛名的家具品牌，而每年在浦东召开的中国国际家具展是他们进入中国市场的首选。此外，还有瑞士和巴西的家具企业新加入到海外参展商的行列，可谓是一场全球家居品牌的盛会，为观众带来了更加多元

第二十一届中国国际家具展览会展馆——上海新国际博览中心鸟瞰图

2014 ～ 2015 中国国际家具展览会展后数据统计表

主要指标	2015 年	2014 年	同比增长率
展会面积（万 / 平方米）	35	35	0
展商数量（个）	2380	1899	25.3%
观众人次（万）	10.1888	9.8401	3.5%
海外观众人次（万）	1.9225	2.1823	-11.9%
观众国别数	163	158	3.2%

注明：2014 年展期为 5 天，2015 年展期为 4 天，因此出现海外参观人次下降的现象，实际海外观众人数增长了 1.04%。

和国际化的贸易选择。

尽管面临贴身肉搏的激烈竞争，展会仍然获得了巨大的成功。根据展会统计，尽管展会由 5 天缩为 4 天，并面临严峻的国内外经济形势的挑战，展会仍迎来了来自 163 个国家和地区的海内外观众达 101888 人次，与去年 5 天的观众相比，甚至增长了 3.54%。值得一提的是，此次国别数与观众人次再创新高，首次突破 160 个国家和十万人次，其逆势上升的里程碑意义在会展经济学中堪当案例。

二、观众分析

根据展会统计，2015 年展会仍迎来了来自 163 个国家和地区的海内外观众达 101888 人次，仅开展第一天（9 月 9 日）观众人数即比去年增长了 40%，观众总人次首次突破十万人次，达 101888 (4 天展期)，比去年(5 天展期)增加 3.54%，海外买家来自 163 个国家和地区，比去年增加 5 个国家。

观众具体属性分析如下：

（一）公司属性分析

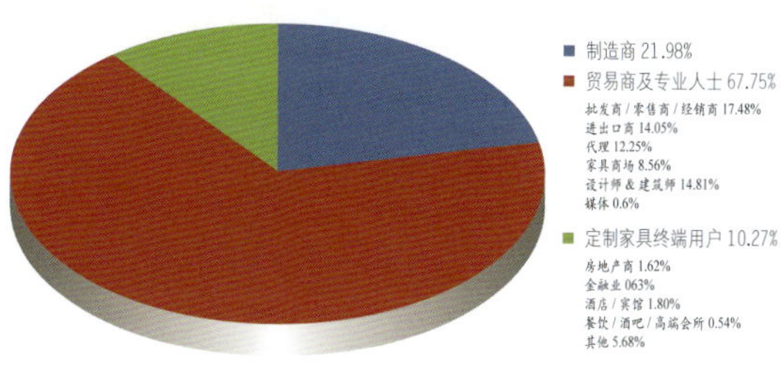

（二）职位分析

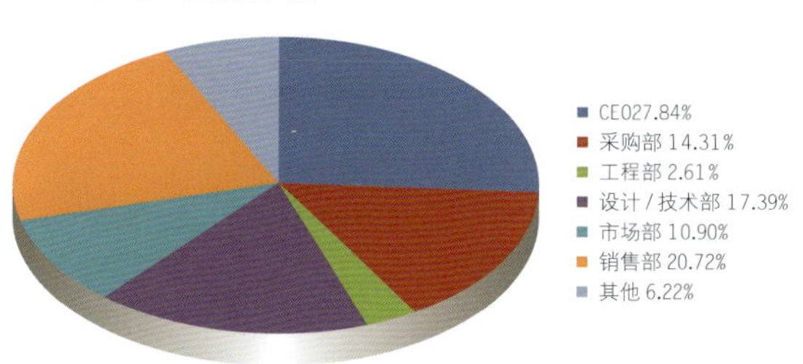

（三）参观目的分析

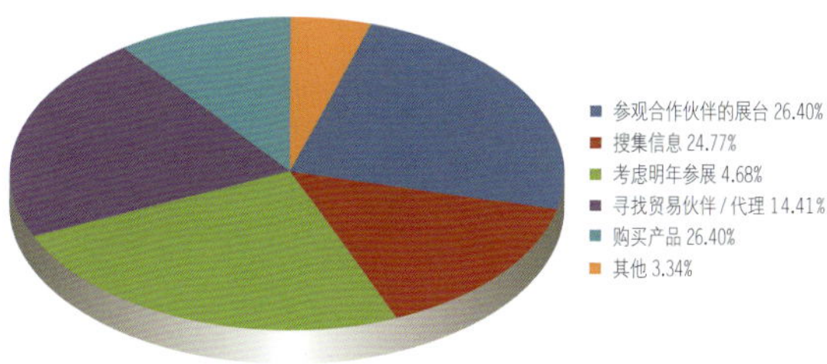

（四）国内外观众数据分析

1. 国内观众　2015 年，展会共接待来自 31 个省份的 82663 人次的国内买家，访问人次最高的前 10 个省份如图：

洲际		国家和地区	访问人次
亚洲	12 个国家和地区	韩国、中国香港、日本、马来西亚、中国台湾、印度、泰国、新加坡、印度尼西亚、菲律宾、越南、沙特阿拉伯	9330
欧洲	11 个国家	英国、法国、意大利、俄罗斯、德国、荷兰、西班牙、丹麦、比利时、挪威、波兰	2795
北美洲	2 个国家	美国、加拿大	2060
大洋洲	2 个国家	澳大利亚、新西兰	2058
非洲	2 个国家	南非、埃及	224
拉丁美洲	2 个国家	墨西哥、巴西	179

2\. 海外观众　2015 年，共有 19225 人次的海外买家前来上海参观展会。海外买家来自 163 个国家和地区，其中 52.72% 来自亚洲（包括中东）、18.37% 来自欧洲、9.96% 来自北美洲、11.45% 来自大洋洲、3.65% 来自拉丁美洲、3.85% 来自非洲。

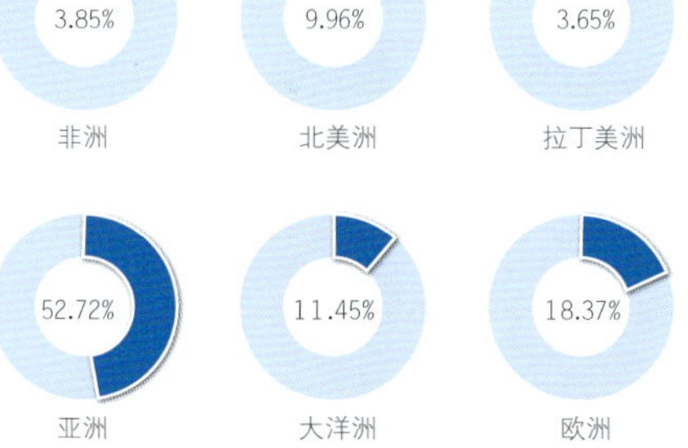

前 30 个最有代表性的来访国家和地区如下图所示：

作为全球家具贸易最重要的平台之一，展会海外观众采购人群的变化一定程度上反映了中国家具外贸市场的变化。来自印度、德国、比利时、西班牙、法国、墨西哥、土耳其、阿联酋、俄罗斯、巴西和阿富汗的海外观众有所减少，但大部分仍属于前 30 大采购国之列。海外观众增长减缓同时也由于展期由 5 天减少至 4 天。

三、现场活动

家具人之夜晚宴现场

中国好沙发展区现场

日期	活动	地点
9月9日	开幕典礼	新国际博览中心1号入口大厅
	中国国际家具标准化论坛	世博展览馆 1H30
9月10日	首届亚洲家具发展论坛	喜玛拉雅艺术中心大观舞台
	中国家具产业集群群英大会	喜玛拉雅艺术中心大观舞台
	家具人之夜晚宴	喜玛拉雅酒店大宴会厅
9月11日	中国家具微信电商 020 大会	喜玛拉雅艺术中心大观舞台
	中国家居设计大会	喜玛拉雅艺术中心大观舞台
	设计师之夜	喜玛拉雅艺术中心无极场
9月9～12日	设计论坛	新国际博览中心 E8B－D15
9月9～12日	办公科技体验馆（3）	新国际博览中心 E7－E10
9月9～12日	Home Plus 生活概念馆	新国际博览中心 E4－H01
9月9～12日	中国家具产业集群群英展示会	世博展览馆1号馆
9月9～12日	中国好沙发	世博展览馆1号馆
9月9～12日	中国家具水性化涂装生产工艺高峰论坛	世博展览馆1号馆
9月9～12日	第二届中国国际木材订货交流会	世博展览馆1号馆
9月9～12日	未来精品酒店设计的发展趋势	世博展览馆1号馆
9月9～12日	Woodfast 木工 DIY 体验及创意展	世博展览馆1号馆
9月9～12日	王牌计划家具制造“机器换人”大作战	世博展览馆1号馆
9月9～12日	木材在未来生态经济中的地位和机遇——芬兰木业研讨会	世博展览馆1号馆
9月9～12日	第二届“互联网＋家具制造”创新大会	世博展览馆1号馆

四、展会亮点

（一）“我的态度”设计联展

上海家具展规模庞大，但苦于场地受限，不得不想尽办法在现有基础上扩大面积。2015年“我的态度”设计联展就是在由原本DOD设计师作品展示交易会扩大至E8B馆而打造，川流不息的人流很多都是直奔设计联展而来。虽然此馆为首次启用，但凭借DOD设计师展示交易会四年来在设计界奠定的深厚基础，其在设计界的影响力可见一斑。除了现场展示外，设计联展还包括长达一周的中国国际家居设计周、DOD设计论坛、中国家居设计大会以及美轮美奂、千人共享的设计师之夜。

（二）中国国际家居设计周

522家企业参加了联动的中国国际家居设计周、第六届上海国际室内设计节和展店联动等外围活动，从家具行业拓展到大家居领域。

五、展会预告

2016年9月7～11日，第22届中国国际家具展在上海新国际博览中心和上海世博展览馆共同举行。展会仍然在浦东，其中世博展览馆将展出家居、软装、设计展。

（一）摩登上海时尚家居展亮相世博展览馆

已使用过五届的世博展览馆将于2016年重磅亮相，试图打造成类似巴黎家居展的世界级家居潮流盛会，并冠以首届“MAISON SHANGHAI”摩登上海时尚家居展之名，斥重金将其打造成一个全面展示家居装饰趋势的新窗口，汇集家居时尚创

第二十一届中国国际家具展览会观众入口现场

意，展现国际家居装饰界的最新动态，预知家居流行趋势和设计风格变化的全新平台。

该展将分为三个主题展馆4个展览主题：1号馆“时尚东方Fashion”将集合家居装饰领域重要的国际品牌和创意师，时尚与设计兼备；2号馆“家居生活Living”将围绕陶瓷、灯饰、地毯、餐厨用品展示精美的室内生活，“舒适空间Cosy”将让观众领略布艺家纺的潮流新品；3号馆“创客未来innovation”则汇集来自世界各地的“创客”们带领我们创见未来的精彩设计。

（二）客厅概念馆现代生活方式新探索

中国国际家具展着力推崇生活方式的引领革新，先后推出Home Plus生活概念馆、睡眠体验馆等，由设计师携手家居大牌共同打造。2016年将重点放在客厅概念。现代家装中客厅是人们生活的重点区域，也是家装品味的核心体现，本届中国国际家具展将在原有客厅/餐厅概念馆的基础上，将在E4馆全面推出客厅概念馆（LivingPlus），集合高端品牌塑造多种客厅风格，探索客厅的多种创意的可能性，引领国人全新的客厅生活体验。

（三）“中国好沙发”第三季再升级

上下游联动以及新材料新技术在家具生产中的应用是助推行业升级转型的重要因素。2016年，上下游产业联动将在新国际博览中心继续开花，中国国际家具展览会将继续同期举办第22届中国家具生产设备及原辅材料展览会以及中国国际家具配件及材料精品展（FMC PREMIUM）。

2016年在E1、E2、E3沙发品牌馆聚焦面料企业和软体家具，将面料企业引入展区，创新展出形式和内容，实现软体家具的上下游产业联动。9月上海国际家具展将展示面料企业生产的沙发作品并参与评选，另有“中国好面料”专题展区，与E3馆各面料标杆企业的“中国好面料领导品牌展”呼应，形成中国好面料领导品牌集群。展会将有800平方米的E3场内展区和1400平方米的E10场外展区，规模宏大，完整细致地展示一个沙发从面料、设计到成品的完整产业链，对提升中国软体家具品质具有重大意义。

（四）“我的态度”设计师作品联展

中国国际家具展一向推崇设计，并不遗余力为充满创意才能的设计师和品牌助力，在业内引起广泛好评。“我的态度”设计联展自2015年展会主办方统一标识后，便迅速蔓延全城，成为沪上一个闪亮的设计新坐标。2016年9月8～11日，展会主办方将继续推动丰富多彩的“我的态度”系列活动和论坛，为展会增添新鲜的设计活力。届时，新国际博览中心E8B馆将全面展示设计师们的设计作品。同时，在与其毗邻的3号入口大厅将举办DOD设计师作品展示交易会，将满足来自全球的设计爱好者的采购需求，该交易会也是独立设计师走向市场的首选平台。

第39届中国（广州）国际家具博览会 | 第38届中国（上海）国际家具博览会

中国家具博览会

3月广州琶洲，9月上海虹桥

第39届中国（广州）国际家具博览会

2017年3月18-21日 / 28-31日

广交会展馆 & 保利世贸博览馆

上海·虹桥

第38届中国（上海）国际家具博览会

2016年9月7-10日

国家会展中心(上海)·虹桥

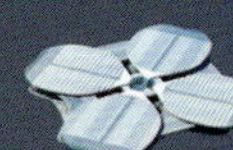

家聚世界 双城魅力

ciff.fairwindow.com

2015 中国（广州 / 上海）国际家具博览会

中国（广州）国际家具博览会现场

一、展会概况

中国（广州 / 上海）国际家具博览会一年两届，分别在 2015 年 3 月 18 ~ 22 日、3 月 28 日 ~ 4 月 1 日在广州琶洲 · 广交会展馆成功举办了第 35 届中国（广州）国际家具博览会，在 2015 年 9 月 8 ~ 12 日在上海虹桥 · 国家会展中心成功举办了第 36 届中国（上海）国际家具博览会。

中国（广州 / 上海）国际家具博览会（简称中国家博会），始创于 1998 年，从 2015 年起，启动"双城"战略，每年 3 月在广州琶洲举行"中国（广州）国际家具博览会"（简称"广州家博会"），9 月在上海虹桥举行"中国（上海）国际家具博览会"（简称"上海虹桥家博会"），创造出南北呼应、春华秋实、家聚世界、双城魅力的全新办展格局。

第 35 届广州家博会规模 68 万平方米，共有来自中国、美国、意大利、法国、英国、德国、澳大利亚、土耳其、韩国、日本、奥地利等 32 个国家和地区的 3791 家品牌企业参展，来自全球 198 个国家和地区的 154963 位具有商业价值的专业观众（不含购票观众在内）到会参观、采购，其中海外专业观众的数量为 26759 人，同比增长 8.87%。本届展会不仅在商业贸易上广泛赢得行业口碑，还凭借优良展览环境和丰富办展经验为行业内外人士提供了互动交流的平台。展会同期举办了多场的设计作品展示、市场趋势论坛、评奖交流活动等精彩纷呈的现场活动，如第七届家居设计展、第六届办公环境主题馆、家具设计评奖活动、全球办公家具行业分析及展望论坛等，从不同角度切入行业热点问题，启发行业思考、促进行业发展、助力行业进步。350 多位海内外专业媒体到会，对本届广州家博会开展了深入持续的采访和报道，好评如潮！

第 36 届上海虹桥家博会以 40 万平方米的展览规模，打造了融合家具办公产品全产业链的商贸交流平台，吸引了数十个国家和地区的 1471 家顶尖

表 1　2014 ~ 2015 中国国际家具展览会展后数据统计表

主要指标	2015 年	2014 年	同比增长率
展会面积（万 / 平方米）	108	88	22.70%
展商数量（个）	5262	4714	10.10%
观众人数（万）	23.0085	17.0251	35.14%
观众人次（万）	45.7696	35.7827	27.91%
观众国别数	198	190	4.20%

企业强势加盟，带来了当今世界上先进时尚的家居家具办公系列产品，结合互联网 +，引入“智慧理念”，融合国际设计潮流，定制家具趋势风头正劲、绿色环保理念融入产品系列，美国爱室丽、意大利夏图、英国乔纳森查尔斯、新加坡华达利、芝华仕、美国来思达（Lifestyle）、德国朗乐福、韩国奔思、西班牙益卡思、澳大利亚比尔德(A.H.BEARD) 美国赫曼米勒、日本冈村、美国 K Ｉ、马来西亚美力菲、金田豪迈、意大利比雅斯、以色列狄马等在国际上响当当的家具企业齐齐亮相本次上海虹桥家博会。本届展会特别联合朱小杰、侯正光、Leonard Theosabrata（里昂）3 位主策展人和色彩总监宋建明等设计大师，共同策划（: 意思 :）设计沙龙，以独特的视角和崭新的设计理念，推动中国家具设计的革新，引领行业走向设计创新大时代，展现东方设计精粹。到访的意大利零售商协会总裁马默利先生赞誉“没想到在中国能看到这样好的展会和设计产品”，日本家具同友会长岛贵好先生也认为“中国家博会代表着未来的趋势，将成为亚洲家具展的标志。”

中国（广州 / 上海）国际家具博览会首次成功实现了双城办展，2015 年 3 月广州家博会展览规模 68 万平方米，9 月上海虹桥家博会首届即完成了 40 万平方米的展览规模，展览品质及国际化程度持续提升。

二、观众分析

根据展会现场统计，2015 年两届展会共有来自 198 个国家和地区具有商业价值的海内外观众

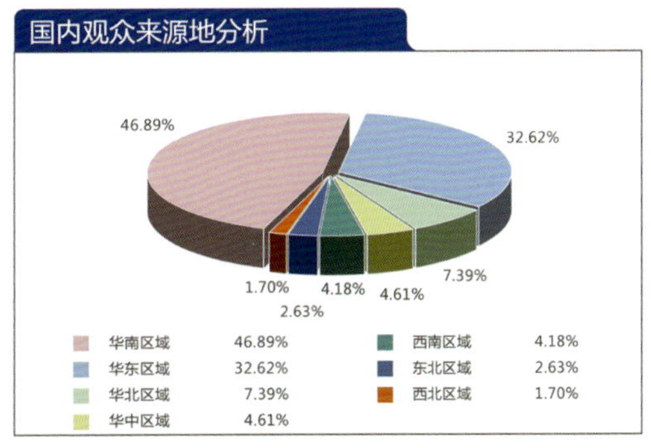

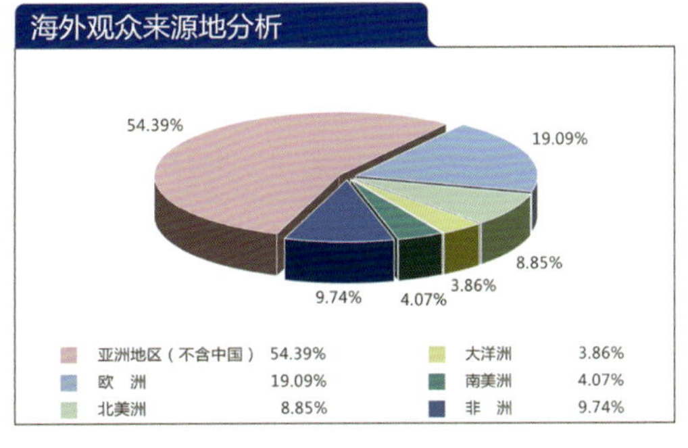

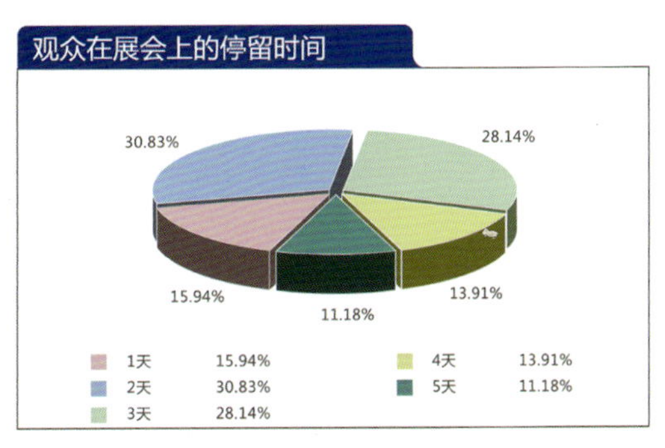

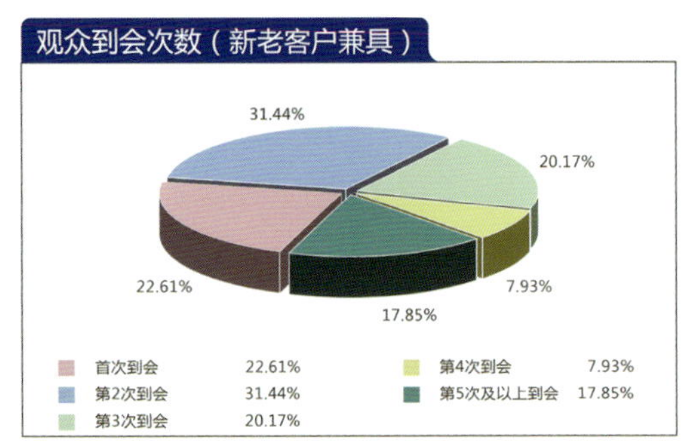

达 230,085 人，457,696 人次，超过 84.06% 的观众在展会逗留时间为 2 天以上。海外观众来自 198 个国家和地区，比去年增加 8 个国家，来自德国、比利时、美国、南非、土耳其、韩国、日本、印度、新加坡、马来西亚等地的多个海外采购团及国内多家大型家居卖场以及行业专业采购团到会。

观众具体属性分析如下扇形图所示。

三、现场活动

表 2　2015 年 3 月广州家博会现场活动

活动时间	活动主题
3 月 18 日	第七届家居设计展开幕式
3 月 18 日	设计的博弈
3 月 19 日	广东省家具协会设计专业委员会 2014 年度工作报告
3 月 19 日	“2014-2015 家居设计流行趋势”发布会
3 月 19 日	简爱·信基杯中国年度软装设计大赛启动
3 月 19 日	广东省家具协会系列设计大赛颁奖礼
3 月 19 日	“跨界竞争—创新思维与文化互动”
3 月 19 日	欧洲 REACH SVHC 和美国加州防火法规研讨会
3 月 19 日	木制产品 CARB 法规及甲醛测试研讨会
3 月 20 日	第 35 届中国（广州）国际家具博览会颁奖典礼
3 月 28 日	台湾办公椅厂商未来的发展思维
3 月 29 日	第四届全球办公家具行业分析及展望论坛
3 月 30 日	第 35 届中国（广州）国际家具博览会颁奖典礼
3 月 30 日	现代人体工学椅的发展
3 月 30 日	安吉椅子厂商未来的发展思维
3 月 30 日	生命里的办公椅
3 月 31 日	新兴品牌椅子厂商未来的发展
3 月 31 日	面对当前变局，如何精准转型

表 3　2015 年 9 月上海虹桥家博会现场活动

活动时间	活动主题
9 月 8 ~ 12 日	(：意思：) 设计沙龙
9 月 8 ~ 12 日	办公生活主题馆系列 14 场活动
9 月 8 ~ 12 日	“绿色家居”图片展
9 月 8 ~ 12 日	“生活艺术之旅”美学影像展
9 月 8 ~ 12 日	"方寸之间"橱窗陈设 SHOW
2015 年 9 月 8 日	全国政府采购办公家具峰会
2015 年 9 月 8 日	中国互联网 + 与智能家居总裁（高峰）论坛
2015 年 9 月 8 日	中国－意大利家具商业论坛
2015 年 9 月 9 日	“绿色家居”研讨会
2015 年 9 月 9 日	“发展契机与工业化发展”行业研讨会
2015 年 9 月 9 日	中国户外休闲家居产业发展大会
2015 年 9 月 10 日	“设计广东”行业论坛
2015 年 9 月 10 日	2015 年全球家具前景研讨会
2015 年 9 月 11 日	媒体与产业共发展研讨会

四、展会亮点

（一）(: 意思 :) 设计沙龙

上海虹桥家博会特别联合 3 位主策展人朱小杰、侯正光、Leonard Theosabrata（里昂）和色彩总监宋建明，共同策划（: 意思 :）设计沙龙。3000 平方米的空间，近 20 个一线品牌，300 余件作品，5 个工作室，7 所知名设计院校，得到 8 个国家及地区设计机构的大力支持。亚洲的家具设计，无论是历史还是当下，无论是造型还是工艺，都在本届上海虹桥家博会上展现了她高雅动人的风采。

（：意思：）设计沙龙展活动现场

（二）办公环境主题馆

3 月广州家博会的第二期和 9 月上海虹桥家博会均设有办公环境主题馆，活动截止到 2015 年 9 月已举办到第 7 届，一直由著名办公环境策划人许照明先生领衔担当，9 月上海虹桥家博会上国际知名办公家具厂商 Herman Miller、玛祖铭立、诺梵、亚太、莱特斯、Interwand、冈村、海蒂诗、哲高、赫天、仙域、纳贝西、花到家、湾里书香等众多企业联合奉献了 14 场主题演讲和论坛，各位重量级嘉宾从各个侧面呈现关乎“生活、智能、效率”的精彩主题。

办公环境主题馆活动现场

五、展会预告

第 38 届中国（上海）国际家具博览会将于 2016 年 9 月 7 ~ 10 日在上海虹桥的国家会展中心（上海）举办，展览规模 40 万平方米，涵盖民用现代家具、民用古典家具、户外家居、饰品家纺、办公商用及酒店家具、家具生产设备及配件辅料六大展区和国际家具、设计两个专题馆。展会立足上海，辐射长三角洲乃至全国，全球企业参展热情不断高涨，预计将有超过 2500 家的海内外参展企业齐聚上海虹桥，超过 10 万名具有商业价值的专业观众到会，共同演绎精彩绝伦的“大家居”行业盛宴。第 39 届中国（广州）国际家具博览会将于 2017 年 3 月 18 ~ 21 日、3 月 28 ~ 31 日广州琶洲的广交会展馆和保利世贸博览馆举行。敬请关注！

微信二维码手机版官网二维码

官方网址：www.ciff-sh.com

微信公众号：CIFF 家具展

2015 第四届中国沈阳国际家具展览会

一、展会概况

2015 第四届中国沈阳国际家具、建筑装饰原辅材料及木工机械博览会（简称沈阳国际家具展览会）由中国家具协会、辽宁省家具协会和上海博华国际展览有限公司主办，于 2015 年 8 月 15 ~ 17 日在沈阳国际展览中心成功举办。展会汇聚 609 家国内外家具企业参展，比上届增加 20.1%；展厅面积达到 11 万平方米，比上届增加 10%；9.7 万多观众与会，比上届增加 35.7%；国内外 60 多家行业媒体到会跟踪报道。本届展会不仅在参展品牌、展厅面积、展会服务上得到提升，而且在展会的内涵、品质得到升华，亮点频现，成为中国北方规模最大的“国字号”全产业链的家居盛会。经过四年洗礼的沈阳国际家具展会，以它独有的魅力，惊艳业界。

2015 第四届中国沈阳国际家具展览会展馆鸟瞰图

展会设有实木家具、板式家具、软体家具、小件家具、定制家居、智能家居、门品地板、木工机械及原辅材料八大展区。引入定制家具、绿色环保、“互联网 +”等新概念，整合家居产业资源，促进家居全产业链共同发展。

展会以培育打造中国北方区域品牌为重点，突出定制、实木家具及木门主题，推广自然环保、科学健康的家居生活理念，形成全产业一体化的展示平台。为行业的深度交流、合作，从政府、互联网、商业价值、营销渠道、产品开发等多角度设置主题活动，面向国内外邀请参展商、经销商及专业嘉宾，营造最专业、最务实的行业互动交流环境。

二、观众分析

展会以沈阳为核心，辐射东北、华北及东北亚国际市场。目标对象主要是二、三、四线城市并兼顾俄罗斯、蒙古、日本、韩国、朝鲜等国家，为辽宁乃至东北家具走向全国和国际市场搭建高效

2014 ~ 2015 中国沈阳国际家具展会后数据统计表

主要指标	2015 年	2014 年	同比增长率
展会面积（万平方米）	11	10	10.0
展商数量（个）	609	507	20.1
观众人次（万）	9.7	7.15	35.7
海外观众人次（万）	0.6	0.5	20.0

平台。展会人气兴旺，观众数量逐年攀升，有近十万观众莅临展会。

按观众从事行业分：经销商占比为60%；生产企业及专业设计团队占比为20%；集团终端客户占比为10%；一般消费者占比为10%。

按观众所在地区分：来自辽宁省内的观众占比为35%；吉林省占比为15%；黑龙江省占比为15%；内蒙古占比为10%；河北省占比为10%；海外观众占比为6%；其他占比为9%。

观众登记处现场

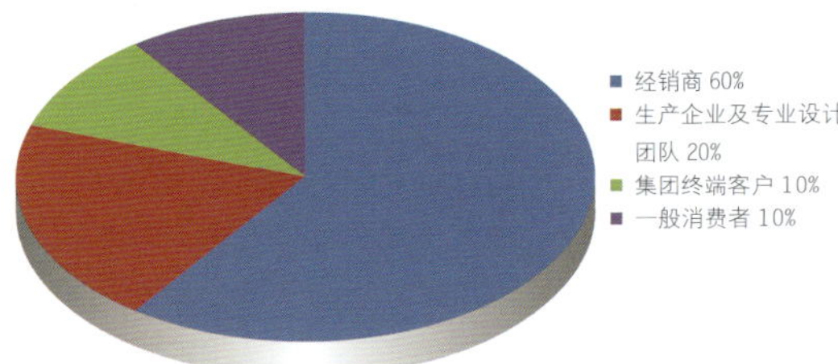

观众从事行业

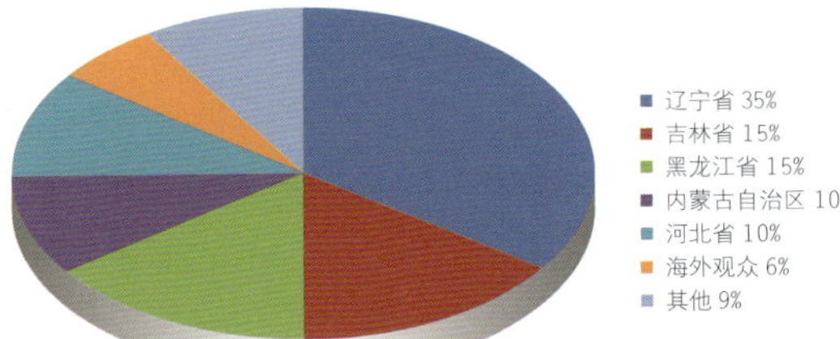

观众所在地区

三、现场活动

（一）开幕式及领导视察

2015第四届中国沈阳国际家具展览会开幕式在沈阳隆重举行。中国家具协会理事长朱长岭、辽宁省工商联主席杨冠兴、辽宁省家具协会会长祖树武出席开幕式并致辞。北京、天津、山东、河北、陕西、哈尔滨、四川、吉林、黑龙江等省市家具协会负责人，胜芳、南康、庄河、彰武、于洪等国内特色家具产业集群的领导、国际采购商及多家新闻媒体的代表600多人出席开幕式。

8月15日，辽宁省政协副秘书长李清连、经济委员会主任李铁民、沈阳市政协副主席韩晓言等省市政府、政协相关领导到会视察调研。

（二）会议论坛

展会期间活动丰富多彩，高端论坛促进行业交流。8月16～17日连续举办了以“设计、创新、发展、融合”为主题的“首届现代家居产业（沈阳）国际高峰论坛”、“互联网家装及智能家居发展趋势论坛”和“全国新形势下定制家居企业发展高峰论坛”。亚洲家具联合会会长、中国家具协会理事长朱长岭，辽宁省家具协会会长祖树武和各地行业协会负责人，西班牙设计师SantiagoSevillano Sebastia先生，北京尚品宅配有限公司总经理高申等领导和嘉宾及企业代表500多人出席会议，探讨现代家居发展之路。

组织全国各地协会领导和企业家考察沈阳、彰

展会开幕式现场

武、抚顺和 3D 木业生产基地，深入探讨项目合作及行业发展趋势，效果显著。业界人士预测，本届展会将对辽宁家具行业发展、提升，产生重大影响，未来三年，沈阳将成为中国现代家居产业的新高地。

四、展会特色

首次开设的国际家具原创设计展区备受欢迎，来自美国、德国、法国、意大利、丹麦等 9 个国家的 20 多个国际品牌产品参展，比去年增加 50%。

2 万平方米的定制家居大展区，震惊业界，四年前，邀请八大国家协会来沈研讨的定制家居项目，如今已是硕果累累，在全国同类会展中，沈阳的定制家居异军突起，大获全胜。

尽显辽宁家具大省的风范，本届展会除上述国际品牌参展外，还有国内北京、天津、辽宁、吉林、黑龙江、河北、山东、浙江、广东、四川等 18 个省市及香港、台湾地区企业参展。辽宁参展企业为 328 家，占比 52%；沈阳 217 家，占比 35%。沈阳于洪和法库、大连庄河、阜新彰武四大产业园区均组团参展。

打造了一个家居全产业链的行业盛会，本届大会不仅家具产品琳琅满目，丰富多彩；原辅材料、五金配件、油漆涂料、木工机械，也是应有尽有。

“首届中国现代家居产业（沈阳）国际论坛”，成为大会瞩目的焦点，采取国内国际企业、专家同堂，大会套小会，论坛、讨论和考察相结合方式进行，展会将具有前瞻性特点及流行趋势的品类进行重点推广，引领行业发展。

五、展会预告

（一）基本信息

展会名称：2016 第五届中国沈阳国际家具、建筑装饰原辅材料及木工机械博览会

展会时间：2016 年 8 月 5 ～ 7 日

展会地点：沈阳国际展览中心（沈阳市苏家屯区会展路 9 号）

展会规模：面积 12 万平方米、700 家企业参展、10 万买家莅临

主办单位：中国家具协会、辽宁省家具协会、上海博华国际展览有限公司

（二）展会亮点

全国区域展之首：四年四大步，一举成为全国区域家具展之首。

首届现代家居产业（沈阳）国际论坛现场

设计领先引领时尚：以设计创新为根本，开展DOD设计大赛，设计之夜等专项活动，引领产品设计创新。

辐射东北亚 范围更广：展会针对日、韩、朝、俄等国家，同时覆盖东北、华北、西北、内蒙古多级市场，成为参展企业拓展市场的高效平台。

（三）展品范围

实木、红木、软体、板式、金属、办公、藤竹家具，小件、定制、衣柜橱柜家具，家居饰品、地板、居室门、原辅材料、木工机械、装修材料等。

（四）展会活动

第二届中国现代家居产业（沈阳）国际论坛
第五届全国集成定制家居发展论坛
日韩朝俄国际采购对接会
第三届中国沈阳国际家具展设计大赛
DOD家具设计展
2016辽宁省家居行业示范店（商场）表彰大会
东北高端家居渠道商联盟大会
第五届东北办公家具集团采购对接会

地址：沈阳市沈河区青年大街35号国贸大厦1109房间　邮编：110014
电话：024-88515557 / 22733381　传真：024-88572916　邮箱：Lnsjx@163.com　微信公众平台：syjjz22733380

08/设计大赛

DESIGN COMPETITION

随着家具行业规模的不断壮大，企业竞争愈加激烈，行业上下都在探索转型出路，设计创新则成了转型升级的关键所在。近年来，各个高校、企业、政府、机构组织、社会媒体等都在积极开办家具设计大赛，以此为契机提升行业的设计创新意识和水平。中国家具协会自成立以来即对推动家具设计创新工作高度重视，发动举办了多项全国性设计大赛，并在国内最早开设了家具实物作品评比的比赛模式，其中“金斧奖”中国家具设计大赛已成功举办11年，是中国家具行业内的最高设计赛事和最高设计奖项。本篇收录了“金斧奖”、“新繁杯”、“永裕杯”、“华润杯”、“名美杯”五个大赛2015年的获奖作品及大赛介绍，以供读者学习借鉴。

2014 ~ 2015“大岭山杯”金斧奖中国家具设计大赛复赛圆满闭幕

2015 年 9 月 9 ~ 12 日，2014 ~ 2015“大岭山杯”金斧奖中国家具设计大赛复赛实物作品展在第二十一届中国国际家具展览会（上海）成功举办。本届大赛由中国家具协会与大岭山镇人民政府联合主办，中国家具协会设计工作委员会及大岭山家具协会联合承办。

两年一届的“金斧奖”是中国家具设计界的最高规格赛事，志在为广大中国家具设计师及在校学

本届金斧奖复赛评审现场照片

金斧奖复赛展现场照片

金斧奖复赛展现场照片

生提供一个展示家具设计创意理念的专业平台。本届大赛是金斧奖大赛创立以来的第六届赛事，也是与大岭山镇人民政府合作举办的第三届赛事，大赛主题为“结构与细节”，意在将设计的注意力由外观设计引向改进产品内在品质，注重家具设计中结构的创新及细节的表现。

大赛于 2014 年 3 月在国际名家具（东莞）展览会上正式启动，分院校组和专业组两个组别，广泛面向高等院校、设计机构、家具企业等机构征集作品。大赛初赛作品征集截止日期为 2014 年 11 月，共收到来自广东、北京、云南、福建、浙江等地的千余个参赛作品，并于 2015 年 2 月 3 日完成初评工作，评出 195 件入围作品。2015 年 9 月 8 日下午，中国家具协会设计工作委员会的 11 名专业评委严格执行大奖赛章程和评选标准，以“公平、公正、公开”为原则，对所有参展作品进行终审，共评出金奖 2 名、银奖 4 名、铜奖 6 名以及优秀奖 20 名，共计 32 件作品，专业组和院校租各占 50%，另外还在院校组中评选出 4 名优秀组织奖和 4 个优秀指导教师奖。

陈宝光副理事长（左一）与李满林副镇长（右一）共同为金奖获得者颁奖

9月11日晚，大赛颁奖仪式在“设计师之夜”上隆重举行，中国家具协会副理事长陈宝光、大岭山镇人民政府副镇长李满林、上海博华国际展览有限公司董事长王明亮等领导共同出席了颁奖仪式。在颁奖现场，主持人公布了大赛获奖名单（详见下表）。并在现场对金奖的两位获奖者颁发了证书和奖金牌。至此，2014～2015“大岭山杯”金斧奖中国家具设计大赛正式落下帷幕。

中国家具协会副理事长陈宝光对本次复赛参展作品给予了高度评价，他认为：本届大赛参赛作品在设计质量上有了很大提升，同时强调了本届大赛的宗旨：一是外观，引领潮流，重在创新与创造；二是结构与细节，结构决定功能，细节决定品质。要努力将大赛打造成为培养、挖掘中国家具设计人才与引领潮流趋势的风向标。要继续深化并持续打造“中国家具设计金斧奖大奖赛”的品牌影响力，更好地凝聚国际国内设计力量，提高中国家具设计水平，营造国内优秀家具设计文化氛围，提高家具产品的国际竞争力。

2014～2015“大岭山杯”金斧奖中国家具设计大赛获奖名单

院校组			
获奖名次	单位名称	参赛者	设计作品名称
金奖	西南交通大学	李　才	转换
银奖	北京林业大学	毕启彤、李冬媛	弈
	顺德职业技术学院	赖浩塱	居
铜奖	北京林业大学	戴雅文、鲍慧平、李华慧、韩煜	Hide-and-seed chair
	广州大学	刘紫翘	金玲屏风
	顺德职业技术学院	赖浩塱	Easy life

（续表）

获奖名次	单位名称	参赛者	设计作品名称
优秀奖	北京林业大学	范雪、杨舒英、李华慧、冀瑶慧	牛仔与木边柜
	北京林业大学	刘晴、方嘉成、郭铠瑜、黄仪、陈则铭	禅椅
	北京林业大学	谷明燕、侯梦琦、吴迪靖、赵易	tong 桌
	福建农林大学	陈　杰	“瓣儿”桌
	福建农林大学	毛立立	真趣　简柜
	福建农林大学	曾　欢	多功能餐柜
	广州大学	梁子鑫	江南之舟
	南京林业大学	樊　帅	扇椅
	浙江理工大学	徐乐、杨存园	拼接方凳
	中南林业科技大学	陈志欣	亲子摇摇椅
专业组			
奖项	单位名称	姓名	设计作品名称
金奖	明珠家具股份有限公司	邹　剑	弯月
银奖	中山迪欧家具实业有限公司	易升伟	折叠餐桌
	中央民族大学	苏垣、王周、卢克岩、曾友、朱艺、张龙生	“安然无恙”六人桌
铜奖	中央工艺美术学院	干　珑	休闲椅
	智汇设计工坊	黄耀全	竹林参禅·幽园养素
	溢莱家居有限公司	朱来明	电脑桌
优秀奖	四川城市职业学院	杨凌云	可拆装衣柜
	上海酬勤家具有限公司	郑铁	琴键－沙发床
	广西机电职业技术学院艺术设计系	吴海波	壶门祥云镂雕福案
	上海迈骏建筑技术有限公司	刘　峰	简三角
	上海卡纳建筑装饰设计工程有限公司	王　达	环环相扣
	东莞职业技术学院	黄子文	古香
	金晖家具设计（北京）工作室	金　晖	吉象平案（吉祥平安）
	木制社设计同盟、广东中山志成红木	文阳、盛春亮、邓文鑫	舁·衣架
	中山市齐家家具有限公司	陈伟新	鼓形椅
	兄弟木业（海阳）有限公司	林作新	一种易于拆装的衣柜
优秀组织奖			
南京林业大学	北京林业大学	中南林业科技大学	福建农林大学

2014～2015“大岭山杯”金斧奖中国家具设计大赛部分获奖作品展示

金奖 | 西南交通大学 | 李 才 | 转换

银奖 | 顺德职业技术学院 | 赖浩塱 | 居

银奖 | 北京林业大学 | 毕启彤、李冬媛 | 弈

铜奖 | 北京林业大学 | 戴雅文、鲍慧平、李华慧、韩煜 | Hide-and-seed chair

中国家具出口第一镇 | 亚太最大家具制造基地

2014-2015

大嶺山杯

金斧奖中国家具设计大赛

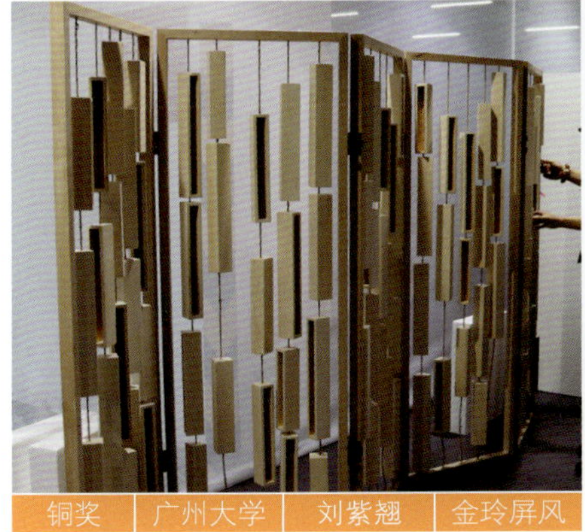

铜奖 | 广州大学 | 刘紫翘 | 金玲屏风

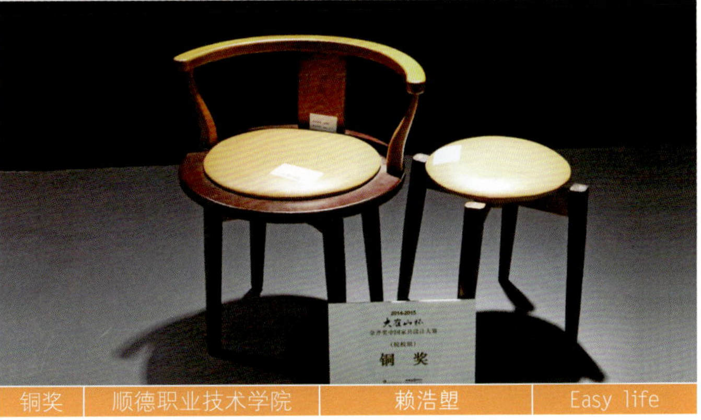

铜奖 | 顺德职业技术学院 | 赖浩塱 | Easy life

金奖 | 明珠家具股份有限公司 | 邹剑 | 弯月

银奖 | 中山迪欧家具实业有限公司 | 易升伟 | 折叠餐桌

银奖 | 中央民族大学 | 苏垣、王周、卢克岩、曾友、朱艺、张龙生 | “安然无恙“六人桌

铜奖 | 顺德职业技术学院 | 干珑 | 休闲椅

铜奖 | 智汇设计工坊 | 黄耀全 | 竹林参禅，幽园养素

铜奖 | 溢莱家居有限公司 | 朱来明 | 电脑桌

未来·家“新繁杯”金斧奖中国家居设计大赛圆满闭幕

“金斧奖中国家居设计大赛”是中国家具行业最高设计赛事，旨在为中国家具行业搭建一个良好的家具设计平台，提高家具产品的国际竞争力。2014年9月，在第二届中国西南家居博览会上，中国家具协会正式将该奖项落户中国新繁家居博览城，并冠名“新繁杯”。这也是金斧奖大赛自创立以来首次落户西部。

未来·家“新繁杯”金斧奖中国家居设计大赛由中国家具协会主办，中国家具协会设计工作委员会、成都家具产业园管理委员会共同承办。本届大赛以“空间与细节”为主题，重点关注产品设计、室内设计和景观环境设计三个方面，关注产品的艺术创新与设计理念。本次大赛分为专业组和院校组，专业组以国内外的设计机构和企业为主，包括设计师、工艺师、企业家和教师。院校组以国内外的大专院校学生为主。

本届大赛本着“高起点，高水准”的宗旨，自正式启动以来，成为众多家具设计爱好者、优秀设计师“比武”的空前盛会。经过八个月的作品征集，大赛组委会共收到来自国内外优秀家居设计师

作品评审现场

作品评审

及在校师生近千份参赛作品，参赛人员上千人，包括来自意大利、中国香港、中国台湾、广东省、江浙等地的优秀设计师以及来自香港中文大学、日本早稻田大学、江南大学、华南农业大学、中南林业大学、北京林业大学等国内外数十所家居设计专业重点院校师生纷纷向组委会踊跃投稿，可谓是群英荟萃，优秀作品层出不穷。

2015 年 5 月 15 日，"新繁杯" 金斧奖中国家居设计大赛作品评审活动在成都落下帷幕，由中国家具协会副理事长陈宝光领衔的金斧奖专家评审团，秉着 "公开、公平、公正" 的原则，经过两轮认真的评选与激烈的讨论，共同评选出了本届 "新繁杯" 金斧奖中国家居设计大赛金奖、银奖、铜奖与优秀奖获奖作品。

2015 年 7 月 3 日，正值第十六届成都国际家具展开展之际，"新繁杯" 金斧奖中国家居设计大赛举行了隆重的颁奖典礼，对本届大赛的获奖者进行了隆重的表彰。同时本届大赛获奖作品还在第十六届成都国际家具展与第二十一届中国国际家具展两大国际性展会上进行了对外展示，吸引了众多行业人士的高度关注，感受中国家具界的原创力量。

颁奖典礼

作品展出

未来·家“新繁杯”金斧奖中国家居设计大赛获奖作品名单

组别	奖项	姓名	作品名称	单位
院校组	金奖	马健翔	未来家：节能智能	福州大学厦门工艺美术学院
	银奖	赵欣倩	城市漂泊者青年公寓设计——音乐家	福州大学厦门工艺美术学院
		李正演	沿	浙江农林大学
	铜奖	黄文斌	气流	福州大学厦门工艺美术学院
		钟彩凤	青年之家	福州大学厦门工艺美术学院
		杨迪	局部干洗机	中原工学院
院校组	优秀奖	黄萍萍	DIY HOUSE	福州大学厦门工艺美术学院
		杨斌	胶囊公寓	福州大学厦门工艺美术学院
		叶柳燕	变色龙之家	福州大学厦门工艺美术学院
		陈郡东、李永晓、孙思雨、王元哲、张羽佳	威客之家	西南交通大学
专业组	金奖	梁锦标	柜式厨房	香港梁锦标设计有限公司
	银奖	梁锦标	一家之柱	香港梁锦标设计有限公司
		张卓群	市民馆设计	日本早稻田大学
	铜奖	黄洪森	笼	东莞梵致设计工作室
		Paolo Dellapiana	风景之家	欧讯设计咨询公司
		陈虹旭	智能衣柜设计	自由设计师
	优秀奖	叶皓宇	Huvafen 户外休闲椅	neilDESIGN
		钱晓波	米兰欧式新古典餐厅家具	江南大学
		Giacomo Alessandria	北欧怀旧	欧讯设计咨询公司
		方彦	“Health space”厨具收纳空间	自由设计师
		周鹏	折叠定时灯具设计	自由设计师

未来·家“新繁杯”金斧奖中国家居设计大赛部分获奖作品展示

金奖	福州大学厦门工艺美术学院	马健翔	未来家：节能智能

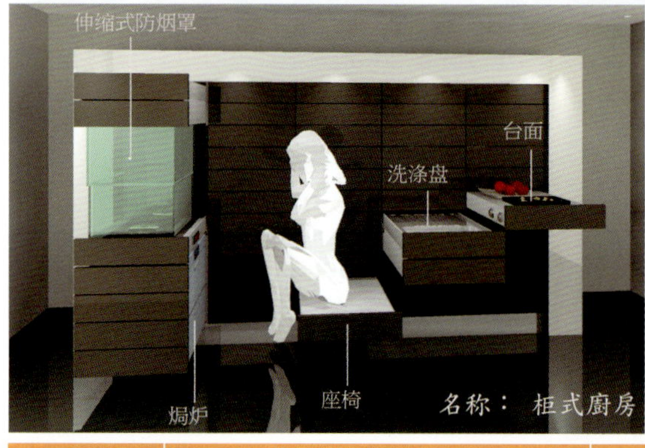

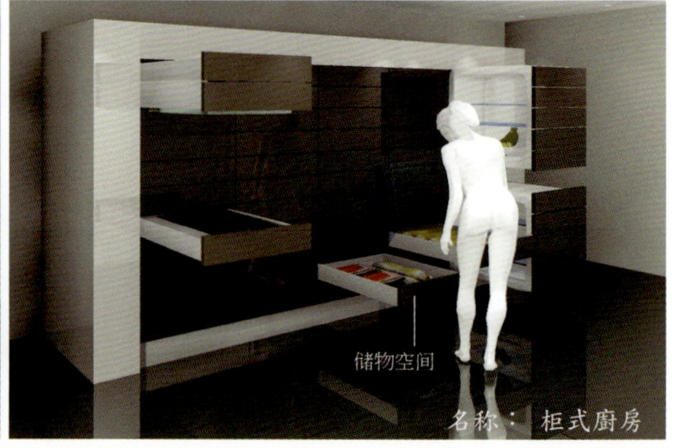

金奖	香港梁锦标设计有限公司	梁锦标	柜式厨房

2015“永裕杯”竹空间设计大奖赛圆满闭幕

2016年4月13日，“2015‘永裕杯’竹空间设计大奖赛”作品评审会在浙江省安吉县永裕高耐竹科技有限公司举办 。由竹材料研究领域专家、学者和设计师7位评委组成评审委员会，面对来自各地的549份参赛作品。评委们经过三轮评审，最终选出一等奖1组，二等奖2组，三等奖5组及优秀奖10组。一等奖的得主是来自东南大学建筑学院的邢艺凡作品名称为"泊篁"。

本次竞赛由中国家具协会、中国室内装饰协会、浙江省安吉县人民政府主办，国际竹藤组织、中国林产工业协会、中国竹产业协会联合主办，安吉县竹产业发展局、中国建筑中心（CBC）、《城市·环境·设计》（UED）杂志社承办，并由浙江永裕竹业股份有限公司独家冠名。此次竞赛以“空·竹——传承与创新下的竹材料空间设计”为主题，设计对象为小型公共服务设施设计，涵盖公交车站、候车厅、公共卫生间、茶室、咖啡厅、图书馆、观景平台等，要求参与者不断追问与探索传统建筑材料的发展之路，探讨当代人的居住及人文需求，通过竹材建立建筑与生命之间的联系，构建具有生命力的绿色城市与建筑空间，并寻求适宜技术使方案具有可实施性。希望能够建立一个设计界的交流合作平台，发掘传统建材竹子这一可再生、可循环、典雅而又古朴的传统原生材料在建筑中的新生命，为当下的建筑以及城市更新带来更多可能。

本届竞赛由中国工程院院士、中国竹产业协会副会长、南京林业大学教授、浙江农林大学名誉校长张齐生院士担任评委会主席，都市元素（北京）国际建筑设计有限公司首席建筑师、中国国家画院建筑艺术研究院研究员王刚担任评委会执行主席、中国建筑中心（CBC）主任、《城市·环境·设计》(UED) 杂志社主编、天津大学建筑学院特聘教授彭礼孝，上海郑稼和建筑设计事务所首席设计师郑稼和，四面田工作室创始人、主持建筑师、西南交通大学建筑与设计学院教授王蔚王蔚，dEEP

评审会开幕式现场照片

评审现场

张齐生院士致辞

评委现场讨论

Architects 建筑设计事务所创始人、英国皇家建筑师学会会员李道德，浙江永裕竹业股份有限公司董事长陈永兴担任评委，同时增补委员杭州叶友建筑装饰设计有限公司董事长叶友参与评委讨论。《城市·环境·设计》(UED) 杂志社执行主编柳青主持，张齐生院士和安吉县委常委、常务副县长钱洪文先生分别致辞。

张齐生院士建议优秀的设计作品能有机会超越构想，落地生根。同时通过本次竞赛，希望能够建立一个设计界、文创界与竹材生产企业之间的交流合作平台，发掘竹材在建筑景观、家居设计中的新生命，为当下城市、乡村的建设带来更多可能。同时，也希望更多的专业机构、专业人士加入到研究竹空间打造的队伍中来，努力构建出独具创意性的作品，以优秀的设计理念、设计作品，引领未来！

在第一轮评审中，通过不记名投票正向选择出通过作品；在第二轮中，由评审会主席张齐生和评委会执行主席王刚组织评审团在筛选出的作品前讨论并进行二次投票，选出优胜作品；第三轮由评审会执行主席王刚组织并评选出一等奖 1 组、二等奖 2 组、三等奖 5 组、优秀奖 10 组。最终由专业组评委会执行主席王刚确定并宣布评奖结果，所有评委撰写一二三等奖评语，并共同签署《评审决议书》。最终由王刚代表评审委员会，对一二三等奖作品进行现场点评和鼓励。

到场领导嘉宾合影

2015“永裕杯”竹空间设计大赛获奖名单

一等奖		
泊篁	东南大学建筑学院	邢艺凡
二等奖		
夜夜想起妈妈的话——祭祀竹亭设计	合肥工业大学	蔡剑华，张驰，郭翰宸
亲吻大地·迎接光—青海·年宝玉则的公共卫生间	西南大学园艺园林学院	徐文竹
三等奖		
竹居—实验性自主竹建构	同济大学	蒲昊旻、李凌枫、黄亮博
斜风细雨不须归	北方工业大学	曾程、刘玉倩、王黛阿
空·境	北京多角度空间设计	张建国 韩慧生
象.竹.居	独立设计师（DP Architects 缔博建筑设计公司）	林潇颖
校车站的日常	西南交通大学犀浦校区	王宇实 钟少宏 罗克乾
优秀奖		
竹染市坊	天津大学	张天翔 刘晓宇
竹－展示空间	西南交通大学产品设计研发中心	黄涛 骆守旺 魏光超
竹立方咖啡馆	杭州杜营建筑设计有限公司	邵冰
伞空间	独立设计师（中国美术学院）	黄明健
空竹聚水，旧屋复生	西南交通大学犀浦校区	韩照、文君、王宇
桥上又一亭	华中科技大学建筑与城市规划学院	刘浩博 杨一萌
竹源	湖北大学	李帅轩、李新乐
放射和延伸	东南大学	汀琪、徐洋、黄旭
芒野之上	波尔多蒙田大学	顾晓宇
风之谷 竹之径——里庚村溪岸空间激活策略	浙江科技学院	章程、贾高松、周畅

2015“永裕杯”竹空间设计大赛部分获奖作品展示

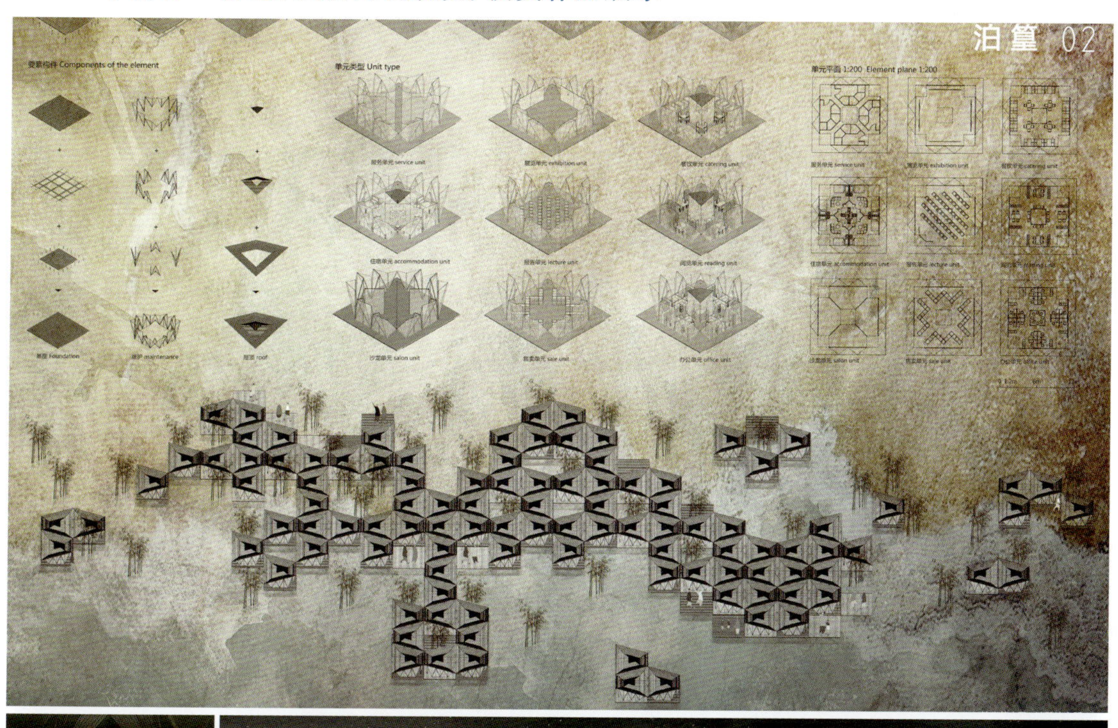

一等奖	东南大学建筑学院	邢艺凡	泊篁

CONCEPT 概念

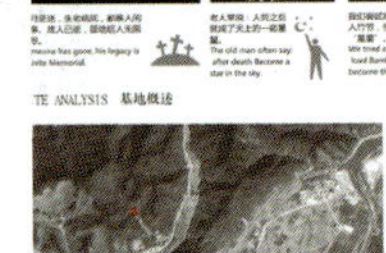

We tried a relic of the dead load Bamboo, make it become the new star

The process of hanging bamboo instead of the original sacrifice

SITE ANALYSIS 基地概述

The design of base in anji county, bamboo culture rich a hillside near the village. Small hillside of the original temple has been broken, lost the original function of ancestor worship. Our building along the old path of sacrifice to build up in a higher place, overlooking the village, looking at the stars. Building integrated with diffuse shendhu sea during the day, night become a beacon.

STRUCTURE SYSTEM 搭建体系

EVOLUTION OF ARCHITECTURE 建筑演化

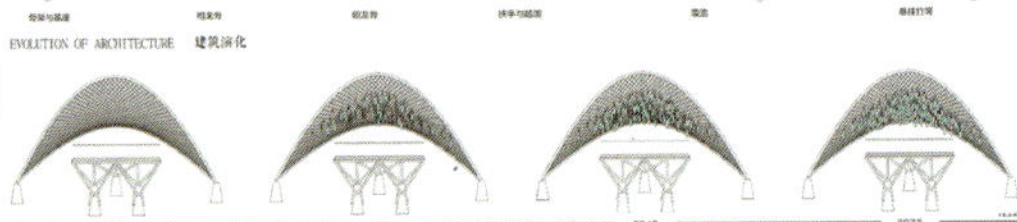

THE CHANGE OF TRADITION 传统的更迭

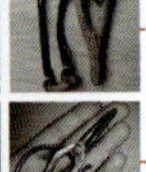

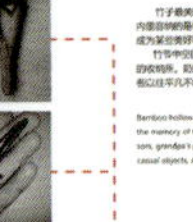

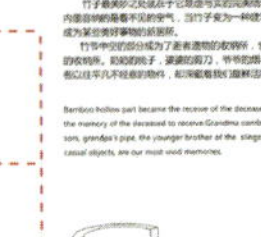

EMPTY BAMBOO PRACTICE 空竹做法

Bamboo hollow part became the receive of the deceased relics, has become the memory of the deceased to receive Grandma combs, mother in law scissors, grandpa's pipe, the younger brother of the slingshot, those past ordinary casual objects, are our most vivid memories.

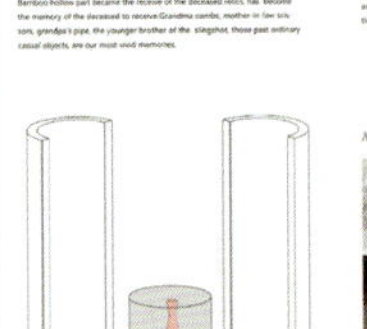

PRODUCTION PROCESS 制作过程

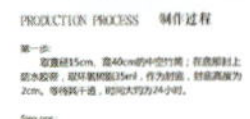

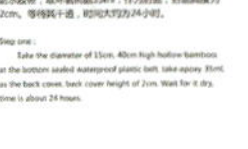

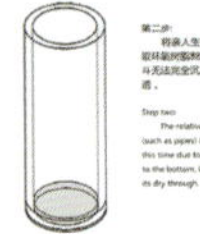

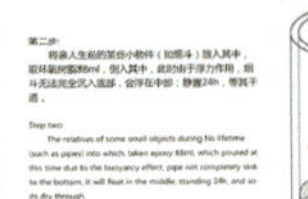

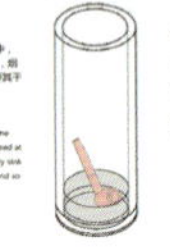

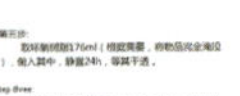

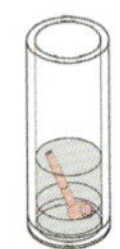

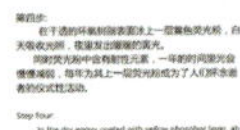

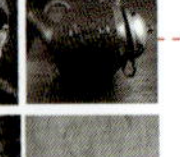

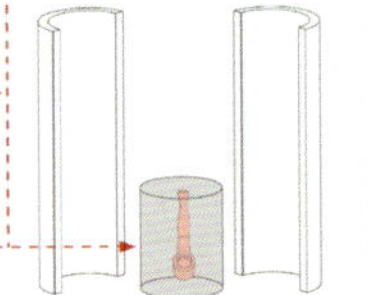

ACTUAL OPERATION 实际操作

二等奖	合肥工业大学	蔡剑华，张驰，郭翰宸	夜夜想起妈妈的话——祭祀竹亭设计

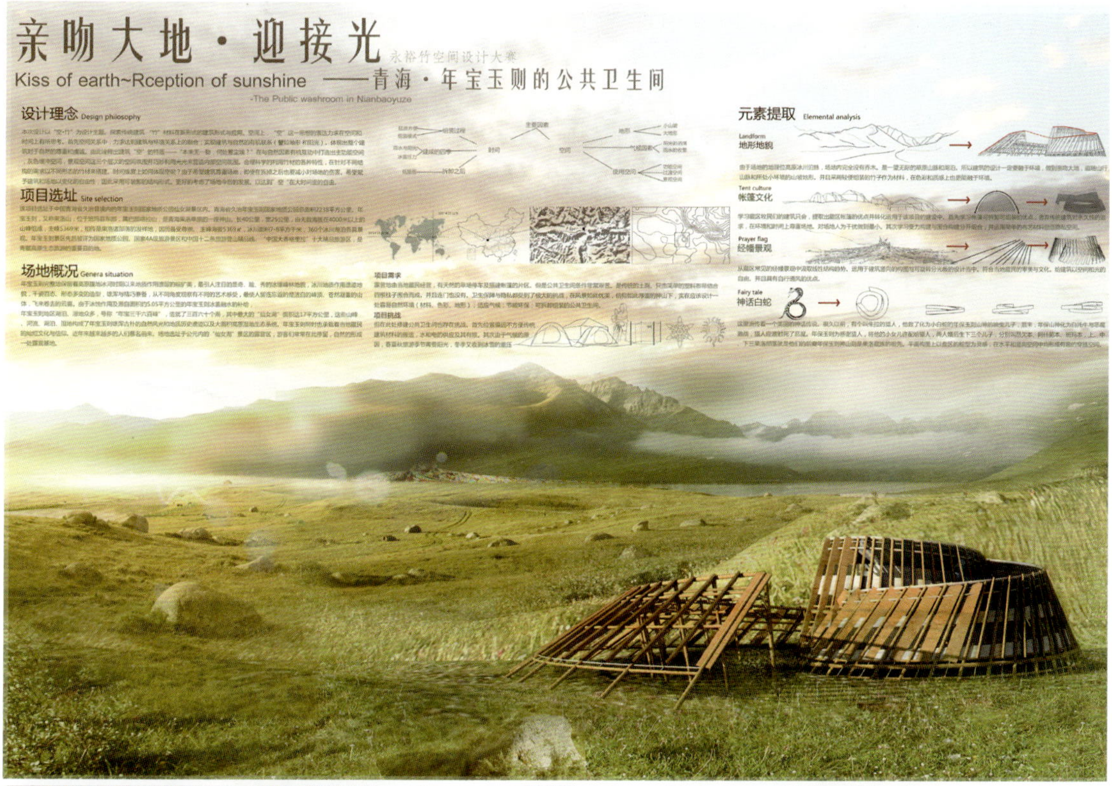

亲吻大地·迎接光

永裕竹空间设计大赛

Kiss of earth~Rception of sunshine ——青海·年宝玉则的公共卫生间

-The Public washroom in Nianbaoyuze

设计理念 Design philosophy

项目选址 Site selection

场地概况 Genera situation

项目需求

项目挑战

元素提取 Elemental analysis

Landform 地形地貌

Tent culture 帐篷文化

Prayer flag 经幡景观

Fairy tale 神话白蛇

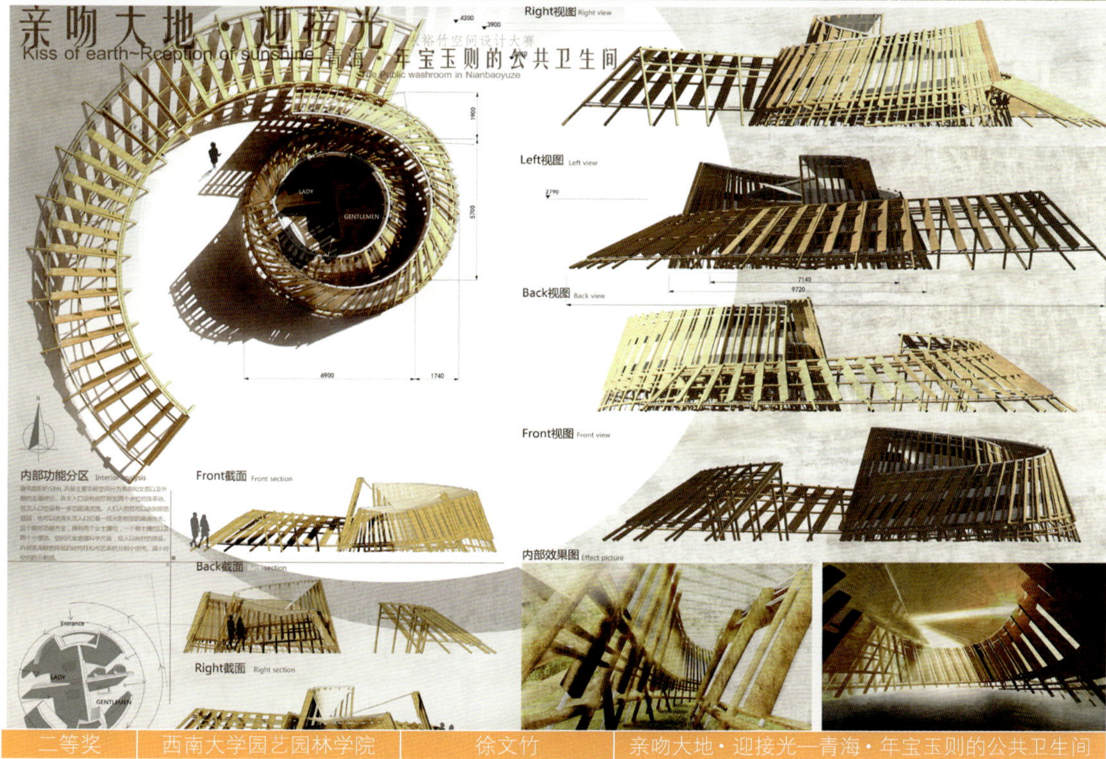

二等奖 | 西南大学园艺园林学院 | 徐文竹 | 亲吻大地·迎接光—青海·年宝玉则的公共卫生间

制定涂装人才标准，推动家具行业升级

“水性漆，健康家”|第 11 届“华润杯”家具涂装设计大赛总决赛

在 2016 年 3 月份的深圳家具展上，华润涂料以时尚感极强的涂装色彩效果展示，吸引了业界的目光。同时，也将第 11 届华润杯家具涂装设计大赛推到了全国家具企业面前。作为华润杯主办方，中国家具协会刘金良副理事长一行于展会第一天即到访华润涂料展位，参观了解了华润涂料时尚涂装流行效果及华润杯大赛的情况，并就华润杯的举办、家具行业环保涂装技术的推动、职业资格认证的合作等多项事项进行了较深入的沟通交流，刘金良副理事长对华润杯及其所代表的行业涂装水平给予了充分的肯定，“我们不是拟定一个技术标准，而是涂装行业的人的标准，在这方面，华润涂料应该占据行业的制高点。”

占据涂装行业人才标准的制高点，是中国家具协会寄予华润涂料的厚望，这样的期望，建立在华润涂料长期坚持所打造的牢固基础之上。作为国内唯一一项具备持续性发展特点的家具涂装赛事，华润杯全国家具涂装设计大赛自从举办以来，已经走过了 11 届赛事历程。大赛以公平、公正、权威的特点，受到众多家具企业的关注与欢迎，被誉为家具涂装趋势的风向标，成为体现家具涂装流行趋势的晴雨表。

本届华润杯赛事顺应时代趋势，以“水性漆、健康家”为主题，致力于为行业推广可靠、高品质的环保涂装解决方案，以及制定优秀的涂装技能人才标准。大赛共收集到近 1000 份全国选送作品。经过严格的甄选，共计 166 份优秀作品入围总决赛，共同角逐大赛最终奖项，从中体现中国家具涂装的最佳水准。而在此之前，第 11 届华润杯家具涂装设计大赛历经一年的预赛时间，在以往赛事规则上进行了调整，扩大了赛事参与的范围，增设了“走进企业”的环节，将大赛从以往的单一场地，转移到了众多知名家具企业的生产车间，在广州欧派、郑州雅宝、上海月星等多家企业上演了精彩的涂装技艺竞赛，获得了企业方高度认可。

随着华润杯的不断发展，在坚持不懈举办的基

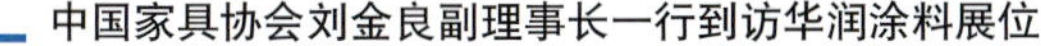
中国家具协会刘金良副理事长一行到访华润涂料展位

础上，不断调整赛事主题与内容，与时俱进地贴合时代特征，挖掘行业人才、推动涂装技术进步，华润杯全国家具涂装设计大赛，将进一步成为国内家具企业喜闻乐见的专业赛事，为推动家具行业发展升级，制定涂装行业人才标准，发挥其举足轻重的作用。

华润杯走进企业：广州欧派橱柜涂装竞赛

华润杯走进企业：上海月星工厂里的涂装赛事

华润杯走进企业：郑州雅宝站

09/人才教育

PROFESSIONAL EDUCATION

目前，我国家具人才培养方式主要有职业培训和院校教育两大部分。据不完全统计，我国针对性开设家具专业的高校有100多家，除高校外，还有一大批中职院校、技工学校也专门开设了家具专业的课程，进行专门培养。本篇收录了国内17所开设家具专业的代表性院校，分高等农林院校、高等职业院校、中等职业院校和技工院校4个大类进行分别介绍。每个院校从学院及专业概况、学院荣誉、校企合作、培养模式、毕业生情况五方面进行针对性介绍，便于读者对比查阅每类院校的培养特色、教学特色及学生特色，快速了解每类院校的独特优势。

南京林业大学

一、学院及专业概况

南京林业大学于 1986 年在国内率先开办“家具设计与制造”本科专业，2000 年开设了“工业设计”科专业，2003 年率先获准设立了“家具设计与工程”二级博士点学科，2008 年 9 月成立国内第一个“家具”与“工业设计”的学院，2009 年新增了“工业设计工程”工程硕士专业学位点。

二、学院荣誉

学院与美国、意大利、加拿大、德国、英国等国家的高校或研究机构建立了广泛的人员交流和科技合作关系，尤其是与意大利佛罗伦萨大学、意大利托斯卡纳家具协会等合作共建了“中意家居设计创新中心”，与美国密西西比州立大学等开展紧密合作，引进国外资源，组建了家具专业团队，为国内家具企业进行产品设计开发和技术研究、技术服务等，有效拓宽了高校和企业的国际视野、国际交流与合作。

三、校企合作

学院积极探索家具专业人才培养新模式，始终坚持“开放”的定位和心态，坚持多种形式的产学研合作，已经形成了“订单式培养、开放式教学”校企协同人才培养模式；同时，家具学院已成为国内许多知名家具企业的智库，为家具企业产品研发、生产制造、管理服务和转型升级等提供了强大的咨询、人才和技术支持，实现了校企合作、双赢发展的巨大飞跃。

四、培养模式

（一）“订单式培养 开放式教学”的人才培养模式

通过与企业合作建立“圣奥班”、“太兴家具班”、“兴利俱乐部”、“亚振兴趣小组”、亚振企业的“大专班”、“本科班”、“工程硕士班”，“南林 & 震旦”设计工作营、“东阳木雕工作营”等，努力探索实践教学创新，拓宽开放力度，积极探索和推行了“订单式培养，开放式教学”的人才培养模式。

“订单式培养”是结合企业对人才的需求定点培养学生。南林家具学院培养的学生主要是应用型人才，学院一方面加强课堂教学，保证学生具有扎实的理论功底；另一方面，结合行业特点，与国内知名家具企业建立形式多样的合作关系，为学生实习、实训和社会实践创造平台。“开放式教学”是将企业技术、管理人员聘请到学校，走进大学的课堂，给学生上课；同时学院派学生到企业去实习，让学生的社会实践与企业挂钩。

（二）“把课堂搬进工厂 让教育实现共享”的人才培养途径

在培养在校大学生的基础上，南林家具学院还与企业或行业紧密合作，积极探索“把课堂搬进工厂，让教育实现共享”的人才培养途径。2010 年经江苏省教育考试院同意，在亚振家具有限公司设立了家具“自考班”教学点，通过合办“亚振家具管理学院”对亚振企业员工进行学历教育，分别开办了两期大专班（2010 年 9 月、2012 年 10 月）、两期本科班（2011 年 9 月、2016 年 3 月第一期）、一期工程硕士班（2011 年 12 月），共有 100 多名员工参加学习；与东阳市红木家具协会合作，2015 年 5 月成功举办了第一期为期 10 天的“家具设计师创新创业培训”，第二期培训班将于 2016 年 5 月开班，共有近 80 多名设计及管理人员参加培训。对在职人员进行学历教育与专题培训，让生产一线的员工系统及时地更新了理论知识与设计理念，提高了专业技术能力与素质。

（三）“开放”是南林家具专业人才培养的主旋律

把学生“放”到企业　把学生的生产实习、毕业实习（设计）以小分队的形式（比如 15~20 个人）安排到校外教学实习与实践基地进行驻厂几周或几月的实习，了解职业状态，感性熟悉生产实际，接受生产一线实践锻炼，在南林家具学院，学生大学四年有 1/4 的时间在实践。目前，家具专业有实质性合作的实习与实践基地 50 多家，涵盖了不同类型的国内家具行业知名企业。

把教师“放”出去　在南林家具学院，教师进企业科学研究、技术服务、兼职创业已是常态。多年来学院一直鼓励教师走进企业，开展产学研深度合作。一方面，把学校最新的研究成果第一时间“投放”企业；另一方面，把生产一线的课题带进了课堂，让课堂在理论与实践中实现“无缝对接”。

为企业“开”大门　为企业、为社会培养有用人才，南林家具学院历年来一直坚持把企业一线人员请进来，走进课堂为学生“现身说法”。同时，“圣奥”、“百隆”、“亚振”等不少知名企业，倾慕学院优质的资源和业内的影响力，也定期委派优秀技术与管理人员为学院本科生上课。

为行业“开”课堂　一方面，根据企业的需求，通过合作开设“自考班”、“成教办”、“研究生班”对企业员工进行学历教育；另一方面，与一些家具行业协会和企业紧密合作，在校外或校内开设各种类型的短期专业培训班或专题培训课，为行业和企业在职人员的继续教育和培训发挥了积极作用。

五、毕业生情况

南京林业大学家具与工业设计学院自 2008 年 9 月成立以来，连续 7 年学生毕业离校时的就业率都达到 100%。在全校 70 多个本科专业中，连续名列第一。在每年 11 月校园招聘会期间，都主办以企业挂名的“** 之夜家具人才联盟嘉年华”校企联谊晚会（如“圣奥之夜”、“酷漫居之夜”、“诺梵之夜”、“亚振之夜”、“太兴之夜”等）；2010 年起，联合众多企业合作成立了“南京林业大学家具人才企业联盟”。

连续多年来，学院积极探求和推行“家具设计师”职业技能培训鉴定的“双证制”，实施和完善了“家具设计卓越工程师”教育计划和培养模式，并积极组织学生参加各种类型的专业设计大奖赛，从而进一步加强理论与实际相结合，提高了学生设计与动手能力，有效提升了大学生的就业竞争力。一直以来，南林家具学院多次召开家具专业教育发展研讨会，邀请家具行业专家教授、行业和企业高层管理人员参与论坛，从不同的专题和视角对家具产业、专业建设、科学研究、人才培养、毕业生就业等方面进行交流与讨论，进一步加深了人才培养、科学研究、技术服务等多方面的校企合作。

联系方式
地址：南京市龙蟠路 159 号南京林业大学行政 2 号楼　电话：025-85427419/85427409　传真：025-85427439
邮箱：jjxy@njfu.edu.cn　官方网址：http://jiaju.njfu.edu.cn/index.asp

北京林业大学

一、学院及专业概况

（一）专业特色

北京林业大学材料科学与技术学院家具设计与工程系，下设家具设计教研室和家具工程教研室。着重研究家具产品设计理论与实践、家具与木质品产业工程、人体工程学、居住行为文化、室内空间设计等方面内容，旨在培养掌握家具造型、结构设计与家具制造工艺的基本理论知识和技能，掌握木材、木质复合材料的性能与加工的基本理论和工艺方法，在家具设计和制造、木材加工业从事研究、设计与生产技术管理等方面的高级工程技术人才。

（二）师资力量

家具设计与制造方向依托于国家重点二级学科木材科学与技术，承担专业方向主要课程的教师共有 26 人，其中教授 5 人、副教授 9 人、讲师 9 人，实验教师 2 人。承担专业核心课程教学的教师共有 9 人。

（三）硬件设施

专业以木材科学与技术学科为主干学科依托，该学科拥有“木质材料科学与应用”教育部重点实验室、“林木生物质材料与能源”教育部工程研究中心、“木材科学与工程”北京市重点实验室等优质平台。拥有家具制作实验室、家具检测实验室、海蒂诗大学生家具技术创新实验室、家具设计工作室等多个实验实践平台。

表 1　近两年部分获奖情况

比赛名称	获奖情况
IDA（International Design Award）	中国入围前 40 的有 7 组，北京林业大学家具方向有 3 组
2015 金斧奖	银奖，铜奖，优秀奖
2015 红古轩设计大赛	铜奖
受邀参加 2016 第 37 届中国（广州）国际家具博览会 & 第八届广州家居设计展	“华笔全国家居设计大赛”创意设计奖
受邀参加 2016 年米兰国际家具展·卫星设计展	展出作品受到国内外多家媒体的好评

二、学院荣誉

（一）获重要荣誉

近年来为提高学生综合设计能力，组织学生参加各种国际国内家具设计比赛及展览，成绩优异。

（二）科研成果

本专业教师承担国家、省部级科研项目多项：国家林业局公益性行业科研专项重大项目“家具用速生材改性及应用关键技术研究与示范”、国家林业局重点科学技术项目“绿色厨房家具设计与关键工艺技术研究”、北京市重点学科建设项目“速生材高效利用技术”、校级青年教师科技创新项目“座椅类家具舒适度生理学及心理学评价指标与评价方法的研究”、“家具产品创新设计与研究开发”、“北京市中小学教室内环境及课桌椅的人体工学研究”等。这些科研项目选题多与教学内容密切配合，对教学形成非常好的促进，成果显著。

三、校企合作

近年来北京林业大学家具设计与工程系鼓励骨干教师以工作室的形式带领研究生、本科生为主的团队，积极与企业开展各项技术和设计服务。“D.C.R. 设计工作室”与“最设计工作室”与国内多家家具等相关企业建立了长期的合作关系。如北京金隅天坛家具股份有限公司、北京世纪京泰家具有限公司、浙江方太集团、北京家美迪克卫浴设备有限公司、北京元盛隆博家具有限公司等。学校与企业合作，为企业在家具生产工艺、企业规划与管理、材料处理技术、木材鉴定、家具设计等多领域提供技术服务，并与多家企业合作建立正式的北京林业大学校外实习实践基地。

四、毕业生情况

专业毕业生除了掌握家具造型、结构设计与家具制造工艺等方面知识外，还掌握木材、木质复合材料的性能与加工、工艺方法等木质家具材料方面知识，是从事家具设计和制造、木材加工与生产技术管理等方面的高级工程技术人才。

家具设计与制造方向一直是学校就业率和就业质量都较高的专业方向。培养的毕业生大都进入国内大中型家具及木材加工企业、相关科研院所、木材及家具贸易领域、家具原辅材料领域、家具产品质量检测机构、室内装饰设计与工程企业、国内外著名产品设计机构等。

表 2　工作室与企业开展的合作项目

时间	合作企业与项目	合作情况与成果
2013	D.C.R. 设计工作室与方太柏厨有限公司合作，进行中式烹饪型厨房橱柜研发	在 7 个城市的展开厨房使用情况调研，发现问题，挖掘需求；并在此基础上进行了中式整体橱柜研发设计。最终方案为第三方合作者万科肯定，并建成样板房。
2014 ~ 2015	D.C.R. 设计工作室与方太柏厨有限公司合作，进行木作系列产品提升	为满足万科房地产幸福系产品功能升级需求，展开橱柜、玄关柜、卫浴柜、衣柜等木作产品的研发设计，并将研发的产品整理为产品手册。
2015	D.C.R. 设计工作室与秦皇岛乔氏台球合作，进行台球椅的设计研发	完成台球室的系列家具的设计方案，并进行样品制作。
2015	D.C.R. 设计工作室与北京家美迪克卫浴设备有限公司合作	针对卫浴家具的研发开展长期合作，并成立“北京林业大学·家美迪克·浴室家具研发中心（共建）”。
2013	“最设计工作室”与湖北崇阳天森实业有限公司展开实木民用家具产品设计	以湖北本地的传统文化为依托，对客厅、餐厅、卧室、书房等空间的家具进行设计。最终方案得到企业肯定并投入生产。
2014	“最设计工作室”与山东临沂木震东方家具公司展开实木民用家具产品设计	以新中式风格为依托，对客厅、餐厅、卧室、书房等空间的家具进行设计。最终方案得到企业肯定并投入生产。

表 3　木材科学与工程（家具设计与制造方向）专业本科毕业生就业率统计表

毕业年度	毕业生人数	升学人数	出国人数	灵活就业	就业率
2011	58	7	11	31	98.28%
2012	46	12	2	20	95.65%
2013	60	11	8	33	91.67%
2014	56	13	8	31	98.21%
2015	62	14	0	39	98.39%

联系方式

联系人：张帆　　地址：北京市海淀区清华东路 35 号北京林业大学森工楼　　电话：010-62338358/62336550
网址：www.bjfu.edu.cn / http://clxy.bjfu.edu.cn/　　邮箱：zhangfan1976@163.com

中南林业科技大学

一、学院及专业概况

中南林业科技大学与湖南省共建的“湖南省家具家饰工业设计中心”是中国家居行业唯一的省级研究中心。家具与艺术设计学院设有智能家具研究中心“家具企业产品策划研究所”、“陶艺与公共艺术工作室”、“住宅室内空间艺术研究所”、“现代家具工程技术研究所”、“新中式家具研究所”等研究机构或工作室。编辑出版中国家具行业核心期刊《家具与室内装饰》。现有家具与木制品工艺、家具与室内设计工程 2 个博士学位授权点，设计学、家具与室内设计工程、工业设计工程、艺术硕士 4 个硕士学位授权点。在校博士、硕士研究生 200 余人。学院开设工业设计、产品设计、环境设计、视觉传达设计 4 个本科专业，在校本科生近 2000 人。

二、学院荣誉

2015 年获批国家社科艺术规划项目 1 项，国家自然科学基金项目 1 项。学生参加红点奖、米兰设计周等国内外赛事获奖 100 余项。拥有实木家具、板式家具生产线各一条，并有 CNC 加工中心、电子开解锯等一系列大型设备以及 Festool 样品制作设备一套，总价值近价值 1500 万人民币，家具力学综合检测设备一套，价值 500 万元。建成材料处理与检测，性能分析等设备在内的实验室 5 间，具有 ERP、TitINKDESEGN 图文等多种软件。

三、校企合作

学院与安徽百仪公司、广东宏铭公司、广东欧派集团以及深圳仁豪家具有限公司分别建立横向合作工作室、图书室等。与宁波柯美集团、深圳仁豪家具、浙江圣奥家具共建校企合作班，与近 60 家大型企业签订产学研合作协议。开展各种形式的社会服务工作 150 余项，创造直接经济价值 30 亿元。

四、培养模式

学院坚持文、理、工、美协调发展的道路。与美国、俄罗斯、加拿大、德国、法国、意大利、日本、芬兰、瑞典等国家的高校和设计研究机构建立了教学和科技合作关系，聘请国内外知名高校和企业的 120 余名学者、设计师、企业家为兼职教授和客座教授。

2015 年中南林业科技大学家具与艺术设计学院毕业生就业流向数据表

总数（人）	专业		机关		事业单位		企业单位		三资企业		其他企业		自主创业		升学与出国
		人数（人）	百分比(%)	人数（人）	百分比(%)	人数（人）	百分比(%)	人数（人）	百分比(%)	人数（人）	百分比(%)	人数（人）	百分比(%)	人数（人）	百分比(%)
403	合计	5	0.1%	14	0.36%	171	42%	30	7%	144	35%	3	0.07%	36	0.8%
241	艺术设计	5	0.2%	9	0.3%	100	41%	30	12%	75	31%	2	0.08%	20	0.8%
111	工业设计	0	0	0	0	52	46%	0	0	44	39%	1	0.03%	14	0.12%
51	广告专业	0	0	5	0.9%	19	0.37%	0	0	25	49%	0	0	2	0.03%

联系方式

联系人：王頔　电话：0731—85658619　传真：0731—85658619　官方网址：http://jyxy.csuft.edu.cn/

东北林业大学

一、学院及专业概况

东北林业大学于1986年设立家具设计与制造专业；1994年设立本科家具设计与制造专业，授予工学学位；2012年专业目录调整，更名为产品设计专业，授予艺术学学士学位。2012年9月开始艺术设计（室内与家具设计创新创意）专业班招生，该班与企业开展共建模式，培养具有极强动手实践能力与创新思维的优秀本科毕业生。

第一主编教材《建筑装饰材料与应用》与《环境艺术设计快速表现技法》2014年分获教育部第二批"十二五"普通高等教育本科国家级规划教材书目；第一主编教材《中国传统家具文化》2014入选全国高等教育十二五规划教材；另有《家具设计学》《家具造型与结构设计》《家具造型设计》《家具设计》《室内与家具设计制图》《图案》《家具表面涂饰技术》《商业办公空间设计》《明清家具纹饰艺术》及《明式硬木家具制造》等多项教材及专著出版。

二、软硬设施

该专业是国内较早设立家具设计与制造专业的院校之一，在国内同类院校中具有较高的声誉。专业被调整为产品设计专业后，教学重点仍在家具与室内方向上，现有教师26人，实验系列专职教师3人，其中教授6人，副教授9人；教师中教育部教学指导委员会设计分委会委员1名，海蒂诗国际家具设计大赛评委1名，国内家具展国际家具评委2名，国家家具标准委员会委员2名，中国家具设计教育名师1名。专任教师学历具有博士学位的8人，硕士学位的17人。专业有经典明式家具展览中心，为古家具的学习和实践提供了很好的教学科研平台。

三、校企合作

目前，产品设计专业与北京世纪京泰家具有限公司、北京忽视木业有限公司、青岛一木集团有限责任公司、哈尔滨佳福钢塑家具有限公司、哈尔滨好门面门窗有限公司、哈尔滨长城装饰公司、哈尔滨境朗环境艺术设计有限公司等家具及装饰企业分别签约建立了教学实习基地。多年来共建有校外实践基地17处，有6名客座教授不定期来校，和学生进行交流与讲座，专业学生积极参加各类国内外设计比赛，累计获奖多次，目前，每年都有学生获得国家级或省级设计大赛奖。学生每年都与欧洲及中国台湾院校进行互换交流活动，专业教师先后参加多次中韩设计师作品展等国际与国内美术及设计展览，也多次参与企业产品开发设计及大型政府及企业室内装饰设计任务。

四、毕业生情况

全国家具企业有5万多家，建筑室内外装饰企业十几万家。产品设计专业现每年招收65人左右，每年毕业的学生供不应求，就业率常年在95%以上。

联系方式

地址：黑龙江省哈尔滨市和兴路26号东北林业大学材料科学与工程学院产品设计系　　电话：0451-82190395

福建农林大学

一、学院及专业概况

福建农林大学艺术学院鲜下设产品设计系、环境设计系、视觉传达系、动画系。产品设计专业围绕家居产品设计方向进行相关的专业课程的制定。已有稳定的竹木家具设计与开发、户外家具设计与开发、家具设计与评价、木塑家具设计与开发、陶瓷家居产品设计等研究方向，并在某些研究领域取得了突出成就，研究领域综合性强，区域地带性特色显著，特别是竹木家具设计与开发、家具设计评价等的研究处于国内领先地位。学院现有教师 10 人，其中教授 1 人、副教授 4 人。

二、学院荣誉

近年来，学院获省部级等部门奖 10 余项（含设计奖）。产品设计专业学生近 5 年产品设计系的学生（室内与家具设计方向）在国内外举办的家具设计大赛中，获得金奖 4 项、银奖 10 多项、铜奖 20 多项，其他奖项共计 220 多项；获得 5 项国家级大学生创新性项目、8 项省级大学生创新性项目。

三、校企合作

产品设计系同福建金牌、鸿盛家具有限公司、国辉工贸、好事达和浙江义乌林产品开发中心等地的家具与家饰企业建立了产学研合作关系。在新产品设计开发、新材料应用、新工艺研究、教学实习和人才培训等方面开展了卓有成效的合作。

2015 ~ 2016 年，授福建家具协会委托、和福建好事达家具公司一起举办福建省第二届“好事达”杯家具设计大赛，收到竞赛作品 1024 份，学院获得银奖 1 项（共 2 项）、铜奖 2 项（共 3 项）、优秀奖 2 项（共 6 项）、入围奖 6 项（共 20 项）；和好事达家具股份公司共同承办《橱柜设计》课程设计竞赛以及鸿盛家具有限公司共同举办《设计专题》课程设计竞赛，开启了企业命题与课程设计相结合的产学研合作新模式；和福建省政和县政府签订共同合作框架协议致力于竹产品的设计与研发的任务。

四、毕业生情况

学院产品设计毕业生主要为室内与家具设计方向以及产品设计专业的学生，主要从事家居产品设计与开发，就业前景良好，不仅可到相应的企事业单位就业，而且可在学校继续深造或出国留学，每年毕业生就业率均为 100%。室内与家具设计专业方向已培养 9 届本科毕业生（2 届专升本），共 400 多名。其中：90% 以上的学生在室内设计公司、装修公司、家具、橱柜制造以及家具设计公司就业，部分学生毕业在教学单位、政府部门、其他企业上班。毕业生分布在全国 10 多个省市，主要集中在福州、厦门、上海、深圳、长沙等地。

联系方式

地址：福建省福州市上下店路 1 号　电话：0591-83720621　传真：0591-83720621
邮箱：chenzujian99@aliyun.com　官方网址：http://fjsjjxh.com/

浙江农林大学

一、学院及专业概况

浙江农林大学工程学院的木材科学与工程（室内与家具设计）专业以浙江省一级学科林业工程学科和国家木质资源综合利用工程技术研究中心为依托，是学校独具特色的专业之一。

专业于 1997 年开设，设有浙江省内唯一的家具设计与工程硕士点。教学条件和师资力量较强，承担主要课程的教师 25 人，其中教授 3 人，副教授 6 人，博士 7 人，硕士生导师 10 人，其中 5 人有日本、加拿大、美国等国留学经历。目前在校本科生 300 余人，在校研究生 30 余人。

该专业目前建有家具家饰创新训练中心、产品模型制作室、CNC 数控加工中心实验室和家具质量检测等 10 个实验室，实验室总面积为 1200 平方米，设备资产 520 万。建有各类学生创新创业基地 5 个，每年接收、培养在校学生 100 余人。

二、学院荣誉

近两年来，完成省部级等各类科研项目 30 余项，到位科研经费 400 余万元，主要承担家具家饰类国家标准、中央财政林业科技推广项目、行业标准的制修订项目、浙江省科技厅创新团队项目和公益项目以及企业横向项目等；每年先后组织与指导 300 余名学生参加“金斧杯”、“永安杯”、“浙江省工业设计大赛”、“丽江杯”、“红古轩杯”、“西昊杯”等各类设计大赛，学生近 100 余人次获金、银、铜等各类奖项。2015 年度全国各大设计竞赛中先后获得优秀“组织奖”和优秀指导老师奖 20 余次。

三、校企合作

依托地方政府出资和提供场地，在家具企业相对集中的区域建立创新设计服务中心，由教师带领团队入驻，深入地方企业服务。现建有安吉博士工作站（竹家具和转椅产业）和玉环家具科技创新中心（古典家具）等 5 个不同门类的科技创新中心和孵化基地。联合知名企业在学院开设创新训练基地和“校企实践班”，如办公家具方向开设“震旦班”和“圣奥班”，民用家具方向开设“莫霞班”，户外家具方向开设“炬日班”，室内设计方向开设“紫蝶班”等。学生进入“校企实践班”由企业和学校共同制定培养方案进行联合培养。加强与家具行业协会的合作与交流，积极参与行业协会的事务中，将人才培养与行业协会的优势进行结合，拓展设计实践，构建协同培养体系。

四、毕业生情况

本专业毕业生就业前景好，学生毕业后可从事家具设计与制造、室内设计与装饰工程、室内与家具企业管理与营销、相关科学技术研究与教学等方面的工作。近两年的毕业生初次就业率高达 95% 以上。现今美国、加拿大、意大利、英国等高校相关专业均有浙江农林大学毕业学生。

联系方式

联系人：李光耀、余肖红　地址：浙江省临安市环城北路 88 号浙江农林大学工程学院工业设计系
电话：0571-63743206、0571-63748785　传真：0571-61062735　邮箱：yuxiaohong@zafu.edu.cn
官方网址：http://gc.zafu.edu.cn/index.asp

顺德职业技术学院

一、学院及专业概况

顺德职业技术学院设计学院成立于1999年，主要为珠江三角洲地区培养高等应用型设计人才。顺德职业技术学院家具设计与制造专业作为高职院校示范建设专业、广东省品牌专业，是学院的龙头专业。该专业目前拥有在校生500多人，专任教师12人，企业兼职教师11人。专任教师中：教授3人，高级工程师1人，高级家具设计师3人，享受国务院特殊津贴专家1人，国家高等院校教学名师1人，国际ISO标准化专家1人，全国家具和机械标准化技术委员会委员2人。家具设计与制造专业现拥有实训大楼5286平方米的车间，设备已投入512.55万元，设备总数191台，2015年起学校已再次投入1000多万用于本专业实训设备升级改造。

二、学院荣誉

专业累计获得国家级教学成果二等奖2项，广东省高等教育教学成果一等奖3项，国家精品课程2门。近3年来，家具设计与制造专业主导制订了家具国家标准1项，行业标准4项，参与制订行业标准5项。先后承担了广东省教育厅项目“广东高校家具制造技术研究开发中心”、“广东家具制造工程与装备数字化技术协同创新发展中心”及“广东家具创新设计与制造政校企协同育人基地”三大省级研发平台，累计获得纵向/横向研究经费800余万元，学校年均配套科研经费百万元以上。

三、校企合作

专业自2012年开始与东莞金田豪迈木业机械销售有限公司进行深度合作，通过使用丰富多彩的教学手段和途径实现家具数字化制造复合型人才培养的目标，所培养人才获得了佛山维尚家具制造有限公司、广州好莱克创意家居股份有限公司、广东联邦家具集团有限公司、欧派家具集团股份有限公司、佛山市科凡家居股份有限公司等国内众多知名定制家具企业的热捧和欢迎。同时，于2015年投资1000余万元，与金田豪迈公司合作共建“家具数字化实训基地”，包括板材智能仓库、全自动计算机板材开料锯、多功能数控加工中心、全自动直线封边机等硬件设备以及板式家具前端设计软件、生产控制软件、板材优化软件等，力求以真实的场景，一流的设备和先进的软件配置，培养一批具有数字化制造理念、同时熟知数字化软硬件操作的应用型人才，提升家具数字化制造复合型人才的培养质量。

四、培养模式

为解决家具数字化制造人才匮乏制约家具产业转型升级的瓶颈，顺德职业技术学院家具设计与制造专业在原有的设计、工艺和管理三大课程体系基础上，提出通过校企共建家具数字化制造课程和实训基地，进行校企协同培养具备家具数字化制造基础知识的“懂设计、精工艺、会管理”的复合型人才的探索。

五、毕业生情况

由于顺德职业技术学院家具设计与制造专业在家具数字化制造方面的教学改革成果显著，广东省内众多知名定制家具企业，如：广州好莱客家居股

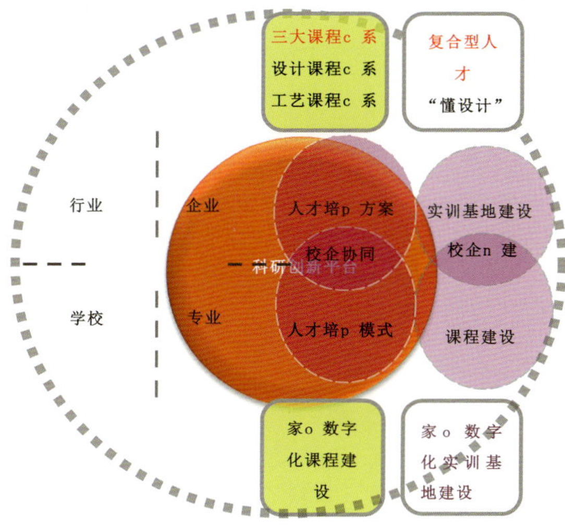

家具数字化制造复合型人才培养路径图

份有限公司、佛山市维尚家具制造有限公司、广东联邦家私集团有限公司、佛山市科凡家居制造有限公司，纷纷来学院进行单招，毕业生主要从事岗位为拆单、生产管理、店面设计师及销售。近年来顺德职业技术学院家具设计与制造专业学生在知名定制家具企业的就业率从 26% 提升到 68%。

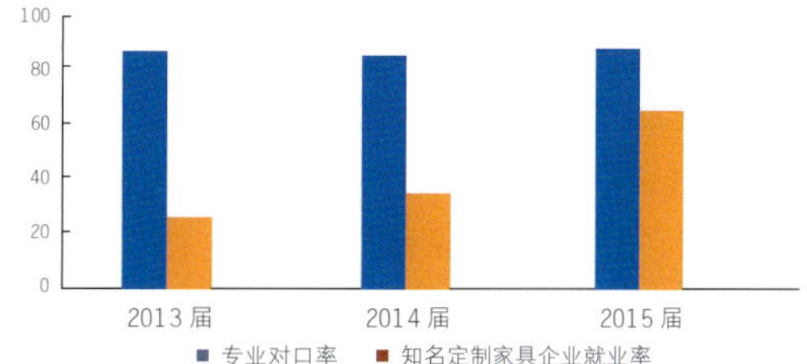

2013 ~ 2015 届毕业生专业对口率及在知名定制家具企业就业率图示

联系方式
联系人：王荣发　　电话：0757-22327142　　传真：0757-22323768
邮箱：31424582@qq.com　　官方网址：http:// www.sdpt.com.cn

江苏农林职业技术学院

一、学院及专业概况

家具设计与制造专业于 2007 年首次招生，现有“木材加工技术”和“家具设计与制造”两个专业方向，在校生 146 人，依托长三角家具产业区，致力于培养“有文化、懂技术、能制作、擅设计”的高级技术技能型专门人才，为江苏省高职高专院校特有专业。2015 届毕业生就业主要集中在长三角地区的家具及相关企业，从事家具产品设计、家具结构设计以及家具企业生产管理、质量检测、销售等工作。

二、培养模式

“四线七阶段”工学交替人才培养模式

人才培养模式 按照“双主体育人、双导师教学”原则，设计“工学交替、分段培养”的个性化培养方案，根据亚振家具生产制造实际，打破学期界限，构建“四线七阶段”工学交替人才培养模式。

课程体系 围绕岗位技能，依据现代家具制造人才成长规律，构建适应亚振家具生产制造需要，与行业发展相接轨的“四段递进式”课程体系，建设与此课程体系相适应的教学资源。

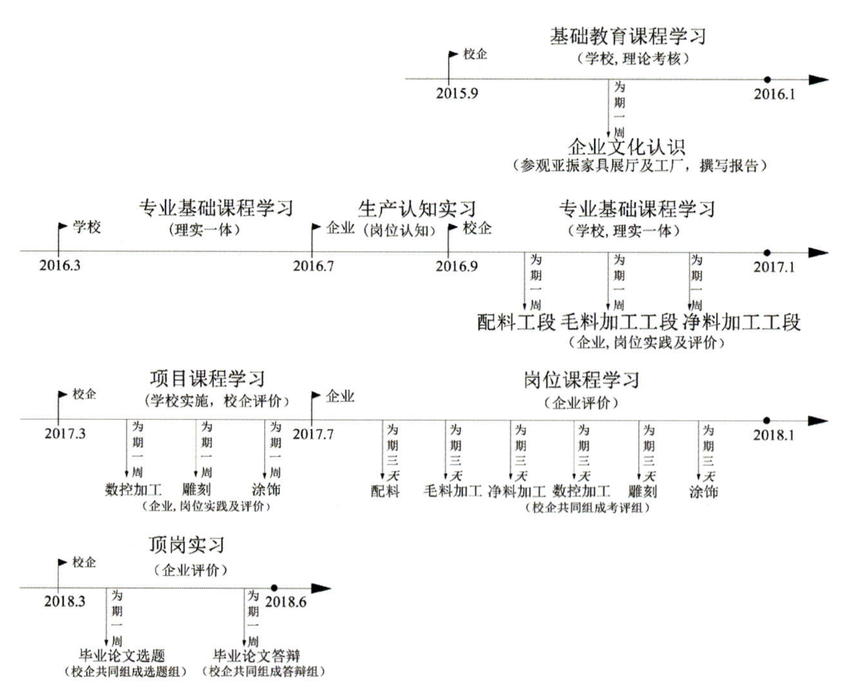

“四线七阶段”工学交替人才培养模式

师资团队　制订双导师选拔、培养、考核、互聘的办法，形成校企互聘共管机制，建成专兼结合的双师团队。选派专业骨干教师参加企业挂职锻炼，建立企业兼职导师库。

实训条件　采取校企共建原则，建成资源共享型的实训基地。建立学生创新创业实践教学新模式，将家具教学工场打造成集科研、教学、生产、示范推广于一体，具备国内领先水准的技能大赛选拔集训基地、职业技能鉴定培训基地、技术技能型人才培养基地。

管理制度　以亚振家具生产制造需要为基础，结合行业特点和高职特色，校企共同制订专业建设标准、考核评价体系、管理制度体系等，包括人才培养方案、课程标准、岗位标准、企业师傅标准、质量监控标准及相应的实施方案。

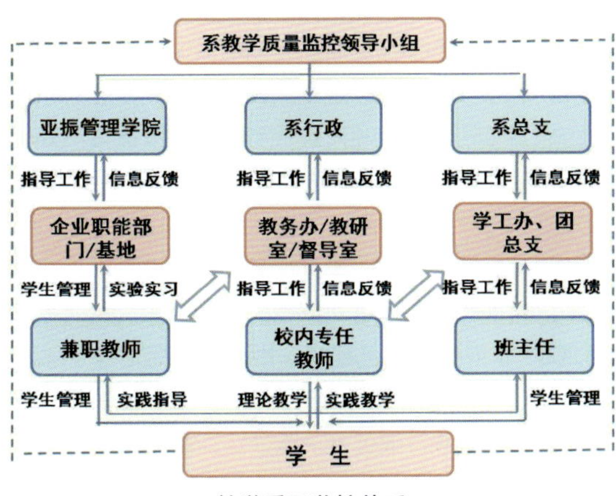

教学质量监控体系

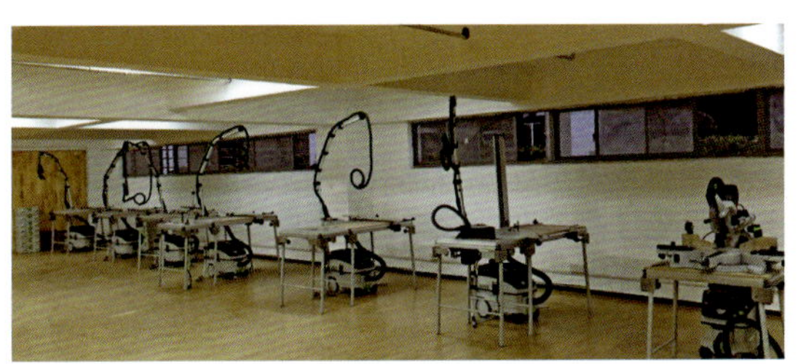

人才培养质量评价体系

家具教学工场

三、校企合作

江苏农林职业技术学院是教育部首批现代学徒制试点单位，木材加工技术专业是学院首批现代学徒制试点专业。2014 年 12 月，江苏农林职业技术学院与亚振家具股份有限公司签订合作办学协议，共建木材加工技术专业。学院与亚振家具股份有限公司联合招生、联合培养，校企协同育人。

联系方式
联系人：饶鑫　　电话：0511-87290792/13400092510　　传真：0511-87290792
邮箱：raoxin_1983@163.com　　官方网址：http:// www.jsafc.net

四川国际标榜职业学院

一、学院及专业概况

四川国际标榜职业学院现于1993年创立，2012年经四川省教育厅与财政厅批准，立项建设四川省省级示范性高等职业院校，成为四川省唯一一所获此建设项目的民办院校，并于2015年1月成功通过验收。在校学生9000余名，500余名教职工。专任课教师中，教授29人，副教授130人。家具设计与制造专业分家具设计方向和家具工程方向。

二、学院荣誉

编写家具专业教材1本：《家具设计与陈设》，重庆大学出版社。教学团队老师利用课余时间指导学生作品先后参加创意茧、成都国际家具展、成都创意设计周、广州家居设计展，部分学生作品获得全国性家具设计大赛奖，师生设计成果中多项获得国家专利。

三、校企合作

与四川省家具行业商会战略联盟，共建“四川省家具行业商会中小企业服务中心”。先后与企业共建“标榜学院－华润涂装技能培训中心”、“标榜学院－铭龙数控加工中心”等。先后与全友家私、掌上明珠家私、双虎家私、南方家私、华润涂料、千川木业等行业知名企业共建行业高端人才孵化中心。将职业培训板块嵌入高职教育体系，探索“作业—作品—产品—商品”全流程家具设计与制作的教学实践。其中标榜学院－华润涂装技能培训中心的涂装技术培训班，从2010年开始，已累计成功开办8期涂装技术培训班，累计为四川地区的家具企业培养相关技术人才达350人次。

四、培养模式

学院的家具设计教研团队，实行工作室项目教学法，项目主要集中在家居新产品研发、家具产品造型艺术、家居陈设艺术、定制家具、传统家具鉴赏、家具结构与工艺技术、利用现代高新技术改造传统家具产业、家具工业信息化、家具生产管理与质量控制、家具营销等方面。学院工作室包括数控工艺工作室，家具实验设计工作室，现代家具、传统家具、家具涂饰工艺实训室和川西古典家具博物馆资源，折合面积达2000多平方米。已建成“中国家具行业职业技能培训基地”、“四川省家具行业商会中小企业服务中心”和“省级示范家具设计专业教学实训基地”。

五、毕业生情况

毕业生主要在家具企业、设计公司、行业协会、室内设计与装饰企业、房地产开发公司等企业，从事家具产品设计、定制家具设计、家具结构与工艺设计、家居陈设设计以及家具企业生产管理、质量检测、销售等岗位工作，部分学生选择在家具行业自主创业，如创建定制家具工厂，自主设计研发家具品牌等。毕业生就业区域主要集中在成都、重庆及四川周边地区，部分同学选择在北京、广州等城市就业。

联系方式

地址：四川省成都市龙泉驿区阳光城同策路3号　电话：028-84835619—8263　院办电话：028-84836850

院办传真：028-84835163　电子邮件：30150294@qq.com　官方网址：http://www.polus.edu.cn

黑龙江林业职业技术学院

一、学院及专业概况

家具工程学院是黑龙江林业职业技术学院办学历史最久的重点二级学院。在木材加工技术和家具设计与制造专业基础上，在国内高职院校中率先增设整体橱柜设计专业、家居配饰与卖场管理专业、展示设计与品牌策划专业。专任教师30人，高级职称者占40.30%，研究生学位者占75%，博士学位者占3.3%，“双师”素质专任教师比例达56.7%，省校级教学名师占6.6%。

学院建成国家级木材加工实训基地、板式家具数字化生产实训基地；实木门生产实训基地；拥有家具表面装饰设计与施工、家具造型设计与模型制作、家具结构设计、家居配饰与卖场管理、家居软装配饰设计、整体橱柜设计、人造板制作、木制品检测、精品木工制作、数字化软件实训室等9个一体化教室和6个实训室；拥有合作紧密的校外生产实训基地50家。

二、学院荣誉

2015年家具设计与制造专业陈翔宇同学获第四届全国高职高校学生木作技艺竞赛暨2016世界木材日国际青年家具制作邀请赛（中国区）一等奖。学院为中国家具协会职业技能培训鉴定中心、东北家具黑林豪迈产业协同创新中心以及中国林产工业协会木材干燥专业委员会研发培训中心。

三、校企合作

学院为中国家具行业职业技能培训基地、金田豪迈校企合作协同创新中心、费斯托校企合作协同创新中心、华润涂装技能培训中心、中国林产工业协会木材干燥专业委员会研发培训中心。

学院与索菲亚北京家居公司、北京德中飞美家具公司共建现代学徒制定向培养班；与北京意风、天津美克等家具公司开展订单培养；北京荣麟世佳、索菲亚北京家居公司等家具公司冠名赞助学院职业技能大赛；每年一届校园双选会招聘家具家居达企业40家；通过每年一届校企合作委员会与企业紧密联系。

家具工程学院自2011年始连续五年成功举办了五届家具工程学院校园双选会，招聘企业近80家，企业每年提供家具设计师、定制家具设计师、橱柜设计师、家居顾问、储备店长、软装设计师、空间规划师和家具生产管理等职业岗位近500个。

精品木作实训室

整体橱柜设计一体化教室

四、培养模式

表 1　人才培养方案统计表

人才培养模式	实施专业	合作企业	培养方向
工学交替双循环“2+1”	整体橱柜设计专业家具设计与制造专业	索菲亚北京家居公司、天津美克、德中飞美家具有限公司、牡丹江橱柜公司	橱柜设计师、定制家具设计师、家具生产管理人员
现代学徒制	整体橱柜设计专业家居配饰与卖场管理专业	索菲亚北京家居公司、德中飞美家具有限公司	定制家具设计师、橱柜设计师、家居顾问
德技融合素能本位	家居配饰与卖场管理专业	北京荣麟世佳家具有限公司、德中飞美家具有限公司、尚品宅配北京分公司	定制家具设计师、橱柜设计师、家居顾问

五、毕业生情况

（一）毕业生特色

传统木作技能 + 德国费斯托精品实木家具制作技能 + 德国豪迈数字化家具设计与制造技术 + 职业素养的技匠型技术技能人才特色；家居销售 + 家具定制设计 + 职业素养的复合型技术技能人才特色。

（二）毕业生走向（近两年统计）

表 2　毕业生流向表

	家具企业	家居公司	专升本	参军	创业及其他
所占比例	35%	57%	2%	1%	5%

表 3　毕业生就业区域分布表

	东北家具工业区	华北家具工业区	华东家具工业区	西南家具工业区	华南家具工业区
所占比例	17%	62%	18%	0%	3%

表 4　毕业生岗位统计表

	销售 + 设计		工厂设计	工厂生产管理	其他
	家居顾问	定制设计师			
所占比例	41%	37%	6%	9%	7%

联系方式
联系人：张志刚　　地址：黑龙江省牡丹江市爱民区文化街 99 号　　官方网址：http://www.hljlzy.com/

江西环境工程职业学院

一、学院及专业概况

学院创办于1953年，原名赣州林业学校，2002年4月，由江西省人民政府批准、教育部备案升格为大专层次普通高校，并更名为江西环境工程职业学院。工业与设计学院家具设计与制造专业办学50余年，专门培养家具企业设计、生产管理、营销等方面的应用型专业人才。

学院家具设计与制造专业是江西省唯一的家具设计与制造专业，有承担主要课程的教师10人，其中教授3人，副教授2人，拥有硕士以上学历9人。目前在校学生400人。建有“家具实训中心”等6个实验室，实验室总面积5000平方米，设备资产600余万元。

二、学院荣誉

2010年家具设计与制造专业列为省级示范重点建设专业；2012年家具专业学生获首届中国中部家具设计比赛二等奖1项，三等奖2项；获3项国家级设计专利；2013年《家具生技术》课程获国家级精品资源共享课立项；2014年获得9项国家外观专利；2015年获得5项实用性专利。

三、校企合作

与江西省家具协会共建鲁班家具学院，与深圳长江家具有限公司设立“深圳长江家具订单班”，与世纪家缘家具有限公司合作设立“家具金牌营销班”，与自由王国家具有限公司合作开设“自由王国家具订单班”，同时推行现代学徒制的人才培养模式。拥有校内生产性实训基地——家具生产实训中心，校办家具企业——江西美和家居有限公司，校外合作企业与实验实训基地——中国中部家具产业基地和全国转型升级示范性基地赣州家具产业基地。

四、毕业生情况

订单班的同学可直接到尚品宅配集团、世纪家缘、自由王国家具有限公司、江西省家具协会旗下众多优秀会员单位就业，从事企业的家具设计、生产管理和营销等方面的工作。非订单班学生可在各类家具设计与制造企业、家具研究所、家具公司、木材加工及相关企业从事设计（计算机辅助设计）、生产、销售、管理、施工等工作。就业地点集中在我国家具工业六大产区：以沈阳、大连为中心的东北家具工业区；以北京、天津、唐山为中心的华北家具工业区；以上海、江苏、浙江为中心的华东家具工业区；以成都与重庆为中心的西南家具工业区；以广州及周边的顺德、中山、深圳及东莞为中心的华南家具工业区；以赣州南康为中心的中国中部家具产业基地。

联系方式

联系人：杨巍巍、鲁锋　地址：江西省赣州市黄金区湖边镇江西环境工程职业学院　电话：0797-8305802
邮箱：yangweiwei0626@126.com　官方网址：http:// www.jxhjxy.com

中山职业技术学院

一、学院及专业概况

家具艺术设计专业筹建于2008年，次年开始招生，开设家具设计与工艺、家具设计与电商专业方向，实现"专业－产业"、"人才－市场"无缝对接。目前，正在积极筹备在中山大涌红木家具之都成立大涌家具产业学院。

二、软硬设施

艺术设计学院现有具备企业工作经验的"双师型"专职教师64名，其中，高级职称19名，中级职称35名，企业行业兼职教师40余名，在校学生1300余人。家具艺术设计专业现有教授、教学名师1名，国家级工艺美术大师1名，中山市工艺美术大师1名，博士1名，中山市紧缺适用高层次名才2名，硕士4名。

目前，建设有1个红木家具艺术文化研究馆；引进2个本土设计公司入驻开设"领艺企划设计"工作室、"适度空间家具设计"工作室；4个项目对接工作室，陈培臣木雕大师工作室，伍斌教授、名师工作室，潘质洪家具设计工作室以及学生工作室；建成了实木家具实训车间、板式家具实训车间、家具设计电脑设计实训室、木雕实训室、家具设计研发展示中心。院内实训场地面积1000多平方米，设施设备投入400多万元，引进了先进的板式家具和实木家具生产设备、电脑数控雕刻设备，以满足本专业的教学需要。

三、培养模式

"工作室＋工场＋市场"三结合循环递进的人才培养模式。先后创建或引进了大师工作室、国际项目开发工作室、企业项目开发工作室、教师工作室（各个专业均成立了"教师专业工作室"）和学生创新创业工作室等多层次设计工作室，培养学生的创新创业能力。

扎实推进项目化课程教学改革。将企业欲开发的项目纳入教学活动中，家具艺术设计专业教师带领或指导的学生设计团队先后参与数家知名企业近百余个项目的设计与开发工作，项目成果均被采用。

学院高度重视学生社会实践能力和艺术修养等综合素质的培养。注重开展国内外学术交流活动，同尼古拉斯·卓斯乐、靳埭强等世界著名的设计大师建立了良好的合作关系，学院美术馆收藏了近千件国内外大师亲笔签赠的艺术或设计作品供学生观摩、学习。与台湾昆山科技大学、万隆科技大学、朝阳科技大学等国内外多家本科院校建立了专升本、互派交流生或联合办学的机制，为学生的进一步提升提供途径。

四、学院荣誉

近年来，家具专业师生获得市级以上美术、设计大赛奖项200余项，在《装饰》《美术观察》等省级以上专业期刊公开发表论文100余篇、作品200余幅，出版专著12本，参加国内外艺术设计展览（演）10余次，申报院级以上教研、科研项目20余项，师生拥有外观设计专利作品200余项。协助成立中山市古典红木协会和参与制定中山市工艺美术职称评审量化标准。学生作品每年参加广州家居博览会、中山市3.15人才节展览，受到了一致的好评。

五、校企合作

家具艺术设计专业与珠三角的家具企业、设计公司建立产学研合作关系实践基地达 50 个，在产品研发、新材料、新工艺研究、共同开设校企合作课程、顶岗实习、人才培养等方面展开深度合作。为加强政校企合作，先后开设了“美盈家具”、“四海家具班”、“太兴家具”等 10 余个企业订单班，由校企共同制定人才培养方案，企业提供奖学金，以奖励品学兼优或为企业做出贡献的学生，极大地激发了学生的学习积极性。引入中山唯美适企业赞助设备资金 300 多万，共同建设设计研发中心，供学生产品试样、研发、制作。与中山古典红木家具学会合作共建红木家具艺术研究馆 400 平方米，为学生观摩、学习、创意与设计搭建平台，让学生了解传统家具的发展历史、红木原材料的分类、红木家具制作工艺、保养方法、标识、使用说明、包装、运输和贮存等方面知识。同时建立长效的校企互派技术骨干专家指导工作，进行捆绑式合作。

六、毕业生情况

家具专业毕业生生就业前景良好，就业率达到 100%。根据麦克斯调查报告分析，学生近年就业竞争力 90% 以上，月收入高出全国平均水平 1000 多元。大多数从事家居行业或选择自主创业，足迹遍布珠三角各大家具企业，成为家具业中坚力量。

联系方式

联系人：潘质洪　　地址：广东省中山市博爱七路 25 号　　电话：0760-87500921

邮箱：305445895@qq.com　　官方网址：http:// www.zspt.cn

东莞职业技术学院

一、学院及专业概况

东莞职业技术学院于2009年成立，是东莞市唯一一所公立高等职业院校。学院位于松山湖国家级高新技术产业开发区，校园总面积62万平方米。家具艺术设计专业于2009年经省教育厅批准成立，2010正式招生，并招收高职衔接试点三二分阶段学生。家具专业现有专职教师6名，其中既有企业设计与生产实践经验，又具有较长时间的教学经验的双师型教师4人；有2人引进前为国家示范专业家具设计与制造专业骨干教师。其中，博士研究生1人，硕士研究生5人。

家具艺术设计专业投资350万元建设设备一流、功能完善的板式家具、实木家具、家具涂装实训车间，其中板式家具、实木家具生产实训车间80%以上设备为数控机床，既能满足实验实训教学需求，也能小规模、小批量生产现代家具。

二、学院荣誉

学生作品主要获奖情况：2014年，在广东省"和谐杯"手绘设计技能大赛获得二等奖1名、三等奖1名；2015年，在东莞市职业院校技能大赛——家具专业学生技能竞赛中，获二等奖2名、三等奖4名。

家具专业学生参加第六届广州家居设计展

实训室环境及课程实训

专业课程实训室汇总表

实训室名称	主要实训课程项目	主要实训设备（设施）
家具实训多媒体课室	系列家具设计、软体家具、软体家具设计与制造、家具产品设计整合实训等	双轴导轨四排钻、全自动直线封边机、单片纵锯机、数控榫头机等
家具实训基地（面积：1000平方米，2011年投用）	实木家具工艺设计与制作实训、板式家具工艺设计与制作等	计算机、多媒体教学设备、设计软件

三、校企合作

（一）成立专业合作委员会

2010年始，基于专业发展方向，在校内建立专业合作委员会，聘请多家专业院校教授、知名企业家、知名设计师、行业协会会长与家具艺术设计专业教师共同制定委员会章程，明确职责制度，建立“企业档案袋”等，形成多方合作、共建共享的长效机制。专门负责组织落实家具艺术设计专业与行业企业在人才培养、专业建设、实习实训、技术服务等方面的合作与交流。

（二）创建校企合作多模式

订单班模式　多年来为东莞、广州、深圳、佛山等多家知名家具企业、设计公司、策划公司订单式培养后备人才，合作企业有尚品宅配、城市之窗、佳居乐、景初家具设计、琢木设计、释木策划等数十家。实现了“五个合一”，即教室、车间合一，学生、员工合一，理论、实践合一，作业、产品合一，学习、创收合一。

项目合作模式　家具艺术设计专业根据具体项目与行业协会和相关企业进行深度合作，效果突出。例如，由中国家具协会牵头，在大岭山成立东莞职业技能培训基地，由本专业创始人柳翰博士担当主任，开展针对企业需求的专项培训（例如终端导购、设计师等）；专业师生与大岭山家具企业合作开发产品和VI设计项目等；协助大岭山家具协会筹办共三届“大岭山杯”金斧中国家具设计大赛；协助规划设计大岭山图书馆家具馆部分。

人才基地模式　家具艺术设计专业整合其他院校资源拟在大岭山图书馆（在建）内设立“家居设计院”和“家居家具产业后备人才基地”，联合大岭山家具协会、东莞市家具协会、名家具研究院和相关企业协同培养相关设计人才，并通过每两年一届的形式开展“家居产业后备人才交流会”（2014年已主办一届），为相关企业输送后备力量，提供实习就业机会。

四、毕业生情况

家具艺术设计专业自成立以来共培养4届毕业生（2010～2014），就业率为97%以上，从事家具家居产业相关工作人数超过7成，50%以上从事产品设计、室内设计、驻店设计、定制生产、品牌策划等工作。

联系方式

联系人：柳翰　　电话：13829159317　　邮箱：dr.liuhan@126.com　　官方网址：http://ysx.dgpt.edu.cn/xwgg/

东莞市轻工业学校

一、学校及专业概况

学校创办于 1994 年，2001 年被教育部评为“国家级重点中等职业学校”。家具设计与制作专业分为家具设计、家具设计与制造、家具营销 3 个专业方向，专业任职教师 27 名。

新校区实训中心建设面积有 6000 平方米，设备价值共 1200 多万元。配置板式家具数控生产线、数控雕刻中心、实木家具生产实训室 CNC 木工加工中心、家具设计研发中心、定制家具体验中心等。成立了东莞市家具专业人才培养互联基地，建立了 10 多家校外实习基地。

二、学校荣誉

学校曾 14 次被市教育局评为东莞市职业教育质量年度一等奖。近三年，发表论文 300 多篇，主持省、市级研究课题 12 项，有 2 项分别获省级一、三等奖。参加各级各类技能竞赛共获得 45 项奖励。学校积极参加各类家具、室内、会展等设计技能大赛，并多次获得各类家具设计大赛各项名次。会展、家具设计技能竞赛包揽前三名。2015 年 1 月，获得广东省职业技能竞赛家具设计决赛项目学生组一等奖。2015 年 11 月在东莞市职业技能竞赛家具设计大赛中荣获学生组一等奖 4 个、二等奖 3 个。

三、校企合作

与东莞市名家具研发院共同成立家具设计与研发中心工作室，针对家具企业、设计公司“订单式”培养家具 CAD 绘图员、3D 效果制作员、室内设计绘图员。引进广州歌誉家居用品有限公司，在校内成立“壹家壹品”定制家具直营店，定向培养定制家具设计人才（包含设计师、导购员、拆单员）；在教学上实现“教、学、做”一体化，为学生提供真实的工作环境和各类技能培训，最终实现人才培养与企业用人的无缝对接。与家居世博园成立营销培训中心，针对家具卖场，订单培养家具导购员；与南兴木工机械装备有限公司成立数控加工培训基地，针对生产岗位，订单培养机加工人员，如电脑锯、排钻、CNC 等操作人员。

建设家具优秀人才信息资源库项目，学校以院校家具专业毕业生、合作家具企业为基础，负责搭建“东莞市家具优秀技能人才信息资源库”，畅通家具人才供求渠道，搭建家具人才交流平台。整合家具专业教学资源，建设专业教学资源库，集教学、培训、科研于一体的资源平台；建设家具人才技能鉴定与培训中心。

四、培养模式

学校与互联基地成员企业采用“联招联培”的方式，企业通过定向培养模式，依据培养方案进行岗位技能训练，实现校企一体化育人；互联基地成员企业以“冠名班”的方式，通过“现代学徒制”人才培养模式，培养企业所需人才；施行小班制专业教学。

采用“订单式”培养模式，根据企业实际用人需要，开设“企业专班”，培养家具设计、家具导购、家具数控生产类专门人才。针对企业实际需求，进行有针对性的培养，包括职业素养提升、专业实践培训、岗位技能培训、企业文化熏陶等内容。

加强与东莞职业技术学院合作，以家具专业“中高职连贯培养”为基础，对中高职家具人才培养目标进行系统设计，构建中高职相衔接的家具专业课程和教材体系。

五、毕业生情况

家具专业的学生主要从事家具设计、家具销售、机加工特别是数控设备主机手、品质管理等岗位就业。具有一定的家具专业知识，熟练掌握CAD、3DsMAX等软件的应用。根据近三年调研的毕业生回访情况，家具专业学生毕业情况统计如下表：

2013～2015年家具专业学生毕业生就业情况汇总表

毕业年份	毕业生人数	升学		家具企业		国企		其他民营企业		其他	
2015	246人	100人	40.65%	38人	15.45%	2人	0.81%	18人	7.32%	88人	35.77%
2014	182人	115人	63.19%	35人	19.23%	3人	1.65%	11人	6.04%	18人	9.89%
2013	192人	50人	26.04%	75人	39.06%	5人	2.60%	30人	15.63%	32人	16.67%

联系方式

地址：东莞市厚街镇汀山教育园区职校南路　　专业联系人：胡华锋　　电话：0769-89980191

传真：0769-89980191　　邮箱：dg89980191@163.com

北京市环境与艺术学校

一、学院及专业概况

北京市环境与艺术学校创建于 1979 年 2 月，原名北京市皮革工业学校。学校原隶属于北京市二轻局，2000 年划归北京市教委，为教委直管单位。2009 年更名为北京市环境与艺术学校。2012 年归教委直属单位。学校现已发展成为以中专学历教育为主，并集成人中专、职业培训和职业资格鉴定等为一体的办学实体。

北京市环境与艺术学校家具设计与制造专业筹备始于 2008 年，目前家具专业拥有一支由博士、硕士组成的专职队伍 10 余人，逾 50% 教师具有硕士及以上学位，其中博士 1 人，高讲 2 名，特聘中国林业科学院、国际竹藤中心及北京林业大学专家教授 5 人。专业成立以来，重点开展家具及家居设计教学、培训的工作，完成逾 150 人次的培训，反应良好。

学校拥有一座集教学、培训为一体的现代综合性大楼，目前专业拥有实木、板式、雕刻、虚拟三维雕刻、喷涂及家具样品制作 6 个实训室，逾 400 平方米，配备了一大批目前国内外最先进的教学和实训设备，如德国 “FESTOOL” 全套木工设备，世界技能大赛指定用设备，安全、轻便、无污染、节能。美国 SENS 公司仿真力反馈技术的三维虚拟雕刻笔，是华北地区最大，最先进的家具前沿科技研发设备，能够配合 3D 打印技术、三维实体扫描技术，实现各类家具的模型制作。专业相关设备共计逾 500 万元，是目前北京地区较完备的家具设备实训室。

二、校企合作

与曲美家具、天坛家具、黎明家具签订校企合作协议，在学生培养、技术交流、实习实训等方面进行深度合作。邀请企业技术人员到校讲座，参与教学评价、共同制定教学内容。学生进行认识实习，使学生能够较好的了解企业生产状况，更加熟悉实际生产。初步与企业达成合作的意向，将企业的生产方式及企业管理方法引入到教学中来，最后达到与企业零对接。

与有合作意向的企业签订认识实习协议，进行实习轮岗制。将家具生产过程中必要且危险性低的岗位进行排序并实习。每周实习开始前进行实习任务会，下达实习任务，安排实习工位，确定实习要点。每周实习结束进行实习交流会，将这一周实习中的心得和遇到的问题进行探讨。实习结束回到学校，将所学知识总结，制作实物及课程设计。学生制作的课程设计是针对企业现在岗位要求制定的，在课程设计完成后邀请企业技术人员进行课程评价，总结经验与不足。

三、毕业生情况

本专业毕业生就业主要集中在北京及周边，毕业生从事岗位有家具设计师、结构设计师、绘图员、生产管理等。每年毕业生对口就业率为 95% 以上，70% 从事与家具设计相关的岗位，如家具设计师，门店设计师，家具制图员等。

联系方式

联系人：聂老师　电话：010-62006056/010-62351905　传真：010-62351530　邮箱：eaaschool@163.com
官方网址：http://www.bjhyxx.com

东莞市家具学校

一、学校及专业概况

东莞市家具学校，原名“大岭山职业技术学校”，是一所东莞市直属公办学校。学校家具设计与制造专业下设家具设计、家具雕刻和室内设计3个专业培养方向，现有专业学生近300人；专业教师20人，其中高级教师3人，硕士学历4人，此外，学校还从当地著名家具企业中聘请了高级雕刻师做兼职指导教师。

学校家具实训中心面积达13500平方米，包括实训车间、宿舍楼、食堂等，拥有一批实木加工设备和整套板式加工设备，形成了实木家具、板式家具、数控雕刻的家具设计与制造基地。此外，学校还使用该中心开展对外培训与交流，最大限度地发挥实训中心培养技能型人才的作用，更好地服务地方经济。

二、专业荣誉

连续参加三届“大岭山杯”金斧奖中国家具设计大赛，家具专业学生多人获得入围奖和优秀奖。多次参加东莞市职业技能家具设计大赛，家具专业学生多次获得二、三等奖。

三、校企合作

学校与富宝沙发制造有限公司为校企合作单位，根据其公司发展的岗位需求，成立“富宝班”，校企双方共同制定了“订单式2+1”的培养模式。在校的2年期间，基础的理论课由学校老师来完成教学，具体的技能实践课由富宝的技工师傅来学校实训车间手把手教学。

学校与东莞市元宗家具有限公司为校企合作单位。双方的合作内容除了常规的参观、实训教学外，还包括了专业教师队伍的继续教育深造，专业技术能力和实操教学能力的提升。

四、培养模式

目前学校也是采用“2+1”的培养模式，入学的前2年在学校里学习专业理论知识，最后1年到工厂进行顶岗实习。在入学的前2年的时间里主要学习专业主干课程。每周都有一次3节连堂的家具制作实训课，这门课是从入学至外出实习一直贯穿在整个学习过程中的，目的就是让学生所学的理论知识尽快转化为动手能力。最后1年的时间是顶岗实习阶段，学生可以根据自己的学习方向和兴趣来选择工作岗位。在顶岗实习期间，学校会安排专任教师对实习生进行跟踪，并积极配合实习单位做好实习生的教育管理工作，最后实习生要通过实习单位的实习考核，才能拿到学校颁发的毕业证书。

五、毕业生情况

目前学校家具专业毕业生除部分学生继续读大学深造外，大约有98%的毕业生集中在珠三角地区，其中集中在家具企业和室内装饰行业的人员约占毕业生总人数的35%，主要集中在家具设计、室内设计、家具生产跟单、专卖店展厅设计等岗位。

联系方式

地址：东莞市大岭山镇西正路188号　　电话：0769-85628315　　官方网址：http://www.dgsjjxx.com

深圳第二高级技工学校

一、学校及专业概况

深圳第二高级技工学校，直属于深圳市人力资源和社会保障局，为市财政全额拨款的、副局级建制的公办高级技工学校，深圳市首家高技能人才公共实训基地。现有梅林和光明两个校区，计划2017年光明校区将调整为福强、华侨城等校区。学校主要开展全日制教育、社会化培训、技能鉴定、就业创业服务四项职能。

创意文化产业系现有在校生450余人，专业教师19名，其中具有高级讲师、高级技师高级职称教师6人，占31%；研究生以上学历的教师9人，占47%。共投入1000余万元建成2000平方米的专业教学实训场地和一个中央财政支持的职业教育实训基地，可提供家具设计与制作、展示设计与制作、计算机辅助设计、三维快速成型等实训项目。

二、学院荣誉

获得国家级奖项15项，省市级奖项50余项，学生在各专业领域获奖近100人次。其中，2012～2014年连续3年蝉联由广东省人力资源和社会保障厅主办的广东省职业技能大赛家具设计项目一等奖，2014年再获“省长杯”工业设计大赛三等奖和“红古轩”新中式家具设计大赛铜奖等荣誉。

三、校企合作

目前与本系开展校企合作的大中型企业已达20余家，其中校企合办专业1家，实习基地6家，设立企业冠名奖学金2个，合作项目涵盖订单培养合作办班、校企共建实习基地、顶岗实习工学结合、校企产学研合作、共建技能工作室等，多年来毕业生就业率达100%。

近年来，专业引入定制化柔性生产系统等手段，与德国费斯托工具有限公司共建费斯托工具（中国）特色学院，并成为华南地区教学示范基地；与广州市圆方计算机软件工程有限公司建立国内首家定制家具信息化教学基地；与香港兴利集团、深圳市天城家具有限公司共建实训基地等校企合作方式，逐步建立起一个集产品设计、信息化制造、工艺开发为一体的职业教育实训基地。

实木家具制作实训生产线

板式家具制作实训生产线

联系方式

地址：深圳市光明新区楼村创鑫工业园（光明校区）；深圳市福田区上梅林越华路10号（梅林校区）

电话：0755-29106854（光明校区）0755-83119005（梅林校区）　官方网址：http://www.szts.org.cn

10 附录

APPENDIX

为了方便读者及时查阅与行业相关的各项标准，本篇特地整理汇总了近几年来调整更新的国家标准及行业标准；同时，通过翻阅各类资料及调研，整理汇总了目前国内各省市开设家具类专业的各大院校，方便企业及时掌握当地家具专业院校信息，为未来校企合作模式铺路。

2009 ~ 2014 年
国家标准批准发布公告

序号	标准号	标准级别	标准名称	代替标准号	发布日期	实施日期
1	GB 24430.1-2009	国标	家用双层床 安全 第 1 部分：要求		2009-09-30	2010-06-01
2	GB/T 24430.2-2009	国标	家用双层床 安全 第 2 部分：试验		2009-09-30	2010-06-01
3	GB/T 24821-2009	国标	餐桌餐椅		2009-12-15	2010-05-01
4	GB 24820-2009	国标	实验室家具通用技术条件		2009-12-15	2010-11-01
5	GB 24977-2010	国标	卫浴家具		2010-08-09	2011-06-01
6	GB 26172.1-2010	国标	折叠翻靠床 安全要求和试验方法 第 1 部分：安全要求			2011-09-15
7	GB/T 26172.2-2010	国标	折叠翻靠床 安全要求和试验方法 第 2 部分：试验方法			2011-06-01
8	GB 17927.1-2011	国标	软体家具 床垫和沙发 抗引燃特性的评定 第 1 部分：阴燃的香烟	GB 17927-1999	2011-06-16	2011-12-01
9	GB 17927.2-2011	国标	软体家具 床垫和沙发 抗引燃特性的评定 第 2 部分：模拟火柴火焰		2011-06-16	2011-12-01
10	GB/T 26694-2011	国标	家具绿色设计评价规范		2011-06-16	2011-12-01
11	GB/T 26695-2011	国标	家具用钢化玻璃板		2011-06-16	2011-12-01
12	GB/T 26696-2011	国标	家具用高分子材料台面板		2011-06-16	2011-12-01
13	GB/T 26706-2011	国标	软体家具 棕纤维弹性床垫		2011-06-16	2011-12-01
14	GB/T 10357.5-2011	国标	家具力学性能试验 第 5 部分：柜类强度和耐久性	GB/T 10357.5-1989	2011-07-29	2011-12-15
15	GB/T 26848-2011	国标	家具用天然石板		2011-07-29	2011-12-15
16	GB 28007-2011	国标	儿童家具通用技术条件		2011-10-31	2012-08-01
17	GB 28008-2011	国标	玻璃家具安全技术要求		2011-10-31	2012-08-01
18	GB 28010-2011	国标	红木家具通用技术条件		2011-10-31	2012-08-01
19	GB/T 27717-2011	国标	家具中富马酸二甲酯含量的测定		2011-12-30	2012-07-01
20	GB/T 28200-2011	国标	钢制储物柜（架）技术要求及试验方法		2011-12-30	2012-09-01

（续表）

序号	标准号	标准级别	标准名称	代替标准号	发布日期	实施日期
21	GB/T 28202-2011	国标	家具工业术语		2011-12-30	2012-09-01
22	GB/T 28203-2011	国标	家具用连接件技术要求及试验方法		2011-12-30	2012-09-01
23	GB 28478-2012	国标	户外休闲家具安全性能要求 桌椅类产品		2012-06-29	2013-05-01
24	GB 28481-2012	国标	塑料家具中有害物质限量		2012-06-29	2013-07-01
25	GB/T 10357.1-2013	国标	家具力学性能试验 第1部分：桌类强度和耐久性	GB/T 10357.1-1989	2013-10-10	2014-05-01
26	GB/T 10357.2-2013	国标	家具力学性能试验 第2部分：椅凳类稳定性	GB/T 10357.2-1989	2013-10-10	2014-05-01
27	GB/T 10357.3-2013	国标	家具力学性能试验 第3部分：椅凳类强度和耐久性	GB/T 10357.3-1989	2013-10-10	2014-05-01
28	GB/T 10357.4-2013	国标	家具力学性能试验 第4部分：柜类稳定性	GB/T 10357.4-1989	2013-10-10	2014-05-01
29	GB/T 10357.6-2013	国标	家具力学性能试验 第6部分：单层床强度和耐久性	GB/T 10357.6-1992	2013-10-10	2014-05-01
30	GB/T 10357.7-2013	国标	家具力学性能试验 第7部分：桌类稳定性	GB/T 10357.7-1995	2013-10-10	2014-05-01
31	GB/T 4893.4-2013	国标	家具表面漆膜理化性能试验 第4部分：附着力交叉切割测定法	GB/T 4893.4-1985	2013-10-10	2014-05-01
32	GB/T 4893.5-2013	国标	家具表面漆膜理化性能试验 第5部分：厚度测定法	GB/T 4893.5-1985	2013-10-10	2014-05-01
33	GB/T 4893.6-2013	国标	家具表面漆膜理化性能试验 第6部分：光泽测定法	GB/T 4893.6-1985	2013-10-10	2014-05-01
34	GB/T 4893.7-2013	国标	家具表面漆膜理化性能试验 第7部分：耐冷热温差测定法	GB/T 4893.7-1985	2013-10-10	2014-05-01
35	GB/T 4893.8-2013	国标	家具表面漆膜理化性能试验 第8部分：耐磨性测定法	GB/T 4893.8-1985	2013-10-10	2014-05-01
36	GB/T 4893.9-2013	国标	家具表面漆膜理化性能试验 第9部分：抗冲击测定法	GB/T 4893.9-1992	2013-10-10	2014-05-01
37	GB/T 13666-2013	国标	图书用品设备产品型号编制方法	GB/T 13666-1992	2013-12-31	2014-12-01
38	GB/T 13667.3-2013	国标	钢制书架 第3部分：手动密集书架	GB/T 13667.3-2003	2013-12-31	2014-12-01
39	GB/T 13667.4-2013	国标	钢制书架 第4部分：电动密集书架	GB/T 13667.4-2003	2013-12-31	2014-12-01
40	GB/T 31106-2014	国标	家具中挥发性有机化合物的测定		2014-09-03	2015-08-01
41	GB/T 31107-2014	国标	家具中挥发性有机化合物检测用气候舱通用技术条件		2014-09-03	2015-08-01

2010～2014年工业和信息化部行业标准批准发布公告

序号	标准编号	标准名称	标准主要内容	代替标准	采标情况	实施日期
1	QB/T 1951.1-2010	木家具　质量检验及质量评定	本标准规定了木家具的术语和定义、分类、要求、试验方法、检验规则及标志、使用说明、包装、贮存等。 本标准适用于木家具产品质量检验和评定，其他家具的木制件可参照执行。当有具体产品标准时，应符合产品标准的规定。	QB/T 1951.1-1994		2010-10-01
2	QB/T 2384-2010	木制写字桌	本标准规定了木制写字桌的产品分类、术语和定义、要求、试验方法、检验规则及使用说明、标志、包装、运输、贮存。 本标准适用于主要部件由木材、人造板等木质材料制成，供书写、办公用桌类。不适用于课桌。	QB/T 2384-1998		2011-03-01
3	QB/T 2531-2010	厨房家具	本标准规定了厨房家具的术语、定义、分类、要求、试验方法、检验规则、标志、使用说明、包装、运输和贮存。 本标准适用于以木材、人造板等木质材料为柜体制作的厨房家具。其他材料制作的厨房家具可参照使用。	QB/T 2531-2001		2011-03-01
4	QB/T 4071-2010	课桌椅	本标准规定了课桌椅的术语和定义、分类、要求、试验方法、检验规则、使用说明、标志、包装、运输和贮存等。 本标准适用于大、中、小学等教育机构和培训机构教学用的通用课桌、课椅。其他教学用课桌椅可参照本标准执行。	QB/T 3916-1999		2011-03-01
5	QB/T 1097-2010	钢制文件柜	本标准规定了钢制文件柜的术语和定义、产品分类、要求、试验方法、检验规则、标志、使用说明、包装、运输、贮存。 本标准适用于钢制文件柜。	QB/T 1097-1991		2011-04-01

（续表）

序号	标准编号	标准名称	标准主要内容	代替标准	采标情况	实施日期
6	QB/T 4156-2010	办公家具 电脑桌	本标准规定了电脑桌的术语和定义、分类与命名、要求、试验方法、检验规则、标志、使用说明、包装、运输和贮存。 本标准适用于木质、金属、玻璃等材料制作的、供办公或家居场所放置及操作台式电脑使用的独立的、可移动的电脑桌。专供笔记本电脑使用及其他材料构成的电脑桌可参照执行。 本标准不适用于可折叠、便携式电脑桌或与其他家具或设施连为一体、具有操作电脑功能的家具。			2011-04-01
7	QB/T 2530-2011	木制柜	本标准规定了木制柜产品的术语和定义、要求、试验方法、检验规则、标志、包装、运输、贮存。 本标准适用于木制柜产品，不适用于厨房家具和卫浴家具中的木制柜类，也不适用于多功能组合柜中不属于柜类功能的产品。	QB/T 2530-2001		2011-10-01
8	QB/T 4190-2011	软体床	本标准规定了软体床的术语和定义、产品分类、要求、试验方法、检验规则及标志、使用说明、包装、运输和贮存。 本标准适用于以实木、金属材料、人造板材等为主体框架结构，并包覆皮革、纺织面料等软体材料制成的软体床具。本标准不适用于水床、充气床，沙发床可参照执行。			2011-10-01
9	QB/T 4191-2011	多功能活动伸展机械装置	本标准规定了多功能活动伸展机械装置的术语、定义和符号、产品分类、要求、试验方法、检验规则和标志、包装、运输、贮存。 本标准适用于安装在会客、家居、休闲等室内用途的多功能活动沙发内伸展机械装置。			2011-10-01
10	QB/T 1952.2-2011	软体家具 弹簧软床垫	本标准规定了软体家具 弹簧软床垫的术语和定义、代号、产品分类、要求、试验方法、检验规则和标志、使用说明、包装、贮存、运输。 本标准适用于弹簧软床垫。其他软质泡沫聚合材料制作的床垫可参照执行。	QB 1952.2-2004		2012-04-01
11	QB/T 1338-2012	家具制图	本标准规定了家具图样的画法规则；本标准适用木质家具制图，其它家具产品制图可参照使用。 本标准适用于手工制图、计算机制图及其辅助制图。	QB/T 1338-1991		2013-03-01
12	QB/T 1952.1-2012	软体家具 沙发	本标准规定了沙发的定义、产品分类、要求、试验方法、检验规则及标志、包装、运输、贮存。 本标准适用于室内使用的沙发。当有具体的产品标准时，应符合相关产品标准的规定。	QB/T 1952.1-2003		2013-03-01

（续表）

序号	标准编号	标准名称	标准主要内容	代替标准	采标情况	实施日期
13	QB/T 4369-2012	家具（板材）用蜂窝纸芯	本标准规定了家具（板材）用蜂窝纸芯的术语和定义、要求、试验方法、检验规则和标志、包装、运输、贮存。 本标准适用于未经特殊加工处理的蜂窝纸芯，经增强、防潮、防火、防静电等特殊加工方法处理的蜂窝纸芯也可参照执行。			2013-03-01
14	QB/T 4370-2012	家具用软质阻燃聚氨酯泡沫塑料	本标准规定了家具用软质阻燃聚氨酯泡沫塑料的术语和定义、要求、试验方法、检验规则和标志、包装、运输、贮存。 本标准适用于家具用软质阻燃聚氨酯泡沫塑料。			2013-03-01
15	QB/T 4371-2012	家具抗菌性能的评价	本标准规定了家具抗菌性能的术语和定义、要求及评价方法。 本标准适用于具有抗菌功能的家具。			2013-03-01
16	QB/T 4372-2012	家具表面涂覆 溶剂型木器涂料施工技术规范	本标准规定了家具表面涂覆用溶剂型木器涂料施工技术规范的总则、基材与常用施工方式、施工工艺、环境污染控制、施工工艺流程、常见弊病及处理方法。 本标准适用于工厂采用刷涂、喷涂、淋涂、辊涂等方法进行溶剂型木器涂料涂装施工。家庭或类似环境进行相关涂装可参照使用。			2013-03-01
17	QB/T 4373-2012	家具表面涂覆 水性木器涂料施工技术规范	本标准规定了家具表面涂覆用水性木器涂料施工技术规范的总则、基材与常用施工方式、施工工艺、环境污染控制、施工工艺流程、常见弊病及处理方法。 本标准适用于工厂采用刷涂、喷涂、辊涂等方法进行水性木器涂料涂装施工，家庭或类似环境进行相关涂装可参照使用。			2013-03-01
18	QB/T 4374-2012	家具制造 木材拼板的作业和工艺	本标准规定了家具制造过程中木材拼板工序的通用作业和工艺要求。 本标准适用于家具制造过程中的木材拼板工序，包括采用各种拼板设备以指接、平接等工艺完成的拼长、拼宽和拼厚的拼板。			2013-03-01
19	QB/T 2741-2013	学生公寓多功能家具	本标准规定了学生公寓多功能家具的术语、定义和符号、分类、要求、试验方法、检验规则、使用说明、包装、运输、贮存。 本标准适用于学校公寓内供学生使用的多功能家具，其他集体宿舍或类似场合用多功能家具可参照执行。	QB/T 2741-2005	2013-07-22	2013-12-01

（续表）

序号	标准编号	标准名称	标准主要内容	代替标准	采标情况	实施日期
20	QB/T 2601-2013	体育场馆公共座椅	本标准规定了体育场馆用公共座椅的定义和术语、产品分类、要求、试验方法、检验规则及标识、使用说明、包装、运输、贮存。 本标准适用于室内外体育场馆使用的以硬质座面为主的公共座椅，其他公共场所使用的类似座椅可参照执行。	QB/T 2601-2003	2013-07-22	2013-12-01
21	QB/T 1241-2013	家具五金 家具拉手安装尺寸	本标准规定了家具金属拉手的安装尺寸。 本标准适用于家具金属拉手在家具上的安装及其设计加工。	QB/T 1241-1991	2013-07-22	2013-12-01
22	QB/T 1950-2013	家具表面漆膜耐盐浴测定法	本标准规定了金属家具表面漆膜耐盐浴测定的范围、规范性引用文件、原理、试验设备及材料、试样要求、试验条件及步骤、试验结果与评定。 本标准适用于喷涂工艺制造的金属家具和金属零部件表面漆膜耐盐浴的测定。	QB/T 1950-1994	2013-07-22	2013-12-01
23	QB/T 2602-2013	影剧院公共座椅	本标准规定了供影剧院、会议厅、多功能厅内使用的公共座椅的术语和定义、产品分类、要求、试验方法、检验规则及标识、使用说明、包装、运输、贮存。 本标准适用于影剧院、会议厅、多功能厅室内使用以软面座椅为主的公共座椅，其他公共场所使用的类似公共座椅可参照执行。	QB/T 2602-2003	2013-07-22	2013-12-01
24	QB/T 2603-2013	木制宾馆家具	本标准规定了木制宾馆家具的术语和定义、产品分类、要求、试验方法、检验规则和标志、包装、运输、贮存。 本标准适用于宾馆、酒店、旅馆和饭店等场所客房内使用的木制家具。	QB/T 2603-2003	2013-07-22	2013-12-01
25	QB/T 1094-2013	家具实木胶接件耐水性的测定	本标准规定了家具实木胶接件耐水性测定的试验方法。 本标准适用于家具及其它木制品实木胶接件耐水性的测定。	QB/T 1094-1991	2013-07-22	2013-12-01
26	QB/T 1093-2013	家具实木胶接件剪切强度的测定	本标准规定了实木胶接件的术语和定义，剪切强度的试验方法。 本标准适用于家具及其他木制品中实木间胶接合顺纹、横纹剪切强度的测定。	QB/T 1093-1991	2013-07-22	2013-12-01
27	QB/T 2189-2013	家具五金 杯状暗铰链	本标准规定了家具用杯状暗铰链的术语和定义、要求、试验方法、检验规则、标志、使用说明、包装、运输和贮存。 本标准适用于家具用杯状暗铰链，其他铰链可参照执行。	QB/T 2189-1995	2013-07-22	2013-12-01

（续表）

序号	标准编号	标准名称	标准主要内容	代替标准	采标情况	实施日期
28	QB/T 1951.2-2013	金属家具质量检验及质量评定	本标准规定了金属家具的术语和定义、要求、试验方法、检验程序、检验规则、标志、使用说明、包装、运输、贮存等。 本标准适用于室内用金属家具的质量检验及质量评价。其他有金属材料构件的家具可参照执行。	QB/T 1951.2-1994	2013-07-22	2013-12-01
29	QB/T 2454-2013	家具五金 抽屉导轨	本标准规定了抽屉导轨的术语和定义、要求、试验方法、检验规则、标志、使用说明、包装、运输和贮存。 本标准适用于抽屉导轨，其他导轨和推拉构件可参照执行。	QB/T 2454-1999	2013-07-22	2013-12-01
30	QB/T 4447-2013	漆艺家具	本标准规定了漆艺家具相关的术语和定义、分类与命名、要求、试验方法、检验规则及标志、包装、储存和运输。 本标准适用于各类漆艺家具。	QB/T 3644-1999	2013-07-22	2013-12-01
31	QB/T 4448-2013	家具表面软质覆面材料剥离强度的测定	本标准规定了用力学试验机测定家具表面软质覆面材料与基材间剥离强度的方法。 本标准适用于软质覆面材料饰面的家具及其他木制品的零部件表面剥离强度试验。	QB/T 3655-1999	2013-07-22	2013-12-01
32	QB/T 4449-2013	家具表面硬质覆面材料剥离强度的测定	本标准规定了用力学试验机测定家具表面硬质覆面材料与基材间剥离强度的方法。 本标准适用于硬质覆面材料饰面的家具及其他木制品的零部件表面剥离强度试验。	QB/T 3656-1999	2013-07-22	2013-12-01
33	QB/T 4450-2013	家具用木制零件断面尺寸	本标准规定了家具用木制零件断面尺寸的组合。 本标准适用于家具用木制零件断面尺寸的选用。	QB/T 3913-1999	2013-07-22	2013-12-01
34	QB/T 4451-2013	家具功能尺寸的标注	本标准规定了家具的主要尺寸标注用符号。 本标准适用于凳、椅、沙发、桌、床及柜类等家具主要尺寸符号的标注。 本标准不涉及尺寸和角度的具体数值。	QB/T 3915-1999	2013-07-22	2013-12-01
35	QB/T 4452-2013	木家具 极限与配合	本标准规定了木家具的极限与配合及其术语、定义和基本规定。 本标准适用于木家具和其他家具木制件的表面或结构的尺寸公差，以及由它们组成的配合。其他木制品和木制件可参照执行。	QB/T 3658-1999	2013-07-22	2013-12-01
36	QB/T 4453-2013	木家具 几何公差	本标准规定了木家具几何公差中的形状和方向公差标注的基本要求和方法。 本标准适用于木家具的几何公差标注。 本标准适用于木家具和其他家具的木制件中零、部件要素的几何公差。其他木制品和木制件中的零、部件要素可参照执行。	QB/T 3659-1999	2013-07-22	2013-12-01

（续表）

序号	标准编号	标准名称	标准主要内容	代替标准	采标情况	实施日期
37	QB/T 4454-2013	沙滩椅	本标准规定了沙滩椅的术语和定义、产品分类、要求、试验方法、检验规则、标识、使用说明、包装、运输和贮存等。 本标准适用于在海滨、湖滨、浴场等场所使用的沙滩椅类产品。		2013-07-22	2013-12-01
38	QB/T 4455-2013	衣帽架	本标准规定了衣帽架的术语和定义、产品分类、要求、试验方法、检验规则、标志、包装、运输和贮存。 本标准适用于室内独立使用的枝状衣帽架。		2013-07-22	2013-12-01
39	QB/T 4456-2013	家具用高强度装饰台面板	本标准规定了家具用高强度装饰台面板的术语和定义、产品分类、要求、试验方法、检验规则、标识、包装和贮存。 本标准适用于实验室、厨房、餐厅、卫浴、办公等家具用高强度装饰台面板。		2013-07-22	2013-12-01
40	QB/T 4457-2013	床垫用棕纤维丝	本标准规定了床垫用棕纤维丝的术语和定义、产品分类、要求、试验方法、检验规则及包装、标识、运输、贮存。 本标准适用于床垫用棕纤维丝的验收。		2013-07-22	2013-12-01
41	QB/T 4458-2013	折叠椅	本标准规定了折叠椅的产品分类、术语和定义、要求、试验方法、检验规则、使用说明、包装、运输和贮存。 本标准适用于折叠椅家具产品。		2013-07-22	2013-12-01
42	QB/T 4459-2013	折叠床	本标准规定了折叠床的术语和定义、要求、试验方法、使用说明、检验规则、包装、运输和贮存。 本标准适用于便于移动的折叠床家具产品，但不包括折叠翻靠床、家用的童床和折叠小床。		2013-07-22	2013-12-01
43	QB/T 4460-2013	折叠式会议桌	本标准规定了折叠式会议桌的术语和定义、分类、要求、试验方法、检验规则及标志、使用说明、包装、运输、贮存等。 本标准适用于折叠式会议桌产品。		2013-07-22	2013-12-01
44	QB/T 4461-2013	木家具表面涂装技术要求	本标准规定了木家具表面涂装的术语和定义、分类、环境要求、涂装前的要求、涂装过程的要求和涂装后漆膜技术要求。 本标准适用于木家具通用的表面涂装技术要求。		2013-07-22	2013-12-01
45	QB/T 4462-2013	软体家具手动折叠沙发	本标准规定了手动折叠沙发的定义、产品分类、要求、试验方法及检验规则和标志、包装、运输、贮存。 本标准适用于手动折叠沙发产品。		2013-07-22	2013-12-01

（续表）

序号	标准编号	标准名称	标准主要内容	代替标准	采标情况	实施日期
46	QB/T 4463-2013	家具用封边条技术要求	本标准规定了家具用封边条的术语和定义、产品分类、要求、试验方法、检验规则和标志、包装、运输、贮存。 本标准适用于用塑料、原纸、木材为基材加工制成的各种家具用封边条。		2013-07-22	2013-12-01
47	QB/T 4464-2013	家具用蜂窝板部件技术要求	本标准规定了家具用蜂窝板部件的术语和定义、分类、要求、试验方法、检验规则和标志、包装、运输、贮存。 本标准适用于由蜂窝板制作而成并经封边处理后的家具部件。		2013-07-22	2013-12-01
48	QB/T 4465-2013	家具包装通用技术要求	本标准规定了家具包装的术语和定义、要求和试验方法等内容。 本标准适用于采用瓦楞纸箱包装的各类家具产品，采用其他包装材料包装的家具产品可参照使用。		2013-07-22	2013-12-01
49	QB/T 4466-2013	床铺面技术要求	本标准规定了床铺面的术语与定义、产品分类、要求、试验方法、检验规则和标志、包装、运输、贮存。 本标准适用于床具中支撑床垫用的铺面（如排骨架和网架）。		2013-07-22	2013-12-01
50	QB/T 4467-2013	茶几	本标准规定了茶几的术语和定义、分类和命名、推荐尺寸、要求、试验方法、检验规则、标志、使用说明、包装、运输、贮存。 本标准适用于以木质、金属、玻璃、石材中的一种或几种为基材制成的供室内使用的茶几。 本标准不适用于具有折叠、升降、旋转等特殊功能的茶几。		2013-07-22	2013-12-01
51	QB/T 4668-2014	办公家具人类工效学要求	本标准规定了常用办公家具产品中办公桌、办公椅和文件柜的一般人类工效学要求。 本标准适用于一般办公场所使用的办公桌、办公椅和文件柜产品。			2014-10-01
52	QB/T 4669-2014	家居画饰	本标准规定了家居画饰产品的术语和定义、产品分类、要求、试验方法、检验规则、标志、包装、运输、贮存。 本标准适用于家居画饰产品。			2014-10-01
53	QB/T 4670-2014	吧椅	本标准规定了吧椅的分类、要求、试验方法、检验规则和标志、使用说明、包装、运输、贮存。 本标准适用于座面高度不低于 550mm 并带有脚踏的可移动吧椅，其他类似产品可参照执行。			2014-10-01

（续表）

序号	标准编号	标准名称	标准主要内容	代替标准	采标情况	实施日期
54	QB 4764-2014	家具生产安全规范 自动封边机作业要求	本标准规定了家具制造过程中自动封边机的一般要求、作业场所与环境要求、加工操作要求、机床维护保养要求、物料搬运要求和防护用品使用要求等。 本标准适用于家具制造中所使用的自动封边机。其他半自动封边机和手动封边机可参照执行。			2014-11-01
55	QB/T 4765-2014	家具用脚轮	本标准规定了家具用脚轮的术语和定义、分类、要求、试验方法、检验规则、标志、使用说明、包装、运输和贮存。 本标准适用于家具的非动力驱动的移动用脚轮。 本标准不适用于办公椅（转椅）脚轮。			2014-11-01
56	QB/T 4766-2014	家具用双包镶板技术要求	本标准规定了家具用双包镶板的术语和定义、分类、要求、试验方法、检验规则、标志、包装、运输、贮存。 本标准适用于家具用双包镶板。其他单包镶板可参照执行。			2014-11-01
57	QB/T 4767-2014	家具用钢构件	本标准规定了家具用钢构件的术语和定义、产品分类、要求、试验方法、标志、包装、运输、贮存等。 本标准适用于家具产品中的钢构件。			2014-11-01
58	QB/T 4768-2014	沙发床	本标准规定了沙发床的术语和定义、产品分类、要求、试验方法及检验规则和标志、包装、运输、贮存。 本标准适用于沙发床产品。			2014-11-01

全国家具专业院校汇总表

序号	地区	学校名称
1	安徽	安徽农业大学
2	安徽	淮南师范学院
3	安徽	淮南职业技术学院
4	安徽	淮北师范大学
5	北京	北京林业大学
6	北京	中央美术学院
7	北京	清华大学美术学院
8	福建	福建农林大学
9	福建	厦门东海职业技术学院
10	福建	漳州职业技术学院
11	福建	龙岩学院
12	福建	福建林业职业技术学院
13	福建	福建农业大学
14	福建	闽江学院
15	福建	泉州华光摄影艺术职业技术学院
16	福建	漳州城市职业学院
17	广东	广州美术学院
18	广东	华南农业大学
19	广东	广州涉外经济职业技术学院
20	广东	广东工业大学
21	广东	广东海洋大学
22	广东	广州大学
23	广东	深圳职业技术学院
24	广东	顺德职业技术学院
25	广东	深圳第二高级技工学校
26	广东	广东建设职业技术学院
27	广东	广东科学技术职业学院
28	广东	广州城建职业学院
29	广东	清远职业技术学院
30	广东	东莞市家具学校
31	广东	仲恺农业技术学院
32	广东	东莞职业技术学院
33	广东	龙江职业技术学校
34	广东	广州大学
35	广东	东莞市轻工学校
36	广东	广东石油化工学院
37	广东	华南理工广州汽车学院
38	广东	深圳大学
39	广东	东莞大岭山职业技术学校
40	广东	中山职业技术学院
41	广东	韩山师范学院
42	广东	肇庆学院
43	广西	广西大学
44	广西	桂林工学院（桂林理工大学）
45	广西	广西城市职业学院
46	广西	广西东方外语职业学院
47	广西	广西机电职业技术学院
48	广西	广西理工职业技术学院
49	广西	广西生态工程职业技术学院
50	广西	南宁职业技术学院
51	广西	邕江大学
52	广西	广西建设职业技术学院
53	河北	廊坊东方职业技术学院
54	河北	河北农业大学

（续表）

序号	地区	学校名称
55	河北	唐山学院
56	河南	郑州大学升达经贸管理学院
57	河南	商丘职业技术学院
58	河南	郑州轻工业学院
59	黑龙江	东北林业大学
60	黑龙江	黑龙江生物科技职业学院
61	黑龙江	黑龙江建筑职业技术学院
62	黑龙江	黑龙江生态工程职业学院
63	黑龙江	东北农业大学成栋学院
64	黑龙江	黑龙江工商职业技术学院
65	黑龙江	黑龙江林业职业技术学院
66	湖北	湖北生物科技职业学院
67	湖北	武汉理工大学
68	湖北	湖北生态工程职业技术学院
69	湖南	中南林业科技大学
70	湖南	岳阳职业技术学院
71	湖南	湘潭大学
72	吉林	北华大学
73	吉林	长春工业大学
74	江苏	南京林业大学
75	江苏	南京艺术学院
76	江苏	江南大学
77	江苏	南通职业大学
78	江苏	苏州大学
79	江苏	苏州工艺美术职业技术学院
80	江苏	江苏农林职业技术学院
81	江苏	镇江市高等专科学校
82	江苏	苏州经贸职业技术学院
83	江苏	南通大学
84	江苏	淮阴师范学院
85	江苏	淮海工学院
86	江西	江西环境工程职业学院
87	江西	华东交大理工学院
88	江西	南昌大学
89	江西	景德镇陶瓷学院

序号	地区	学校名称
90	辽宁	辽宁林业职业技术学院
91	内蒙	内蒙古商贸职业学院
92	内蒙	内蒙古农业大学
93	山东	山东农业大学
94	山东	山东工艺美术学院
95	山东	滨州职业学院
96	山东	齐鲁工业大学
97	山东	烟台南山学院
98	山西	太原工业学院
99	山西	太原理工大学
100	陕西	陕西科技大学
101	陕西	陕西杨凌职业技术学院
102	陕西	西北农林科技大学
103	陕西	西安欧亚学院
104	陕西	西安联合学院
105	四川	成都市现代制造职业技术学校
106	四川	成都艺术职业学院
107	四川	四川现代职业学院
108	四川	成都纺织高等专科学校
109	四川	四川农业大学
110	四川	绵阳职业技术学院
111	四川	四川师范大学
112	四川	四川音乐学院
113	四川	西南石油大学
114	四川	四川国际标榜职业学院
115	四川	四川城市职业学院
116	天津	天津科技大学
117	天津	天津滨海职业学院
118	云南	西南林业大学
119	浙江	中国美术学院
120	浙江	温州职业技术学院
121	浙江	浙江农林大学
122	浙江	宁波大红鹰学院
123	浙江	浙江科技学院
124	浙江	浙江理工大学

备注：本数据为不完全统计。

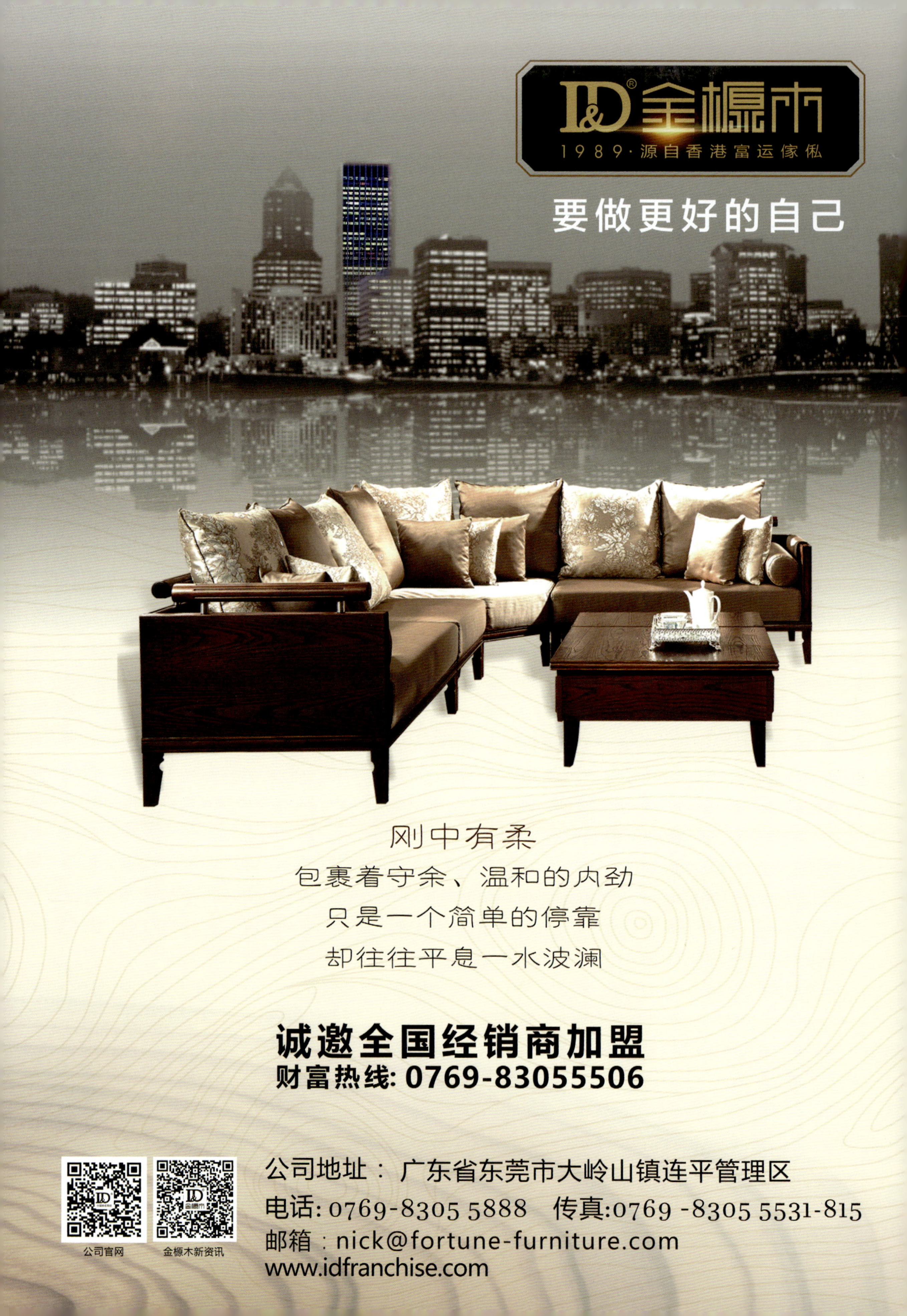
I&D®金樼木
1989·源自香港富运傢俬
要做更好的自己
刚中有柔
包裹着守余、温和的内劲
只是一个简单的停靠
却往往平息一水波澜
诚邀全国经销商加盟
财富热线: 0769-83055506
公司官网
金樼木新资讯
公司地址：广东省东莞市大岭山镇连平管理区
电话: 0769-8305 5888　传真:0769 -8305 5531-815
邮箱：nick@fortune-furniture.com
www.idfranchise.com